国家出版基金资助项目

国家出版基金项目
NATIONAL PUBLICATION FOUNDATION

总主编　孙玉琴

中国对外贸易通史

（第二卷）

孙玉琴　陈晋文　蒋清宏　常旭　著

对外经济贸易大学出版社
中国·北京

图书在版编目（CIP）数据

中国对外贸易通史. 第二卷 / 孙玉琴等著. —北京：对外经济贸易大学出版社，2018.5

ISBN 978-7-5663-1926-5

Ⅰ. ①中… Ⅱ. ①孙… Ⅲ. ①对外贸易–贸易史–中国–近代 Ⅳ. ①F752.95

中国版本图书馆 CIP 数据核字（2018）第 106979 号

中国对外贸易通史（第二卷）

Zhongguo Duiwai Maoyi Tongshi

孙玉琴 陈晋文 蒋清宏 常旭 著

责任编辑：郭华良 汪 洋

对外经济贸易大学出版社

北京市朝阳区惠新东街 10 号 邮政编码：100029

邮购电话：010 – 64492338 发行部电话：010 – 64492342

网址：http://www.uibep.com E-mail：uibep@126.com

三河市少明印务有限公司印装 新华书店经销

成品尺寸：185mm×260mm 21 印张 472 千字

2018 年 5 月北京第 1 版 2018 年 5 月第 1 次印刷

ISBN 978-7-5663-1926-5

定价：60.00 元

前　言

中国对外贸易的历史源远流长，早在先秦时期，我们的祖先就将丝绸等货物辗转运往境外。公元前 2 世纪，西汉武帝时期开拓的陆上及海上丝绸之路将中国与世界开始联系在一起，中国与世界各国和地区的贸易关系渐次发生，并不断向前发展。贸易往来推动着中外经济文化交流日益深入，中华文明在造福全人类的同时，也吸收、借鉴了世界各国文明的优秀成果，使中外经济文化交相辉映，共同进步。

受社会经济形态、中外政治经济格局及意识形态的制约，中国对外贸易经历了曲折的进程。西汉武帝时期基于国防安全畅通了丝绸之路，客观上打开了中外经济文化交流的孔道。通过古老的陆上及海上丝绸之路，中国与境外国家和民族间展开了日益广泛的政治、经济及文化交流。这一时期尽管贸易规模有限且以奢侈品贸易为主，直接获益者为少数贵族阶层，但通过贸易活动，中国引进了大量域外物种，从而丰富了中国农作物品种，普通民众的福利状况也有所改善。与此同时，作为经济相对发达的大国，中国先进的生产技术随着贸易的开展逐渐输出，有益于丝路沿线国家和地区社会生产力的提高。

魏晋南北朝时期民族纷争不断，政治上南北分裂，经济上遭受战火摧残，使这一时期发展对外贸易的社会经济基础有所削弱，但控制中国北方及南方的各政权为拓展其生存空间均致力于维护丝绸之路的畅通和安全，从而使沿着陆上丝路和海上丝路的对外经济交往得以持续，并进一步发展。

隋唐时期中国再次实现了空前的国家统一，在积极对外开放政策下，陆上丝路贸易发展到一个新的高峰，特别是中国与中亚地区间的贸易高度繁荣。唐后期，随着中国经济重心的南移、造船及航海水平的提高，海上丝绸之路在中国对外贸易中的作用逐渐超过陆上丝绸之路。

宋代由于国内财政危机空前严重，因此对海外贸易空前重视，鼓励海外贸易发展的政策纷纷出台，造船水平的提高、指南针运用于航海又为海外贸易发展提供了技术保障，从而使这一时期对外贸易伙伴大幅度增加，贸易的商品种类大为丰富，特别是海外贸易日益突破奢侈品贸易的局限，不少日用品开始进入海外市场，如宋朝粗重的陶缸、陶瓮出口到东南亚，胡椒等普通香料也大量进口到国内，这种贸易活动直接有益于普通民众的生活。而占城稻的引进不仅推动了南方经济的进一步发展，而且缓解了民众的粮食短缺状况，人民的基本生存条件得到改善。

元代随着欧亚陆海交通畅达，交通运输条件的改善，陆上丝绸之路再度复兴，海上丝路联系的地域更为广阔，中国与亚、非、欧各国的贸易达到了新的水平。

明代初年，面对来自日本倭寇的骚扰及沿海各种反抗势力，明朝实施了严格的海禁政策，中外民间贸易被禁止。15世纪前期，郑和下西洋推动了海上丝绸之路的空前畅通，中外官方贸易发展到顶峰。16世纪以后，随着欧洲人的东来，中国传统的贸易格局发生了巨变。面对西方殖民威胁，处于封建社会末期的明清统治者，在高度成熟的封建政治制度下，极力维护其既有的统治秩序。对外政策日趋封闭、保守，对外贸易活动受到严格限制。在与欧洲殖民者的贸易中，中国越来越处于被动不利的地位。妄自尊大、故步自封的结果使中国未能凭借丝、茶等商品的绝对优势获得应得的对外贸易利益，中国在世界经济中的领先地位也终于彻底丧失了。

1840年鸦片战争后，西方人以坚船利炮打开了中国的大门，中国被迫走上了对外开放的道路。西方列强迫使中国与之签订了大量不平等条约，使中国逐步沦为一个半殖民地半封建社会，传统的独立自主的封建对外贸易随之演变为近代半殖民地性的对外贸易。为使中国经济发展符合西方列强的利益，西方列强凭借雄厚的经济、技术实力和强权政治，迫使中国接受了一系列近代制度安排，它们逐步控制了中国的政治、经济命脉，将中国纳入西方资本主义经济发展的轨道，中国成了西方工业品的销售市场和原料供应地，对外贸易日益半殖民地化。

近代百年，随着对外贸易的发展，中国经济与世界经济的联系不断加强，因而世界经济的繁荣与衰退、国际市场的变动深刻地影响着中国对外贸易的发展，进而影响着中国国民经济的发展。各资本主义列强势力的此消彼长决定着它们在中国对外贸易中的地位及其对中国经济的控制程度。中国对外贸易的半殖民地化，一方面影响了对外贸易的正常发展，另一方面抑制了对外贸易对经济发展促进作用的发挥。

20世纪前半叶，中国政局动荡，内部纷争不已，外部遭受日本军国主义武装入侵，社会经济遭到严重破坏，中国对外贸易遭到致命的打击。

1949年中华人民共和国成立后，彻底摆脱了西方列强的控制，半殖民地对外贸易随之终结。从20世纪50年代初到70年代末，30年间中国受到西方国家的封锁禁运，受中苏关系恶化及计划经济体制等因素的制约，中国对外贸易发展缓慢，结构落后。1978年党的十一届三中全会确立改革开放政策后，中国对外贸易加速发展，与世界经济融合日益加深。进入21世纪以来，中国已成为国际贸易大国，对外贸易对国民经济发展发挥着愈益重要的作用。与此同时，不断加剧的国际竞争也使中国面临着一系列国际间的矛盾与冲突。

现实是历史的继续，系统研究中国两千余年的对外贸易历史，梳理中国对外贸易发展的脉络，总结经验教训，不仅能使我们更好地认识过去，而且能使我们以史为镜、鉴古知今，更深入地理解现实，继往开来，为中国从贸易大国迈向贸易强国、为“一带一路”建设提供历史的智慧。

本套书共分为四卷。第一卷是古代卷，涵盖先秦至清前期的对外贸易；第二卷是近代卷，主要涉及清晚期及中华民国时期的对外贸易；第三卷是现代卷，主要研究新中国 60 余年来对外经济贸易的发展；第四卷为画册，以图片直观展现中国对外贸易史的发展历程。

本套书由多位中青年学者共同撰写完成，总主编对本套书从体例到内容进行了系统整合。参加本套书编写的人员主要有：孙玉琴，对外经济贸易大学教授，主要负责第一卷第一章～第六章，第七章、第八章部分内容，第二卷第一章、第二章、第五章、第六章部分内容，第四卷部分内容；陈晋文，北京工商大学教授，主要负责第二卷第三章、第四章；曲韵，中国社会科学院经济研究所副研究员，主要负责第三卷第一章～第五章；蒋清宏中国社会科学院近代史研究所副研究员，主要负责第二卷第五章、第六章部分内容；孙倩，对外经济贸易大学副教授，主要负责第四卷部分内容；常旭，中国社会科学院经济研究所副研究员，主要负责第一卷第七章、第八章部分内容，第二卷第一章、第二章部分内容；王微微，中国社会科学院大学副教授，主要负责第三卷第六章；张鲁青，首都师范大学副教授，主要负责第三卷第七章；郑春芳，北京联合大学教授，主要负责第三卷第八章、第九章；苏小莉，中国电子科技集团有限公司发展战略研究中心博士，主要负责第三卷第十章。此外，西北大学李瑞哲副教授，中国社科院经济研究所常旭副研究员，对外经济贸易大学叶梅副教授、王虎老师、曹亚红副研究员、刘海军老师，对外经济贸易大学李建树、周宇轩、张阳、邢恩焱、罗皓、谢梅、赵乐、于硕、许畅以及希腊留学生玛丽安（Erotokritou Marianna）、索菲亚（Erotokritou Sofia）等同学为本套书提供了图片或协助拍摄，对外经济贸易大学博士生刘平同学对本套书资料的后期核查提供了帮助，在此一并表示感谢。

本套书由总主编负责统稿，为使本套书保持学术风格的统一，总主编对各卷作者提供的文稿在内容上进行了取舍、补充与整合，本套书的学术贡献均归功于各卷作者，编纂过程中的不当之处请专家、读者不吝指正。

孙玉琴

2018 年 1 月于对外经济贸易大学

目　录

第一章　鸦片战争后的对外贸易（1840—1894） / 1
第一节　鸦片战争后国内外经济形势 / 3
第二节　中国被迫对外贸易体系的初步形成 / 4
第三节　对外贸易与利用外资的曲折发展 / 29
第四节　对外贸易对社会经济的影响 / 48

第二章　甲午战争后的对外贸易（1895—1911） / 55
第一节　甲午战争后的国内经济形势 / 57
第二节　中国被迫对外贸易体系的发展 / 58
第三节　甲午战争后对外经贸的发展 / 75
第四节　甲午战争后对外贸易对社会经济的影响 / 90

第三章　北洋政府时期的对外贸易（1912—1927） / 101
第一节　国内外经济环境的变化 / 103
第二节　北洋政府时期发展对外贸易的政策与措施 / 106
第三节　北洋政府时期对外贸易的发展状况 / 112
第四节　对外贸易与国内社会经济发展 / 128

第四章　抗战前南京国民政府的对外贸易（1927—1936） / 139
第一节　南京国民政府面临的国内外贸易环境 / 141
第二节　南京国民政府的对外贸易制度与政策 / 151
第三节　对外贸易的发展与外国在华投资 / 167
第四节　对外贸易与国内社会经济发展 / 202

第五章　抗战时期中国的对外贸易（1937—1945） / 217
第一节　国内外经济环境的变化 / 219
第二节　国统区的对外贸易 / 220
第三节　日本对华经济掠夺与沦陷区的对外贸易 / 261

第四节　东北地区殖民地性质对外贸易的发展 / 274
第五节　台湾地区对外贸易的殖民地化 / 284

第六章　抗战后中国的对外贸易 / 289
第一节　战后国内外经济形势 / 291
第二节　抗战胜利后中国的对外贸易政策 / 294
第三节　美国对中国经济的控制 / 303
第四节　对外贸易的发展及平衡状况 / 308
第五节　美国商品对中国市场的独占及对中国民族工业的冲击 / 319

参考文献 / 325

第一章
鸦片战争后的对外贸易
（1840—1894）

19 世纪中叶以来，欧美国家已相继实现了工业化，它们对海外市场的需求急剧增加。人口众多、资源丰富的中国自然成为资本主义列强觊觎的目标。清王朝严格限制对外贸易的政策及中国高度自给自足的自然经济对西方列强的经济扩张具有强大的抵抗性。为打开中国大门，对中国进行以商品输出为主的经济掠夺，资本主义头号强国英国悍然发动了对华侵略战争——鸦片战争，由此揭开了资本主义侵华的序幕。自此，中国遭遇了一系列列强侵华战争，其结果都以中国失败、被迫签订不平等条约而告终。中国由一个独立自主的封建国家“一步一步地变成了一个半殖民地半封建的社会”。

自鸦片战争以后，西方列强依靠强权与武力，通过不平等条约及约外勒索，在中国攫取了大量政治、经济特权，使中国走上了被迫对外开放的道路。

第一节　鸦片战争后国内外经济形势

19 世纪下半叶，国内外经济形势发生了急剧的变化。一方面，西方世界发生了第二次产业革命，世界市场加速形成，迫使更多的落后国家和地区卷入世界经济旋涡；另一方面，在西方势力的冲击下，中国传统的社会经济结构开始发生变革。

一、第二次产业革命与国际贸易的增长

18 世纪 60 年代第一次产业革命发生，英国率先开始了工业化进程，到 19 世纪中叶英国工业化已经完成，其现代经济迅速增长，逐渐垄断了世界的工业生产，成为“世界工厂”。英国商船队垄断了世界航运业，英镑成为世界货币，英国成为世界经济的领头羊，在国际贸易中占据着主导地位。

到 19 世纪 70 年代，英、法、德、美等世界主要资本主义国家的产业革命已相继完成。随即第二次产业革命开始，铁路、火车、电报相继问世，以内燃机为动力的轮船的广泛使用，引起了交通运输领域的变革。国际电信网络建立起来，信息传递更加快捷；苏伊士运河建成通航，欧亚间的航程大大缩短，运输成本大为降低。国际贸易的便捷、交易费用的降低，大大增进了世界各地区间的经济联系。

欧洲国家早期的殖民掠夺对其资本原始积累起到了重要作用。随着资本主义生产方式的最终确立，以技术变革为动力的生产力的飞速发展使资本主义发展到自由竞争阶段，世界经济体系基本形成，带有掠夺性的殖民贸易日益成为资本主义再生产过程的重要环节，资本主义列强对落后地区的剥削也由赤裸裸的掠夺变为向殖民地、半殖民地倾销商品和掠夺廉价的原料。国际贸易增长迅速，据美国学者罗斯托（W.W. Rostow）估计，19 世纪 40—70 年代，世界贸易增长率超过世界工业的增长率，参见表 1–1。

表 1–1　　世界工业生产和世界贸易年均增长率　　单位：%

	世界工业增长率	世界贸易增长率
1840—1860	3.5	4.84
1860—1870	2.9	5.53

转引自：姚曾荫. 国际贸易概论. 北京：人民出版社，1987：430.

世界贸易的增长一方面使发达国家间贸易关系更加紧密，另一方面则使列强对落后国家经济的控制程度不断加强。

二、中国经济结构的变革

两千年来，中国自然经济的经济结构长期处于超稳态。鸦片战争后，随着中国市场

的被迫开放，西方工业品开始输入，同时海外市场对中国原料性产品及手工业品的需求不断增加，一方面逐渐破坏了中国自给自足的自然经济基础，中国成为西方工业品的市场；另一方面也刺激了中国出口商品生产的增长。靠近通商口岸的沿海地区的社会经济生活发生了巨大变革，如鸦片战争后外商争购生丝、茶叶，一时间植茶及种桑养蚕利润可观，于是茶叶、桑蚕生产规模迅速扩大。史料记载，福建武夷地区，“夙著茶名，饥不可食，寒不可衣，末业所存，易荒本务。乃自各国通商之初，番舶云集，商民偶沾其利，遂至争相慕效，漫山遍野，愈种愈多。”不但传统的植桑养蚕地区增加生产，非传统产丝区也开始养蚕缫丝，如江苏高邮，“素不饲蚕”“今年湖东西以农兼桑者不可计胜”。江阴地区“初江邑土宜桑而蚕织未兴，素业土布。自洋布盛行，其利已薄。光绪中，西人始自内地市茧。”“乡人获利，育蚕者骤增。”[①]此外直隶、山东、河南、陕西、广西等地的蚕桑业也发展起来了。与海外市场联系密切的商品生产的发展是对外开放推动贸易发展的结果，又为这一时期对外开放程度的提高、对外贸易的发展提供了物质基础。

第二节　中国被迫对外贸易体系的初步形成

鸦片战争后，西方列强通过武力威胁及强权政治，迫使中国与之签订了一系列不平等条约，通过条约规定及约外勒索，中国被迫接受了西方强加的一系列对外开放政策与制度。

一、半殖民地的贸易制度

（一）通商口岸制度

通商口岸又称“条约口岸”（Treaty Port），系指近代中国由条约规定、受西方列强控制、被迫开放的口岸。

开埠通商属一国对外贸易主权范畴，作为主权完整的独立国家，应根据自身政治、经济发展的需要，自主决定开放的区域范围及时序。

鸦片战争以前，清王朝为防范外夷，坚持闭关自守的政策，严格限制对外贸易活动，规定西方商人只能到广州一地贸易，且只能与广州行商交易，并受行商的管束。雅片战争后，中国沦为半殖民地国家，西方列强为控制中国经济，迅速打开并占领中国市场，强迫中国在广阔的地域上向外国人开放通商，使中国丧失了自主的地域开放权。近代开辟的通商口岸不限于沿海和内河港口，还包括一些内陆城镇。

1842 年中英《南京条约》（又称《江宁条约》）开创了列强强迫中国开辟商埠的先河。该条约第二条规定：“自今以后，大皇帝恩准英国人民带同所属家眷，寄居大清沿海之广州、福州、厦门、宁波、上海等五处港口，贸易通商无碍：且大英国君主派设领事、管事等官住该五处城邑，专现商贾事宜，与各该地方官公文往来。”第五条规定：“凡有英

① 李文治. 中国近代农业史资料：第一辑. 北京：三联书店，1957：446.

商等赴各该口贸易者，勿论与何商交易，均听其便。”[1]这样中国地理位置最为优越的五处沿海港口被迫开放。在这些通商口岸，准许英国人携带家眷自由居住，派驻领事等驻华官员，外商可以自由贸易。

五口通商的施行，迫使中国南部沿海重要口岸对外开放，从而打破了清朝自乾隆二十二年（1757 年）以来实行的“广州一口通商”的贸易体制，“十三行”制度，“防范外夷规条”也同时宣告废止。英国人多年的愿望终于凭借武力得以实现。同时，香港被割让给英国，成为其在远东的自由港。

五口通商后，中英贸易并未如英国料想的那样迅速发展。为夺取更多特权，1856 年英法两国联合发动了对华侵略战争——第二次鸦片战争。战败的清王朝被迫于 1858 年与西方列强签订了一系列《天津条约》，其中中英、中法《天津条约》规定：中国增开沿海的牛庄（后改营口）、登州（后改烟台）、台湾（台南）、淡水、潮州（后改汕头）、琼州及沿江的汉口、九江、南京、镇江为通商口岸。1860 年中英《北京条约》又将天津辟为开放的商埠。中国被迫开放的地域由南部沿海开始深入到北部沿海，由沿海发展到沿江流域。

1876 年中英《烟台条约》又规定：宜昌、芜湖、温州、北海四处为通商口岸。1890 年中英《新订烟台条约续增专条》规定，中国开放长江上游的重庆。[2]

除上述沿海、沿江口岸的被迫开放外，西方列强还迫使中国开放了系列内陆边疆口岸，其中主要有：1887 年中法《续议商务专条》规定中国开放广西的龙州、云南的蒙自；1893 年中英《藏印条约》迫使中国开放西藏的亚东。而更多的陆路口岸是在沙俄的胁迫下开放的，如 1851 年中俄《伊犁、塔尔巴哈台通商章程》规定中国开放伊犁、塔尔巴哈台（今新疆塔城）为商埠；1860 年中俄《北京条约》规定中国开辟喀什噶尔（今新疆喀什）、库伦（今蒙古国乌兰巴托）；另外，根据 1881 年中俄《伊犁条约》及《陆路通商改订章程》，俄国又迫使中国开辟吐鲁番、哈密、乌鲁木齐、古城、乌里雅苏台（今蒙古国哲布哈兰图）和肃州（今甘肃嘉峪关）为通商口岸。

到甲午战前，西方列强迫使中国开放的商埠多达 35 处，分布在沿海沿江、西南及西北沿边，涉及全国 18 个省份，参见表 1–2。

表 1–2　鸦片战争后开辟的通商口岸（1843—1894 年）

口岸名称	所在省份	开放日期	所依据的不平等条约
广州	广东	1843.7.27	中英《南京条约》
厦门	福建	1843.11.1	同上
上海	江苏	1843.11.17	同上
宁波	浙江	1844.1.1	同上

① 王铁崖. 中外约章汇编：第一册. 北京：三联书店，1982. 文中所引中外条约原文，均引自该书，不一一注明。

② 该约关于重庆的开放，有一定的限制条件，如规定：“一俟有中国轮船贩运货物往来重庆时，亦准英国轮船一体驶往该口。”故到 1895 年中日《马关条约》又规定重庆全面开放。

续表

口岸名称	所在省份	开放日期	所依据的不平等条约
福州	福建	1844.7.3	同上
伊犁	新疆	1852.4.4	中俄《伊犁、塔尔巴哈台通商章程》
塔尔巴哈台（塔城）	新疆	1852.4.4	同上
潮州（汕头）	广东	1860.1.1	中美《天津条约》
天津	直隶	1861.1.20	中英《北京续增条约》等
牛庄（营口）	奉天	1861.4.3	中英《天津条约》
喀什噶尔（今喀什疏勒县）	新疆	1861.4.5	中俄《北京续增条约》
镇江	江苏	1861.5.10	中英《天津条约》
库伦	蒙古	1861.7.11	中俄《北京续增条约》
汉口	湖北	1862.1.1	中英《天津条约》
九江	江西	1862.1	同上
登州（芝罘）	山东	1862.1.16	同上
淡水	台湾	1862.7.28	中法《天津条约》
台湾（打狗、台南）	台湾	1863.10.1	中英《天津条约》
琼州	广东	1876.4.1	同上
宜昌	湖北	1877.4.1	中英《烟台条约》
芜湖	安徽	同上	同上
温州	浙江	同上	同上
北海	广东	1877.4.2	同上
肃州（嘉峪关）	甘肃	1881.4	中俄改定《伊犁条约》
吐鲁番	新疆	同上	同上
乌里雅苏台	蒙古	同上	同上
哈密	新疆	同上	同上
乌鲁木齐	新疆	同上	同上
古城	新疆	同上	同上
拱北	广东	1887.4.2	中葡《和好通商条约》及《会议专约》
九龙	广东	1887.4	中英《香港鸦片贸易协定》
龙州	广西	1889.6.1	中法《续议商务专条》

续表

口岸名称	所在省份	开放日期	所依据的不平等条约
蒙自	云南	1889.8.24	中法《续议商务专条》
重庆	四川	1891.3.30	中英《烟台条约》
亚东	西藏	1894.5.1	中英《会议藏印条款》

资料来源：严中平，等. 中国近代经济史统计资料选辑. 北京：科学出版社，1955：41–44.

外商可以在各通商口岸开展自由贸易，传统的封建性对外贸易垄断被打破，沿海成为自由的竞争性的市场，清政府及任何组织或集团对通商口岸中外贸易的从业者、商品、贸易价格、贸易方式不施以任何干预和控制。西方人评论说：鸦片战争后，“没有任何事物防阻一个外国人……在上海开舱时，卸下一船棉花；或是设若该外国人无所忌惮的话，卸下一船鸦片，或是……将这批货载到西藏的边境，或经由运河到天津和北京，或总而言之到任何地方，同时沿途兜售。”①

这样，英国人，随后还有其他西方列强，不仅在中国获得了市场经济意义上的自由贸易权利，而且还获得大量政治、经济特权，使得清政府既不能按照传统的模式对之予以限制，也不能按照西方市场经济的管理方式对西方商人对华贸易进行有效的管理，外商在华贸易甚至比在其本国更加自由。

资本主义列强控制了中国一切重要的通商口岸后，还进一步在“许多通商口岸划出一部分土地作为他们直接管理的租界”。②

（二）租界制度

所谓租界制度系指在通商口岸或其他地区划出一部分土地作为外国的居留地，外国人在此享有行政、司法大权。

租界制度分为两种形式：一种是租界，通常设于通商口岸；另一种是甲午战争以后出现的租借地，它通常是列强控制的包括城乡在内的更广大的区域（详见下章）。租界及租借地成为外国人在中国的殖民地，即“国中之国”（State in State）。

租界系由外国人在华居留地发展而来。1842 年《南京条约》废除了夷人不得居留的政策，允许英国人在华居留。次年，中英《虎门条约》对此做了具体规定，该条约第七条称：中国准许“英人携眷赴广州、福州、厦门、宁波、上海五港口居住……”“中华地方官必须与英国管事官各就地方民情，议定于何地方，用何房屋或基地，系准英人租赁……英国管事官每年以英人或建屋若干间，或租屋若干所，通报地方官。”即英国人可以在规定的区域内租赁房屋或租地建屋。

1845 年，英国驻上海领事巴富尔（George Balfour）与清苏松太道（即上海道）宫慕久签订了《上海租地章程》（又称《土地租赁章程》），这一章程成为“租界”制度的基石，

① 丹涅特. 美国人在东亚. 中译本. 北京：商务印书馆，1959：272–273.

② 毛泽东. 中国革命与中国共产党//毛泽东选集：第二卷. 北京：人民出版社，1991：591.

规定了英国人在上海居留地的界址、租地的手续及应遵守的各项事宜等。按此章程将“洋泾浜（今延安东路）以北，李家庄（今北京东路）以南之地，准租与英国商人，为建筑房舍及居住之用”。次年 9 月，又议定以边路（今河南路）为西界。这块面积约 55.3 公顷的地段后来被称作英租界。英国居留地划定后，美国和法国步英国后尘，也分别于 1847 年和 1849 年在上海划定了各自的居留地。

按章程规定，各国在上海居留地都划有边界，不得逾越。但实际上居留地的范围不断扩大，英国在沪居留地在不到 5 年时间里就由 830 亩变为 2 820 亩，扩大了 2.4 倍。

不仅如此，资本主义列强还处心积虑地欲将居留地变成“完全脱离中国管辖的外人禁区”。根据《土地租赁章程》，外国人在居留地只是租地居住，每年要向中国政府缴纳土地税，居留地内的行政、司法权仍然保留在中国政府手中，但外国土地租赁者对居留地的道路、桥梁等市政设施拥有管理权。为此，1846 年英国驻沪领事召集租地外商开会，成立了“道路码头委员会”，向居民征税，办理道路及码头事宜，该委员会成为后来市政机关的雏形。

19 世纪 50 年代，列强借口防范太平军进攻，组织了“上海义勇队”（后改称万国义勇队）。1853 年，太平军占领南京，上海爆发了小刀会起义，资本主义列强趁机要挟清政府，并于 1854 年 7 月由英、法、美三国驻沪领事擅自召集 49 个在沪外商，召开外国租地人大会，会上片面修改了《土地租赁章程》，通过了一份《英、美、法租界租地章程》，然后将其通告道台。该章程规定：外国土地租赁者有税收、财政、交通及设置警察等权利。据此，列强联合成立了工部局（Municipal Committee，即市政委员会）。工部局作为市政机关，握有行政、司法大权，下设各种委员会，分别掌管租界的各种事务。至此，“居留地”变成了租界。

1863 年 9 月 21 日，英美租界又合并为公共租界，即由英美为首的几国共同管理的区域。

继上海租界设立后，列强在其他通商口岸也纷纷设立租界。1876 年中英签订的《烟台条约》明文规定：“新旧各口岸，除已定有各国租界，应无庸议，其租界未定各处，应由英国领事官会商各国领事官，与地方官商议，将洋人居住处所划定界址。”据此，列强在华通商口岸自由设立租界的权利获得法律依据。

19 世纪末，日、俄、德等国也纷纷在中国各通商口岸设立租界。到 1904 年，英国、美国、法国、德国、日本、俄国、比利时、意大利、奥匈帝国九国先后在中国的上海、广州、厦门、福州、天津、镇江、汉口、九江、烟台、芜湖、重庆、杭州、苏州、沙市、鼓浪屿及长沙 16 个口岸建立了 37 处租界。其中，2 处为公共租界，35 处为专管租界。以英租界为最多，计 11 处。还有在一个商埠里设立数处租界的，如天津的八国租界、汉口的五国租界等。“在这种所谓的‘租界’内实行完全独立于中国的行政系统和法律制度以外的另一套统治制度，即帝国主义的殖民地制度。”①租界成了列强直接统治和管理的“国中之国”，即帝国主义在中国境内的殖民地。

---

① 毛泽东，中国革命与中国共产党//毛泽东选集：第二卷. 北京：人民出版社：617，篇后注.

开辟通商口岸和租界制度，不但使中国对外通商主权遭到践踏，而且列强以此为基地对中国社会、经济进行广泛渗透，中国对外贸易日益被列强操纵。与此同时，西方商人和企业家在这些地区的经济活动客观上也为中国民族资本主义的发展起到了示范作用。租界脱离中国政府控制，一定程度上使其所在口岸得以在动荡不已的近代中国保持相对的宁静，为工商业的发展创造了稳定的社会环境。如“内地动乱不宁，那里的工厂经常遭到骚乱”。“这就形成工业集中于上海的趋势。许多本应迁出或开设在原料产地的工厂也都在沪设厂。虽然运费成本有所增加，但上海特别是在租界内可在一定程度上免受干扰。”[①]

（三）“协定”关税制度

理论上，关税阻碍一国对外贸易的发展，降低其国民的福利水平，故没有关税的自由贸易政策是最优的。但现实中，由于国家、民族利益的存在，各国均追求本国利益的最大化，因而长期以来关税始终作为各国贸易保护主义的重要手段之一，通过制定适宜的关税税率使关税对本国经济发挥财政作用、保护作用及调节作用。对经济落后国家而言，关税对幼稚的民族工业的保护作用尤为重要。因而，关税自主是一个独立国家的固有主权，是一国进行平等的对外贸易、维护和发展本国经济的重要权利。近现代以来，为推动双边或多边贸易的发展，参与贸易的各国间亦通过相互协商制订其关税税率。

协定关税是指两个或两个以上的国家用缔结条约或贸易协定的方式，相互给予某种优惠待遇的关税制度，分为自主协定关税和片面协定关税两种。自主协定关税，是订立协定的国家在平等互利的基础上，为了发展相互间的贸易而制定较低税率的关税制度。片面协定关税是帝国主义国家强迫殖民地、半殖民地以及弱小国家单方面减让关税而制定的关税制度。鸦片战争后，清政府迫于帝国主义的压力制定的关税即为片面协定关税。

鸦片战争以前，中国享有完整的关税自主权。鸦片战争以后，资本主义列强强迫中国签订了一系列不平等条约，规定了中国关税由中外“共同协定”的原则，即列强在中国享有“协定关税”的特权，中国关税自主权丧失。中国关税税率长期被固定在一个极低的水平上，不但降低了中国关税的财政作用，而更为严重的是中国关税彻底丧失了保护本国经济的功能，致使中国无法根据市场的变动及发展的需要利用关税手段对经济进行有效的调控。中国的大门彻底敞开，且毫无防范。

1. 关税制定权的丧失

1842 年中英《南京条约》第十条规定，英国商人“应纳进口、出口货税、饷费，均宜秉公议定则例”。这一条约明确规定了“秉公议定”的原则，即中国关税税则的制定必须与英国协商，但同时并未对英国关税制度提出同样的约束，因而是一个片面协定关税原则，亦即英国人在华的一项特权。

1843 年，中英双方开始商务问题的谈判，最后签署了中英《五口通商章程》。在这一章程的“海关税则”中，英方强迫中国接受其提案，将中国绝大部分商品的进出口税率定在 5%左右。同时，还规定：“凡属进口新货，例内不能核载者，即按价值若干，每百两抽银伍两。”这样，将中国海关税则尚未列明的进口商品的税率全部固定在 5%这

① 徐雪筠，等. 上海近代社会经济发展概况. 上海：上海社会科学院出版社，1985：278.

一极低的水平上。这一税则规定的主要进口商品的税率比鸦片战争以前粤海关的实征税率降低了 58%～79%。参见表 1–3。

表 1–3　1843 年协定关税前后主要进口货物税率水准

单位：从价百分比/%

货物	单位	1843 年前旧税率	1843 年新税率	新税率较旧税率减少比例
棉花	担	24.19	5.56	77.02
棉纱	担	13.38	5.56	58.45
头等白羊布	匹	29.93	6.95	76.78
二等白羊布	匹	32.53	6.95	78.64
本色洋布	匹	20.74	5.56	73.19
斜纹布	匹	14.92	5.56	62.73

资料来源：严中平，等. 中国近代经济史统计资料选辑. 北京：科学出版社，1955：59.

1843 年中国的关税率，仅为欧美各国关税的十几分之一至几十分之一，如 1847 年奉行自由贸易的英国对中国茶叶征收的进口税率高达 200%～350%。中国成为世界上关税率最低的国家之一，从而丧失了关税这一保护本国产业的重要工具。因而，1843 年中英《五口通商章程》的英国签约代表亨利·璞鼎查爵士（Sir Henry Pottinger）禁不住高兴地说道：这一税率“对（英国）进口商来说，竟比商人们本身所敢于提出的还要更加有利一些。”①以至英国人不无得意地讥讽道：中方谈判代表耆英“好像完全没有体会到，他们正在签订断送中国关税自主权的证书，从而为他们的国家招致了无穷的后患”。②

1843 年税则成为中国第一个片面协定关税税则，该税则标志着中国关税制定权的丧失，亦即中国关税自主权被剥夺。

2. 关税修订权的丧失

1843 税则制定的 5%的税率，实际上取消了中国的关税壁垒，满足了西方国家打开中国市场的需求，因而他们不希望中国随意变动税率。1844 年中美《望厦条约》第二条规定：“倘中国日后欲将税例变更，须与合众国领事等官议允。”同年中法《黄埔条约》第六条也规定：中国“如将来改变则例，应与佛兰西会同议允后，方可酌改”。这样就进一步从法律上剥夺了中国的关税修订权，确立了中国进出口税则必须经资本主义各国同意后才能修订的原则。

1843 年税则规定的“值百抽五”的税率，名义上是从价税，为便征收，实际操作中采用从量方法计征。随着西方生产技术的改进，其工业品的生产成本逐渐降低，为提高产品的竞争力，西方出口到中国的商品价格趋于下跌。这样，按照从量计征的税率就超过了“值百抽五”。于是，资本主义列强要求中国重新修订税则，且英国再次以武力实现

① 姚贤镐. 中国近代对外贸易史资料：第 1 册. 北京：中华书局，1962：384.

② [英] 莱特. 中国关税沿革史. 姚曾廙，译. 北京：商务印书馆，1963：63.

了其愿望。经修订后的税则被载入 1858 年中英降低从量税率。第二次鸦片战争《通商章程善后条约》规定：除茶、丝、鸦片及免税商品外，所有进出口货物一律按“值百抽五”水平征税。“值百抽五”原则被正式固定了下来。

1858 年税则中，主要进口商品的税率比 1843 年又降低了 13%～65%，这一税率可以说是当时全世界最低的关税水平。如 1839 年英法两国签订关税互惠协定，法国对英国纺织品实行优惠性的低关税，其平均税率为 15%，高于中国对同类货物所征税率的 2～3 倍。又如 1864 年美国对进口棉布征税每匹 2 元，而中国仅征 8 分，此项税率美国为中国的 25 倍。①再如美国对中国植物油征收进口税 25%，而中国对美国煤油所征进口税仅 5%。②因而 1858 年税则颁布后英国人兴奋不已，广州英商商会宣称：“他们不知道世界上还有任何别的国家会有比它更为公道的税则。”③英国驻沪领事阿礼国（Rutherford Alock）也说：“哪个国家有像中国这样低的对外贸易税则呢？”

1858 年税则规定的“值百抽五”的税率仅是名义税率，实际上由于此后物价及汇率不断波动，特别是大部分西方国家纷纷实行金本位制，白银不再作为通货，其价格大跌，致使中国实征税率往往达不到 5%。当年英国驻广州领事巴夏礼称：“实际上外商所纳的税饷只抵得上法定数额的二分之一或三分之一。”④

此后，中国长期实行这一均一的固定税，其弊端严重。中国关税无法起到对经济的保护、调节作用，且税率是片面协定的，中国得不到对方的相应让步或补偿。西方国家对来自中国的商品仍然征收高额关税。

3. 关税支配权的丧失

1860 年中英、中法《北京条约》规定：中国对英法两国各自 800 万两的战争赔款由关税收入内扣缴，一年分四次，每次交关税总额的 1/5。中国关税自此成为对外赔款的抵押品。

1874 年，台湾海防大臣沈葆桢向汇丰银行借款 200 万辆，以各关进口税抵押，从而开了借款以关税为抵押的先河。1877 年，中国向英国借款 500 万两，协议指定以广州、上海及汉口三地海关税收作担保，关税自此正式成为列强向中国提供贷款的抵押品。

经过两次鸦片战争，中国不但丧失了关税的制订权，而且连税款的支配权也逐渐被剥夺了。

4. 子口半税制度的确立

西方列强在中国获得协定关税权，不但左右了中国海关关税，而且还侵及中国内地关税。

中国封建社会后期随着人口的增加、政府机构的膨胀、财政支出的不断增加，在重农抑商思想的支配下，实行重征商业及商人的政策，以致国内关卡林立，严重阻碍商品

---

① 姚贤镐. 两次鸦片战争后西方侵略势力对中国关税主权的破坏. 中国社会科学，1981（5）.

② 贺长龄. 皇朝经世文编：卷 71，第 16 页。

③ 英国蓝皮书额尔金伯爵赴华赴日有关文件，1857—1859//严中平. 中国近代经济史. 北京：人民出版社，1989：222.

④ 严中平. 中国棉纺织史稿. 北京：科学出版社，1955：64。

流通及国内统一市场的形成。19 世纪前期，中国内地关税主要是常关税。

1842 年中英《南京条约》规定："英国货物自在某港按例纳税后，即准由中国商人遍运天下，而所经过税关不得加重税例，只可按估价则例若干，每两加税不过分。"英国人由此开始对中国内地税的干涉。不过因当时中国内地关税较轻，尚未构成商品流通的巨大障碍，故中英双方协议"洋货各税，一切照旧轻纳，不得加增。"

19 世纪 50 年代，清政府为筹措镇压太平天国的军费，在全国通衢要道遍设厘卡，对过往商品征收厘金，内地税负大增。这样，商品在国内流通中要负担沉重的内地流通税，对于西方列强向中国倾销商品和掠夺中国原料无疑构成了巨大障碍。因而，1854 年 2 月英国政府给其驻华公使包令的关于要求修改《南京条约》的训令中，让其要求清政府"不得在外国进口的货物上和为外国出口而购买的货物上，课征内地税和通过税"[①]。英国这一要求经第二次鸦片战争得到满足，在 1858 年中英《天津条约》及中英《通商章程善后条约》中规定：洋商贩运洋货进入内地或自内地收购土货出口，"所征若干，综算货价为率，每百两征银 2 两 5 钱。"其时，将海关所在口岸称为"母口"，内地关称为"子口"，子口税率为 2.5%，即母口的一半，故其又被称为"子口半税"。

1876 年 9 月，中英签订《烟台条约》，规定各口租界免收洋货厘金，即所谓的"租界免厘"，这样在租界内无论何人（包括中国商人在内）贩卖洋货均受子口税的保护，由此进一步便利了洋货对中国市场的占领。

子口税制实行后，外商只要一次性交纳 2.5%的子口税，便可在中国任意推销其工业品，掠购中国原料。而中国商人从事国内商品贩运则仍要"逢关纳税，遇卡抽厘"，交纳沉重的内地关税，致使近代中国长时期内中国商人所纳税率大大高于外商。外商凭借特权在华享受超国民待遇，使中国商人、中国商品在国内、国际竞争中处于极其不利的地位。其他国家商人援引片面最惠国待遇（详见下文）条款也一并享受了这一特权。

5. 关税减免范围的肆意扩大

通过协定关税制度，西方列强对华贸易除享受长期不变的低税率外，还有许多免税的规定，并且他们还巧立名目，极力扩大减免税商品的范围。1843 年中英《五口通商章程》规定：除"洋米、洋麦、五谷等"继续享受中国传统的免税待遇外，其他一切进出口商品均不免税。到 1858 年中英《通商章程善后条约》则规定："凡有金银、外国各等银钱、面粟、米粉、砂谷、米面饼、熟肉、熟菜、牛奶酥、牛油、蜜饯、外国衣服、金银首饰、搀银器、香水、碱、炭、柴、薪、外国蜡烛、外国烟丝烟叶、外国酒、家用杂物、船用杂物、行李、纸张、笔墨、毡毯、铁刀、利器、外国自用药料、玻璃器皿，以上各物进出口通商各口，皆准免税。"这些免税商品种类繁多，不少属于奢侈品，且一些类目规定不具体，为外商歪曲解释逃避关税提供了借口。

在陆路贸易方面，列强通过不平等条约迫使中国接受更低的税率。1859 年中俄签订《黑龙江通商条规》，其中第一条规定：在黑龙江沿岸"通商后两国卖货，俱不征税"。1862 年中俄《陆路通商章程：续增税则》第一条又规定："两国边境贸易在百里内均不纳税。"

---

① 马士. 中华帝国对外关系史：第 1 卷. 北京：三联书店，1958：767.

该条约第五条还规定俄国商品进入中国内地享有减税的优惠特权，“俄商运俄国货物至天津，应纳进口正税，按照各国税则三分减一，在津交纳。其留张家口二成之货，亦按税则三分减一，在张家口交纳。”1881 年中俄《伊犁条约》规定，俄商在天山南北路和蒙古各城贸易均免税。此后，沙俄又迫使中国签订了一系列不平等条约，将俄商享受减免税的地域不断扩展。到甲午战争前夕，俄国在华贸易享受减免税的地域范围已经涉及中国的东北、西北、蒙古乃至内地的许多地方。

沙俄取得对华陆路贸易减免税特权后，其他西方列强也不甘落后。1886 年，中法签订了《越南边界通商章程》，其中第六条规定：“凡各项洋货进云南、广西某两处边关者，于到关时，按照中国通商海关税则减五分之一收纳正税。”第七条又规定：“凡各项土货运出云南、广西某两处通商处所，先征内地子口税，再照中国通商海关税则减三分之一征出口正税。”1893 年英国迫使中国签订《藏印条约》，该约第四条规定：除应禁货物外，“其余各货，由印度进藏，或由藏进印度……自开关之日起，皆准以五年为限，概行免纳进、出口税。”1894 年中英签订的《续议滇缅界条约：商务条款》第八条规定：“自条约批准之日起，以六年为期，中国所出之货及制造之物，由旱道运入缅甸，除盐之外，概不收税；英国制造之物及缅甸土产运出缅甸，由旱道赴中国，除米之外，概不收税。”通过上述不平等条约，英法取得在中国西南边疆陆路贸易的减免税特权。

表面上，这些减免税的规定是双边对等的，但实际上由中国运往对方的货物数量极少，因而基本成为列强独享的一项特权。

各国保护关税一般都是进口税重、出口税轻。晚清时期我国的关税却恰恰相反。如洋煤进口每吨征银五分；土煤出口每担征银四分，运至其他口岸又纳六分[①]，高于洋煤达 20 倍，以至需要煤的口岸宁愿进口洋煤。另据天津海关资料，1871—1880 年进口洋煤 81 500 余吨，出口土煤仅 5 500 余吨，“盖由税则厚薄不一，土煤壅滞难销，遂使厚利为洋商垄断。”[②]

综上所述，西方列强凭借其在华协定关税的特权，任意降低中国关税税率，规定大量的减免税，片面协定关税制度使中国关税作为保护本国经济发展屏障的作用彻底丧失。这一点连当年英国驻华公使卜鲁斯也公开承认，中国“海关税则实际已失去其作用”。[③]

（四）外籍税务司制度

鸦片战争前中国享有独立完整的主权，海关掌握在清政府手中。鸦片战争后，“协定关税”制度使中国关税壁垒基本取消，海关行政管理权也随着外籍税务司制度的建立被英国等西方列强剥夺。

1. 外籍税务司制度的形成

西方人控制中国海关从领事报关制度开始，进而控制了中国最大的海关——上海海关，最后将一套半殖民地海关制度扩大到全中国，从而完成了西方列强控制中国海关的进程。

---

① 海关报告. 1866 年上海：5.

② 卷 40. 李文忠公全集：奏稿.

③ 严中平. 中国棉纺织史稿. 北京：科学出版社，1955：64.

鸦片战争前夕，中国封建海关从行政组织、人事管理、征税制度到查缉手段都显得十分落后，同时贿赂公行，弊端丛生。在西方商人走私活动的冲击下，中国海关实际已丧失独立自主能力。鸦片战争后，清政府认识到，即使要征收世界上最低的关税也根本办不到。故在缔约时，不得不求助于有关的缔约国，要求其驻华领事参与监督该国来华各商船的报关和结关手续，以杜绝走私。同时，英国商人不断抱怨清朝海关官员肆意勒索的行为，强烈要求改变中国传统的征税制度。

1843 年，中英谈判时，英方提出英国领事参与中国海关征税活动，“监督照章交纳关税和其他加征，庶几不致发生弊端，全面的杜绝走私。”①即实行领事报关制度。英方这一要求被订入 1843 年中英《五口通商章程：海关税则》，该条约规定：“向例英国商船进口，投行认保，所有出、入口货税均由保商代纳。现经裁撤保商，则进口货船即由英官担保。”“英国商船一经到口停泊，其船主限一日之内，赴英国管事官署中将船牌、舱口单、报单各件交与管事官查阅收贮；如有不遵，罚银五百元。若投递假单，罚银五百元……管事官既得船牌及舱口报单等件，即行文通知该口海关，将该船大小可载若干吨、运来系何宗货物逐一声明，以凭抽验明确，准予开舱卸货，按例输税。”即英商到中国港口后，首先将船牌及所有报关单证交予英国在各口领事，再由领事据此行文通知中国海关。当船只卸货装货时，由领事通知海关“公同查验”。商船纳税后，海关发给完税单，商人凭完税单领回船牌，然后出口。若领事发现商人走私漏税行为，通知中国海关。这样，只有英国领事“行文通知”中国海关后，海关关员才能行使职权，若无英国领事的通知，中国海关便无权对外商征税稽查。

1844 年中美《望厦条约》中也规定：美国商船进港，均由领事照会海关，才可取牌开舱。同年，中法《黄埔条约》也做了类似规定。

领事报关制度的确立使中国海关不能独立行使职权，中国海关行政主权的完整性遭到破坏。不过，这一时期列强对中国海关的干预还是在海关外部，中国海关内部还是独立的。

五口通商后，中国对外贸易的重心很快从广州转移到上海。上海成为中国最大的通商口岸，西方国家控制中国海关便首先从上海海关开始。

1853 年 9 月 7 日，上海小刀会起义，清政府在上海的行政机关很快被小刀会占领，苏松太道（即上海道）兼江海关（即上海海关）监督吴健彰逃到租界。英国领事阿礼国随即派兵占领了上海海关并宣称，上海海关行政陷于停顿，“我们没有遵守海关规章或条约纳关税的义务。”为增加要挟清政府的砝码，阿礼国又向英商公布了一个《海关机构空缺期间船舶结关暂行章程》，该章程规定，在上海海关不能行使权力期间，由英国领事代替中国政府征收和保管关税。②此即所谓的“领事代征制”。随后美国和法国驻沪领事也宣布代征关税。

江海关的税收是清政府的重要财政来源，与太平军作战的饷费补给全赖于此。关税

① 费正清. 贸易与外交：卷 2//严中平. 中国近代经济史. 北京：人民出版社，1989：217.

② 海关总署. 文件汇编：卷 6.

被外国领事代征代管后，清廷财政支出严重短缺。吴健彰受命迅速恢复上海海关，其先后在苏州河、闵行及浦东等地设立过临时海关，都被列强以“保持中立”的借口予以驱逐。1854 年 6 月，清朝两江总督怡良授权吴健彰与英、美、法三国驻沪领事会谈，列强以归还 1853 年 9 月以来的外商欠税为诱饵，要求改组上海海关。会议最后达成了八项协议，中国与英、法、美三国签订了《上海海关协定》，其主要内容是：海关机构中任用外籍人员担任税务监督；其人选由三国领事提名，上海道台加以任命；由三名税务监督组成税务司署，由其选任各级中外属员。[①]

1854 年 7 月，中国第一个半殖民地海关——由外籍税务司控制的上海海关正式开办，英国人威妥玛、法国人史密斯和美国人卡尔成为上海海关最初的三位外籍税务监督，实权掌握在英国人手中。一年后，即 1855 年 6 月，威妥玛离职，由另一位英国人李泰国接任。李泰国上任后即参照欧洲资本主义海关的管理制度改造上海海关。近代中国第一个半殖民地海关上海海关的诞生，标志着清政府丧失了上海海关的行政管理权。

西方列强夺得上海海关的管理权后，又伺机夺取全中国海关的行政管理权。1858 年，英国迫使中国签订的中英《通商章程善后条约·海关税则》第十条规定：“通商各口收税如何严防偷漏……各口划一办理……任凭总理大臣邀请英人帮办税务并严查漏税。”上海海关的殖民地制度由此扩及全国，并以条约形式加以制度化、法律化。外籍税务司制度——半殖民地海关制度的核心，从此成为支配近代中国海关一成不变的制度。

1859 年 5 月，李泰国被任命为中国第一任外籍总税务司（Inspector General of Customs），海关总税务司署设在上海（1865 年迁往北京）。随后李泰国即按西方近代海关模式逐步改组各地海关。1861 年，清政府成立新的中央机构——总理各国事务衙门[②]，海关由户部转归总理衙门，总理大臣奕訢对李泰国重新加以任命。不久李泰国因病回国，英国人赫德（Robert Hert）代替其职。到 1863 年 11 月李泰国由于为清政府购买军舰一事被免职[③]，赫德正式被任命为总税务司，直到 1911 年死去，赫德担任中国海关总税务司一职长达近半个世纪，从而确立了英国在近代中国海关的最高统治地位。

外籍总税务司有极大的权力，从海关行政、人事任免、业务管理皆唯总税务司之命是从。按照条约规定，外籍税务司是中国政府的“雇员”。中国在各海关均设有监督，税务司只是监督的助手。但实际上海关的行政及人事大权都掌握在税务司手中，各地海关只是对总税务司负责，中国政府的任何政策法令只有取得总税务司同意才能实行，海关监督形同虚设。第二任外籍总税务司赫德甚至要求下属：“凡写到海关监督，简单地称呼‘海关监督’就行了，不要再用‘阁下’字样……对海关监督，你最好说‘咨询’，而不是说‘呈报’……不说接受海关监督的‘指示’。”1864 年，赫德制定了《募用外人帮助税务章程》，在外籍税务司控制的中国海关中，中高级职员一律任用洋人，中

① 姚贤镐. 中国近代对外贸易史资料：第 1 册. 北京：中华书局，1962：500-503.

② 总理各国事务衙门简称总理衙门，总揽外交及与外国有关的财政、军事、教育、工商业等事务，被认为是中国对外开放的标志之一。

③ 1862 年，李泰国因病请假回国，清廷委托其在英代购军舰，李泰国为控制中国海军，竟在英国招募了一支雇佣军并带到中国，这只舰队只听命于李泰国，清廷仅负责支付舰队的费用。最后，清廷只得花费大量白银将这支舰队退回，李泰国也因此被免职。

国人只能充当一般职员。中国海关完全被列强所控制。

2. 外籍税务司制度的影响

按照西方资本主义模式建立的新式海关，客观上比中国传统的封建海关在管理制度上有显著的进步。清朝封建海关行政管理分散，各关制度不一，弊端丛生。西方人控制下的半殖民地新式海关则制定了统一完善的章程，建立了一个由总税务司集中统一领导的、由总税务司署和各关税务司署组成的完整的海关行政管理体系，使海关管理严密规范，行政效率大大提高。如在税收征管及人员任用上，旧式海关采用包税制，包税额以外的税款即落入海关职员的腰包，因而海关关员贪污舞弊、随意勒索现象严重。人员任用上任人唯亲，总体素质较差，行政效率低下。新海关按西方模式运行，有严密的组织制度，不论行政组织、人事管理还是财务制度、征税章程都在总税务司署统一领导之下。首先，建立了相应的统计上报制度。采用“实征实报”制，所征税款一律登记上缴。海关官员除固定的薪金外，不得私取任何款项。其次，建立了世界上先进的会计制度，将过去笼统的总账变为分门别类的明细账，并严格实行账目稽查制度。再次，新式海关建立了一套人事、行政、财务的考核制度。同时，新式海关还聘用了一批受过高等教育的外籍人员，新式海关较旧式海关管理规范严格、高效廉洁。

外籍税务司凭借一个组织完善、人员精干、管理严密、经费充裕的机构控制了中国财政，由此也就控制了清政府，随意操纵其政治、经济、军事、外交和文化。海关的管理范围、职能无限扩大。赫德曾说：“我们主持的工作，虽然叫作海关，但其范围很广，目的是尽可能地在各方面为中国做些有益的事情，它确是改革各地海关制度以及改革中国一切生产事业的一个恰当的核心组织。而最重要的是它的领导权必须掌握在英国人手中。”长期在中国海关任职的英国人莱特在其《赫德与中国海关》一书中也称：“中国海关的洋税务司制度是任何天才所能创造的纪念碑之一。是西方国家不能征服中国，又力求统治中国的最好办法。”因而，近代半殖民地海关除了管理海关事务外，凡是有关中外贸易的一切税收制度的创立及管理、海港检疫、灯塔浮标助航设施的设置、引水等都被其包揽，此外还参与订立中外不平等条约、组织外交活动、办理邮政、改造同文馆、代清政府对外借款、组织中国商品参加国际博览会等。外籍税务司甚至有权颁布贸易法规，从而干涉中国的内政、外交。

中国海关行政管理权被列强剥夺后，中国大门钥匙即落入了外国列强手中，列强凭借外籍税务司制度，将一系列有利于洋商、洋货的措施强加给中国，中国对外贸易发展方向为列强的利益所左右。对此，赫德曾明确表示：“为使贸易按照条约规定的方式进行，为使中国人按照条约规定强加于他们的贸易方向行动，没有这样一种税务司制度将变得更加混乱。”[①]近代海关成为执行贸易方面不平等条约的重要机构。

不可否认，近代海关引进了一些西方近代先进的科学、技术和管理方法，行政效率大为提高。尽管中国进口税率极低，但随着中外贸易的发展、贸易规模的扩大，按照近代海关的征税制度所征的关税仍大大超过历史水平，从而使关税日益成为清政府重要的

① 马士．中华帝国对外关系史：第1卷．北京：三联书店，1958：767．

财政支柱。1860年所征税款达700万两，1886年增至1 500万两，关税成为清政府一笔可靠的财源。建关后的前 5 年，海关关税为清政府偿还了对英法两国的赔款，为镇压太平天国提供了巨大的财政支持，因而新式海关得以顺利取代旧海关。

对外贸易统计是近现代海关的职能之一。西方列强控制中国海关后为进行国际间比较、作为征税参考，尤其是为英国人长期担任总税务司职提供依据，从1859年海关即开始进行贸易统计。不过，由于统计制度初创，故最初类目简单，且对外贸易与国内埠际贸易混在一起。1864年，内外贸开始分别统计，分类较详细，并发表海关贸易报告，但还仅是各关分散的统计，尚无全国对外贸易的总统计。到1868年，中国有了全面按商品记载的海关贸易统计，并开始发表海关贸易报告。

半殖民地海关帮助清王朝打开了近代外交局面，客观上增进了中国对西方世界的了解。中国历史上长期开展“朝贡”外交，一切外来国家和民族均被视为“蛮夷之邦”，其来华均是因仰慕中华文明“慕义而来”。16世纪以后，西方国家虽然用坚船利炮打开了中国的大门，清政府依然将其作为“蛮夷”看待，对其殖民挑衅也主要是加强“华夷之防”，极力阻断中外联系。第一次鸦片战争后，清政府仍极力维护“天朝上国”的尊严，拒绝按国际惯例互派使节。

赫德认为，要“把中国牢固地和西方缚在一起，使其欲退不能”，即将中国完全纳入资本主义世界体系中，必须帮助清王朝开拓新的外交局面。

1866年赫德回英国休假，清政府派遣总理衙门的一位章京斌春和同文馆学生数人随往。1868年，清廷派出以前美国驻华公使蒲安臣（已退休）为团长的一支正式的外交代表团出使欧美十余国，此举成为中外关系史上划时代的行动，中国开始步入国际社会。1873年，同治帝终于放弃了“天朝上国”的尊严，开始按西方礼节接待各国驻华公使。1876年，中国派出第一位驻外使节郭嵩焘出任驻英公使。此后，中国驻各国使领馆相继设立，经费均源于海关。这些海关促使下的遣使活动，打开了清朝的外交局面，客观上加强了中国对外部世界的了解，启动了中国学习西方的阶段。

综上所述，半殖民地海关在一定程度上促进了中国一些行业的近代化，但其前提是中国主权沦丧，西方国家通过控制中国海关，得以操纵中国的内政、外交，攫取经济利益，加深了中国社会的半殖民地化的程度。

（五）沿海及内河航行通商权

沿海航运通商权属于一国主权范围，一国的内河航行和内地贸易更属于该国的主权，近代世界其通常是“保留给本国的公民的”，至多的是在严格限制下部分开放。当年，英国驻沪领事阿礼国曾说过：“一个国家向另一个国家要求内河航行权，在任何国际法体系中都是完全没有根据的。”“没有一个西方国家曾经把这个特权让予任何其他国家”“也没有任何条约承认这样一个原则。”[①]即使在当代沿海及内河航行属于服务贸易范畴，各国的开放也多颇为慎重。然而，经过两次鸦片战争后，西方列强获得沿海及内河航行通商权，中国沿海及内河航行通商权便向列强全面开放了。

① 严中平. 中国近代经济史. 北京：人民出版社，1989：252.

1. 沿海航行贸易权

中国沿海航行贸易权被侵夺始于 1844 年中美《望厦条约》，该约第三条规定："嗣后合众国民人，俱准其携带家眷，赴广州、福州、厦门、宁波、上海共五港口居住贸易，其五港口之船只，装载货物，互相往来，俱听其便。"列强由此获得中国通商口岸之间的沿海航行贸易权。而《南京条约》规定："英国货物自在某港按例纳税后，即准由中国商人遍运天下。"即凡中国之货，只准中国商人贩运。故列强在沿海五口的航运权仅限于进口洋货，沿海各口岸的对外开放还是有一定限制的。但西方商人根本不顾条约规定，擅自大量经营中国沿海土货的贩运，以至 1856 年英国驻华公使包令不得不发表声明："英国商船没有条约权利装运货物从一个港口到另一个港口去。"①由于外国轮船具有安全、快捷、免除苛税、运费低廉并且可以有保险条件的优势，不少华商也雇佣洋船贩运货物，因而到第二次鸦片战争时洋商经营中国沿海的洋货、土货航运已是既成事实。

第二次鸦片战争后，中国更多的沿海口岸被迫开放，1858 年中法《天津条约》将外商在中国沿海的航行贸易权扩大到其他通商口岸。外国商船可以遍驶中国沿海各通商口岸，且这一权利获得条约的保障。

随后，中美《天津条约》第十四条规定，在所有的通商口岸，"任其（美国）船只装载货物，于以上所立各港互相往来"。这里未提到只限洋货的贩运，亦即允许美商在通商口岸经营贩运土货。1858 年 11 月中英签订的《通商章程善后条约》中规定，除豆石、豆饼在登州及牛庄两口外，其余商货允许外商在中国沿海自由贩运。至此，条约明确赋予了外商在中国沿海贩运土货的权利。

1861 年，外籍总税务司颁布了一个关于土货沿岸转口贸易的纳税办法，规定外国商船在出口港纳出口正税，转至进口港纳半税。据此，1862 年 3 月 24 日英国驻上海领事擅自宣布：自即日起，英国商船自牛庄和登州出口豆石至任何港口，与其他中国土货无异。②这种强盗行为到 1863 年又获得条约认可，该年丹麦在英国支持下与中国签订《天津条约》，其中第 44 条规定："丹国商民（在）沿海议定通商各口载运土货，约准出口，先纳正税，复进他口再纳半税。"这样，列强获得了在中国沿海航行贸易的全部权利。

外国轮船进入中国沿海，迅速以其固有的优势排挤了中国帆船航运业。但列强并不以此为满足，还千方百计地强化其优势。例如在转口税上，1858 年中英《天津条约》规定："外国商船来华只纳一次子口税，至他子口，毫不另征。"再如在船舶税上，1843 年中英《五口通商章程・海关税则》第五条规定："凡英国进口商船，应查照船牌开明可载若干，定输税之多寡，计每吨输银五钱。"1858 年中英《天津条约》规定："英国商船应纳钞课，一百五十吨以上，每吨纳钞银四钱，一百五十吨正及一百五十吨以下，每吨纳钞银一钱。"此外，还规定："以四个月为期，如系前赴通商各口，俱无庸另纳船钞。"不但将船钞率大大降低，而且在四个月内，无论进出中国任何口岸、多少次，都只需纳一次船钞。中国沿海帆船航运业不可避免地受到致命的打击。1869 年的海关报告称："上海到

① 费正清. 贸易与外交：卷 1//严中平. 中国近代经济史. 北京：人民出版社，1989：217.

② 严中平. 中国近代经济史. 北京：人民出版社，1989：268.

宁波航线上轮船降低运费以排挤帆船，基本上已经使所有的帆船都停止了航运。”1873 年广州英国领事报告称：“过去两年，广州、上海、天津间的直接运输建立起来了……迄今沿岸贸易正为后者（外商）所垄断。他们的轮船夺走了帆船的货运，以致该业全部消失。”[①]

2. 内河航行及内地贸易权

西方列强在剥夺中国沿海航行权的同时，也剥夺了中国内河航行及内地贸易权。

第一次鸦片战争时期，英国人认为只要打破广州一口通商格局，在中国东南沿海再开四、五个口岸准许英国通商，英国就能打开中国市场。[②]因此，才有 1843 年中英《虎门条约》第六条的规定：“广州等五港口英商或常川居住，或不时来往，均不可妄到乡间任意游行，更不可远入内地贸易。”然而，五口通商后，中英贸易并未如英商预想那样顺利发展，英国商品在中国市场大量滞销。对此，英商诬称中国政府庇护中国人排外，阻碍英国商品销售，故他们强烈要求中国开放内地市场。1848 年，英国驻上海领事阿礼国向英国外交部建议：“为我国对华商务之大规模的、充分的发展，还要有别的根本条件，其中尤以进入初级市场，排除限制我国货物自然流通的障碍，以及取消一切阻碍内地旅行的限制，最为重要、最有效力。”[③]因而，西方列强强烈要求中国开放最大的内河——长江。

1854 年，英、法、美三国联合要求中国修改条约，对外商开放长江，被中国婉辞拒绝。第二次鸦片战争后，西方列强的愿望均得以实现。1858 年中英《天津条约》第十条规定：“长江一带各口，英商船只俱可通商……准将自汉口溯流至海各地，选择不逾三日，准为英船出进货物通商之区。”这样，列强即获得中国最大内河——长江的航行贸易权。到 1876 年，中英《烟台条约》迫使中国开放了长江上游重庆—宜昌段，同时中下游又有更多口岸向外商开放。

除长江外，中国其他主要内河也相继开放，如东北内河在 1858 年被沙俄通过《瑷珲条约》取得，该约第一条规定：“黑龙江、松花江、乌苏里河，此后只准中国、俄国行船”。

1858 年中英《天津条约》还赋予外商内地通商权，该条约第九条规定：“英国民人准听持照前往内地各处游历、通商，执照由领事官发给，由地方官盖印……雇船，雇人，装运行李、货物，不得拦阻……如通商各口有出外游玩者，地在百里，期在三五日内，毋庸请照。”这样，西方列强获得全面的内地通商权。

西方列强夺得中国内河航行及内地贸易权后，中国广袤的腹地全面对外人开放，资本主义侵略势力也由沿海大肆伸入中国内地，内地市场逐渐被其控制，其对中国对外贸易的垄断随之大大加强了。

鸦片战争之前，外国来华船只主要是木帆船。战后，轮船逐渐增多，先是木壳轮船，继有钢甲，到 1875 年轮船已经代替木帆船用于远洋航行。外国大的轮船公司陆续设立，逐渐独霸了中国的远洋和内河航运。在 1872 年美国旗昌洋行将它的过时船

① 英领报告. 1873 年. 广州.

② 费正清. 贸易与外交：卷 2//严中平. 中国近代经济史. 北京：人民出版社，1989：116.

③ 严中平. 中国近代经济史. 北京：人民出版社，1989：277.

只卖给中国的招商局以前，中国还没有近代的航运业。沿海和内河轮船航运几乎被外国垄断，中国的轮船所占比重极少，远洋航运更是全部为外国船只垄断，各口岸进出口的中外船只的比较见表 1–4。

表 1–4　各口岸往来中外轮船木船比较（1865—1895 年）

年份	中国船				外国船			
	船只		吨位		船只		吨位	
	只	%	吨	%	只	%	吨	%
1865	574	3.5	39 548	0.6	16 054	96.5	7 096 753	99.4
1870	469	3.3	29 939	0.4	13 640	96.7	6 877 889	99.6
1875	2411	14.2	871 439	8.8	14 583	85.8	8 996 202	91.2
1880	7124	31	4 828 499	30.4	15 846	69	11 045 853	69.6
1885	4 345	18.5	2 243 534	12.4	19 095	81.5	15 824 643	87.6
1890	10 603	34.1	6 334 956	25.5	20 530	65.9	18 541 503	74.5
1895	13 014	35	5 220 121	17.6	24 118	65	24 516 957	82.4

资料来源：聂宝璋. 中国近代航运史资料：第 1 辑. 上海：上海人民出版社，1983：324–325.

（六）片面最惠国待遇

最惠国待遇是国际贸易条约中一个常用的互惠条款，旨在推动双边贸易的发展。其基本含义是：缔约国一方已经给予或将来可能给予任何第三方的优惠待遇，也应同样给予缔约国的对方。它是在平等互惠基础上相互给予的优惠待遇，其适用范围主要限于贸易中的关税减让。

近代中国与列强订立的一系列不平等条约中规定的最惠国待遇则完全是中国对外国列强单方面的优惠，是外国列强在中国的一项特权。其意味着中国已经给予或将来可能给予任何第三方的优惠待遇，也应同样给予缔约的列强。而列强给予任何第三方的任何优惠性待遇并不给予中国。它既不平等也不互惠，且适用范围无限扩大。

1. “一体均沾”原则的确立

片面最惠国待遇条款发端于 1843 年中英《五口通商章程》，该约第 8 条规定：“如蒙大皇帝恩准西洋各外国商人一体赴福州、厦门、宁波、上海四港口贸易，英国毫无靳惜，但各国既与英人无异，设将来大皇帝有新恩施及各国，亦应准英人一体均沾。”即中国将来给予其他国家任何商业权利，英国人可以一并享受，“一体均沾”原则由此确立。1844 年中美《望厦条约》也有同样的规定：“倘中国日后……如另有利益及于各国，合众国民人应一体均沾。”

由于片面最惠国待遇条款的实施，任何一个列强都可以凭此享受到任何一个条约规定的所有贸易特权。

2. 片面最惠国待遇无限扩大

第二次鸦片战争后，片面最惠国待遇被无限扩大。1858 年，美国迫使中国签订的《天津条约》第三十条规定：“嗣后大清朝有何惠政、恩典、利益施及他国或其商民，无论关涉船只海面、通商贸易、政事交往等事情，为该国并其商民从来未沾，抑为此条约所无者，亦当立准大合众国官民一体均沾。”如此，片面最惠国待遇的适用范围便由通商扩大到中国政治、经济、军事、外交等各个方面。因而，西方学者称：中美《天津条约》的“显著特点是一项无所不包的最惠国条款，这一条款使美国公民成为联合武力、外交和对局势最审慎的研究所赢得的一切事物的承受人”。[①]

到19世纪60年代，片面最惠国待遇的适用范围甚至扩大到包括中国公民在中国享受的权利，即中国政府若给本国人民何种优惠政策，外国人也“一体均沾”。[②]到甲午战争前，根据不平等条约在中国获得片面最惠国待遇特权的国家有英国、美国、法国、俄国、德国、瑞典、挪威、丹麦、比利时、荷兰、意大利、奥地利、秘鲁、葡萄牙、西班牙、巴西16国。

片面最惠国待遇适用范围的无限扩大，使之成为外国列强肆意扩大其在华政治、经济权益的重要工具，只要其中一个列强在中国攫取任何一项特权，其他列强均可援引最惠国待遇条款一并享受。故一国向中国勒索一项特权，其他国家必群起相助，中国成了资本主义各国共同宰割的对象。

（七）领事裁判权

领事裁判权是西方列强在中国拥有的治外法权，是中国司法权的严重破坏，也是列强攫取各种经济特权和巩固既得利益的重要手段。

1. 领事裁判权的确立

鸦片战争以前，英国不法商人就企图摆脱中国法律约束，在华获取治外法权，但未能如愿。鸦片战争后，英国将其意志强加于中国。1843年中英《五口通商章程》第十三条规定：“倘遇有交涉词讼……其英人如何科罪，由英国议定章程、法律，发给管事官照办。华民如何科罪，应治以中国之法。”即英国人在五口地区与中国人发生纠纷，英国人由英国领事根据英国法律处理，中国人由中国官员按中国法律处置。这样，英国人获得了在中国五口地区的治外法权。

2. 领事裁判权扩大

1844年中美《望厦条约》第二十一条规定：“嗣后中国民人与合众国民人有争斗、词讼、交涉事件，中国民人由中国地方官捉拿审讯，照中国例治罪，合众国民人由领事等官捉拿审讯，照本国例治罪”。这一条款不但剥夺了中国对在华美国人的民事、刑事案件的审判权，而且还剥夺了中国官员对美国罪犯的捕捉权利。该条约第二十五条又规定：“合众国民人在中国各港口，自因财产涉讼，由本国领事等官讯明办理；若合众国民人在中国与别国贸易之人因事争论者，应听两造查照各本国所立条约办理，中国官员均不得过问。”这样，不仅美侨与中国人或美侨间的案件，甚至美侨与其他外侨在华发生诉讼，中国官员都不得过问。此特权的适用范围由刑事扩大到民事，适用地区从五口扩大到全

① 姚贤镐. 中国近代对外贸易史资料：第2册. 北京：中华书局，1962：760.

② 中国人民大学. 中国近代经济史：上册. 北京：人民出版社，1978：77.

国，其他国家援引片面最惠国待遇条款一并享受。1865年，英国公使照会总理衙门提出“凡英民犯案，须由领事官出票，交地方官转传。”

到19世纪60年代，西方列强甚至剥夺了中国对那些没有缔结条约国家的公民在中国发生诉讼的审判权。1869年，英国提议，与中国无缔约关系的国家的公民在中国犯罪，也可由英美等国领事代审。

西方列强在华获得领事裁判权后，外国人在华违法即受到本国领事的庇护，他们凭借这一特权，在包括对外贸易在内的各个领域为所欲为。外国领事对本国商人在华的犯罪活动或“重罪轻判”或“空言了事”或“有意放纵”。如1864年中国运盐船从泰州驶往南京，途中停泊在僻静处，美旗昌洋行轮船故意撞沉运盐船，货沉江底，死三人，中国地方官带盐户告至上海美领事馆，美领事断为：“两造皆错。”仅仅判旗昌赔偿货价一半，赔偿死难家属白银300两。在领事裁判权的庇护下，外商在华违法犯罪几乎无所忌惮，如有的美商雇用华人搬运货物，不但不付钱，反诬华人为盗。还有一些外国商人甚至将外国国旗及船舶执照作为商品卖给中国不法之徒，供其走私犯罪，逃避中国法律制裁。

各个通商口岸成了外国人的天堂。如上海在外国人眼中“已经变成了无法无天的外国人们的一个真正的黄金国。其中许多人都属于这类型：只要有利可图，那么走私犯禁，一切都不顾忌，就是行凶杀人，也在所不惜”。①

事实上，不少外国驻华领事本身即兼为商人，特别是在第二次鸦片战争前，除英国以外，其他各国领事几乎全由商人兼任，因而五口通商时期也被西方人称为“商人领事时代”。1853年，曾有美国人说：“我们在国外的领事从事商业活动是非常普遍的。在中国，他们都属于为首的一批美国洋行。”②如美国琼记洋行的柯柏德·侯德（Colbert Heard）曾任俄国驻上海及香港两地的领事。史密斯洋行的金戴维（David O. King）曾任普鲁士驻华领事。英国商人充当领事更加普遍，据记载：19世纪50年代，比利时、西班牙、葡萄牙、丹麦、秘鲁、荷兰等国驻上海及广州的领事或副领事大多由英国商人充当。如宝顺洋行大班比尔（T. C. Beale）是驻上海的葡萄牙领事和荷兰的副领事；怡和洋行的大班珀斯乌（Percival Alex）是丹麦领事；旗昌洋行大班H. G. Wolecot是美国驻上海领事。这些商人领事更是利用其所谓的领事裁判权大肆从事各种违法贸易活动，从而大发横财。他们当然对于“本国商人那种令人不以为然的走私行为，一定要装作看不见，而不采取任何步骤去取缔”。③实际上各国商人在华的违法活动均受到本国领事的极力庇护。

在领事裁判权的庇护下，西方商人在中国肆无忌惮地走私贩私，进行超经济的暴力掠夺，中国政府对此无可奈何。1852年，咸丰帝发布上谕称：“事关交涉外夷，办理之法，先在严查内地商民，杜绝弊端，使夷商无可借口，断不准稍涉张皇，别生枝节。”即中国对外商要实行隐忍政策。1861年，英国公使卜鲁斯说：清朝官员“在任何情况下，连碰也不敢碰外国人”。李鸿章曾说：这些领事“上半天沟通作弊之商人，下半天即可亲身赴道署商办公事；次日到官受罚之人，即道台明日来拜之领事”④。连中美天津条约

① 莱特. 中国关税沿革史. 北京：三联书店，1958：86.

② 达维斯. 美国公文汇编：第1辑，卷4//严中平. 中国近代经济史. 北京：人民出版社，1989：18.

③ 马士. 中华帝国对外关系史：卷1. 北京：三联书店，1958：393.

④ 李鸿章. 通商章程成案汇编：卷4. 光绪十二年刻本.

的美方签字代表列卫廉都承认：领事裁判权“既要求将我国人民免于当地法律的制裁，而我们自己却不予以惩处，凌害一个弱国实在莫此为甚”。[①]美国驻华公使蒲安臣也说：“我们的国旗曾经被用来庇护在中国的所有（美国）流氓。”[②]

此外，列强在华还获得驻军权，外商在华合法的、不合法的贸易活动均受到保护。恩格斯说：“英、法、美三国的商人在国外甚至比在家里更能自由行动。他们的大使馆保护他们，必要时还有军舰来保护他们。”

西方列强通过上述一套半殖民地的对外贸易制度，将中国置于被迫开放的状态，中国的对外贸易被纳入了世界市场体系之中，为西方的利益所左右。20 世纪 30 年代西人评论说：“天津条约创造了一套制度，使中国对外贸易被管制、培养和在七十年中扩大到梦想不到的数量。沿海港口的扩散、海关行政的统一、进出口商品在内地的特权的享受、中国国内贸易商品由洋轮取代自有帆船在内地及沿海运输、外国商人及船只在条约口岸规定下及领事保护下的特权享受，等等，所有这些汇成一种深刻而确定的转变，创造了一个到今天仍基本上被维持着的贸易制度。”[③]在这一制度下，中外商人在中国市场上处于不平等的地位，致使一些中国商人尤其是为外商服务的买办纷纷寻求外商的庇护，或轮船挂外国国旗，或直接雇佣外国轮船运货，或以外商名义开设假洋行，或用外商的转运单，甚至加入外国籍以获得子口税等优惠性待遇。一些外商也趁机转卖子口税单，牟取非法利益。对外开放的经济主体也就由来华贸易的外国商人充当了，从而中国开放的利益也就集中于西方列强手中了。

二、洋务运动及其对中国对外贸易的影响

两次鸦片战争，中国均惨遭失败，被迫与西方国家签订了大量丧权辱国的不平等条约，曾经的“天朝上国”受到极大震动。一些社会的精英分子开始意识到中国面临着空前的民族危机，出现了“数千年未有之变局”，遭遇了“数千年未有之强敌”，因而“人人有自强之心，亦人人有自强之言”，传统的华夷观念开始动摇。清王朝中的有识之士开始正视现实，他们不断总结中国失败的教训，努力寻求自强之路。一些人认识到中国与西方在军事上、经济技术上的差距，主张对外开放，积极学习西方，发展近代资本主义，因而中国只有自强才能解除外侮。从 19 世纪 60 年代开始，中国开始了一场以“求强”“求富”为目标的早期现代化运动——洋务运动。洋务运动也被称为中国近代经济领域的变革，或近代的改革开放运动[④]，实际上也是中国人的一场自救运动。

（一）对外开放思想的形成

在西方武力威胁下，中国一些有识之士产生了向西方学习的思想。早在第一次鸦片战争时，林则徐即感受到中外军事力量的悬殊，“内地船炮非外夷之敌”，并提出对外开

① 姚贤镐. 中国近代对外贸易史资料：第 1 册. 北京：中华书局，1962：400.

② 马士. 中华帝国对外关系史：卷 2. 北京：三联书店，1958：130.

③ T. R. Banister：A History of Externaltrade of China，1834–81，Maritime Customs，Decennial Reports，1922–1931，1931，p.51.

④ 所谓改革，即兴办一批具有资本主义因素的近代化企业；所谓开放，则是指引进西方先进技术和借用外资。

放，“以通夷之银，量为防夷之用，从此制炮必求极利，造船必求极坚。”[①]林则徐通夷御侮思想被魏源具体化为“师夷长技以制夷”的主张。他认为，“夷之长技有三：一、战舰；二、火器；三、养兵练兵之法”，因此主张引进夷人之长技，具体的规划：（1）“于广东虎门外之沙角、大角二处，置造船厂一、火器局一”；（2）“行取佛兰西、弥利坚二国各来夷目一二人，分携西洋工匠至粤，司造船械，并延西洋柁师，司教行船演炮之法……而选闽粤巧匠精兵以习之”；（3）准许福建、上海、宁波、天津等地的沿海商民仿效设立船厂和火器局，“以造船械，或自用、或出售者，听之”；（4）认为西方“饷兵之厚、练兵之严、驭兵之纪律，为绿营水师对治之药”，[②]要求整顿军队，学习西方先进的养兵练兵之法。即由官方和民间同时效仿西方兴办近代军事工业，引进西方工程技术人员，培训中国人才，引进西方军队管理训练方法，以达到“国以人兴，功无幸成，惟厉精粹志者，能足国而足兵”。[③]

两次鸦片战争后，在空前的民族危机面前，李鸿章、郭嵩焘、王韬、马建忠、薛福成、郑观应等一批有识之士不约而同地认识到中国正面临着巨大变局。李鸿章曾上奏指出：“今则东南海疆万余里，各国通商传教，来往自如，麇集京师及各省腹地，阳托和好之名，阴怀吞噬之计，一国生事，万国构煽，实为数千年来未有之大变局。轮船电报之速，瞬息千里；军器机事之精，工力百倍；炮弹所到，无坚不摧，水陆关隘，不足限制，又为数千年来未有之强敌。”[④]王韬也说：“开辟以来，至尧舜而一变，以荒陋之天下而为文明之天下；至秦汉而又一变，以封建之天下而为郡县之天下；至今而又一变，以中国独治之天下而为四洲相通之天下。”[⑤]他们从西方各国的现实景观中，看到了以火车、轮船和电报为主体的近代资本主义先进生产方式的巨大威力，意识到了世界经济由分散走向相互联系的历史趋势。也正是基于这一新认识，他们开始从世界的角度去分析中国的前途和命运，从中外对比中去论证清廷改革的方向。王韬强烈地呼吁破除封闭、顺应潮流、在开放中变革自强。他说：“虞西人之为害，而遽作深闭固拒之计，是见噎而废食也。故善为治者，不患西人之日横，而特患中国之自域……去害就利，一切皆在我之自为。”[⑥]薛福成也认为，“从前闭关独治之说，非所施于今日也。”必须于开放中学习西方，“集西人之长”[⑦]，才能致富图强。

与此同时，尽管中国战败，但当时大多数人依然认为，西方仅仅是制造技术比中国先进，中国传统的政治、经济体制、儒家思想及其伦理道德优越于西方。1861 年，冯桂芬在其《校邠庐抗议》中提出：“形而上者中国也，以道胜；形丽下者西人也，以器胜。”因而，“器则取诸西国，道则备自当躬。”即中国应在传统体制内吸收外国先进

① 侯厚吉. 中国近代经济思想史稿：第一册. 哈尔滨：黑龙江人民出版社，1982：119.

② 魏源. 海国图志. 郑州：中州古籍出版社，1999：100，105，267.

③ 魏源. 海国图志. 郑州：卷二.

④ 中国史学会. 洋务运动（一）. 上海：上海人民出版社，1961：41–42.

⑤ 申报. 1875 年 10 月 29 日.

⑥ 王韬. 弢园尺牍. 北京：中华书局，1959：177.

⑦ 中国史学会. 洋务运动（一）. 上海：上海人民出版社，1961：390.

技术，应中西结合，且以中学为根本，即在坚持中国传统体制前提下，学习西方先进技术。此即后世所称的“中体西用论”。

（二）洋务运动的发展

1860年年底，咸丰帝发布上谕，令曾国藩等人聘请西方工程师传授枪炮制造技术，从而拉开了中国近代学习西方的序幕。引进西方先进技术兴办近代化军事及民用企业，即实行开放政策，在器用层次上向西方学习的洋务运动——中国早期的现代化开始启动。1861年，总理衙门成立，成为中国办理洋务的中央机构。在总理大臣奕䜣，地方实力派曾国藩、李鸿章主持下，洋务运动逐步展开。其主要内容包括兴办近代军事工业制造枪炮船舰、兴办近代的工矿企业和交通运输业、对外交涉、编练新式陆海军、设立学堂、派遣留学。其核心是兴办近代的军事工业和民用工业，以达到“求强”“求富”的目的。

洋务运动大体可分为前后两个时期。

第一阶段：19世纪60—70年代以“求强”为主，即训练新式军队和设厂造船炮。

这一阶段的洋务运动旨在建立一套新的有效防御体系。1861年，曾国藩主张“师夷智以造炮造船”，在安徽设立安庆内军械所，开始生产新式武器和小轮船。1863年，李鸿章在上海创办三所洋炮局，仿制西式大炮。制造新式武器靠中国传统手工工具显然无济于事，因而产生了引进外国先进机器设备及其技术的要求，由此中国开始了引进欧美先进技术的历程。1865年，中国第一家近代军事工业企业——江南制造总局正式成立。这一时期所建军事企业达20余家。

一方面，清政府兴办的近代军事工业所生产的产品并不作为商品出售，即不进入市场，而是直接拨交军队使用，因而不计成本，不考虑盈亏，企业也没有由利润转化来的资金积累。另一方面，军工企业又需要大量资金投入，靠财政日趋拮据的清王朝自然难以持久支撑。此外，军事工业的发展有些不能独立进行，还需要相关的上下游民用产业配合，如交通运输、能源、原材料等。此外，随着对西方国家了解的加深，中国人逐渐认识到西方国家强大的根基在于其经济的发达。到19世纪70年代，洋务派官僚意识到：求强必须求富，因而提出了“寓强于富”的口号。

第二阶段：19世纪70年代后，兴办近代的民用工业。

通过官办、官督商办、官商合办的形式，洋务派在各地创建了一系列民用工业，其中主要是工矿及交通运输企业。著名的有1872年李鸿章创建的轮船招商局、1880年开办的天津电报局及关内外铁路（天津经山海关向关外延伸）、1881年开办的开平矿务局（今开滦煤矿的一部分）、1878年开办的基隆煤矿、1889年的漠河金矿、1890年的上海机器织布局、1893年的汉阳铁厂（湖广总督张之洞创办，是当时规模庞大的钢铁冶炼企业）。

到19世纪90年代，洋务运动的军事革新随甲午战争的失败而宣告失败。然而，其兴办的民用企业并未受到影响，仍继续发展。但在封建官僚控制下，这些企业发展大多不顺利，成效也不够显著。①

① 中日两国于19世纪60年代大体同时开始的近代化运动的不同结局即是最好的证明。

（三）对中国对外开放政策的影响

1. 开启了中国利用外资的先河

清朝初期，清政府宣布开海贸易，西方商人逐渐集中到广州一口与中国官方指定的广东十三行行商做生意。当时，由于清政府对白银进口实行免税和鼓励政策，中西之间利率差距很大，外商在广东进行高利贷活动非常猖獗，而清政府则严厉禁止华商借用外商资本。乾隆年间，两广总督李侍尧根据清政府的旨意，制定了“约束外商五事”，其中一条就是“禁止借领外商资本”“内地民人，概不许与夷商领本经营，往来借贷。倘敢故违，将借领之人，照交结外国诓骗财物例问拟，所借之银，查追入官，使外夷并知炯戒。”[①]但是，由于行商多属牙行商人，他们在对外贸易中处于不利的境地，往往只能无奈依赖外商的贷款，忍受外商的高利贷剥削。此外，以广东十三行行商为首的华商，在对外贸易时与外商之间形成了大量的债务，行商在正常商业信用破产后丧失了偿还的能力，最终出现了“行欠”。尽管清政府要求“年清年款”，但“行欠”屡禁不止，而且逐渐增多。1759—1837 年，广东十三行约有 20 家行商破产，破产债务总额达 911 万两以上。鸦片战争后，中英《南京条约》要求清政府偿还尚未清偿的 300 万元“行欠”，私债终于演变为国家的外债。[②]

太平天国起义后，面临严重财政经济危机的清政府为镇压起义，采取各种手段增税加捐，并允许地方政府“就地筹饷”。东南沿海各省在财政紧张的情况下，开始尝试以海关收入抵押举借外债，中央政府对之采取默认的态度。

洋务运动期间，为发展近代实业，清政府开始允许举借外债。要兴办近代机器工业，特别是军工等重工业企业需要大量的资金投入，因而洋务运动面临的一个首要问题是资金来源。当时的中国“民间十室九空，国帑千疮百孔”，无论民间还是国家均无资金可以利用，利用外资成为唯一筹集资金的途径。李鸿章的幕僚马建忠是近代中国第一个全面论述利用外资问题的思想家。1876 年，他被李鸿章派往法国留学，后又随洋务派官员郭嵩焘等周游西方诸国。回国后，他在洋务事业的筹办中再流露出利用外资的思想。他指出，利用外资是国外普遍的历史经验，中国也应举借外资以图商务振兴。他明确提出了借债修筑铁道的主张，认为借用外资“阳为借债之名，阴收借债之效，用洋人之本，谋华民之生”。针对外债可能带来的弊端，马建忠也阐述了赋有卓识的观点。他指出，借用外债只能用于生产建设和商务，不能用于军务；为防止外人和富商居间把持，借用外债可采取“径向民间借款”之法，“由我计息”“自我定价”“自行承办”借债事宜[③]。

洋务派官员丁日昌、刘铭传也先后提出了“借债筑路”的主张。1880 年 12 月，前直隶提督刘铭传入京，呈奏了《请筹造铁路折》。他从国际形势、军事、省兵省饷、增加财政收入以及漕务、赈灾、商务、矿业等多方面论述了借债筑铁路的必要性，更重要的是提出了借外债筑路。清政府发布上谕，命李鸿章等照刘铭传折内所陈，悉心筹商，妥

① 梁嘉彬. 广东十三行考. 广州：广东人民出版社，1999：97，123.

② 隆武华. 外债两重性一引擎？桎梏?. 北京：中国财政经济出版社，2001：277-275.

③ 马建忠. 借债以开铁道说//适可斋记言：卷 1.

议具奏。李鸿章后上《妥筹铁路事宜折》，支持刘铭传的建议，列举了兴修铁路的九大好处，认为“刘铭传所拟暂借洋债，亦系不得已之办法”[①]。两江总督刘坤一、大学士左宗棠等人也纷纷主张借款修筑铁路。但通政使司参议刘锡鸿、内阁学士徐致祥、太仆寺少卿延茂、内阁学士张家骧等保守派表示反对，认为修筑铁路有“三大弊”“九不利”“五大害”。就连一些借过外债的洋务派官员也认为，“借用洋款，耗息甚多，海关部库，均受其害。”[②]慈禧太后最后采纳了保守派意见，不同意借款修筑铁路。1885 年中法战争爆发后，清政府鉴于中国在战争中的失败，命令群臣商议国家大策。洋务派大臣认为，中法战争期间因“运输不便，军事几败”，铁路关系军事之要，必须尽快修筑，海军衙门也坚决支持借债修路。由于形势所迫，修铁路已成为必然的趋势，因而反对者的意见被压制了下去。到 1889 年，“借债筑路”的建议基本得到了清政府的认可。

而利用外资与闭关自守思想存在严重冲突，保守派对利用外资大加抨击，认为此举将导致“利权尽失”。洋务派则从国际经验及中国现实出发，坚持利用外资兴办新式企业。在利用外资的方式上，由于担心“招引洋股”，即利用外商直接投资会导致企业被“洋人把持”而“不能自主”，因而提出“借洋债以兴大利”，即通过借款办企业的主张。经过近十年的争论，“借洋债以兴大利”终于成为清末一个重要的对外经贸政策。由于洋务派首领李鸿章等明确反对“招引洋股”，因此利用外资政策仅限于举借外债，中外合资兴办企业尚未开始，而外商独资企业发展也没有“合法化”。

洋务派利用外资政策受到清廷中保守派的不断攻击，且利用外资不同程度地伴随着利权的丧失，故利用外资是在矛盾中进行的，由此促使了利用侨资政策的出台。历史上，中国历代封建政府将华侨视为叛逆或弃民，对华侨采取打击政策。为利用华侨资金，从 19 世纪 60 年代开始清王朝逐步改变其华侨政策，如废除出洋华人回国的禁令；在华侨集中的海外城市设立领事馆，保护华侨的利益；领事馆向华侨募款、捐纳，招引回国投资；派官员到海外考察，劝募及争取华侨的经济支持；对华侨回国投资予以奖励等。自此，利用侨资成为此后中国重要的外经贸政策。

2. 引进先进技术

中国兴办近代工矿企业面临的第二个问题是技术缺乏。近代工矿企业不同于中国传统的手工工厂，一是需要使用新式机器设备，二是必须拥有掌握现代科学技术的工程技术人员。解决这一问题最快速有效的方式是从国外引进。李鸿章提出，“须以广购机器为第一义，精求洋匠为第二义”[③]，既要引进先进机器设备，又要引进先进智力。因而，他创办的江南制造总局，一方面是靠收买美商旗记铁厂留下的全部机器设备及容闳赴美订购的机器，另一方面则从欧美聘请了一批工程师。

此后，以引进国外先进设备（硬件）、工程技术人员（软件）为主的技术引进成为近代中国又一重要的外经贸政策。1878 年，上海口岸进口机器设备额为 35 592 海关两，

① 中国史学会. 洋务运动（六）. 上海：上海人民出版社，1961：141–149.

② 朱寿朋. 光绪朝东华录：第 1 册. 北京：中华书局，1958：194.

③ 海防档：丙，机器局（一），第 5 页。

1880年增至89 966海关两，1882年又增至224 682海关两，比1878年增加了5倍多。在外部力量的冲击和国内现实需求推动下，洋务运动期间的技术引进有着多种方式，或允许外国在华直接投资，或借用外国技术人员等。如19世纪70年代中期，电信业在西方的迅猛发展，使清政府的洋务派认识到了电信事业在互通信息、调遣军队上的重大作用，主张架设电线。1870年6月6日，清政府允准英国公使威妥玛的要求，同意在沿海设海底电线。次年4月18日，上海至香港间的海底电线建成，使中国从此有了一条完全的电报线路。1870年，丹麦开始架设淞沪线，英人自香港架陆线至九龙，中国境内陆线的建设从此开始。1879年，直隶总督李鸿章借天津鱼雷学堂教习贝德斯，首次架设大沽、北塘海口炮台至天津的电报线，长约40英里，在当年5月建成投入使用。这是中国自设陆线的开始，为以后电信的发展起到了非常重要的作用。

19世纪80年代，沿海的水陆线基本建成，沿边地区的电线迅速扩展，通往北京的电线也正式架设，中国电信事业得到很大发展。

3. 发展对外贸易，实行“进口替代”

洋务运动的主导者李鸿章在实践中已深深意识到，“夫欲自强，必先裕饷；欲浚饷源，莫如振兴商务。”[①] 王韬、薛福成、郑观应等人也无不随之大力鼓吹。他们还主张，把商务置于中心地位，整个国家的国防、外交、教育等，都要以保护商业为基点而制定政策，建立以通商为主导的对外开放的经济发展模式。郑观应认为，“西人以商为战，士、农、工为商助也，公使为商遣也，领事为商立也，兵船为商置也。”[②]马建忠也说：“若英、若美、若法、若俄、若德、若英属之印度，无不以通商致富……欲中国之富莫若使出口货多，进口货少。”进而以通商为中心提出了“富民”的三条对策：“一曰使出货多则精求中国固有之货令其畅销也”；“再曰使进口货少则在仿造外洋之货敌其销路也”；“一欲财常聚而不虞其散者，则在开矿山自有之财也。”[③]

中国大门既已被迫打开，外商又控制了中国进出口贸易，赚取了巨额的贸易利益，导致中国财富外流；洋务派提出中国要“以商制敌，大要两端：外国所需于中国者，自行贩运；中国所需于外国者，自行制造”。即中国要与列强竞争，一是要争取出口贸易主动权，二是要对所需进口商品实行进口替代，发展进口替代产业。洋务派主张的自行开展出口贸易的政策，由于外国洋行势力的强大，难以奏效。而发展进口替代的民用产业则是洋务运动后期的重要活动。此后，中国历届政府鼓励发展近代工业的一个重要主旨即在于“分洋人之利”。

4. 学习西方的自然科学

在引进西方先进技术的同时，洋务派认识到西方技术先进源于其自然科学的先进，因而主张学习西方的科学。李鸿章即认为，“格致、测算、舆图、火轮、机器、兵法、炮法、化学、电气学数门，此皆有切于民生日用军器制作之原”[④]，要求朝廷宜于海防省

---

① 李文忠公全集·奏稿. 卷19.32.

② 郑观应. 盛世危言. 郑州：中州古籍出版社，1998：293.

③ 中国史学会. 洋务运动（一）. 上海：上海人民出版社，1961：403-404，406，407.

④ 中国史学会. 洋务运动（一）. 上海：上海人民出版社，1961：389，53.

份设立洋学局，延请西人传授。从这些论述看来，这些有识之士对西方科学技术的认识，已不限于船坚炮利的范围，已从“器”“技”层次进到学理层次，即“西学”层次。他们不但懂得科学技术在军事上的效用，而且也认识到科学技术“有益于国计民生”，并试图从发展生产的角度来观察、评估和汲取资本主义的文明成果了。

5. 借鉴西方企业组织形式

公司是在生产社会化、经济商品化条件下产生的一种能有效地集合资本、组织生产、扩大生产规模的高级企业形式，尤其是股份有限公司的出现，更“标志着现代各国经济生活中的新时代”①。在这一阶段，李鸿章、郑观应等人都认识到，采用西方公司形式，“可收众擎易举之功”②。在实践中，洋务派创造了官商融合的企业经营形式——官督商办公司制。郑观应对此分析说，“全恃官力，则巨费难筹；兼集商资，则众擎易举，然全归商办，则土棍或至阻挠；兼倚官威，则吏役又多需索，必官督商办，各有责成；商招股以兴工，不得有心隐漏；官稽查以征税，亦不得分外诛求；则上下相维，二弊俱去。”③尽管人们对官督商办形式褒贬不一，但它毕竟是中国人在学习西方过程中结合自己国情所设计的一种可行的企业经营形式，标志着晚清对外开放发展到借鉴西方资本主义经济制度的新阶段。

综上所述，在民族危机面前，越来越多的中国人开始“睁眼看世界”，意识到中国与西方的巨大差距。因而，在民族自救中主张对外开放，学习西方，并将其努力地付诸实践，使中国在被迫对外开放中有了一定的自主开放的成分。

这一阶段在“中体西用论”原则指导下进行的以洋务运动为核心的对外开放活动，虽然引进了外国先进技术，开始利用外国资本，但其对西方资本主义经济制度的引进极其有限，因而取得的近代化成效微弱。

第三节　对外贸易与利用外资的曲折发展

一、外国在华投资的起步

对外投资分为间接投资和直接投资两类。近代间接投资主要是借款，它是一国政府或企业的自主经济行为。直接投资即外商以独资或合资的形式在东道国开办各类企业的活动，要受东道国的法律法规约束。近代以来，各国基于自身利益对于外来投资或鼓励或禁止。

（一）鸦片战争后的对外借款

鸦片战争后为了支付赔款，同时也为了发展近代实业和国防，清政府迈入了举借外

① 马克思，恩格斯. 马克思恩格斯全集：第 25 卷. 北京：人民出版社，2001：483.

② 中国史学会. 洋务运动（七）. 上海：上海人民出版社，1961：130.

③ 郑观应. 盛世危言. 郑州：中州古籍出版社，1998：378.

债的轨道。借用外债固然带有被迫的一面，但也有主动利用外资的一面。因此，可以说，外债是晚清对外开放的重要一环，中国和外国通过外债发生了涉外经济关系。举借外债具有两重性：一方面，晚清政府在借债过程中丧失主权和资源，并用向人民掠夺的形式归还外债本息，这是中国式的原始积累的特殊形式；另一方面，清政府利用国家权力所形成的集中的有组织的社会力量，凭借国家信用向外国举债，直接引进了先进技术，推动了生产力发展，而且促使了中国开放和融入世界。

这一时期的实业借款主要集中于矿业。第二次鸦片战争之后，清政府鉴于军事上的失败，兴起了洋务运动，在各地设立了一批军工企业。由于中国煤矿业的落后，清政府所经营的大型的军用工业如江南、金陵、天津机器局和福州船政局等都“向洋行购办”大量煤炭，支出浩大。为了保证新兴的洋务企业的正常营运，近代煤矿的经营已经是势在必行的事了。1874 年，为防备日本帝国主义的侵略，清政府发起关于“海防”的讨论。经办军用企业的直隶总督李鸿章和两江总督沈葆祯重提“开采煤铁，以济军需”[①]的问题，清政府允许先在“磁州、台湾试办”。中国近代煤矿工业开始创办。

从 1875 年着手磁州、台湾煤矿的筹建。到 1894 年甲午战争前夕，清政府在全国范围内先后创办了 16 所近代煤矿。但是，这一时期清政府一方面要兴办各种洋务事业，一方面在内外战争方面的消耗颇为庞大，财政每况愈下，根本无力支持近代矿业的发展。

甲午战前，清廷共借债 40 次（或说 25 次），借款 3 200 万两，洋务企业为借债者，以在华外资企业尤其是汇丰银行（占 50%）为主要的债权人。[②]

（二）外国在华直接投资

鸦片战争之前，外商在中国的投资很少。当时，清政府只允许广州一口通商，外国个别洋行到广州投资设“行”。

鸦片战争后，上海逐渐成为华洋贸易的中心，外国在华投资的焦点开始转移到上海。鸦片战争后到甲午战争前，中国并无任何有关外国在华投资的法规，条约也并未赋予外商在华投资的权力。但为了控制中国的对外贸易，外商擅自在中国投资，清政府对外国在华投资采取了默许的政策，从来没有加以干涉。正如美国人对外国在华开设银行的评论所称：“这些银行在中国经营并未和中国政府订立契约，中国政府并不曾颁发特许证，它们仅仅是在中国人隐忍下进行的。”除通商口岸的公用事业（水、电、煤气、房地产、通信）外，外商还投资于中国的金融业、交通运输业及工矿企业。

1. 金融业

1845 年，英国丽如银行又称英国东方银行（Oriental Bank）（总行先设在印度，后迁往伦敦）在香港和广州开设了分行，成为第一家外国在华银行。1850 年，又在上海开设了一家分行，并在香港发行纸币，成为在中国市场流通的第一批外国钞票。此后开办的外资银行有 1854 年英国有利银行、1857 麦加利银行。与此同时，不少在华大洋行也从

① 赵尔巽，等. 清史稿：卷 124. 北京：中华书局，1976：3667.

② 除实业性借款外，清政府还有为加强海防、塞防建设和应对边疆危机的军事借款。近代第一笔正式的外债即是 1867 年左宗棠镇压陕甘回民起义的西征借款，但其不属于利用外资的范畴。

事外汇买卖等金融业务，且在19世纪50年代其交易规模往往超过在华外资银行。到1865年，汇丰银行（The Hongkong & Shanghai Banking Corporation Limited，HSBC）在香港和上海同时开业，这是第一家总行设在中国的外国银行。19世纪60年代以后，其他列强也开始投资于中国的金融业。1860年，法国的法兰西银行在上海设立分行，与英国的金融资本展开竞争。19世纪90年代初，其势力已由上海扩展到内地，成为中法贸易的重要金融服务组织。1889年，德国以国家权力为后盾开办德华银行，1893年，日本横滨正金银行也在华设立了办事处。不过，由于汇丰银行与在华外商有密切的联系，得到英国香港殖民当局的支持，因而其势力增长最快，逐渐成为中国近代金融业的霸主。

19世纪60年代以前，外商保险公司的在华业务主要是委托洋行代理。随着对外贸易的发展，独立的在华保险公司应运而生。1864年，英国《泰晤士报》称“当今商人的‘黄金国’似乎就是中国了。那里还有广阔的真空有待填补……我们英国商人正在闯进中国，好像进入了一个未开发的处女地带……‘能够保险吗？’中国托运商很快就提出这个迫切的询问了。因此，为1/3人类的贸易开办保险业务，也摆在这些新来的冒险家的面前了。”①西方人取得沿海及内河航行权后，“随着当地贸易的增长，由于来往于新开辟港口的短程货运的经常化，以及叛乱及战争的危险等，这便使当地保险的重要性增加了。沿海货运已经变得十分危险，货物非有保险不可。”②1857年，怡和洋行于上海设立谏当保险公司分公司；1864年，沙逊等洋行联合设立了泰安保险公司；1868年，怡和又设立香港火烛保险公司；1868年，宝顺洋行也在上海设立了於仁洋面保险公司分公司；美商也不甘落后，1862年旗昌洋行在上海设立了扬子保险公司。

2. 交通运输业

为了便于进行商品倾销和原料掠夺，西方列强还纷纷投资于中国的航运业。早在1850年，英国人开办了一家只有两艘船的“省港小轮公司”，从事香港—广州航线运营。第二次鸦片战争后，列强取得在华沿海和沿江的航行通商权后，外商轮船公司在华相继开办，著名的有1861年美国旗昌轮船公司、1867年英国太古洋行太古轮船公司、1877年怡和洋行开办的怡和轮船公司。这些轮船公司利用其拥有的特权和先进的航运设备逐渐垄断了中国的远洋和内河运输业。③此外，外商还试图在华修建铁路。1872年，英美商人开办了一家“吴淞道路公司”，铺设了一条由吴淞到上海的10英里长铁路，结果被清政府以28.5万两白银买断，予以拆除。由于清王朝统治者的愚昧无知，英美商人试图投资于中国铁路修筑的愿望未能实现。

3. 工业企业

这一时期开办的外资工厂主要是为对外贸易服务的船舶修造厂和出口加工企业。1845年，英国人柯拜（John Couper）在广州开设了柯拜船坞，成为第一家外资在华船舶

① 北华捷报. 1864年11月26日.

② 中国保险学会. 中国保险史. 北京：中国金融出版社，1998：21.

③ 1872年成立轮船招商局前，中国没有自己的轮船航运业。

修造厂。当时，广州黄埔、香港和上海先后成为外资船舶修造业的中心。随着上海经济地位的迅速提高，以上海为中心的外资势力的商业性掠夺贸易活动日趋加强，设于上海的外资船厂发展更快。到1864年，外商在华设立的大小船厂有39家，其中上海即有20余家，如著名的耶松船厂、祥生船厂等。

外商投资的出口加工业主要是在通商口岸设立的砖茶厂、缫丝厂、制糖厂、轧花厂等；19世纪80年代后，以缫丝工业为主的外资出口加工工业十分活跃，投资门类迅速扩张。此时，为适应国际市场对中国改进出口生丝质量的要求，机制缫丝厂发展较快。至甲午之前，外资先后开设了4家丝厂和1家丝头厂。除缫丝业之外，蛋品加工业、皮革制造业等也相继出现。这类为适应外国资本势力商品掠夺需要而设立的外资工厂，在1880—1894年新建的外资工厂中大约占1/4。制冰、火柴、卷烟、玻璃、洋灰、家具、水电公用事业等新兴行业的外资工厂也开始创办。与此同时，外资船舶工业又有3家新厂出现，但规模都较小。祥生、耶松两家船厂则在兼并扩充中不断扩张自己的实力，通过改组走上了行业性垄断的道路。

此外，还有为了利用中国廉价劳动力和原料，便于占领中国市场的一些生产轻工业品的企业，如印刷、火柴、肥皂、制药厂、玻璃、造纸、卷烟厂等。

其中，外资印刷业已初具规模。至19世纪70年代，外资印刷业的兴办呈现高潮。据统计，在甲午战争之前，上海先后设立的外资印刷厂（不包括报馆）共有9家，如专门印刷西文书籍的别发洋行印刷厂、从事翻印中国线装书籍并石印其他书籍的点石斋石印局，都是在这一时期开设的。

甲午战争之前，上海外资工业中类似于英商祥生、耶松这样的企业集团，还有颇具实力的怡和、美查等企业集团。怡和洋行在中国以贩运鸦片起家，后来业务逐步转向航运、保险、仓栈等，并开始工业投资。怡和在上海的工业投资有缫丝业中资格最老的怡和丝厂和怡和丝头厂，在上海机器轧花局也有它的投资。美查兄弟有限公司是英商资本的另一家企业集团，公司包括江苏药水厂、点石斋石印局、燧昌自来火局、申报馆、申昌书局、美查肥皂厂、上海榨油厂等企业，1893年全公司资产总值已达30万两以上。[①]

在甲午战争前，外资所设立的工厂至少已有190多家，总投资200万元。其中，船舶修造业和出口加工业有116家，占总数的60%，资本额1 500万元，占总投资的75%。据海关关册统计，1872年，有外商343家和外侨3673人；1882年，有外商440家和外侨4 894人；1892年，有外商579家和外侨9 945人。据香港的一家刊物记载，在1865年，全国还只有外资企业78家，到1893年年底已增至580家[②]，参见表1–5。不过可以肯定地说，在甲午战争之前，外国列强尚未取得在华设厂的权利，因此在中国的投资相对甲午战争之后要少得多。

① 徐新吾，黄汉民. 上海近代工业史. 上海：上海社会科学院出版社，1998：23–25.

② 许涤新，吴承明. 中国资本主义发展史：第2卷. 北京：人民出版社，1990：88–89.

表 1-5　　甲午战争前外国在华企业情况

国　　别	企业数
英国	354
美国	30
德国	81
法国	33
俄国	12
日本	42
奥国	4
意大利	4
葡萄牙	7
西班牙	4
丹麦	4
其他	5
合计	580
行业类别	企业数
银行、保险	18
航运	13
工业	67
贸易	241
代理商、掮客	86
店主（烟酒百货、服装旅馆）	89
自由职业（医院诊所，律师、会计师、工程师事务所）	66
合计	580

资料来源：Chronicle and Directory，1895，Hongkong.

关于甲午战争之前外国在华投资额的准确数字，由于统计资料的缺失而难以把握。早在新中国成立初期，吴承明先生对比做过估算，认为 1894 年前外国在华投资约 2 亿至 3 亿美元①。至 20 世纪 90 年代，吴承明在其《中国资本主义发展史》一书中又对甲午战争前外国在华投资做出更加深入的估计。该著作以 1894 年为基期，凡在这一年存在的外资企业都包括在内，最后得出结论，即银行业、保险业、航运业、工业、商业、借款六

① 吴承明. 帝国主义在旧中国的投资. 北京：人民出版社，1956：35.

项外国在华投资总额，估计约为 1.19 亿美元，各行业投资所占比重参见表 1-6。

表 1-6　　甲午战争前外国在华投资估计

业别	估计投资额（美元）	所占比重（%）
银行业	28 094 940	23.52
保险业	5 992 800	5.02
航运业	13 342 545	11.17
工业	14 245 128	11.93
贸易业	41 949 911	35.12
其他商业	5 428 016	4.55
政府借款	10 380 349	8.69
合计	119 433 689	100

资料来源：许涤新，吴承明. 中国资本主义发展史：第 2 卷. 北京：人民出版社，1990：126–134.

清王朝对外国商人的自由放任政策，使西方资本主义在华势力迅速增强。这一时期，外国洋行在华投资尽管尚处于起步阶段，且是非法行为，但不仅使得为对外贸易服务的近代相关行业在华建立起来，大大便利了外国洋行对华贸易的开展，而且他们逐渐控制了中国近代关系国民经济命脉的金融业、交通运输业。通过对中国金融业、交通运输业的垄断及对出口产品加工、包装等的直接经营，保证了外国洋行对中国进出口贸易的操纵。外国洋行凭借雄厚的经济实力、丰富的国际贸易知识和各种各样的特权，不断加强其对中国对外贸易的垄断与控制。中国传统社会特别是沿海地区的社会经济形态受到强烈的冲击。

二、对外贸易的缓慢发展及平衡状况

鸦片战争后，中国被迫对外开放，西方列强强加给中国一套半殖民地的对外贸易制度，使西方商人由此获得一系列政治经济特权、极低的关税及外籍税务司制度，使中国丧失了保护本国经济的主要手段，西方国家得以在华开展掠夺性贸易。但是，国与国之间的贸易毕竟同时深刻地受着双方社会生产力水平的影响，要根据双方市场供求状况来进行。

（一）五口通商时期对外贸易的发展

受中外经济结构、市场发育及技术约束，这一时期中外贸易发展缓慢，进出口依然不平衡，对外贸易的重心由广州转移到了上海。

1. 中外贸易发展缓慢且进出口贸易发展不平衡

19 世纪 40 年代，第一次产业革命在英国刚刚完成，其工业品的生产成本还比较高，对远洋市场上手工业品的竞争尚不具有绝对优势。尤其是这一时期，交通、通信技术仍然比较落后，现代化的轮船运输尚不能进行远洋航行，以致欧亚贸易需绕过非洲南端的好望角，往来一次需时半年以上。海底电缆也尚未联通，信息传递一次费时约两个多月。这样，一方面海运费用高昂，另一方面信息传递速度迟缓，最终导致英国输华商品成本昂贵和商人难以及时把握有利的商机。因而，两次鸦片战争期间，尽管英国工业资产阶级迫切需要开拓国外市场，但交易费用的昂贵极大地制约了其开拓中国市场的能力。因而，这一阶段中国对外贸易的发展也就相对缓慢。

如前所述，鸦片战争以前，西方商人来华贸易被严格限于广州一口，且只能与十三行商人交易，并受十三行商人的严格管束。1842 年中英《南京条约》签订后，中国开放了沿海五个口岸，并允许外商自由贸易。这样，广州一口通商及十三行制度被废除。对此，英国从上到下都充满了兴奋和幻想，认为向中国倾销商品的时代终于到了。英国负责签订《南京条约》的全权代表璞鼎查（Herny Pottinger）就公开向英国资本家宣称："已为你们的生意打开了一个新的世界，这个世界是这样的广阔……倾兰开厦全部工厂的出产也不够供给它一省的衣料的。"[①]于是英国商人将大量商品运至中国，特别是棉布。虽然这些洋布可以适合中国人的用途，价格也比较低廉，但它毕竟"不如手工织的粗土布来得经穿"[②]，盲目运入中国的商品完全超过了当时市场的需求，以致滞销亏损。1842—1845 年，英国输入中国的商品还不断增加，1846 年起就开始迅速下降，直到 1850 年一直维持在较低水平（参见表 1–7）。

表 1–7　　五口通商时期英国对华出口额　　单位：英镑

年份	出口额	年份	出口额
1840	524 198	1849	1 537 109
1841	862 570	1850	1 574 145
1842	969 381	1851	2 161 268
1843	1 456 180	1852	2 503 599
1844	2 305 617	1853	1 749 597
1845	2 394 827	1854	1 000 716
1846	1 791 439	1855	1 277 944
1847	1 503 969	1856	2 449 982
1848	1 445 959	1857	2 876 447

资料来源：严中平. 英国资产阶级纺织利益集团与两次鸦片战争史资料. 经济研究，1955（2）.

五口通商时期，中英贸易处于显著地位，此外是美国、俄国、法国的对华贸易。美国当时的工业还比较落后，主要是经营贩运贸易。中俄主要在恰克图从事陆路贸易，俄国输华货物包括毛织品、棉织品，皮毛等，中国输俄则 90%以上是茶，尤其是砖茶。法国对华贸易的重要物品是棉毛织品和杂品，贸易额很小。从趋势上看，这几个国家和中国的贸易其间没有快速上升，反而出现与中英贸易类似的走势，贸易额曾一度下降。

---

① 严中平. 英国资产阶级纺织利益集团与两次鸦片战争史资料. 经济研究，1955（2）.

② Commercial Reports，1879 年，汉口，第 65 页。

出现上述局面的主要原因是中国当时仍处于自给自足的小农经济状态，普通百姓习惯用坚实耐穿的土布，而英国运到中国的大量商品是棉布和棉纱，甚至还有呢绒等毛织品，不适合中国市场需求。中国自然经济的社会经济结构，形成了巨大的经济和时间节约，对大工业产品有着顽强的抵抗性。

另外一个原因是，当时英国向中国大量走私鸦片，这也妨碍了其正常商品的贸易。为了向中国走私鸦片，英国建立了由飞剪船、沿海航船和趸船组成的鸦片舰队。英国人萨瑞在《中国和中国人》一书中为我们描绘了英国在福州港走私鸦片的情景。他说："这个港口的鸦片交易（虽然是非法的）量是相当大的，据估计，城内每天要零售五箱到九箱，而在闽江口则竟准许停泊着武装的鸦片飞剪船，这真是英国的耻辱和丢脸的事。据说，每年有价值 2 500 000 元的鸦片输入到福州府，并从福州府再流入内地。据中国人说，由于走私来的鸦片对于现银的长期吸收，这里的内地贸易已经显著地下降了。鸦片的走私贸易是沿着从福州直到泉州（在福州以南 160 英里）的海岸进行的，在那里有一支庞大的鸦片走私飞剪船队，遗憾的是这支船队是属于我们在中国的历史最悠久、资本最雄厚的公司的。仅在福州城内就有一百多家鸦片烟馆，另外还有为数更多的小店零售这种可诅咒的毒品。我认为，即便单从商业观点来看，我们的商人如果致力于满足中国人民的正当需要，总比助长他们的罪恶要好一些，因为当人民的精力和工作低落时，贸易是一定要停滞的；而人们一经吸上鸦片，这个结果一定是不可避免的。"[①]鸦片走私无疑影响了中英合法贸易的发展。当时英国人蒙哥马利·马丁就说："我曾问过上海道台，促进我们对华贸易的最好办法是什么。他当着女王陛下的领事巴富尔上尉的面立刻回答我说：'别再向我们运送那么多鸦片，我们就能够购买你们的产品。'" 1847 年，为调查中英贸易状况而委派的一个下院委员会曾提出报告说：在华贸易受阻并不是因为中国不需要英国商品或别国竞争的加强，中国人购买鸦片消耗了白银，从而大大妨碍了其一般贸易。1849 年 7 月 28 日，在香港出版的英国官方报纸《大陆上中华之友》也十分肯定地说："鸦片贸易在不断地增长。英国和美国对于茶叶和丝的需求增大，只会使鸦片贸易继续增长；制造商的情况是毫无希望的。"马克思就鸦片贸易的负面影响一针见血地指出："中国人不能既购买商品又购买毒品；在目前条件下，扩大对华贸易也就是扩大鸦片贸易；增加鸦片贸易是和发展合法贸易不相容的。"[②]

第二次鸦片战争以前，中国坚固的小农经济尚未被打破，它对西方工业品有着完全的抵抗性。故第一次鸦片战争后，尽管列强获得许多外贸特权，但除鸦片外，其正当商品的对华贸易并无明显的增长。

五口通商时期，中国进出口贸易发展依然不平衡，出口贸易增长较快，而进口贸易虽有进步，但增长缓慢。

进出口贸易增长速度的差异，加上中国对英国出口的初始基数本来就大于自英国进口的规模，由此造成中英贸易的严重不平衡（参见表 1–8）。

---

① 姚贤镐. 中国近代对外贸易史资料：第 1 册. 北京：中华书局，1962：599.

② 马克思. 鸦片贸易史//马克思，恩格斯. 马克思恩格斯选集，第 1 卷. 北京：人民出版社，1995：714–715.

表 1–8　中英年均贸易额　单位：英镑

年份	中国对英出口额	中国自英进口额	中国净出口额
1837—1839	4 273 858	911 560	3 362 298
1842—1846	5 323 388	1 783 888	3 539 500
1854—1858	9 157 001	1 964 242	7 192 759

资料来源：严中平．中国近代经济史：上册．北京：人民出版社，1989：353.

从表 1–8 中可见，鸦片战争后中国对英国贸易顺差额呈现不断增长的态势。而这一时期的中国对外贸易主要是与英国的贸易，因而 19 世纪 70 年代以前，中国在正当商品（即不包括鸦片）贸易中始终处于顺差的地位。

从国际收支角度看，如前所述，鸦片战争前，英国曾凭借鸦片贸易平衡了对华贸易逆差，且从中国掠走了大量白银。鸦片战争后，鸦片走私迅速增长，但中国丝茶出口增速更快。特别是到 1853 年，欧洲发生蚕疫，生丝产量骤减，中国生丝出口得以高速增长，英国对华贸易逆差进一步扩大，19 世纪 50 年代，逆差额较 40 年代增长了一倍多。另据统计，中国对美国顺差也由 1850 年 4 988 000 美元猛增至 1854 年的 9 108 000 美元。因而，到 19 世纪 50 年代，鸦片已不足以补偿英美对华贸易的全部逆差了，中国的国际收支大体上在 1853 年发生了有利的转变，由白银外流变为流入[①]。

2. 中国对外贸易重心转移到上海

随着越来越多口岸的开放，对外贸易的地域格局也在发生着改变。鸦片战争以前，中国对外贸易长期高度集中于广州一口。鸦片战争以后开放五口，除上海、广州港外，其余三口——厦门、福州及宁波的对外贸易并没有明显增长。正如马克思所言：“让出五个新口岸来开放，并没有造成五个新的商业中心，而是使贸易逐步由广州转移到上海。”[②]参见表 1–9。

表 1–9　上海和广州进出口贸易额　单位：万美元

年份	广州	上海	年份	广州	上海
1844	3340	480	1851	2320	1600
1845	3840	1110	1852	1640	1600
1846	2520	1020	1853	1050	1720
1847	2530	1100	1854	930	1280
1848	1510	750	1855	650	2330
1849	1930	1090	1856	1730	3190
1850	1670	1190			

资料来源：黄逸平．近代中国经济变迁．上海：上海人民出版社，1992：62.

① 严中平．中国近代经济史．北京：人民出版社，1989：363.

② 中共中央编译局．马克思恩格斯选集：第二卷．北京：人民出版社，1995：33.

从表 1–9 中可见，19 世纪 40 年代，广州港在中国对外贸易中仍占据首位，1844 年广州港贸易额达 3 340 万美元，同时的上海港仅有 480 万美元。但此后广州港在全国对外贸易中的地位逐步下降，在贸易总额中所占比重不断缩减。另据记载，在出口贸易中，中国大宗出口商品生丝，1844 年以前全部由广州出口，从 1845 年开始则转向上海，该年上海港出口生丝占全国生丝出口量已达 48.7%，次年更激增至 81%，到 1854 年生丝则全部由上海港出口。另一大宗出口商品——茶叶也发生了同样的变化，1843 年以前，中国茶叶出口全部集中于广州港，而从 1844 年开始，上海港的茶叶出口逐年增加。不过，广州港凭借传统优势，在 1851 年以前茶叶出口量仍高于上海港，该年上海港出口茶叶 3 672 万磅，而广州为 4 220 万磅。但到 1852 年，上海港出口茶叶上升至全国茶叶出口总量的 61.8%，一举超过了广州。[①]在进口贸易中，这一时期最大宗的合法进口商品——纺织品，大体在 1852 年上海港的进口量也超过了广州。在进出口总额上，据统计，到 1852 年广州港（16 400 000 美元）与上海港（16 000 000 美元）大体相当，广州只略微高一点。但到 1853 年，上海港则大大超过了广州港，该年经上海进出口货物总值为 17 200 000 美元，而广州港仅 10 500 000 美元，[②]上海自此跃升为中国第一大港。其他港口，如宁波在开放之初的 1844 年，贸易额尚有 50 万海关两，但因其地理位置与上海临近，5 年后贸易额“尚不逮此数之十一”。浙江的丝、茶叶由宁波运至上海出口，据《浙江之平水茶》记载：“就平水当地业茶者言，在清嘉道间，平茶已有输出海外，当时由广东出口……迄自五口通商以后，平茶出口咸由宁波而趋上海矣。”[③]由于浙江丝茶不经宁波而经由上海出口，以致一些英国人建议用宁波去交换其他口岸，但英国商务监督德庇时表示他基于种种理由，并不赞同完全放弃宁波。它仍然可以做一个所有贸易都操在中国人手里的“外港”的典型例子，对主要市场——上海起辅助作用。[④]福州也仅在 1853 年太平天国起义阻断通往上海和广州的运输前后才成为武夷红茶的出口港，而厦门则成为列强进行苦力贩运的主要口岸。

第二次鸦片战争后，中国又被迫开放了一大批新的通商口岸。到甲午战争前，中国共开口岸达 34 处，而上海第一大港的地位长期得以保持。据统计，1894 年 22 个主要贸易港进口、出口总额分别为 16 564 万海关两、12 810 万海关两，上海港在进口总额中占 58%，达 9 666 万海关两，在出口总额中占 46%，为 5 842 万海关两。

五口通商不到 10 年，曾被西方商人称为“永远是对外贸易的主要港口”的广州在中国对外贸易中的地位便被上海所取代，而上海在近代中国对外贸易中的地位历久不衰，其原因主要在于上海得天独厚的区位优势。上海地处中国沿海的中心地带和中国最大内河长江的入海口，货物可方便地转口于沿海各口岸，进而辐射南北各地，通过长江上溯可达南通、南京、芜湖、汉口等地，由此连接中国最富庶的经济带——长江流域，这些地区不仅是出口商品的重要产区，而且也是中国消费水平领先的区域；而广州虽然有珠

---

① 彭泽益. 中国近代手工业史资料：第 1 卷. 北京：三联书店，1957：489，490.

② 中共中央编译局. 马克思恩格斯选集：第二卷. 北京：人民出版社，1957：34.

③ 黄苇. 上海开埠初期对外贸易研究. 上海：上海人民出版社，1979：77.

④ 马士. 中华帝国对外关系史. 北京：三联书店，1957：535.

江水系与内地相连，但其辐射范围相对狭小，同时又有五岭横亘在广东与内地之间。对此西方人也有明确的认识，20 世纪初，一位西方人曾说道："上海是中国沿海对外贸易上最为重要的商港，因此吸引着国际方面很大的注意，我所熟悉的城市中，没有其他城市具有上海那样的优点。""帆船从沿海各地开到上海来，不仅来自南方各省，而且还有从山东和北直隶来的。每年还有相当数量的帆船，从新加坡和马来群岛开来此地。上海内地运输的便利也是举世无匹的。这个地区（指江南平原）既属于长江流域，所以是一片广大的平原，有许多美丽的河流交错其间，而且这些河流又被运河网连贯起来，有些运河很像自然河流，而另一些则是人工的伟大工程。由于此地地势平坦，潮水的涨落深及内地，这样就帮助了当地人民把出口货运至上海，或把进口货运往遥远的内地。"[①]同时，上海又邻近中国最重要的出口货源——丝茶主产区（江、浙、鄂、闽）。因而，上海既是中国交通最便利的口岸，又是中国出口商品最大的供应中心，还是中国最具购买力的消费区域。随着上海港的崛起，租界首先在上海建立起来，外商云集，洋行林立，为对外贸易服务的各项事业得以建立并逐步完善，上海日益成为中国对外贸易环境最具优势的港口，从而在中国对外贸易中独领风骚上百年。

（二）第二次鸦片战争后至甲午战争前夕的对外贸易

1. 对外贸易发展加速

第二次鸦片战争后，中国被迫在更大范围上对西方列强开放，特别是长江及内地贸易的开放，使西方工业品可以畅通无阻地深入广大内陆腹地。而洋货得以以 2.5% 的子口税代替一切内地税，更使之竞争优势增强。与此同时，西方社会生产力取得了突破性的进步。19 世纪 60 年代末，英国产业革命的成果日益显现，其他欧美国家也开始了资本主义机器大工业生产。此后，随着第二次产业革命的发生，西方工业品的生产成本大幅度降低，产品质量显著提高。世界范围内交通运输业出现了革命性变化，1869 年苏伊士运河通航，从欧洲到亚洲的距离缩短了 7 000 公里，从事中英贸易的商船不必再绕道非洲南端的好望角了，从伦敦到上海的海上距离由 22 500 公里骤减至 17 700 公里，货物运输只需 12 个星期左右；1866 年横贯大西洋的第一条海底电缆建成，到 1871 年上海和伦敦之间也建起了海底电报的联系。由海底电报产生了电汇，从而取代了汇票，国际贸易的支付方式更加便利了。从 19 世纪 70 年代开始，欧美各国的主要铁路干线已建立起来，钢壳轮船普遍应用，以石油为动力的内燃机的发明和应用，又使远洋航行的速度大大加快。商品运输成本大幅度降低，且时间大大节约了，通信速度的加快也使经营对华贸易的西方商人能够迅速掌握市场行情的变化。因而，到第二次鸦片战争后，西方资本主义国家的国际竞争力显著提高，对包括中国在内的落后国家和地区的经济掠夺能力大大增强了，半殖民地的中国被进一步卷入了资本主义世界市场。

与此同时，经过十余年的贸易往来，中外经济联系逐渐加强。一方面，在中国经济发达的沿海地区逐渐培育出了一个西方商品的消费市场。19 世纪 70 年代的西方人称："中

---

① R. Fortune：Three years' wanderings in the northern provinces of China. New York：Garland Pub，1979：112.

国人虽然保守，却也不知不觉地使用起外国货。”“假若不是棉织品，至少要用煤油作室内照明之用。”“洋火柴、缝衣针、洋皂、洋烛、洋线等，几几无人不用。”“现在不仅在口岸市镇和沿海地带，就是在遥远的内地，也都可以看到这些东西。”①另一方面，英国商人对中国市场的需求有了较为深入的了解，同时为中外贸易服务的各种经济组织、社会阶层也已基本培育完成，开展中外贸易的市场条件显著改善。

第二次鸦片战争以后，资本主义列强对中国的贸易额迅速增长（参见表 1–10），贸易的商品结构也更加多元化。随着西方工业品竞争力的提高，中国对外贸易的平衡状况发生了逆转。

1864 年，进口额为 4 600 万海关两，1866 年增至 6 500 万海关两，1876 年又增至 7 000 万～8 000 万海关两，1887 年则突破 1 亿海关两，1894 年更达 1.6 亿海关两，比 1864 年增加了将近 3 倍。其中，棉制品的进口额由 1868 年的 2 000 万海关两增加到 1885 年的 3 149 万海关两，增幅达 57%。与进口贸易相比，出口贸易的增速相对缓慢，1864 年出口额达 4 900 万海关两，1866 年为 5 100 万海关两，到 1886 年为 7 000 万海关两左右，到 1894 年增至 1.28 亿海关两，比 1864 年增长约 1.6 倍。

表 1–10　　1870—1894 年进出口贸易额及其指数

（1873 年=100，单位：千海关两）

年份	进口		出口		进出口总额	
	贸易值	指数	贸易值	指数	贸易值	指数
1870	63 693	95.6	55 295	79.6	118 988	87.4
1873	66 637	100	69 451	100	136 088	100
1883	73 568	110.4	70 198	101.1	143 765	105.6
1894	162 103	243.3	128 105	184.5	290 207	213.2

资料来源：姚贤镐. 中国近代对外贸易史资料：第三册. 北京：中华书局，1962.

尽管这一时期中国对外贸易发展增速明显，但在国际贸易中的地位十分落后，参见表 1–11。据估算，1860 年中国人均出口额仅有 0.18 美元，1900 年也仅增长到 0.29 美元，为同期有数据可查的亚洲、非洲和拉丁美洲国家和地区中最低的水平。1876—1880 年，中国进出口额占世界进口和出口总额的比重分别仅为 1.5%和 1.7%。

表 1–11　　人均出口额的国际比较　　单位：美元

年份	中国	印度	锡兰（斯里兰卡）	埃及	古巴	乌拉圭
1860	0.18	0.63	7.78	3.49	18	17.8
1900	0.29	1.26	9.72	8.12	33.21	35.89

资料来源：姚曾荫. 国际贸易概论. 北京：人民出版社，1987：430.

① 姚贤镐. 中国近代对外贸易史资料：第 2 册. 北京：中华书局，1962：1003–1004.

2. 对外贸易由顺差转为逆差

19 世纪 70 年代以前，在自然经济的抵制下，中国在对外贸易中处于顺差的地位。但是，落后的自然经济对先进的资本主义工业制造品的抵抗力毕竟是脆弱的。第二次鸦片战争后，特别是 19 世纪 70 年代，进出口贸易有了较大增长，1864—1894 年进出口总额从 9 000 万海关两增至 2.9 亿海关两。按美元计算，这一时期年均进出口贸易总额大体上在 2 亿美元—3 亿美元。在西方商品竞争力日益增强的同时，中国出口商品的竞争力没有明显变化。中国出口贸易不但未能与进口贸易同步发展，大宗商品出口额还开始下跌，结果导致进口贸易的增长大大超过出口贸易的增长。据统计，1864—1894 年 30 年间进口贸易从 46 210 431 海关两增至 162 102 911 海关两，增长了 2.5 倍。同期出口则由 48 654 512 海关两，增至 128 104 522 海关两，增幅为 1.6 倍。从 1877 年开始，中国对外贸易的长期优势被打破，经常性国际收支由顺差转为逆差。自此，直到 1949 年中国出现了连续长达 70 余年的贸易逆差。①

中国对外贸易平衡状况发生逆转的原因，最主要的是由经济发展水平决定的中外商品竞争力变化的结果。一方面，西方工业品的竞争力明显增强。经济发展水平落后的中国被迫向列强敞开大门，国内市场没有任何保护措施。第二次鸦片战争后，西方列强在中国的特权进一步扩大，中国更广大的区域被迫开放，其对中国经济的控制增强，西方工业品逐步打开并占领了中国市场。另一方面，中国出口商品遭遇到强有力的国际竞争。中国出口以原料性初级产品为主，其生产技术和经营手段都很落后，当其他国家同类商品进入国际市场时，中国的独占优势便被打破，并日益在竞争中失败。而同时，出口商品以原料性为主，附加值低，进口以工业制成品为主，附加值高，自然使其在国际市场竞争中越来越处于不利的地位。

其次，中国生产者与国际市场的联系被割断。中国进出口贸易被洋行垄断进一步加剧了对外贸易逆差。一方面，进出口贸易掌握在洋行手中，通过买办制度建立起了商业网，控制中国商品市场和原料市场。中国出口商品生产者与国际市场不发生联系，无法根据国际市场供需情况进行生产。而盲目的生产，势必影响中国出口商品的价格及效益。如茶叶“各国通商之初，番舶云集，商民偶沾其利，遂至争相慕效，漫山遍野，愈种愈多”，其结果，到茶树长成后“行销日滞，富商大贾，历次亏折，……种茶之区，市疲山败”。②另一方面，洋行操纵中国进出口商品价格，“世界贸易主要商品价格，是在中国以外决定的。中国商人的任何努力，对这些价格不能有严重影响。”③洋行为最大限度地赚取国内外差价，或结成价格同盟，人为地压低中国出口商品价格，或采取高

① 李康华，等. 中国对外贸易史简论. 北京：对外贸易出版社，1981：502. 该数值为中国海关原始统计。19 世纪 90 年代以前，中国海关统计中，出口贸易额不包括货物的出口税和离岸前的杂费，进口贸易额则不仅包括进口税，还包括到岸后的各项杂费，故海关统计高估了进口额，低估了出口额。后世对此曾经修正，但各家修正后的数值不一。综合来看，大体上在 19 世纪 80 年代以前，逆差、顺差交替存在，总体仍以逆差为主，且逆差额不断扩大，到 90 年代以后，几乎年年逆差。

② 卞宝第. 卞制军政书：卷 4.

③ 严中平. 中国近代经济史. 北京：人民出版社，1989：1229.

价放盘、低价收进的手段进行价格操纵。如1885年湖北武昌府的茶叶贸易，“盖因洋商稔知山中售价，开盘之初，抑价压秤，多方挑剔，不使稍有盈余，否则联络各邦，摈绝不买，华商成本不充，艰于周转，不得不急求出售，是以连率亏折。”再如，1866年福建茶市，“每年春间，新茶初到省垣，洋商昂价收买，以广招徕。迨茶船拥至，则价值顿减，茶商往往亏折资本。”[①]1892—1893年间，汉口因外商操纵抑勒茶价，导致华商严重亏损，一时间“倾家荡产者有之，投河自尽者有之”。[②]上海从事茶叶贸易的外商怡和、锦隆、协和等洋行还组织了一个上海外商茶业公会（Shanghai Tea Association）结成价格同盟，对付华商。

此外，西方商人对中国市场了解深入，营销手段灵活多样。一方面，他们派买办赴中国各地的初级市场，推销洋货，购买土货；另一方面，西方商人在通商口岸直接推销商品，与中国的最终消费者直接接触，千方百计地了解中国人的消费心理和消费习惯。同时，他们还根据中国市场的需求组织商品生产，并得到政府的大力支持。如19世纪80年代，英国外交部“把领事带回来的中国农具，包括锄、耙、锹、耜和镰刀等，交给设菲尔德的商会参考仿制”[③]。他们出口到中国的橡胶鞋是“按照中国式样和中国人的身材制造”的，贩运到中国的玻璃都“裁成合于中国居民普通窗户的大小，从而节省用户裁剪和安装的费用”。其商品包装亦按照中国人的心理偏好选择适宜的色彩[④]。

由于中国进口商品以生活消费品为主，因而缺乏正常的弥补逆差的手段。于是，随着贸易逆差的发生，中国的黄金和白银大量外流，由此进一步加剧了中国社会的贫困化。

3. 进出口商品种类多元化，大宗出口商品竞争力下降

五口通商时期，中国进口商品主要是非法的鸦片、合法的棉纱及棉布，其他商品的数量很少。第二次鸦片战争后，随着中国市场被迫进一步开放及西方资本主义生产力的飞跃进步，进口商品种类日益增加。同时，随着贸易的发展，海关统计的类目也更加明细。据海关贸易报告，19世纪70年代中期上海口岸进口商品种类有180种，到1894年增至580多种。除棉制品外，不少西方日用消费品输入到中国，如面粉、食糖、卷烟、肥皂、煤油、蜡烛、纸张、染料、火柴、洋针、洋钉、洋伞等，以致一位西方驻华领事在其《商务报告》中强调“贸易的重大发展必须在新品种中去寻求”。[⑤]从19世纪60年代开始，燃料、机械、交通设备等生产资料的进口开始出现，但最初进口规模很小，甚至直到1886年，海关贸易统计中对此都未列专项。“此后数年间，每年进口的机械价值估计近40万关两”，[⑥]到1893年，进口商品中生活资料约占91.6%，生产资料仅占8.4%。并且，生产资料中又以棉花、金属、煤占较大比重，而中国国内有同类的进口替代品，因而这些物资的进口对经济发展所起的积极作用极其微弱。

---

① 姚贤镐. 中国近代对外贸易史资料：第2册. 北京：中华书局，1962：973–975.

② 湖南省志：第1卷. 117.

③ 汪敬虞. 十九世纪西方资本主义对中国的经济侵略. 北京：人民出版社，1983：113.

④ 汪敬虞. 十九世纪西方资本主义对中国的经济侵略. 北京：人民出版社，1983：102.

⑤ 姚贤镐. 中国近代对外贸易史资料：第2册. 北京：中华书局，1962：1095.

⑥ 郑友揆. 1840—1948中国的对外贸易和工业发展. 上海：上海社会科学院出版社，1984：22.

随着进口商品种类的多元化，鸦片及棉纺织品在进口总额中虽仍占优势，但相对比重逐渐降低，参见表 1–12。

表 1–12 **进口商品构成比重** 单位：%

年份	鸦片	棉纺织品	呢绒	五金	棉花	食糖	米	海产品	燃料	机器	火柴	其他
1867	46.1	21.1	107.0	2.4	7.4	1.2	1.6	2.0			0.1	7.4
1877	41.3	25.7	6.6	5.9	2.0	2.2	2.2	2.6			0.4	11.1
1887	27.3	36.2	5.3	5.7	1.4	1.4	2.7	3.7	0.8	0.4	0.7	13.3
1894	20.6	32.1	2.2	4.6	0.3	0.3	6.0	3.2	0.7	0.7	1.0	17.8

资料来源：姚贤镐. 中国近代对外贸易史资料：第二册. 北京：中华书局，1962：1095.

随着西方工业制成品成本的不断降低，进口棉纺织品的价格不断下跌。到 19 世纪 60 年代，进口棉布的价格已大大低于土布，1872—1890 年价格又下降了 25.4%，不少城镇居民逐渐由购买土布转而购买洋布，棉布的进口从 19 世纪 70 年代前期年均 19 381 000 海关两，增长到 90 年代前期的年均 29 295 000 海关两。与此同时，棉纱的进口增长更为迅猛，其价格在 1872—1890 年期间下降了 1/4，而进口量则由 5 万担增至 108.2 万担，增幅高达 2 064%。到 1885 年，棉制品在进口总额中的比重达 35.7%，从而超过鸦片（28.8%）成为最大宗的进口商品[①]。

19 世纪 70 年代后，新增进口商品种类众多，其中数额较大的有糖、火柴及煤油等。其中，1870—1874 年年均进口糖 848 000 海关两，到 1890—1894 年年均进口增至 4 447 000 海关两，增幅高达 404%。同期，火柴则从 163 000 海关两上升到 1 490 000 海关两，增长了 814%。煤油（时称火油、洋油）自 1864 年开始进口，当年进口量为 11 000 加仑，主要消费者是在华的外国侨民。由于煤油比中国传统照明用油——植物油价格便宜且亮度高，此后不少中国人也开始逐渐使用煤油替代植物油。煤油进口逐渐增加，到 1878 年猛增至 400 万加仑，1885—1888 年年均进口额为 1 735 000 海关两，1890—1894 年增至 5 548 000 海关两，增幅高达 220%[②]。煤油迅速成为位居鸦片、棉纱、棉布之后的第四大进口商品，中国也进入了所谓的“洋油”时代。

此外，未列名的杂品，主要是各种消费资料，品种繁多，五花八门，如药品、烟酒、针线、伞、灯、笔、牙刷、洗涤用品、化妆品、玩具及装饰品等，这些商品不少是按照中国人消费习惯，仿制中国式样，故销路极好，史称，“每来一物，华人无不争买，竟有日用之物，习为故常，非此不可者。”[③]

大量西方工业制成品涌入中国市场，对中国相应的手工业造成了毁灭性打击。对此，郑观应曾说过：“洋布、洋纱、洋花边、洋袜、洋巾之入中国，而女红失业；煤油、洋烛、

① 严中平. 中国棉纺织史稿. 北京：科学出版社，1955：58.

② 姚贤镐. 中国近代对外贸易史资料：第 3 册. 北京：中华书局，1962：1604–1605.

③ 姚贤镐. 中国近代对外贸易史资料：第 2 册. 北京：中华书局，1962：968.

洋电灯入中国，而东南数省之柏树皆弃不材；洋铁、洋针、洋钉入中国，而弃冶者多无事投闲，此其大者。尚有小者，不胜枚举。”同时，他还分析了造成这一状况的原因，“所以然者，外国用机制，故工致而价廉，且成功亦易；中国用人工，故工笨而价费，且成功亦难。华人生计，皆为所夺矣。”[①]即中国落后的小手工业无法与西方先进的机器大工业竞争。对此，19 世纪后期，来自各通商口岸的各国领事及海关贸易报告中也多有反映，如 1878—1880 年英国驻琼州领事报告说，由于洋布价格低廉，琼州人正在停止家庭织布业而购买洋布。[②]1887 年芝罘海关报告说：由于洋纱进口的激增，山东“土纱纺制业几乎全部停顿了”。[③]1882—1891 年琼州海关报告称：随着洋纱的大量进口，文昌县的土纱纺织业几乎完全停歇了[④]。这种状况非常普遍，故 1893 年薛福成曾说：“近年洋货骤赢，土货骤出……则以洋布洋纱畅销故也……而国之织妇和女工受坐困者，奚通千百万人。”[⑤]

第二次鸦片战争后，当西方工业品在中国销路越来越好的同时，中国的大宗传统出口商品在国际市场上的地位却日趋衰落。一些原料性农副产品开始进入国际市场。

自 18 世纪以来，茶叶长期是中国最大宗的出口商品，同时中国也几乎是世界茶叶的唯一供给国，在国际市场上居于独占地位[⑥]。据统计，19 世纪 60 年代以前，中国占世界茶叶贸易份额的 95%以上。第二次鸦片战争后，茶叶出口量继续增加，1859 年达 83.2 万担，1871 年增至 167.8 万担，为 1859 年的 2 倍。到 1873 年，中国茶叶出口尚占世界茶叶贸易额的 92%[⑦]。

从 19 世纪 70 年代开始，中国在国际市场上遇到了来自印度、锡兰（即今斯里兰卡）及日本茶叶的激烈竞争，导致茶叶价格下跌。此后，虽然在 1886 年以前中国茶叶出口量继续增加，该年出口茶叶达到鸦片战争后的顶峰，为 221.7 万担，但中国茶叶价格下跌，致使其在国际市场上的地位也逐年下降。随后，特别是在世界最大的茶叶市场——英国红茶市场上，[⑧]中国所占份额急速缩减，到 1889 年仅占 31%。在美国的绿茶市场上，中国受到日本的排挤，到 1890 年市场份额也仅剩 50%左右。唯一增长的是俄国的砖茶市场。到 1893 年，中国茶叶仅占国际茶叶市场份额的 49%。此后，出口的绝对额也下降了，1894 年中国出口茶叶仅有 100 多万担。茶叶价格更是惨跌，如在茶叶产区的收购价，据载：“茶价往昔售三十余两至四十两一担者，今只售十六、十七两至十八两，其粗货竟有售至四、五两一担者。”[⑨]其在中国出口贸易中的首要地位从 1887

① 郑观应. 盛世危言：卷七.

② 英领报告. 1878—1880 年琼州.

③ 贸易报告. 1887 年芝罘.

④ 海关十年报告. 1882—1891 年琼州.

⑤ 姚贤镐. 中国近代对外贸易史资料：第 3 册. 北京：中华书局，1962：1366.

⑥ 1840 年英国在印度试种茶成功，但直到 1864—1865 年英国从印度进口茶叶仅占其茶叶进口额的 2%。

⑦ 姚贤镐. 中国近代对外贸易史资料：第 1 册. 北京：中华书局，1962：629.

⑧ 19 世纪，世界茶叶主要分为三大市场，最大的是英国的红茶市场，其次是美国的绿茶市场，此外还有俄国的砖茶（一种压制茶）市场。

⑨ 章有义. 中国近代农业史资料：第一辑. 北京：三联书店，1957：444.

年起让位于丝及丝制品。

中国茶叶在国际市场竞争中失败的原因是多方面的。

第一，中国茶叶生产及加工技术落后。印度、锡兰（今斯里兰卡）的茶叶由英国的大种植园主实行规模经营，其资本雄厚，又具有先进的农业科学知识，通过多年的科学试验，对茶叶品种不断进行改良择优并选择最适宜的土壤进行科学栽培，加以科学管理，使印度茶叶质量逐步提高，规模经济效益显著。此外印度茶叶采用机械化加工，1872 年英国人杰克逊（Willium Jackson）发明了揉茶机，1884 年又有了烘茶机，1887—1889 年制成了碎茶机、拣茶机、包装机。这些制茶机器被迅速广泛地运用到印度的茶业生产中，随着生产机械化程度的提高，印度茶业生产成本降低，其价格只相当于中国茶叶的一半。而中国茶叶生产是分散的小农经营，资金微薄，既无财力也无能力进行品种的科学改良，国际竞争力自然受到削弱。当年的报刊曾评论说："印度对中国的优势，就是制造商（工业家）对手工业者的优势。在印度，小茶园不能与大茶园竞争，而且迅速地为后者吞没或兼并。控制着伦敦市场的，正是这些拥有充足资本、改良的机器及专家监督的大茶园。而在湖北山边有着二、三亩地的小农，是不能希望和他们竞争的。"①

第二，中国茶叶生产缺乏政府支持，茶叶的出口贸易受外商控制。印度殖民政府对英国人茶叶生产的支持由来已久。早在 1834 年即东印度公司对华贸易专利权被取消后的第二年，英国驻印度总督本廷克勋爵（Lord William Bentinck）便组织了一个委员会专门研究从中国引种茶树及制茶方法问题。印度生产茶叶可免除各种国内税及出口税，中间环节较少，且在运输上给予很多便利；而中国的封建政府对茶叶生产及出口没有任何扶持性政策。外国洋行控制中国茶叶出口，其所关心的只是尽量压低中国茶叶的收购价，以赚取茶叶的国内外差价，他们不向中国生产者反馈国际市场信息，不帮助其改良品种，只是一味低价收购。印度茶叶生产者直接经营茶叶贸易，了解国际市场的动态，熟悉外国消费者的嗜好，故其产品的品种、质量适合国际市场需求。

第三，国内市场经营主体分散、中间环节过多，导致交易费用过度上升。

据研究，中国茶叶出口在离岸前，从茶农到出口商之间，至少要经过五道转手，每转手一次都提高一次运销成本。②层层加价的结果使中国茶叶在国际市场上失去了价格优势。而印度茶叶生产者多自营出口，流通成本低廉，且免除出口税。因而，可以获得价格竞争优势。

第四，中国茶叶种植规模盲目扩大。鸦片战后初期，外商大量购买茶叶，茶价上扬，刺激了中国茶叶的生产，导致茶农盲目扩大生产规模，史称"自开海禁以来，闽茶之利，较之从前不啻倍徙"，以致武夷等老茶区"满山遍野，愈种愈多"。③在传统的经营模式下，规模的扩大，使产品质量得不到保证；同时，库存过多，不得不降价以刺激外销。主要表现在对俄国砖茶的出口上，20 年间每担砖茶的价格由 11.11 海关两下降为 8.27 海

---

① 北华捷报，1887-10-07.

② 严中平. 中国近代经济史：下册. 北京：人民出版社，1989：1207.

③ 申报. 同治十一年五月十九日。

关两，下降了 25.6%；同期，俄国砖茶进口增长了约 3.6 倍，中国未能从中获得应得的利益。

综上所述，由于技术、制度、贸易渠道的差异，导致中国茶叶在国际市场的质量及价格竞争中均逐渐处于劣势，出口市场的萎缩便不可避免了。

在世界最大的茶叶消费市场——英国，1889 年进口印度和锡兰的茶叶量为 122 399 000 磅，来自中国的茶叶则降至 92 500 000 磅，已落后于前者 24%。1894 年，在英国市场上印度、锡兰的茶叶已占绝对优势，出口量为 186 632 000 磅，中国所占份额进一步降低，出口量仅 54 372 000 磅[①]。在绿茶消费大国——美国市场上，中国遇到了来自日本的竞争。由于同样原因，自 1874 年开始，日本绿茶对美国出口量就超过了中国。中国茶叶在国际市场上的垄断地位彻底动摇了，到 1893 年中国茶叶占世界茶叶贸易量已不到一半了[②]。

另一项大宗出口商品——生丝，在第二次鸦片战争后也有较快增加。如上所述，1859 年中国出口丝达 5.43 万担，从 19 世纪 70 年代前期到 19 世纪 90 年代前期年均出口量逐步增加，19 世纪 70 年代初约为 61 848 担，1891 年增加到 78 752 担，增长了 27%。中国生丝最大的出口市场是法国，19 世纪后期，从上海港运出的生丝一半以上被运往法国里昂；其次是英国和意大利。随着生丝贸易的加速发展，中国蚕丝生产规模日益扩大，而中国绝大部分缫丝业是和养蚕业紧密联系的蚕农家庭的副业，缫丝具有时间限制，生产规模扩大后，由于蚕农家庭人力不足，以致自行缫丝进行得过分仓促、草率，造成质量下降。

到 19 世纪 80 年代，中国生丝出口在国际市场上遇到了日本的竞争。日本明治政府积极引进西方先进的缫丝技术，推进了缫丝业的资本主义现代化。日本企业通过科学试验，选育优良蚕种加上新式机器缫丝，使日本生丝不仅质量好、产量高，而且成本低，大大优于中国手工缫丝。虽然中国广州、武昌、上海等地商人先后引进西方技术设备，开办现代化缫丝厂，但中国最大的生丝产区江浙一带仍以蚕农手工缫丝为主。1875—1895 年，日本生丝产量增长了 335%，而同期中国生丝增幅仅 23%。中国丝绸大国地位岌岌可危，在国际市场上的优势地位也开始动摇了。

在日丝的排挤下，一方面，中国生丝出口规模受到了抑制，中国生丝出口额从 19 世纪 80 年代初到 19 世纪 90 年代初下跌 37.5%；另一方面，出口价格降低。1860—1894 年生丝出口值落后于出口量增长 24 个百分点。[③]而与此同时，日本生丝出口量从 10 255 担增至 44 076 担，增加了 329.8%；出口值也由 1 291 000 镑增至 4 075 000 镑，增幅为 215.6%[④]。尽管中国所占份额仍然最大，但其相对比重已大大下降了。参见表 1–13。

① 彭泽益. 中国近代手工业史资料：第 2 卷. 北京：三联书店，1957：181.

② 雷麦. 中国对外贸易. 北京：商务印书馆，1959：38.

③ 汪敬虞. 从中国生丝对外贸易的变迁看缫丝业中资本主义的产生和发展. 中国经济史研究，2001（2）.

④ 严中平. 中国近代经济史：下册. 北京：人民出版社，1989：353.

表 1–13　　甲午战争前生丝出口的变化

年代	生丝出口量		生丝出口值		占全国出口比重	
	实数（担）	指数	实数（千关两）	指数	实数（%）	指数
1860	54 299	100	21 077	100	53	100
1894	83 204	153	27 280	129	22	42

资料来源：汪敬虞. 从中国生丝对外贸易的变迁看缫丝业中资本主义的产生和发展. 中国经济史研究，2001（2）：26.

与茶叶国际竞争力下降的原因相类似，日丝对华丝竞争优势的取得是先进的资本主义生产方式对落后的手工业的胜利。与日本在政府支持下发展起来的机器缫丝业相反，中国机器缫丝业的发展异常艰难。如广东等地出现的机器缫丝业不但得不到政府的支持，反而遭到当地守旧势力的阻挠。据记载，甲午战争前广东各地多次发生手工丝织业与机器缫丝业的冲突。如 1875 年一些手工丝织业者围攻丝厂，破坏丝厂的正常生产。1881 年，裕昌厚丝厂竟被一些手工丝织业者捣毁，丝厂工人被杀。事后，当地政府竟以平民不得私自购置机器设厂生产为由查封了各地丝厂。其后，虽然听任丝厂开设，但从未从政策上对机器缫丝业进行扶持，致使中国的机械化缫丝长期得不到应有的发展，生丝在国际竞争中面临失败的命运也就成为必然。

中国丝茶国际地位的衰落，致使这类商品在中国出口贸易中所占份额也大大降低了。据统计，19 世纪 70 年代前期丝茶在中国出口贸易中的比重高达 89.6%，而到 19 世纪 90 年代前期则降至 42.8%。

随着世界交通运输革命的发生，除丝茶以外，中国其他一些农副矿产品也开始进入国际市场，成为新的出口商品品种。据统计，19 世纪 70 年代中期中国出口商品种类大约有 80 余种，到 1894 年增至 200 余种。其中，在中国出口商品构成中占有一定位置的有：糖、烟草、牛皮、驼毛、草帽缏、豆类、棉花、麻类、羊毛及植物油等农副产品，但这些商品附加值相对较低，且无论任何一项的数量都不大，其对国际市场的影响都极其微弱。参见表 1–14。

表 1–14　　出口商品构成　　单位：%

年份	丝茧	茶叶	棉花	绸缎	牛皮	羊毛	豆及豆饼	烟叶	草帽缏	植物油	其他
1867	28.5	59.7	0.8	3.8					0.1		7.1
1877	26.9	49.4	0.5	6.6	0.7	0.1		0.2	0.9		14.6
1887	28.7	35.0	0.8	7.8	1.0	0.5	0.1	0.7	4.4	0.3	20.7
1894	26.2	24.9	5.7	6.6	0.9	1.6	1.9	1.0	2.0	0.8	28.4

资料来源：陈争平，等. 中国近代经济史教程. 北京：清华大学出版社，2002：155.

大宗传统出口商品贸易的下降、杂项商品出口的增加，表明中国在国际贸易中的地位开始跌落了。

第四节　对外贸易对社会经济的影响

鸦片战争以后，中国被迫走上对外开放的道路，封闭的封建经济体系被打破，中国经济日益半殖民地化，并逐步被纳入世界资本主义经济体系之中。对外开放程度的深化、中外贸易的广泛开展对中国社会经济思想及经济结构产生了深远的影响。

一、中国社会经济新思潮的出现

中国被迫开放、中外贸易的开展，对传统的社会经济思潮产生了巨大的冲击。在西方资本主义经济的激荡下，一些学者开始对中国传统经济思想进行反思批判。一些人在与西方工商业者的密切交往中，熟悉了西方资本主义的经济理念。还有一些人远赴海外留学，系统学习西方的经济思想和经济理论。他们在不断探索研究西方资本主义经济成功发展的经验后，提出了一些突破传统的、新的发展社会经济的思想主张，并逐渐形成一股新的社会思潮。

（一）发展对外贸易，增加国家财富

早在第一次鸦片战争中林则徐已认识到外国来华通商并非是因为“茶叶、大黄”是其“必不可无之物”，而是获取国民财富的手段，因而提出“以通夷之银，量为防夷之用”的主张。魏源则提出通过对外贸易可以进口“洋船、洋炮、火箭、火药”等新式武器，以达到“制夷”的目的。还可进口“铅、铁、硝、布”等生产资料发展工业。随着条约口岸的开放，中国的一些有识之士对对外贸易对一国社会经济发展的意义有了更为明确的认识，李鸿章在签订中英《烟台条约》时曾谈道：“西洋各国到处准他人寄居贸易，而仍日益强盛，可知其病不在添口而在不能自强。”[①]此外，如王韬也提出应与外商展开竞争，通过对外贸易活动获取利益，增加国家财富。在其《代上广州冯太守书》中称：“古之为商仅遍于国中，今之为商必越乎境外。何则？他国之贩运于我国者踵趾相接也。”“诚能通商于泰西各国，自握其利权，丝茶我载以往，呢布我载以来。至于中国内地，当以小轮船为之转输济运，如是则可收西商之利，而复为我所有，而中国日见其富矣。”[②]王韬认为：发展工商业，可以使“工匠之娴于艺术者得以自食其力，游手好闲之徒得有所归，商富即国富”，即发展工商业可以使国家达到富强。薛福成在出使欧洲以前曾认为中国开展对外贸易是不得已之事，出使后则将对外贸易看作“创造国家，开物成务”的命脉，甚至“一国之贫富强弱，必以商务为衡”，[③]即对外贸易是一国强盛的源泉，其发展水平标志着一国的贫富强弱。

---

① 李鸿章. 李文忠公全集. 台北：文海出版社，1985：141.

② 赵靖，易梦红. 中国近代经济思想史：中册. 北京：中华书局，1982：20.

③ 薛福成. 出使日记：卷 4. 光绪十八年六月三十日.

（二）反对重农抑商，主张政府应积极扶持商业活动

自秦始皇统一中国以来，“士、农、工、商”的社会等级观念及“重农抑商”的政策就已经在中国封建社会形成了。千百年来，商人及商业活动受到政府的不断抑制。中外贸易的开展，使中国人看到西方政府对其商人极尽支持保护之能事，从而使各国商品闯入中国市场，中国的封建经济受到沉重打击。薛福成、郑观应等人提出中国应提高商人地位，政府也应对商业活动予以支持和保护。如薛福成在其《英吉利用商务辟地说》中提出：“商是四民之纲”，因为“有商则士可行其所学而学益精，农可通其所植而植益盛，工可售其所作而作益勤”。郑观应也说：“商以懋迁有无，平物价，济急需，有益于民，有利于国……是商贾具生财之大道，而握四民之纲领也。”[①]薛福成还根据西方国家的经验提出政府应实行鼓励商业发展的政策，他说：西洋各国“平时谋国精神，专在藏富于商，其爱之也若子，其汲之也若水。盖其绸缪商政，所以体恤而扶植之者，无微不至”。郑观应也在其《盛世危言》中说：“西人以商为战，士、农、工为商助也；公使为商谴也，领事为商立也；兵船为商置也。国家不惜巨资，倍加保护商务者，非但有益民生，且能为国拓土开疆也。”

（三）鼓励私营经济，发展资本主义机器大生产

这一理论在薛福成和陈炽的文章中都有明确的阐述，薛福成建议清政府“官为设法提倡，广招殷商，设立公司，优免税厘，俾资鼓励”。陈炽说：“公司一事，乃富国强兵之实际，亦长驾远驭之宏规也。”进而，他提出鼓励私人创建公司，可以使中国分散的资本集聚起来，可以使中国富强起来，以与列强竞争。而建立公司后，就要以机器大工业代替传统的手工制造，从而降低生产成本，提高商品质量，增强中国商品的国际竞争力。他还特别强调，中国劳动力价格低廉，利用西方机器设备生产的物品会有比较优势，“与西人同制一物，我之成本必贱，彼之成本必昂，此中国商务大兴之根本也。”19 世纪 70 年代，一些洋务派官僚也提出过同样的建议，如张之洞筹办湖北织布局时，向朝廷上奏称：西洋各国“纺纱、染纱、轧花、提花，悉用机器，一夫可抵百夫之力，工省价廉”，致使洋纱、洋布在中国畅销。中国“耕织交病，民生日蹙”，因而中国应开设机器织布局，“用机器以代人工”。[②]

（四）利用外资，发展近代经济

自洋务运动开始，资本短缺成为兴办近代企业面临的严重问题。一些人提出，效仿欧美利用外资。其中，马建忠的观点最具代表性，他认为借用外资“阳为借债之名，阴收借债之效，用洋人之本，谋华民之生”，即利用外国资本发展本国经济。同时，他针对保守派“行称贷之事，国体有伤”的谬论，以西方强国利用外资的史实进行批驳：“泰西各国，无一非债欠数千兆，而英、法、德、俄之称雄如故也。”[③]据此，马建忠提出了借债兴办实业、建筑铁路的主张。这些主张得到洋务派官僚李鸿章、刘铭传及薛福成等人

---

① 盛世危言. 商务.

② 洋务运动：（七）. 第 501 页。

③ 马建忠. 适可斋记言：卷 1.

的支持，并逐渐形成了“借债筑路”“借洋债以兴大利”的思潮，并随着洋务运动的发展一定程度上被付诸实践，推动了中国近代事业的兴办。

上述经济思想和主张并非独创，只是对西方资本主义自由竞争时期经济理论的演绎，其中一些观点对半殖民地的落后中国也并不适用。但它毕竟是对中国传统思想的冲击，是中国新的带有明显市场经济色彩的社会思潮，其对中国近代工商业的发展、对社会经济结构的重构有直接的影响，从而推动着中国近代化的进程。

二、中国社会经济结构的转型

从 1840 年中国被迫开放到 19 世纪 70 年代的 30 余年间，由于西方商品未能打开中国市场，西方资本主义势力对中国社会经济的影响微弱，中国传统的社会经济结构基本未发生变化，近代产业也未能形成。19 世纪 70 年代后，随着西方生产力的进步、列强在华政治经济特权的扩大，西方列强逐步打开中国市场，使中国开始成为西方工业品的销售市场和原料产地。中国经济日益受到西方列强的控制，为西方资本主义经济发展服务。中国封建的传统经济结构逐步解体，半封建、半殖民地的经济结构开始建立起来。

（一）自然经济的初步解体

鸦片战争以前，“男耕女织”的自然经济是中国封建社会基本的经济形态。鸦片战争后，随着洋货特别是棉纱、棉布的进口，中国农民的手工棉纺织业开始遭到冲击和破坏。19 世纪 70 年代以前，由于进口规模有限，因而洋纱、洋布对自然经济的冲击还较为轻微，且主要限于东南沿海地区。19 世纪 70 年代以后，随着西方生产力水平的提高，其商品的国际竞争力大大增强，洋货开始大规模涌入中国市场，特别是棉纱的进口激增，在对外开放较早的华东、华南及华中各地逐渐形成了洋纱排挤土纱的局面，城乡的手工纺纱业遭到严重破坏。此外，煤油、火柴的进口对中国的手工榨油业、制蜡业、火石、火镰制造业造成重创。中国一些传统手工业的衰落、耕织结合关系的松弛，导致鸦片战后中国的自然经济逐渐开始出现某种程度的分解，不过这一时期这种分解的程度较低。

（二）农产品商品化程度提高

随着对外贸易的发展，中国更多农产品以更大规模进入国际市场。据统计，1870—1890 年，中国粮食和经济作物的出口额分别增长了 26%和 28%，①带动了农产品商品化率的提高。一方面，经济作物的种植面积扩大；另一方面，粮食的商品化率提高，中国广大农村的种植结构发生了变化。国际市场需求的增加刺激了国内供给，不仅使传统出口商品——丝茶的种植规模扩大，而且随着棉花、烟叶等更多的农产品进入国际市场，刺激了中国该类产品的种植。如江苏的华亭县过去没有种植棉花，到 19 世纪 70 年代，不少地方已“改禾种花”了。到 19 世纪 80 年代，河南、陕西等省也已开始大规模种植棉花了。1868—1894 年，烟叶出口增长了 152 倍，与此同时各地烟草种植面积迅速扩大，如江西省“属邑遍植之，甚改善良田为烟畲。致妨谷收以获厚利”；湖南善化县“种

① 陆仰渊，等. 民国社会经济史. 北京：中国经济出版社，1991：7.

烟几成美利或至废田与园而为之”，[①]为市场而生产的经济作物的种植增加，促进了农产品商品化的发展。经济作物需要进入市场销售，同时经济作物的生产者为满足自己的生活需求，也要依赖市场提供的粮食等日用生活品，通商口岸的增加和沿海工商城市经济的发展，进一步推动了粮食作物的市场化。据估计，1840 年，我国粮食商品化率为 10.5%，到 1894 年增加到 15.8%。[②]据研究，自鸦片战争到甲午战争前，茶叶、蚕茧、棉花、罂粟、粮食五项农产品的商品值从 1.9 亿两增长到 5.6 亿两，增幅达 195%，年均增长近 1.3%。尽管增长速度还十分缓慢，但较之鸦片战争前有了明显的提高。[③]

此外，一些闲置的资源得到较为有效的利用。如羊毛、驼毛及猪鬃等被开发为新的出口商品，进入国际市场，从而增加了相关生产者的收入。如地处西北大草原的宁夏石嘴山地区畜牧业十分发达。19 世纪 70 年代以前，羊毛等产品的商品化率很低，当地居民通常将其与泥土混在一起沤为肥料。英商发现这一商机后，即在石嘴山设立高林洋行，低价收购羊毛，运往天津出口，其他洋行也接踵而至，羊毛遂成为中国近代重要出口商品，西方人从中获得了巨额暴利，当地居民收入也有所增加。

（三）产业结构的调整

一方面，在传统产业——手工业内部，在进出口贸易的影响下，一些传统手工行业衰落甚至遭到淘汰。与此同时，另一些行业则蔚然兴起。前者主要是受进口机制洋货冲击的手工行业，如手工纺纱业、土针、土钢、踹布、土烟、土烛、手工榨油业、火石、火镰、制靛等行业。后者则由两部分构成，一部分是在出口贸易刺激下的出口导向型的行业，如地毯、制革、制蛋、肠衣、猪鬃、花边、抽纱、草帽、草帽缏、发网业等，这些行业适应国际市场的需要得以发展起来；另一部分则是在进口贸易刺激下引进的新的行业，如针织、火柴、制皂、搪瓷、电器、电池、胶轮人力车、西药、化妆品等，这些国外的机械化行业引进后与中国廉价而丰富的劳动力相结合成为新的手工行业。[④]

与手工业行业变化相适应，相关的商业行业也随之发生了变化。随着进口商品的输入，出现了专门经营洋货的商业；随着更多土特产品进入国际市场，相应的收购商业发展起来。而经营那些日趋衰落的手工产品的商业行业则逐渐萎缩，甚至销声匿迹了。

另一方面，中国民族资本主义工业兴起。西方商品的输入一定程度上创造了中国工业品的市场和需求，从而为近代工商业的发展创造了市场条件。而为对外贸易服务的外资工厂、航运等企业的设立，则向中国人展示了先进的资本主义生产力，“西国以机器制百物，一日可抵十人或数十人工作，如开河、挖煤、打桩、造轮舟、印书籍、取水、织布、针线、筛茶、调茶等事，无一非机器所为。”[⑤]其对中国长期墨守的落后的生产模式造成极大触动。同时，伴随着西方人的涌入，租界出现了西人开设的出版机构，翻译出版西方科技书籍，由此传播了西方资本主义思想文化、先进的科学技术知识，进一步促

① 李文治．中国近代农业史资料：第一辑．北京：三联书店，1957：390–422.

② 吴承明．近代中国工业化的道路．文史哲，1991（6）.

③ 许涤新，吴承明．中国资本主义发展史：第二卷．北京：人民出版社，1990：302–303.

④ 吴承明．论工场手工业．中国经济史研究，1993（4）.

⑤ 葛元煦．沪游杂记：卷 2. 20.

进了中国人创办近代新式工商企业的活动。此外，对外贸易的发展造就了一个新的社会阶层——买办，买办依附于外商，在较短时期内通过各种方式赚取了巨额的利润，成为近代中国一个暴富的阶层。作为近代最早与西方资本主义经营方式相接触的一批人，他们首先产生了投资近代工商业的意识。不少买办投资工商业与西方资本展开竞争，成为近代民族资本家。如曾任太古洋行和宝顺洋行总买办的郑观应、宝顺洋行买办徐润、怡和洋行总买办唐茂枝及其弟唐廷枢等，他们不但独资兴办资本主义工商业，还和洋务派官僚合办了不少大型官督商办企业。买办投资于近代工商业的活动一定程度上促进了中国民族资本主义的发展，加速了中国近代化的进程。

据考证，最早出现的近代民营工业是船舶修造业及缫丝业，此后又出现了火柴、造纸、印刷及采矿业等。

随着对外贸易的开展，西方资本主义商业的经营模式对中国与对外贸易相关行业的商人也产生了示范和刺激作用，不少人逐渐脱离传统的经营轨道，采用了资本主义的经营方式。尽管这一时期尚缺乏相应的工商法规，但对于设立在通商口岸尤其是租界中的近代工商企业，封建政府无力干预，因而使之得以免除封建的超经济强制和掠夺，为市场机制的运行提供了可能。据记载，1894 年上海“各处新设机厂已如林立，莫妙于官不预闻，一任商民自便”。[①]

（四）近代工商业城市形成

对外贸易的发展、外人在华投资的不断增加，创造了对新行业的需求，促进了近代工商业城市的形成。据西方学者统计，从 1843 年到 1893 年的 50 年间，中国城市人口占总人口的比例，在全国由 5.1%增加到 6%，其中长江下游则由 7.4%增加到 10.6%，[②]即口岸城市集中的地区城市化发展明显快于全国平均水平。

一些口岸被迫开放后产生了经济的集聚效应，商品、资金、技术、劳动力及信息等集中于沿海开放城市，一系列为中外经贸往来服务的经济制度及基础设施逐步建立起来，近代的工业、金融业、保险业、通信业、公用事业在通商口岸出现，经营洋货和收购土货的商业迅速发展。在对外开放的东南沿海、长江流域形成了一批近代工商业城市，这些城市成为中国学习西方资本主义经济发展经验的窗口。其中，最突出的是最大的通商口岸——上海，由一个人口不足 10 万的小县城发展为人口逾百万的中国最大的都市。随着租界的建立、外商的云集，为其生活服务的城市公用事业逐渐发展起来。1865 年，英国商人在上海设立了煤气厂——大英自来火房，即上海煤气股份有限公司（Shanghai Gas Co.，Ltd.)，街道油灯由煤气灯取代，时人赞称：“行栈、铺面、茶、酒、戏馆以及住房无不用之，火树银花，光同白昼，沪上真不夜城也。”[③]1875 年，英商在上海设立自来水厂，上海居民结束了饮用黄浦江即苏州河水的历史，卫生状况大为改观。1882 年，有了发电厂，煤气灯又为电灯取代。电力的应用还为近代工业提供了强大的动力。此外，为

① 孙毓棠. 中国近代工业史资料第一辑：下册. 北京：中华书局，1962：980.

② 陆仰渊，等. 民国社会经济史. 北京：中国经济出版社，1991：6.

③ 葛元熙. 沪游杂记：卷 2. 37.

城市生活、生产服务的行业如近代医疗卫生、通信、金融保险等服务业也相继在上海设立。如上海房地产业高度发达，除洋商经营外，中国商人也有涉足。著名的买办徐润即从 19 世纪 60 年代开始，在上海广置房产，遍及外滩四马路直至十六铺一带，造架房屋 3 800 余间，每月收租 2 万余两；另外，置地 3 000 多亩，共合成本 223 万两。到 1883 年，他的地产估值 1 500 多万两，增值 7 倍。

西方近代物质文明的引入，极大地改变了上海的城市面貌，使其成为近代化的都市。同时，城市环境的改善为中外投资创造了便利的条件。在外资企业的示范和刺激下，上海不但建立起了近代民族资本主义工商业，而且不少企业面向国际市场开展经营活动的，带有鲜明的外向型色彩。

近代经济的发展使上海逐渐成为中国最大的城市，从而取代了那些传统的以政治中心发展起来的城市的地位。中国城市的功能也开始发生了变化，不少开放城市逐渐成为所在地区乃至全国的经济中心，而非仅仅是政治中心。同时，先进的生产方式、迥然不同的生活方式所显示出的西方近代文明日益冲击着长期停滞的古老中国。越来越多的中国有识之士开始努力模仿、学习西方，民族资本主义工商业逐步向前发展，中国社会经济的近代化开始缓慢起步。

总之，鸦片战争后半个世纪的时间里，在对外贸易的刺激下，沿海、沿江被迫开放的城镇及其周边乡村的产业结构发生了变化，具有资本主义性质的工商业渐次兴起，商品经济日趋活跃，生产和经营方式出现了进步，古老的传统社会开始向近代社会转变。当然，与此同时，广大的内陆大多依然维持着传统的自然经济形态，封闭落后的内地与开放繁荣的沿海经济形成了巨大的反差。

第二章
甲午战争后的对外贸易
（1895—1911）

1894 年 7 月—1895 年 3 月，日本发动了对华侵略战争，史称“甲午战争”。这场战争以中国失败、日本迫使中国与之签订《马关条约》而告终，该条约除规定中国对日本割地、赔款及增辟通商口岸外，还允许日本在华投资设厂。西方列强由此掀起了瓜分中国的狂潮，半殖民地的对外贸易制度进一步强化。与此同时，甲午战败，促使更多国人觉醒，民族自救意识趋于强烈。清末政府在国内外政治、经济压力下，制定实施了一些带有开放色彩的自救措施，使中国的对外开放在被迫与自觉的矛盾交织中继续向前推进。

第一节　甲午战争后的国内经济形势

一、世界市场的形成与国际垄断资本竞争的加剧

19 世纪后期的第二次产业革命，又称为“钢和电的革命”。极大地促进了通信和交通运输业的发展，全世界的铁路建设突飞猛进，世界范围内出现了兴建铁路的热潮，1840 年铁路里程仅 8 000 公里，1860 年增加到 10.8 万公里，1870 年为 21 万公里，1900 年则激增至 79 万公里。铁路的修建使各国沿海与内地市场的联系日益密切，对世界市场的依赖性也相应增强；商船吨位大大增加，且航行速度普遍提高，运输费用随之大幅度降低。1895 年，无线电报开始发展，世界范围内信息的传递更加方便快捷。通信和交通运输业的发展为世界市场的形成提供了前提条件。第二次工业革命促进了资本主义经济的迅速发展，随着炼钢工艺的革新，世界钢产量迅速增加，价格大幅度下跌，为生产设备提供了新的材料。电力工业的发展、以石油为原料的内燃机的广泛应用，为工农业生产、交通运输、日常生活提供了新的能源，进而为机器大工业提供了强大的动力，使世界产业结构和生产的地区分布发生了巨大变化。到 19 世纪末，重工业在世界工业中已占据主导地位，其中钢铁工业、石油工业、汽车工业、化学工业、电气工业等日益发展，西方资本主义经济呈现出蓬勃发展的态势，国际分工体系确立，最终形成了资本主义世界市场。这一时期世界贸易增长迅速。但是，总的来说，这一时期世界贸易的增长速度尚落后于世界生产的增长。参见表 2–1。

表 2–1　　世界贸易与世界生产的平均增长率　　单位：%

年份	世界贸易	世界生产
1870—1900	3.2	3.7
1900—1993	3.8	4.2

资料来源：姚曾荫. 国际贸易概论. 北京：人民出版社，1987：430.

从 19 世纪末到 20 世纪初，世界主要资本主义国家都先后由自由竞争的资本主义过渡到垄断资本主义，“垄断占统治地位的最新资本主义的特征是资本输出”。在自由竞争时代，资本主义列强采取商品输出的方式破坏落后国家的自然经济，并以超经济强制手段开拓市场。到了垄断资本主义时代，资本主义工业生产迅猛发展，对海外市场的需求更加强烈。这一时期，帝国主义国家向海外输出其过剩资本，为赚取高额利润，特别要向那些拥有丰富而廉价的劳动力和自然资源的落后国家输出，并通过资本输出在经济落后国家创造新的需求和市场。因而，“资本输出有了特别重要的意义”①，它成了扩大海外市

① 列宁. 帝国主义是资本主义的最高阶段//列宁选集：第一卷. 北京：人民出版社，1995：70.

场和掠夺原料的重要手段。殖民地对于宗主国具有了新的意义，除继续充当其工业品销售市场和原料供给地外，还日益成为资本主义的投资场所。因而，为了寻找适宜的投资场所，西方列强对殖民地的争夺更加激烈。

二、中国近代经济的初步发展

自 1840 年鸦片战争以来，中国市场被迫开放，西方资本主义国家向中国输入大量的工业品，尤其是价廉物美的棉纺织品，逐步破坏了中国传统的农业与家庭手工业相结合的自给自足的自然经济形态，但在客观上也促进了中国近代资本主义工商业的诞生和发展。被迫开放的沿海、沿江地区出现了一批新兴的工商业城市，西方工业品的消费市场被逐步培育起来，它们逐渐成为中国对外贸易的中心，成为国际市场与中国经济联系的桥梁，同时也是中国新的近代经济中心地带。伴随着对外贸易和城市经济的发展，国内工业生产及海外市场对农产品及原料的需求不断增加，商品经济日趋活跃。在市场的刺激下，农产品商品化率日益提高，自然经济加速解体，中国传统社会逐渐向近代社会转变。不过，这种变化的程度在全国各地区差异巨大。总体来看，在沿海地区、大中城市及其附近城镇，自然经济受到的破坏较为严重，而在内地特别是北方、西北各地，自然经济虽遭破坏，但仍广泛地继续维持。即使在沿海相对发达地区工业化水平也极低，如中国重要的出口商品生丝，长期以蚕农手工缫丝为主。开展对外贸易活动的基础设施逐步建立。在内外资及清政府的推动下，近代中国轮船运输、铁路运输、电报、电话、近代邮政等从无到有、从少到多逐步建立起来。到 20 世纪初，中国初步建立起了近代中国的交通和通信体系，有利于中国与世界经济的联系的加强。

总之，这一时期局部地区自然经济的解体、商品经济的发展、中国社会经济的逐步近代化为西方工业品提供了市场，准备了新的出口货源，有利于对外贸易的发展。但是整体上，自然经济的继续普遍存在又构成了对外贸易发展的巨大障碍，制约着对外贸易的发展。

第二节　中国被迫对外贸易体系的发展

1895 年的中日《马关条约》及随后中国被迫与西方列强签订的一系列不平等条约，再度严重危害了中国的政治、经济主权。一方面，使中国半殖民地的外经贸制度更加强化与延伸；另一方面，中国的有识之士继续推动着缓慢的社会改革，一些新的对外开放政策得以出台。

一、半殖民地的外经贸制度进一步强化

（一）增辟通商口岸，中国被迫开放的地域进一步扩大

甲午战争前，西方列强迫使中国开放的商埠主要是在沿海、沿江及西北边疆地带。甲午战后，除上述地带的开放范围进一步扩大外，西方列强还迫使中国将一些内陆城镇

及东北、西南沿边市镇辟为通商口岸。甲午战争之后，这类“条约口岸”迅速增加，至辛亥革命前夕达 44 处，加上清政府自开的商埠，共有 48 处（参见表 2–2）。这一时期的通商口岸多数与列强分割的势力范围密切相关，如东北、山东、福建、两广、云南、西藏等地的所开商埠，大都是某国在其势力范围内为了经济侵略而开。

表 2–2　　甲午战争后开辟的通商口岸（1895—1911 年）

口岸名称	所在省份	开放日期	依　据
苏州	江苏	1896.9.26	中日《马关条约》
杭州	浙江	1896.9.26	中日《马关条约》
沙市	湖北	1896.10.1	中日《马关条约》
河口	云南	1897.1	中法《商务专条附章》
思茅	云南	1897.1	中法《商务专条附章》
梧州	广西	1897.6.3	中缅《条约附款专条》
三水	广东	1897.6.4	中缅《条约附款专条》
吴淞	江苏	1898.4.20	海关总税务司建议
南京	江苏	1899.3.22	中法《修改长江通商章程》
三都澳	福建	1899.5.8	自开
岳阳	湖南	1899.11.1	英领事要求
秦皇岛	河北	1901.12	自开
鼓浪屿	福建	1902.5.1	日、英、法领事要求
腾越	云南	1902.5.8	《中缅条约》(原定蛮允)
江门	广东	1904.4.22	中英《续议通商行船条约》
长沙	湖南	1904.7.1	中日《通商航海续约》
济南	山东	1906.1.10	德国领事要求
潍县	山东	1906.1.10	德国领事要求
周村	山东	1906.1.10	德国领事要求
江孜	西藏	1906.4.27	中英《拉萨条约》
铁岭	辽宁	1906.9.10	中日《会议东三省事宜条约》
新民屯	辽宁	?	中日《会议东三省事宜条约》
通江子	辽宁	1906.9.10	中日《会议东三省事宜条约》
法库门	辽宁	1906.9.10	中日《会议东三省事宜条约》
南宁	广西	1907.1.1	英法两国要求
吉林	吉林	1907.1.14	中日《会议东三省事宜条约》

续表

口岸名称	所在省份	开放日期	依　　据
长春	吉林	1907.1.14	中日《会议东三省事宜条约》
哈尔滨	黑龙江	1907.1.14	中日《会议东三省事宜条约》
满洲里	今内蒙古	1907.1.14	中日《会议东三省事宜条约》
绥芬河	黑龙江	1907.1.14	《北满洲税关章程》照会
安东	辽宁	1907.3.1	中日《通商航海续约》
大东沟	辽宁	1907.3	中日《通商航海续约》
齐齐哈尔	黑龙江	1907.5.28	中日《会议东三省事宜条约》
凤凰城	辽宁	1907.6.28	中日《会议东三省事宜条约》
辽阳	辽宁	1907.6.28	中日《会议东三省事宜条约》
瑷珲	黑龙江	1907.6.28	中日《会议东三省事宜条约》
奉天（沈阳）	辽宁	1908.4.11	中日《会议东三省事宜条约》
昆明	云南	1908.5.28	法国领事要求
香洲	广东	1908	自开
公益埠	广东	1908	自开
三姓	吉林	1909.7.1	中日《会议东三省事宜条约》
龙井村	吉林	1909.11.2	中日《图们江界务条款》
局子街	吉林	1909.11.2	中日《图们江界务条款》
头道沟	吉林	1909.11.2	中日《图们江界务条款》
百草沟	吉林	1909.11.2	中日《图们江界务条款》
珲春	吉林	1910.1.1	中日《会议东三省事宜条约》
宁古塔	黑龙江	1910.1	中日《会议东三省事宜条约》
海拉尔	今内蒙古	1910.1	

资料来源：严中平，等. 中国近代经济史统计资料选辑. 北京：科学出版社，1955：44–47.

说明：根据的约章不止一种者，以直接导致开埠或最重要者列入。

由表 2–2 可见，1895 年中日《马关条约》，迫使中国开放沙市、重庆、苏州、杭州为通商口岸。这样，中国经济最发达的江浙二省及长江流域便完全对外人开放。

1895 年中法《商务专条》，迫使中国开放云南河口、思茅。1897 年，英国迫使中国订立《中缅条约》，规定中国开放广西梧州。中国西南沿边的对外开放进一步扩大。

1905 年日俄战争后，中日签订中日《会议东三省事宜条约》，迫使中国开放长春、吉林、哈尔滨、齐齐哈尔、瑷珲、满洲里等 16 处口岸。[①]东北沿边口岸及主要城镇均被

① 中日《会议东三省事宜条约》规定这些口岸由中国政府自行开放，口岸章程由中国政府制定，因而一些学者认为这些口岸应属于自开口岸，但由于其受中外条约约束，故仍应属于约开口岸。

迫开放。

到 1911 年，中国已开通商口岸多达 83 个。中国广袤的领土从沿海到沿江、从内陆到边疆，全部对外人敞开。西方列强控制中国对外贸易的基地进一步扩大，中国根据自身的利益和需要自主决定通商地域的权力再度被削弱。

（二）片面最惠国待遇进一步扩大化

1895 年《马关条约》规定，日本在华设立的工厂及其产品，享有与中国企业同等的待遇，亦即国民待遇。其他国家援引片面最惠国待遇条款共同享有这一权利。这里所谓的“国民待遇”实际上是指中国企业享受的各种优惠待遇，至于中国产品必须交纳的厘金等内地税，外资企业则一律免纳，即外商在华享受的完全是超国民待遇。

（三）租界制度进一步发展

甲午战争前，西方列强已在不少通商口岸设立了各自的租界，建立起殖民统治。甲午战争后，列强掀起了瓜分中国的狂潮，在中国肆意扩大租界的同时又纷纷强占租借地，划分势力范围。

1. 租界扩展

甲午战争后，西方列强一方面扩大其原有租界的面积，另一方面又增设新的租界。这一时期大幅度扩充的租界主要有：1898 年，英美两国要求扩展其上海租界，1899 年 5 月将泥城桥跑马场以西 7 923 亩土地占领；1900 年，法国也要挟上海地方官扩充了 1 000 余亩的租界区域；1897 年、1903 年，英国扩充其天津租界；1903 年，法国扩充其天津租界；1898 年，英国扩充其汉口租界；1902 年，法国扩充其汉口租界。

新设租界主要有：1895 年德国在天津的租界，1903 年扩充；1898 年日本在天津的租界，1900、1903 年两次扩充；1900—1903 年，先后又有俄国、比利时、奥地利在天津设立租界；1895—1898 年，德国、俄国、法国、日本在汉口设立租界；甲午战后，在中国设立租界最多的是日本，它于 1895—1905 年先后在杭州、苏州、沙市、汉口、天津、厦门、福州、重庆、奉天、安东等地设立了十余处租界。

租界的增设，意味着西方列强在华直接统治的殖民地规模扩大，其控制中国市场、对外贸易的能力随之进一步提高。

2. 各国在华强占租借地，划分势力范围

1898 年 3 月 6 日，德国迫使中国签订《胶澳租借条约》，强租胶州湾，租期定为 99 年。山东省成为德国的势力范围。

1898 年 3 月 27 日，沙俄迫使中国签订《旅大租地条约》；5 月 7 日订立《续订旅大租地条约》，强租旅顺口、大连湾及其附近海面，租期 25 年。东北全境成了俄国的势力范围。

1899 年 11 月 6 日，法国迫使中国订立《广州湾租借条约》，强租广州湾及其附近水面，租期 99 年。云南、广西、广东三省成了法国的势力范围。

1898 年 7 月，英国迫使中国订立《威海卫租借专条》，强租威海卫、威海湾内之群岛以及全湾沿岸 10 英里以内地方，租期 25 年。1898 年 6 月 9 日，英国又迫使中国订立《展拓香港界址专条》，强租九龙半岛，租期 99 年。1898 年 2 月，英国还迫使清政府承诺不将长江沿岸各省租让给其他国家，长江流域成了英国的势力范围。

1898年4月22日，日本强迫中国承认福建为其势力范围。租借地完全由列强直接管辖，是列强在中国更大的殖民地。租借地内的对外贸易行政管理及实际经营均为“租借国”控制。如俄国租借旅大后，1899年沙皇便宣布大连为通商口岸，大连海关即由俄人掌管，故当时人称：大连海关“名虽曰中国之税关……质言之，则直可谓俄人之税关也。”[①]

德国租借胶州湾后，青岛海关税务司由德国人充任，“所有查讯之大权自归德国所设之衙署”。

到1899年，整个中国基本上都被列强瓜分完毕：英国控制了长江流域、西藏及广东、云南的部分地区；法国控制了广东、广西、云南邻近越南的地区；俄国以东三省、蒙古及长城以北为势力范围；德国则以山东为其势力范围；日本除占领台湾、澎湖外，还控制了整个福建。在各自的势力范围内，列强均取得铁路修筑及矿山开采的优先权，包括投资、兴建、经营管理、收益分配等各项权利。在具体操作过程中，列强都要求清政府在约章中采取优先投资、优先承办等名义，或在借款合同中包括工程、用人、监督以至管理等特权。

3. 美国提出“门户开放”政策

所谓“门户开放”政策，是在19世纪末中国被列强瓜分的形势下，美国为谋求其在华的最大利益及协调远东国际关系的均势外交方针。其核心内容是要求各国列强在各自的势力范围内对其他国家开放贸易。

1899年9月，未在中国获得势力范围的美国首先向英国提出了一个针对中国的“门户开放”政策。美国国务卿海约翰（John Hay）在致英公使绰特（Jaseph H. Choate）的信函中提出，“美国政府切望美国公民的利益不因任何强国在所控制的‘势力范围’内之排他性待遇而受损害，希望为世界商业界保留一个公开市场。”随后，美国由其驻各国大使向其驻在国政府发出“门户开放”的外交照会，其主要内容有三项：“第一，各国对于其在中国任何所谓势力范围，或租借地内之任何条约口岸，或任何既得利益，不得干涉；第二，中国现行的约定关税率，对于运往前述势力范围内一切口岸除非是‘自由港’之所有货物，无论属于何国，均应适用，其税款概归中国政府征收；第三，各国在其范围内之任何口岸，对他国船舶，不得课以高于该国船舶之港口税，并在其范围内所建筑、控制或经营的铁路上运输属于他国公民或臣民的货物通过此种‘范围’时，所收运费不得高于本国运输同样货物所收之运费。”[②]其中，第一项显然是对各国在华既得利益的承认，第二、三项则是在维持中国现有关税制度下，美国在各国的势力范围内要求均等的贸易机会。

美国对华提出的“门户开放”政策主旨在于：一方面承认各国在华的既得利益，另一方面又要求各国在其势力范围内对其他国家予以开放，使美国按“利益均沾”的原则获得相应的利益。因而，美国提出的对华“门户开放”政策的实质是保证中国市场对美

---

① 吉林师范大学. 沙俄侵华史简编. 长春：吉林人民出版社，1976：245.

② 吉林师范大学. 沙俄侵华史简编. 长春：吉林人民出版社，1976：245.

国商品和资本的全面开放。

1899 年 11 月，英国在给美国的复照中称："英国对于威海卫租借地和一切利益范围……从事贵国政府所述意义之宣言，惟此项宣言必须以他国同样宣言为条件。"①其他列强也表示了同样的意见。1900 年 3 月，美国国务卿海约翰宣称，他收到了各国肯定的答复。

当八国联军镇压义和团之时，美国担心列强会以武力瓜分中国，因而于 1900 年 7 月再次向各国递交了"门户开放"政策的照会，重申在华贸易机会均等，同时强调"保持中国的领土与行政完整，保护各友邦受条约与国际法所保障的一切权力，并维持公正贸易之原则"。②

19 世纪末，美国已发展成为世界经济强国，但其军事实力尚不够强大，因而其希望维持列强在华的既有均势。美国提出的"门户开放"政策一定程度上削弱了其他列强在中国各区域经济中的独占性，便利了美国经济势力对中国市场的渗透和占领。

（四）内河航行运输进一步开放

甲午战争前，西方列强即不断谋求开放长江上游。英国《泰晤士报》声称：如果长江上游开放，则意味着"七千万人口的贸易就送到门上来了"。西方商品可以"深入一千五百哩的亚洲心脏地带或几乎是中亚高原的脚下"。③1895 年《马关条约》规定，中国开放长江上游即宜昌至重庆，这样整个长江向外国人开放。

西方列强为进一步占领中国市场，随后又迫使清政府订立了一系列不平等条约，对中国的内河航行权进一步侵夺。其中主要的条约有中日《通商行船条约》（1896 年）、中国与各国列强签订的《修改长江通商章程》（1899 年）、《辛丑条约》（1901 年）、中英《续议通商行船条约》（1892 年）、中美《续议通商行船条约》（1903 年）、中日《通商航海续约》（1903 年）、中国与各列强签订的《改订修治黄埔河道条款》（1905 年）等，这些条约规定：列强各国的船只不论大小、种类，均可自由航行于中国内河；中国应负责修浚河道及清除河道内的阻碍；凡不许外轮行驶的内河，亦不准中国船只行驶。

中国内河全面对外商开放，外人对华倾销商品和掠夺原料更加便利了。

（五）外籍税务司制度进一步巩固及其权利进一步扩大

1901 年中国与西方 11 个列强签署了《辛丑条约》，条约规定中国向西方列强支付金额高达 4.5 亿两的战争赔款，分 39 年付清，连同利息共计九亿八千多万两，史称"庚子赔款"。巨额的赔款以中国关税及盐税为抵押，面对巨大的财政压力，清政府不得不举借外债。西方列强为控制清政府，竞相向中国提供贷款。1895 年 7 月，俄法两国首先对华贷款 1 亿两白银，规定以中国关税担保，分 36 年还清。1896 年 5 月，英德两国也迫使清廷向其借款 1 亿两白银，不但要求以关税担保，而且还规定在偿还期的 36 年内海关总税务司必须由英国人担任。1898 年，英德两国又向清王朝提供了 1 亿两白银的贷款，这次

---

① 中国近代国际关系史资料选集：上，第二分册. 上海：上海人民出版社，1977：126.

② 中美关系史资料汇编（1）. 北京：世界知识出版社，1957：551.

③ 聂宝璋. 中国近代航运史资料：第一辑. 上海：上海人民出版社，1983：398.

不但依然以关税抵押，而且进一步规定总税务司一职“永由英人充任”，贷款偿还期 45 年内海关现行的行政管理办法不得改变，外国人控制海关的权力进一步扩大。

1911 年辛亥革命爆发，以英国为首的西方列强为确保中国能按时足额偿还其债款，组成了“海关联合委员会”，专门负责关税收入的分配事宜。并且，为此制定了《总税务司代收关税，代付债款办法》，擅自决定将中国关税税款分别存入汇丰、德华、道胜三家外国在华银行，由其代中国政府保管税款，代付外债。[①]中国关税的支配、保管权被彻底剥夺。

此外，外籍税务司在其他领域的控制权也得到强化，如随着中国近代邮政制度的发展，特别是 1896 年清王朝开办国家邮政——大清邮政后，外籍税务司的邮政管辖权迅速膨胀。

二、清末对外经贸政策的改革

甲午战败，清政府被迫签订《马关条约》及随后西方列强掀起瓜分中国的狂潮，导致“万国报馆，议论沸腾，咸以瓜分中国为言”，民族危机空前深重。面对严峻的现实，有识之士纷纷反思中国自洋务运动以来所走的对外开放自强之路，逐渐认识到数十年来，中国“徒学西艺之皮毛”，未学其“富强之始基”。从而使对外开放的思想得以深化，并显著地影响了清末的对外开放政策。

（一）对外开放思想的深化

1. 维新派“武步泰西”，全面学习西方的主张

以康有为、梁启超为首的维新派，认为发展资本主义工商业是走向富强的重要途径，但同时还必须进行制度变革，即改变封建专制制度，发展资本主义经济。

康有为曾上奏清廷指出，不应满足于修铁路、举矿务、办学堂、兴商务之类枝枝节节的“变事”，而应以西方资本主义国家为样板，于政治、经济、军事、文化等“筹全局而全变”。[②]谭嗣同则进一步提出了“中外通”这一范畴，从哲学的高度阐明了对外开放。他说：“数十年来，学士大夫，覃思典籍，极深研几，罔不自谓求仁矣，及语以中外之故，辄曰‘闭关绝市’，曰‘重申海禁’，抑何不仁之多乎!夫仁，以太之用，而天地万物由之以生，由之以通。星辰之远，鬼神之冥漠，犹将以仁通之；况同生此地球而同为人，岂一二人之私意所能塞之?亦自塞其仁而已。彼治于我，我将师之；彼忽于我，我将拯之。可以通学，可以通政，可以通教，又况于通商之常常者乎！”[③]很显然，这里所说的“通学”“通教”“通政”“通商”，就是全面向西方学习，包括科技、思想、政治、宗教和经济。他们提出借鉴西方资本主义发展经验，建立以工业为重点、兼顾各行业对外开放的经济发展格局。1895 年，以康有为为代表的维新派人士，在《公车上书》中提出了以工业为主发展国民经济的一揽子计划，诸如钞法、铁路、机器、轮舟、开矿、铸银、邮政、务农、劝工、惠商、恤穷等，都是其提倡的富国养民之法。这一年，康有为上书清帝，

---

① 三家银行分别保管税款的 1/3。第一次世界大战爆发，中国对德宣战，1917 年德华银行被中国接管，其税款保管权落入汇丰银行手中。1926 年 11 月，道胜银行在华经营终结，其所管税款也转归汇丰银行。

② 中国史学会. 戊戌变法（二）. 上海：上海人民出版社，1961：216.

③ 蔡尚思，方行. 谭嗣同全集：下册. 北京：中华书局，1981：297.

指出“凡一统之世，必以农立国，可靖民心；并争之世，必以商立国”。[①]变法期间，康有为多次上奏，力陈振兴工商、改良农业。他在《请厉工艺奖创新折》中明确提出，中国应跟上世界工业化的潮流，从农业国向工业国转变，要以工业立国。他说：“欲驱末业而缘南亩。此诚闭关无知无欲之至论矣”“夫今已入工业之世界矣，已为日新尚智之宇宙矣，而吾国尚以其农国守旧愚民之治与之竞，不亦颠乎？”他指出，中国必须“去愚尚智，弃守旧尚日新，定为工国，而讲求物质”。[②]严复在翻译《原富》时，以按语的形式表达了类似的思想。他说：“农桑树畜之事，中国谓之本业，而斯密氏谓之野业；百工商贾之事，中国谓之末业，而斯密氏谓之邑业。谓之本末者，意有所轻重；谓之野邑者，意未必有所轻重也……农工商贾，固皆相养所必资，而于国为并重。”接着又说：“窃谓中土今日变局，将以铁轨通达，为之大因。铁轨所经既定之后，农、工、商三业，循轨绕驿而兴。不及十稔，而天下之都会形势重轻，遍地异矣。”[③]这就是说，农业虽与工商业并重，但农业的发展有赖于工商业的发展，且终将为工商业所超越。维新派的主张得到了光绪帝的支持。1898 年，光绪帝在其发布的上谕中称：“振兴商务，为目前切要之图”，并接受康有为、梁启超建议，实行维新变法。虽然戊戌变法遭到清廷中保守派的镇压，但其思想主张在随后改革中产生了重要影响。

1900 年，西方列强组成八国联军武装侵华，北京被攻陷，清政府被迫与西方列强签订了《辛丑条约》，该条约规定中国向西方 11 个国家支付巨额的战争赔款，由此使清廷陷于空前的财政困境，封建王朝的统治岌岌可危，极端保守派的势力大为削弱。为维持其统治，清王朝统治者被迫进行改革。1903 年，清廷颁布敕令称：“通商惠工，为古今经国之要政。自积习相沿，视工商为末务，国计民生，日益贫弱，未始不因此乎。亟应变通尽利，加意讲求。”[④]即要改变中国历史上“视工商为末务”的传统思想。实行“通商惠工”，鼓励发展工商业。在中国历史上占统治地位达几千年之久的轻商思想终于动摇了，通商惠工、振兴商务首次成为中国的基本国策，即中国的经济方针开始了由“轻商”“抑商”到鼓励工商业的转变。

2. 利用外资有益论

这一时期积极主张利用外商直接投资的代表人物是湖广总督张之洞，他对利用外商直接投资对中国经济的影响有较为全面的审视，他曾说：“洋厂所在，其一切物料必取之中国，工匠必取之中国，转移闲民必资之中国。彼洋商所得者商本盈余之利，而其本中之利留存于中国者仍复不少。是华商之利虽去其半，而中国农工畋渔之利仍得其全。华民既沾其利，又晓其工，则华商购机制造之厂必不能绝。”[⑤]张之洞已经认识到利用外商直接投资可以促进中国原料性产品的生产销售，增加就业，增加财政收入，学习外国先进技术及经营管理经验。由于中国处于受列强控制的半殖民地地位，这些理论上的作用在

---

① 康有为. 上清帝第二书//姜宜华，等. 康有为全集：第 2 集. 上海：上海古籍出版社，1990：91.

② 中国史学会. 戊戌变法（二）. 上海：上海人民出版社，1961：227.

③ 王栻. 严复集：第 4 册. 北京：中华书局，1986：865–866，822.

④ 清朝续文献通考：卷 391，实业 4.

⑤ 张文襄公全集：卷 45.

实践中自然要大打折扣，但人们毕竟开始从积极方面认识外资特别是直接投资的作用了。为防止外商对矿业的垄断，张之洞还提出了限制外商在企业中所占股份的建议，“与西人合本开采，本息按股匀分，但西本止可十之三四，不得过半”，[①]即中方必须有控股权。

3. 对外开放，“通商御侮”

甲午战前，一些思想家已经认识到通过自开商埠可以有效抵御列强的侵夺，即所谓“通商御侮”可护商惠民，增加国民财富。因而，出现了自开商埠发展对外贸易的主张。如 19 世纪 80 年代思想家陈炽在其《大兴商埠说》一文中称：“凡轮舟、铁路、电报所通之地及中国土产矿金工艺所萃之区，一律由官提款，国买民田，自辟市埠。”对亚当•斯密的《国富论》有深入研究的严复对斯密的自由贸易理论大加赞赏，他在《原富》中加的一个按语中说：“夫保商之力，昔有过于英国者乎?有外输之奖，有掣还之税，有海运之条例，凡此皆为抵制设也；而卒之英不以是而加富。”“洎斯密氏书出，英人首弛海禁，号曰无遮通商（亦名自由商法）……自此以还，民物各任自然，地产大出，百倍于前，国用日侈富矣。”进步思想家们纷纷主张开放通商口岸，发展对外贸易，但这些思想遭到守旧的、坚持封闭的保守派势力的抵制，未能转化为政策，落实到实践上。

甲午战争后，西方列强在中国展开空前激烈的竞争，强占租借地，划分势力范围，中国更多的利权丧失。同时，中国从日本全境对外开放中获得教益。社会上出现了学习日本，大开商埠，以收回利权的思潮。维新运动领袖康有为在其上清帝的一份奏折中称：“窃顷东事大败，割台湾，赔巨万，举国痛之。臣以为此非日本之胜我也，乃吾闭关之自败，而人才之不足用也……日本昔亦闭关也，而早变法，早派游学，以学西欧之政治工艺文学知识，早译其书，而善其治，是以今日之强而胜我也。吾今自救之图，岂有异术哉。”[②]一些出使海外的官员也多有此类似主张，如出使俄国大臣杨度认为：“今之中国，实乃昔之日本，故‘东邻之成例可援’。”出使日本大臣伍廷芳极力主张效法日本实行全境开放。坚持封闭的保守派势力日微，满族大员端方也认识到继续闭关已非良策，“方今之世，不独门户洞辟，即堂奥腹地亦无不流通，贸易日盛月新，居交通之时代，而为闭塞抵制之谋，诚非策矣。”[③]

由于利用外资及开埠通商的主张获得中央或地方掌权者的肯定支持或由其本身提出，因而直接转化为现实的政策得以实施。

（二）清末自主开放政策

1. 鼓励兴办近代企业，与外资竞争

《马关条约》订立后，外国人纷纷在华投资设厂。对此，不少官绅不断向清廷吁请“设厂自救”，大力兴办近代企业，“国人以致无法阻挡外商货品之制造推销，补救之道，惟设厂自造外，别无他法。”1896 年清廷下令，要求各省在省会设立商务局，由各地商会推举家境殷实且素有声望的商人充任局董，负责“将该省物产行情，宗其损益，逐细讲

---

① 张文襄公全集：卷 175.

② 汤志钧. 康有为政论集：上册. 北京：中华书局，1981：301-302.

③ 皇朝经世文编. 台北：文海出版社，1971：686.

求”。“其与洋商关涉者，丝、茶为大宗，近则织布、纺纱、制糖、造纸、自来火、洋胰子诸业，考其利病，何者可以敌洋商，何者可以广销路。如能实有见地，确有把握，准其径禀督抚，为之提倡。”[①]以达到“振兴实业，抵制洋货之目的”。[②]次年，清政府又下令各省集股设厂，“官助商本”，即地方政府参股给商人以资本支持。后又颁布了《振兴工艺给奖章程十二条》，对设厂商人奖以世职、官衔、专利、匾额等。为便于融资，1898年清政府又批准上海设立中国通商银行。

2. 利用外资政策的变化

甲午战前，中国利用外资的主要方式是贷款，认为“可由我自主”。其时，已有少量华商附股于外资企业的中外合资企业存在，但不受法律保护。甲午战争后，清廷认为战败的直接原因是缺乏铁路，导致运输困难。故决定加紧赶修铁路，认为筑路不仅便于调兵运械，且有益于工商业，可以收到“富强兼资”之效。修建铁路的同时又必须发展煤、铁等矿业，但资金、技术短缺，迫使清廷出台了一系列利用外资新政策。

（1）“借债筑路”，积极利用外商间接投资

1895年12月，朝廷上谕明确强调：“铁路为通商惠工要务，朝廷定议，必欲举行。”[③]至于铁路的资金来源，当时许多政府大员都认为中国官方和华商能力有限，必须借助外资入股或直接借用外债。刘坤一虽然意识到“铁路必回商办，方为妥善”，但又坚持说：“非借款外洋，焉能创此非常之举。”他在《请设铁路公司借款开办折》中指出，“似可变通办法，兼招中外股资，股本既有洋人，局章自照西法，风声一树，莫不乐从。盖有洋股在中，而华商方无顾虑，亦有华股参集，而洋商无可把持。”[④]这样的认识是比较客观的，在统治集团内部也具有代表性，但以皇帝为首的最高统治者鉴于统治安全的考虑，并不希望大量利用外资和允许外资入股，而是主张采取政府拨款加募集商股的办法。1896年4月，上谕再次强调说：“提款官办，万不能行。惟有商人承办，官为督率，以冀速成”“不得有洋商入股为要。”[⑤]然而，在当时民间资本依然弱小的情况下，修筑耗资庞大的铁路根本不可能，上海、广东等富裕地区的商人响应者甚少。事实表明，依靠国家财政和民间资本都无法修筑铁路，唯一的途径就是借用洋债了，湖广总督张之洞、直隶总督王文韶、即将出任铁路总公司督办的盛宣怀等人，此间纷纷向朝廷表达了借债修路的主张。张之洞不主张建设中引进洋股，但他建议借用外债。他联络直隶总督王文韶，提出在修筑卢汉铁路时，“洋股必不可恃，华股必不能足。”“铁路未成之先，华商断无数千万之巨股，惟有暂借洋债造路，陆续招股分还洋债之一策，集事较易，流弊较少。盖洋债与洋股迥不相同：路归洋股，则路权倒持于彼；款归洋债，则路权仍属于我……款由官借，路由官造，使铁路之利全归于官，策之上也。”他还提议设立铁路招商公司，推荐津

① 光绪东华录：卷131.

② 陈真. 中国近代工业史资料：第四辑. 北京：三联书店，1957：197.

③ 清德宗实录：卷378. 影印本. 北京：中华书局，1987.

④ 宓汝成. 中国近代铁路史资料：第1册. 北京：中华书局，1963：202-204.

⑤ 清德宗实录：卷387. 影印本. 北京：中华书局，1987.

海关道盛宣怀出任铁路招商公司总理[①]。盛宣怀担任铁路招商公司总理后，在向总理衙门递交的“拟办铁路说帖”中，大胆提出“借用洋债，事半功倍”的意见，并建议先招商股 700 万两，暂借官股 300 万两，然后借洋款 2 000 万两[②]。总理衙门将盛宣怀的“说帖”呈送光绪皇帝。清廷看到政府财政窘迫实在无力支撑铁路建设，最后终于改变了态度，同意借外债来解决铁路经费，谕准张之洞等所奏铁路公司及洋债诸项事宜，责成盛宣怀尽快举办，“务策万全”[③]。这样，“借债筑路”的国家政策正式确立了。

（2）“招引洋股，开矿筑路”，允许和利用外商直接投资

甲午战争后，《马关条约》允许外商在华投资，外商独资企业大量涌现，国内掀起实业救国热潮，发展近代矿业成为清政府的迫切需要。张之洞主张在兴办采矿方面“招引洋股”：“中国各矿，若无洋人合股代开，既无精矿学之良师，又无数百万之巨本，断不能开出佳矿。”[④]他在《劝学篇》中提出：“与西人合本开采，本息按股匀分，但西本止可十之三四，不得过半，尤为简易无弊，较之全为西人所据及，闭佳矿而不能开者，不远胜乎！”1897 年，当山西巡抚胡聘之第一个奏借洋债开办山西矿业时，立即遭到都察院都御史徐树铭等人的反对，但得到了总理衙门的支持。总理衙门认为，借洋款开办矿业，“于国于民，均有裨益”，政府应批准山西方面与洋商签订借款合同，“以免延误”[⑤]。总理衙门的态度对光绪皇帝产生了很大影响。1898 年 8 月，光绪皇帝下令成立矿务铁路总局，规定“所有各省开矿筑路一切公司事宜，俱归统辖，以专责成”。10 月 6 日，总理衙门照会各国驻华公使，声明：“中国开矿造路等事，借用洋款，必须有矿务总局准办明文，方能作准。其未经总局批准，私与洋商订立合同章程，无论办矿办路，成本若干，一概视同废纸，以杜诈伪而敦信义。”10 月 9 日，光绪皇帝又特别颁布上谕称：“如有开矿、筑路、借款及一切交涉事件，均须于事前将办法详细奏明，听候朝廷酌夺，毋得擅立合同，致多窒碍。”[⑥]在政府随后颁布的《矿务铁路公共章程》中，明确其主旨就是“示洋股之限制，保华商之利权”。该章程规定，兴办矿路分三种办法，即官办、官商合办和商办，而以商办为最上之策；集股以多得华股为主，申办者统估全工用款若干，须先集得 3/10 的华股，方准招集洋股或借用洋款。华商如能集得独立资本 10 万两以上承办路矿，或华股达到半数，办有成效，给予优奖。次年，清政府意识到，如果股本华三洋七，事权可能旁落，于是又规定，除已经批准立案者不计外，嗣后华洋股本，均令各居其半方准开办，且须“由华商出为领办，若洋商不由华商领办，径行请办者，概不准行”[⑦]。这一法规第一次明文允准中外合办路矿企业，使中外合资走向合法化，中国利用外资既举借洋债又招引洋股，方式趋于多样化。

---

① 张文襄公全集：卷 44. 19–27.

② 王彦威，王亮. 清季外交史料：卷 123：6.

③ 清德宗实录：卷 395. 影印本. 北京：中华书局，1987.

④ 张文襄公全集，卷 79，电奏七，第 24 页.

⑤ 宓汝成. 中国近代铁路史资料：第 1 册. 北京：中华书局，1963：412–413.

⑥ 宓汝成. 中国近代铁路史资料：第 2 册. 北京：中华书局，1963：526–528.

⑦（台湾）“中央研究院”近代史研究所. 矿物档：第 1 册.（台湾）“中央研究院”近代史研究所 1960：45–50.

1902 年 3 月，外务部与铁路矿务总局奏准施行《筹办矿务章程》，该章程在维护矿权方面并无明确规定，反而由先前的禁止洋商直接领办，变为准许洋商和华商享有同等待遇，外资可独资办矿。1902 年中英《续议通商行船条约》规定，清政府应招徕华洋资本兴办矿业；次年的中美《续议通商行船条约》和 1904 年的中葡《通商条约》进一步规定，“准外国人在中国地方开办矿务”。对此，当时的一些政府大员表示不满。盛宣怀指出：“洋人与华人一律看待，恐此后更无限制。”[①]刘坤一、张之润也纷纷指责“新章浑言洋人可开矿，必应改订”[②]。1903 年 9 月，清政府设立商部，不久裁撤矿务铁路总局。所有矿务铁路事宜统归商部管辖。为维护矿权，商部于 1904 年 3 月奏准《矿务暂行章程》38 条。对 1902 年的矿章流弊做了修正，明确规定集股开矿以华股占多为主，华股如不敷可附搭洋股，但洋股应不逾华股之数，且不准于洋般之外另借洋款[③]。对此，当时的《东方杂志》发表评论认为：“近政府所颁矿务章程，实为对外之壮举……盖矿务本一国内政，不容他人有所干预。”[④]此后数年间，清政府经过反复交涉。收回了部分丧失的矿权。1907 年。清政府又颁布了《钦定大清矿务章程》，对 1904 年的矿章又做了修改。其中规定，“外国矿商不能充地面业主”，“无论用何方法，不能执其土地作为己有”。同时，还强调，洋商不准收买矿地，在遵守中国法律的前提下可以与华商合股。以中外合资形式办矿，“如无华商合股，断不准他国矿商独开一矿。”[⑤]但是，迫于列强的反对与阻挠，清政府的政策难以贯彻实施，1910 年不得不再次修订矿章，颁布《大清矿务章程》。该章程对洋商在华开矿的限制明显放松，如正章第 74 款规定：“凡为矿商者，除中国人民自应准其承允外，凡与中国有约各国人民，愿遵守中国现定及将来续定之矿章，并有关办矿之商律，皆得在中国与华商合股，禀请承办矿产，作为矿商。”[⑥]该章程对洋商与华商合资的股份比例未做明确限制，从而为外资控制中国矿业提供了机会。

1903 年 12 月，商部奏准颁行《铁路简明章程》24 条，对中外合资办矿及借款办矿都做出保护利权的规定。对于华洋股份的比例，该章程修改了原章程华三洋七的有关条款，在第 6 条明确规定：“集股总以华股获占多数为主，不得已而附搭洋股，则以不逾华股之数为限……并不准于附搭洋股外，另借洋款。”对于借款办矿，第 10 条规定，“华人请办铁路，若因工艰费巨，集股有所不敷，无可续集股本者，准公司以机器、房产抵借洋款，概不准以地作抵，而且借款至多之数，按照原估用款，不得超过 3/10，须先行禀呈商部，声明所借实数，商借商还，国家概不承担，候部核准方准议借。”第 12 条规定，“华人请办铁路，如与洋商私订合同，以请办之路抵借洋款，一时蒙准，或于开办后将该路工私卖于他人，经商部觉察，或由地方督抚查明，除将路工充公，注销全案外，另视案情轻重酌予处罚。”为防止列强在投资铁路时附带攫取铁路沿线开矿的特权，新章程第

---

① 盛宣怀. 愚斋存稿：卷 57. 影印本. 台湾：文海出版社，1975：19.

② 朱寿朋. 光绪朝东华录：第 5 册. 北京：中华书局，1958：4781.

③ 汪敬虞. 中国近代工业史资料：第 2 辑，上册. 北京：科学出版社，1957：26.

④ 德人据我矿章. 东方杂志，1（4）.

⑤ 东方杂志，4（6）.

⑥ 大清矿物章程：“正章”. 铅印线装单行本。

18 条明确说明："路矿本系两事，应行各守本章，分别办理"；所有请办铁路者，不得率请与矿务合办铁路公司，前有沿路开矿章程，嗣后不准援引此案。[①]1903 年的新章程在限制外资侵略、保护华商投资铁路方面起到积极作用并推动了中国收回路权运动的发展。1906 年 11 月，清政府将工部并入商部，改组为农工商部，此后又将轮船、铁路、电报、邮信四政划归新设立的邮传部统辖。邮传部成立初期，在某些方面继承和发展了商部原有的铁路投资政策，对外资投资铁路进行了统管。1907 年 3 月，该部奏准成立提调处作为专管借款官办铁路的机构，同年底改设铁路总局，"所有借款公司各路华洋员均受节制"。1908 年后，邮传部按照清政府的意图，改变对华商投资铁路的鼓励支持政策。到 1911 年 5 月，清政府宣布除支路仍准华商集股修筑外，前所批准各商办干路一律取消，由国家收回，并严厉表示："如有不顾大局，故意扰乱路政，煽惑抵抗，即照违制论。"[②]"干路国有"政策是在中国民间资本严重不足的客观情况下做出的选择，本身无可厚非。问题在于，当时清政府也没有实力大力投资铁路事业，最终仍逃脱不了被外资控制的悲惨命运。

3. 自开商埠，主动开放

自开商埠（the ports opened voluntarily by China）[③]的通商口岸，即中国主动开放的通商口岸。与条约口岸一样，自开商埠也是一种通商口岸，其经济功能在于提供一种国际间贸易的场所。

为挽救统治危机，争取保留尽可能多的主权，同时也希望通过增开商埠增加税收，缓解财政压力，1898 年 3 月，总理衙门奏请自开湖南岳州、福建三都澳为通商口岸。奏文称："泰西各国首重商务，不惜广开通商口岸，任令各国通商，设立榷税，以收足国足民之效。中国自通商以来，关税逐渐加增，近年征至二千余万，京协各饷多半取给于此。惟是筹还洋款等项，支用愈繁，筹拨恒苦不继。臣等再四筹维，计惟添设通商口岸，藉裨饷源。"总理衙门的更重要的理由是争取对外关系的主动权，"作为通商口岸，正欲使各国杂居，互相牵制，中国乃可不以兵力保守，而以商务守，实为切要之图。"[④]鉴于自开商埠可以"振兴商务，扩充利源"，朝廷很快批准了这一计划[⑤]。这是清末首批自开商埠。在这些商埠奏准及开放的过程中，相应的规章制度也被制定出来，如《岳州城陵租地章程》，这为后来推广自开商埠提供了实施范例。

清廷于 1898 年发布上谕，宣布"广开商埠""欧洲通例，凡通商口岸，各国均不得侵占，现当海禁洞开，强邻环伺，欲图商务流通，隐杜觊觎，唯有广开口岸一法。……著沿江沿边各将军督抚迅速就各省地方悉心筹度，如有形势扼要商贾辅凑之区，可以推广口岸拓展商埠者，即行咨商总理衙门办理。惟须详定节目，不准划作租界，以均利益

① 宓汝成. 中国近代铁路史资料：1863—1911：第 3 册. 北京：中华书局，1963：925–928.

② 宓汝成. 中国近代铁路史资料：1863—1911：第 3 册. 北京：中华书局，1963：1263.

③ H. B. Morse. The trade and administration of China. Reversed Edition. Kelly and Walsh，Limited，1913：pp. 231–253.

④ 北洋商务局. 约章成案汇览：乙篇，卷 7（上）. 石印本. 上海：点石斋，1905.

⑤ 朱寿朋. 光绪朝东华录：第 4 册. 北京：中华书局，1958：4062–4063.

以保事权。”[①]即自开商埠的首要目的在于“以夷制夷”。认为开放门户，在通商口岸可使各国杂居，互相牵制，中国便可“不以兵力保守，而以商务保守”。此外，自开商埠，还可以吸引外商资本进入，从而利用外资、引进技术，发展实业”。在张之洞等人的奏章中多次提到：“凡矿务、工商诸利，若不找外国人开辟，中国资本、人才断难兴办。”这些口岸开放后，不仅带来了贸易的繁荣、实业的发展，而且这些地方的行政主权基本掌握在清政府手中。自开商埠的成功使清政府于1903年再次重申“广开商埠”的政策，“应由各省督抚详细勘察，如有形势扼要，商贾荟萃，可以自开口岸之处，随即奏明办理。”[②]

此后，清政府又开放了一批通商口岸，如广西南宁、武昌江岸、山东济南、河南郑州等。清政府对这些自开口岸专门制定管理章程，如《济南自开商埠章程》，规定了中外商人来此贸易所享受的各种优惠待遇、经营活动区域及行业范围。

1907年《辛丑条约》订立后，清廷一些重要官员更加意识到自开商埠的重要性。当时，俄国军队正在东北镇压义和团，并乘机占领东北各地。针对这种情况，张之洞提出了全面开放东北的主张，希望各国制衡俄国。他说：“莫如将东三省全行开放，令地球各国开门任便通商”“从此俄人独占满洲之计永远禁绝”；而且，东北地区土地辽阔，物产丰富，但中国资本和人才缺乏，因此招徕各国资本开辟东北，中国兴利大有希望[③]。1902年，当日本要求清政府将奉天、大东沟两处开辟为商埠时，张之洞立即致电外务部说：“宜急允其开为口岸，最为上策，借各国商务为牵制他人保护根本之地，必宜速行。”[④]

1902—1903年，根据中外《续订通商行船条约》，清政府又开放了长沙、万县、安庆、惠州、江门、奉天、大东沟等口岸。与甲午之前的条约口岸不同，这些口岸虽是条约下开放的，但中国保留着一定的主权，这与自开商埠的成功是不无关联的。也正是鉴于条约口岸的无休止的危险性，一些政府官员开始提出拓展开放区域的主张。如黄思永在条陈总理衙门时，就建议各省查看地方情形，广设口岸[⑤]。1903年9月，商约大臣吕海宣总结了秦皇岛、岳州等地自开商埠的成功经验后，向清廷奏请自主地广辟商埠，以保利权。外务部随后咨行各省，重申了朝廷“自开商埠”的旨意，并批转道：“应由各省督抚详细查勘，如有形势扼要、商贾荟萃、可以自开口岸之处，随时奏明办理。”[⑥]随即，北洋大臣袁世凯与山东巡抚周馥联名奏请在济南自开商埠：“济南为两路枢纽，商货转输较便，拟在济南城外自开口岸，以期中外咸受利益……拟将潍县、周村一带开作商埠，作为济南分关。”[⑦]清廷当即批准，并要求专门制订《山东自开商埠章程》，规定了中外商人来此贸易所享受的各种优惠待遇、经营活动区域及行业范围。济南因此成为内陆第一个自开商埠的省会。

---

① 朱寿朋．光绪朝东华录：卷4．北京：中华书局，1958：4189

② 中国史学会．山东近代史资料：三．济南：山东人民出版社，1957．

③ 赵靖，易梦虹．中国近代经济思想资料选辑．北京：中华书局，1982：400．

④ 北平故宫博物院．清光绪朝中日交涉史料：卷66．铅印本．1932．

⑤ 王彦威，王亮．清季外交史料：卷133．北京：书目文献出版社，1987．

⑥ 外交部议复山东济南等处请开商埠折．东方杂志，1（5）．

⑦ 伦父，等．十年来中国政治通览．东方杂志，1（5）．

截至清末，中国自开商埠达 19 处（参见表 2–3）。晚清自开商埠按地域分布状况划分为沿海型、沿江型、内陆型等，按商埠所在城市行政级别划分为省会级、府厅州县级和乡镇级三类等。依据自开商埠自身的特征，又可以分为普通自开商埠、免税自开商埠、临时卸下货物的“招呼口岸”三类。[①]可以说，至清朝末年，新开辟的口岸中自开商埠数量超过条约口岸，表明中国对外开放的主动性有了明显提高。

表 2–3　　清末自开商埠情况一览表

省份	商埠名	批准开埠时间	实际开埠时间	备注
湖南	岳州	1898.4.24	1899.11.13	湘抚奏准
	湘潭	1905.7	1906.3.16	同上
	常德	同上	1906.7.2	同上
	长沙	1902.7	1904.6	“约定”自开
湖北	武昌	1900.11.18	—	两广总督张之洞奏准
山东	济南	1904.5.15	1906.1.10	袁世凯等奏准
	潍县	同上	1906.1.1	同上
	周村	同上	1906.1	同上
江苏	吴淞	1898.4.20	—	总理衙门奏准
	海州	1905.10.24	1921	?
	浦口	1910	1912.8	地方官主持
	天生港	1906.7	—	署两江总督周馥奏准
福建	三都澳	1898.4.24	1899.4.28	总理衙门奏准
	鼓浪屿	1902.11.21	—	兴泉永兵备道奏准
广东	香洲	1908.5.24	1909	由“绅商”主持
	公益埠	1908	—	由粤督批准
广西	南宁	1899.1.30	1907.1.1	广西巡抚奏准
云南	昆明	1905.5.11	1910.4.29	滇督奏准
直隶	秦皇岛	1898.4.26	1901—1902 年	总理衙门奏准

资料来源：杨天宏．口岸开放与社会变革——近代中国自开商埠研究．北京：中华书局，2002：112–113.

约开口岸和自开商埠，前者起步早（1842 年）、地域广（从沿海、沿江、沿边，到内陆腹省），经济区位优良，数量多。1898—1911 年，清政府自开商埠地域分布上主要在沿海和沿边省份，沿江及内陆省份较少。特别集中于东三省及云南、广西等边境省份。形成这一局面的原因很多，沿海、沿边地区较为发达的交通条件当然是不可忽视的因素

① 杨天宏．口岸开放与社会变革——近代中国自开商埠研究．北京：中华书局，2002：113.

之一，但同时清朝自开商埠的地域选择不仅受到对外通商贸易等经济层面因素的影响，而且还受制于各级政府政治方面的目标设置。

自开商埠与约开口岸有着明显的不同，管理权基本能够自主。当时的管理权主要涉及工程、巡捕、司法三个方面，条约口岸内因设有租界，这三个权力均被外人控制，但自开商埠时大都严格规定了“不准划作租界”，取消了租界制度，列强也就不能借机控制管理权了。如清政府自开岳州时订立的《岳州城陵租地章程》规定，岳州系自开口岸，“名通商场，不名租界；自设巡捕，地方归我管辖；租价甚优，年年收租，各口所无，一切章程尚属妥善。”[①]由此可见条约口岸与自开商埠判然有别。[②]济南开埠时袁世凯就明确指出：“济南等处自开商埠，与约开各埠不同，且为陆路通衢，亦与江海口岸有别。”孙中山也曾说过：“前清以闭关为事，而上海租界及青岛，我无主权，是皆外人强我开放，故有此结果。若济南商场，由我自行开放，即有完全主权，此亦自行开放门户无损主权之一证。”[③]

自开商埠，加速了中国的对外开放进程，促进了各通商口岸及其周围地区经济的繁荣，推动了对外贸易的发展。如济南开埠后，大批外商前来收购棉花，刺激了山东及河北两省的棉花生产。商务局还引进推广了美国良种棉，使棉花的单位产量也大幅度提高，贸易量随之上升，济南很快成为中国最大的棉花交易市场。南宁开放后，从 1907 年到 1911 年进出口总额即由 1 544 600 关两增加到 4 700 517 关两，五年间增幅达两倍。湖南岳州开放后的对外贸易额也有明显增长，从 1900 年的 143 827 两增长到 1905 年的 492 928 两。

当然，自开口岸与约开口岸相比，无论区位优势还是经济基础均相差甚远，因而其经济辐射带动作用相对较弱。多数自开口岸随着城市经济的发展，逐渐成为沿海通商口岸与内地市场的中介，即充当了洋货分销和土货出口的集散地。

4. 鼓励发展出口贸易

清末为振兴商务进行了一系列制度建设：一是建立新式的工商管理机构；二是制定颁布了有关商务法规，规范并鼓励出口贸易的发展。

1901 年，清政府撤销总理衙门，设立外务部，1903 年设立商部；1906 年，清廷预备立宪，将商部与农工部合并为农工商部，下设四个司，其中商务司主管国内外贸易。商部设立后，各省随即设立了商务局，负责本省的工商业务。

在中国传统经济中，历代封建政府均对商业活动进行严格的管理，其目的或为“重农抑商”，或为保障政府的财政收入。而商部则是中国历史上第一个以促进、保护和鼓励工商业为职能的国家机构。1904 年《申报》评论说：“政府鉴于商战不利，惧将无以自存于生计竞争之世也，于是设立商部。”它的设立标志着工商业在社会经济中有了重要地位，中国商业近代管理开始走向近代化。故后人评论说：“商业之有政策，以设立商部始。”[④]

按照西方的商务法规，由商部负责制订颁布了一系列商务法规。如 1904 年 1 月 11

---

① 北洋商务局. 约章成案汇览：乙篇，卷 7（上）. 石印本. 上海：点石斋，1905.

② 东方杂志. 2（7）.

③ 中国社会科学院近代史研究所中华民国史研究室，等. 孙中山全集：第 2 卷. 北京：中华书局，1982：499.

④ 十年来中国政治通览. 东方杂志，1913（7）.

日订立《商会简明章程》，并首先在北京成立了商会。随后，又颁布了《商人通例》《公司律》《公司注册章程》《破产律》等，规定了商人的身份、公司设立、组织、活动、解散以及股东的权利和义务，这些法规虽然简单，但毕竟开启了中国实施近代商务法律的先河，一定程度上推动了包括对外贸易在内的工商业的发展。此外，清政府分别于1905年和1906年颁布了《出洋赛会章程》和《奖给商勋章程》等鼓励发展出口贸易的政策法令。

《奖给商勋章程》规定："其有创制新法、新器以及仿照各项工艺，确能挽回利权，足资民用者，自应分别酌予奖励""或奖给一至三等商勋，或请赏加二至六品顶戴"。[①]即对发明创造、新技术的引进应用、成功参与国际竞争予以奖励。

《出洋赛会章程》主要是鼓励和劝导华商参加国际商品博览会，是清政府积极扩大对外贸易的一项重要政策。早在1876年，清政府曾派官员和商人参加在美国举办的费城国际博览会。但作为一项扩大外贸的政策而予以推行，促使更多的华商出洋参加国际性的博览会，则是在甲午战争之后，清末"新政"将大力发展民族工商业放在十分突出的地位，国际博览会的作用日益受到重视。为了进一步激发创造竞争意识，发展工商实业，清朝商部于1905年奏准《出洋赛会章程》，"颁行各省，晓谕绅商，俾于赴会之先，预知利便之端，于会事不无裨益。"该章程共20条，指明凡有国际博览会，商部即咨行各省督抚，晓示商人劝谕参加。有愿与会者呈报本省商务局。商会转报督抚，汇咨商部办理。商部在博览会会场设立事务所，经理华商与会有关事宜，向华商提供各种帮助。赴会商品，一律准其免税，由该商赴本管关道衙门请给免税单[②]。为鼓励华商参加国际博览会，清政府决定由海关统管出国参展博览会事宜。清末中国参加的较大规模国际博览会有法国巴黎博览会（1900年）、日本大阪博览会（1903年）、美国圣路易斯博览会（1904年）、比利时列日博览会（1905年）、意大利米兰赛会（1906年）和比利时布鲁塞尔博览会（1910年）等。

通过参加国际博览会，扩大了中国土特产品的国际影响。不少产品获得各类国际大奖，从而对增加出口产生了直接的积极作用。而且，通过参加博览会，许多华商增进了对世界其他国家产品、市场的了解，对自身商品的缺点也有了更清醒的认识。如一些中国工商业者在观摩西方国家的产品后意识到取长补短的重要性及中国的落后："夫赛会者，各竞其长，而短者取人之长而自益。今以我视同列于会场之国，未暇论长短而当谕有无，则是我国实业尚在胚胎，未可遽言幼稚也。"[③]赴美参加博览会的华商通过亲身体验，还看到中国丝绸的弊端——它虽然受西人喜爱，但质粗色黯，经纬线粗细不均，挑丝疙瘩触目皆是，略加揉搓即会起毛。"凡此诸弊，不能改良，丝绸一业，无望行销于外国也。"[④]很显然，中国工商业者的思想观念在参加国际博览会的过程中发生了巨大变化，更注重国际市场的竞争，也更重视改良中国的产品，其意义深远。

---

① 蒋晓伟. 中国经济法制史. 北京：知识出版社，1994：279.

② 章开沅，等. 苏州商会档案丛编：第1辑. 武汉：华中师范大学出版社，1991：461，463.

③ 张孝若. 南通张季直先生传记. 北京：中华书局，1920：115.

④ 凤荣宝. 密拉诺万国赛会物品评议//马敏. 中国走向世界的新步幅——清末商品赛会活动述评. 近代史研究，1988（1）.

5. 保护华侨

洋务运动以来，中国的华侨政策发生了变化。到清末，保护华侨的政策措施进一步得到完善。第一，颁布法规保护华侨利益。1903 年，清廷发布上谕：“沿海各省为流寓华商回籍时，设法保护。”[①]第二，商埠在拟定的“商务议员章程”中明确规定：出洋华商回国，各省商务议员要予以“切实保护”“倘有关津丁役、地方胥吏及乡里莠民，藉端讹索，即予按律严惩，决不宽贷。”[②]其次，设立保护华侨的机构。为落实保护华侨政策，清廷还在闽、粤沿海省份设立保商局，专门负责回国华侨事宜。第三，重用归国著名华侨。1905 年，清政府任命南洋华侨张振勋为商部考察外埠商务大臣，兼督办闽广农工路矿事宜，劝诱华侨回国投资。这些政策的实施，不但吸引了大批华侨回国投资，而且推动了对外贸易的发展。

上述政策措施，大多流于形式，既不完备，在实际执行中又存在种种阻力，对近代工商业的发展所起的作用有限。但包括对外贸易在内的工商业地位毕竟被提高到前所未有的程度，有助于社会观念的革新，主动的对外开放成分明显增加，为后世的进一步发展奠定基础。

综上观之，面对深重的民族危机和政权的摇摇欲坠，晚清政府不得不进行一定程度的政策调整与改革，而对外开放政策的变化与调整就是其中的重要内容。尽管这些政策多属时势逼迫下的被动应对，但也不乏清政府面对现实而做出的积极努力，比如主动开放商埠。对外开放是基于晚清特定的社会经济环境，其实施又会对社会经济和文化产生了一定的反作用力。

第三节 甲午战争后对外经贸的发展

一、列强在华投资的激增

如前所述，甲午战争前，列强已开始在华非法投资，但规模较小，且范围主要限于为对外贸易服务的金融、保险、航运及出口加工业。甲午战争后，列强在华投资获得条约的承认，对华资本输出迅速增加。随着中国铁路的建设，外国资本将为中国提供铁路贷款，作为增进政治影响和经济渗透的一种手段。这一时期，列强在华投资分为直接投资和间接投资两种类型，前者即列强在中国设立的中外合资及独资企业；后者主要是各国对华贷款。据统计，到 1902 年各国对华投资总额已达 15 亿美元，比甲午战前增加了 3～6.5 倍，若不计庚子赔款的 6.95 亿美元，直接投资所占比重高达 65.1%。[③]

外国在华投资的方向主要集中于工矿、交通运输、贸易、金融等领域。在这些领域，

① 光绪政要：卷 29.

② 清朝续文献通考：卷 391，实业 4.

③ 吴承明. 帝国主义在旧中国的投资. 北京：人民出版社，1956：35，52.

外国资本占据了垄断地位。

（一）工矿业

甲午战争及战后签订的《马关条约》为帝国主义工业资本进入中国扫清了道路，外资工业迅速增长起来，传统的轻纺工业依然集中于上海等通商口岸。据统计，1895—1911年间，开办资本在10万元以上的新设外资工厂，全国总计91家，其中上海为41家，占45%。[①]从外资企业的生产总值看，1911年棉纺、缫丝、面粉、卷烟、火柴、制药、机器、电力8个生产行业的外资产值已达3 543.9万元，比1895年的322.1万元增加了10倍以上[②]。

随着《马关条约》给予外资设厂权，中国最具比较优势的棉纺织业成为外资重要投资方向。1895年，英商怡和洋行就公开招股筹建怡和纱厂。当年7月，其股票已顺利发行并认购完毕。同时，美商茂生洋行也在上海公开招股筹建鸿源纱厂；英商老公茂纱厂、德商瑞记纱厂都在上海散发了计划书，并发行了股票。两年后，以上四家外资纱厂先后开工投产。1897年，华商裕晋纱厂被英商收买，改为协隆纺织局，实收资本57万余两，1901年资本总额增长为73.6万两，其中38万两是俄华道胜银行的贷款。1901年年底，由于该厂更新扩建过度，流动资金短绌，无力偿付道胜银行欠款本息，又被华商接办，改名为兴泰纱厂。但到了1902年年底，华商仍无力偿付银行本息，终于被日本三井洋行上海分行集资盘买。1906年，三井洋行上海分行又盘买了华商大纯纱厂，改称三泰纺织会社。1908年，三井洋行组建上海纺织株式会社，额定资本达100万两，有纱锭4.5万余枚，上述两厂分别为一厂、二厂，它迅速成为日商在上海与英商匹敌的大企业。[③]

甲午战争之后，一方面清政府借债筑路开矿，另一方面允许外资直接投资于中国的路矿业。

据统计，晚清时期的矿业借款共有25笔，总计34 954 257两。在这些矿业借款中，借款次数最多的是汉冶萍公司，共借了10次，计12 765 623两，占总额的37%；萍乡煤矿次之，共借了5次，计4 174 435两，占总额的12%；汉阳铁厂居第三位，共借了4次，计3 281 740两，占总额的9%；其他6次，计14 732 459两，占总额的42%，具体参见表2–4：

表2–4　　晚清矿业借款情况

借债名称	时间	债额（折合库平银两）	年息（厘）	期限（年）	债权者
开平矿务局借款	1891	200 000	/	/	/
河南豫丰公司借款	1898.6.21	10 000 000	/	30	（英商）福公司
萍乡煤矿借款（1）	1899.4.7	1 329 281	/	15	（德商）礼和洋行

① 汪敬虞. 中国近代工业史资料：第2辑，下册. 北京：科学出版社，1957：711.

② 徐新吾，黄汉民. 上海近代工业史. 上海：上海社会科学院出版社，1998：69.

③ 徐新吾，黄汉民. 上海近代工业史. 上海：上海社会科学院出版社，1998：79-85.

续表

借债名称	时间	债额（折合库平银两）	年息（厘）	期限（年）	债权者
秦皇岛购地借款	1899.9.16	1 458 780	/	/	（英商）墨林矿务公司
萍乡煤矿借款（2）	1902.8.7	1 224 637	7	/	（德商）礼和洋行
汉阳铁厂借款（1）	1903.12.24	187 000	/	/	（日本）八幡制铁所
汉阳铁厂借款（2）	1904.1.25	2 165 400	/	30	（日本）八幡制铁所
萍乡煤矿借款（3）	1904	131 917	/	/	（俄国）华俄道胜银行
临城矿务借款	1905.3.22	863 304	7	30	（比利时）卢汉公司
萍乡煤矿借款（4）	1905.6	261 540	/	/	（日本）大仓组
汉阳铁厂借款（3）	1906.2	712 800	7	3	（日本）三井洋行
萍乡煤矿借款（5）	1907.3	1 227 060	7.5	7	（日本）大仓组
汉阳铁厂借款（4）	1907.12.13	216 540	7	/	（日本）汉口正金银行
汉冶萍借款（1）	1908.6.13	1 461 200	7.5	7	（日本）横滨正金银行
汉冶萍借款（2）	1908.11.14	365 300	7.5	/	（日本）正金银行
汉冶萍借款（3）	1908	158 308	/	/	麦加利银行
汉冶萍借款（4）	1908	655 440	/	/	汇丰银行、德华银行
汉冶萍借款（5）	1909.3.21	467 500	8	/	礼和银行、捷成银行
汉冶萍借款（6）	1910.4.23	935 100	9	/	汉口正金银行
汉冶萍借款（7）	1910.4–1911.10	3 000 000	/	/	日本义品银行
井径煤矿借款	1910.6.10	710 375	/	/	（法国）东方汇理银行
汉冶萍借款（8）	1910.9.10	687 200	7	2	横滨正金银行
汉冶萍借款（9）	1910.11.7	912 375	7	10	横滨正金银行
汉冶萍借款（10）	1911.3.31	4 123 200	6	/	横滨正金银行
赎回云南矿权借款	1911.8.31	1 500 000	7	/	英法隆兴公司

资料来源：许毅. 从百年屈辱到民族复兴——清代外债与洋务运动. 修订版. 北京：经济科学出版社，2006：100–101.

上述矿业借款大都以整个矿产作担保，而且要聘请贷款国的矿师和技术人员管理生产。西方列强通过借款不仅控制了清政府已开办的矿业生产，而且夺走了不少矿业自主权，甚至最后占有部分重要矿产。但是，清末矿业借款也在客观上对中国资本主义近代矿业的产生和发展从不同方面起到了推动作用。

第一，清末矿业借款解决了中国近代矿业的资金困难，保证了正常的生产。如汉阳铁厂创建后，由于马鞍山的煤不合格，炼出来的铁极易破裂，无法满足铁路建设的需要。

不开发萍乡煤矿，汉阳铁厂就无法生产；开发和扩大萍乡煤矿的规模，政府又无资金。在这种情况下，萍乡煤矿的首次借款解决了汉阳铁厂的燃眉之急。萍乡煤矿第二次借款后，生产能力大大提高。汉冶萍公司成立后，原计划招足股本 2 000 万元，用以清还以前的内外债和扩充铁厂的设备。但从 1908 年以后，股票销售日益艰难，不得不靠借外债维持生产，使产量不断提高。特别是 1908—1910 年间，产销兴旺，获利丰厚。铁砂、煤、焦、生铁、钢料及钢轨连同配件等主要产品的总产值，1908 年为 570 余万元，1909 年增加到 809 余万元，1910 年达到 1 071 余万元。1908 年，扭转多年亏损后，当年盈余 63.38 万元，1909 年又盈余 87.65 万元，1910 年的盈余高达 104.99 万元[①]。

第二，矿业借款保证了军事和民用工业的煤铁需求，推动了清末新兴工业的发展。随着洋务运动的开展，军事工业和民用工业发展迅速。起初，由于中国矿业的落后，许多企业高价购买国外的煤炭、焦炭和钢铁，不仅受制于列强，而且给国家财政增加了困难，煤铁成为制约近代工业发展的瓶颈。自从国内矿业兴起后，特别是机器生产扩大后，这个问题逐渐得到了解决。汉阳铁厂生铁年产量 1900 年为 2.58 万吨，1903 年为 3.88 万吨，1906 年为 5.06 万吨，1908 年为 6.64 万吨。钢的年产量由 1900 年的 8 538 吨猛增到 1908 年的 22 626 吨[②]。由于钢质甚好，很适合制造钢轨，成为国内铁路看好的产品。销售以卢汉铁路为大宗，粤汉铁路也向该厂固定订货，正太铁路订轨 3 000 吨，其余的淞沪、沪宁、沪杭甬、津浦、广九及川汉铁路也由汉阳铁厂供给钢轨。该厂的生铁不仅供给国内船厂、机械厂用铁，还出口日本等国。如上所述，1898 年 11 月清政府颁行《矿务铁路公共章程》后，中外合资企业取得了合法的地位，外商在矿业等领域的投资迅速增加。外国在华投资从轻纺工业发展到重工业。

在最初的发展中，清政府一再强调“以多得华股为主”，对洋股限制较严。1899 年 7 月，总理衙门制定了限制外人“垄断把持”的规定：外商“请办矿地，只准各指定某县之一处，不准兼指数处，及混指全府全县，以杜垄断而均利益”。[③]因此，中外合资企业基本做到了以华股为主。但 1902 年，清政府迫于列强压力颁布新的《筹办矿务章程》后，放宽了对外资入股比例的限制，外国资本在合资企业中不断增加。

1898—1902 年间，中外合资企业主要出现在安徽、山东、奉天、河南、山西、四川、直隶、新疆等矿产地区，以及上海、苏州、福州、烟台等沿海地区。主要的合资矿局有：1898 年，在安徽设立的中日宣城煤矿公司，在奉天成立的中英暖池塘煤矿，在山东举办的中俄烟台煤矿，在河南组建的中英法合资煤矿和中英合办的矿务局，在山西出现的中英法合资煤、铁矿和中英合办的矿务局；1899 年，在蒙古图车两盟成立的中俄合资金矿，在山东峄县举办的华德中兴煤矿，在四川重庆等处设立的中法煤铁矿和在四川组建的中英矿务公司；1900 年，在唐山组建的中英开平煤矿，在新疆成立的中俄塔城金矿；1901 年，在奉天设立的中俄抚顺煤矿，在云南建立的中法英矿务公司等。[④]

---

① 王培. 晚清企业纪事. 北京：中国文史出版社，1997：111.

② 王培. 晚清企业纪事. 北京：中国文史出版社，1997：100.

③ 东华续录（光绪朝）：卷 154：22.

④ 曹均伟，方小芬. 中国近代利用外资活动. 上海：上海财经大学出版社，1997：45.

上述中外合资企业的涌现是清末实施利用外资政策的产物，其中多数企业做到了“华股为主”。例如山东峄县德华中兴煤矿公司，就是坚持“华六德四”的方案创办的，使德商原先要占据大部分股份比例的企图没能得逞。当然，也有少数中外合资企业未遵循清政府的限制性规定，“名为华洋合股，实则乃系洋商承办。”[①]如1898年山西商务局与英商福公司订立的《山西采矿条约》，规定盂县、平定州、潞安、泽州与平阳府属煤、铁以及他处煤油各矿统归英商福公司专办。1899年，四川省保富公司与英商布仕公司订立的《四川采矿条约》，规定四川省煤铁各矿由英国公司承办。更为严重的是，1900年义和团起义时，洋务派兴办的开平煤矿主持者张翼，借口避免为八国联军侵占，托名中英合办，于1902年2月将煤矿移交给英方，使其完全受制于外人。

总体来看，1902年之前的中外合资企业，是清政府“采矿招洋股”这一政策的实施结果，也基本是以中国股份为主，外人借合资名义侵占中国矿权利益的事例尚属少数。作为一种引进外资的独特形式，中外合资产生了一定的积极效应，外国资金的进入对于中国近代矿业的发展起到了推动作用。

1902年，迫于西方列强的压力。清廷颁布了新的《筹办矿务章程》。该章程改变了1898年《矿务铁路公共章程》中“多得华股为主”“专靠洋股与洋债者，概不准行”的规定，允准“洋人承办”矿务。这一规定引起张之洞、刘坤一等清廷高官的强烈反对，进而国人掀起了“收回利权”运动。清政府商部于1904年奏订《矿务暂行章程》，恢复了“以多得华股为主”的合资办矿原则。从1905年开始，清政府在大规模“收回利权”运动的推动下，着手整顿矿务，废除了一些外人承办或中外合资办矿的合同，收回了部分矿务企业，如黑龙江的都鲁河、漠河、观音山、哈毕拉、小东沟、大漠河、瑷珲，吉林的珲春、宁古塔、夹皮沟等处矿山。同时，政府花费巨款赎回了安徽铜官山煤矿、直隶临城煤矿、山西矿权、云南七府矿权等中外合办的企业。

由于收回矿权运动的影响，加上中外合资矿业对洋股的限制较严，而中国民族资本又严重短缺，因此近代矿务企业陷入艰难局面。为改变这一局势，1908年清政府又颁布了新的《大清矿务章程》，提出“华洋股份以各占一半为度”的合资方针。随后，又于1910年颁行《大清矿务正章》，规定凡愿遵守中国矿章的洋商，“皆得在中国与华商合股，禀请承办矿产”，至于股份的比例没有作明确限制。

尽管清末政府对外人在华投资矿业有诸种限制，名义上很多矿业是中外合资或合办的，但实际上则是由外人控制经营。1906年，西方列强在中国煤矿业的投资达2 368.2万元，占全国煤矿投资总额的84.8%，到1913年增至8 537.8万元，所占比重仍高达79.6%[②]。中国几家大煤矿均为英、日、德等国资本控制，如开滦、焦作煤矿为英国人控制；抚顺、本溪湖煤矿为日本人控制。新式铁矿及冶铁业到20世纪20年代以前，几乎100%属外商直接投资企业[③]。如大冶铁矿先由德国人控制，1903年落入日本人之手，年

① 东华续录（光绪朝）：卷154：22.

② 严中平. 中国近代经济史统计资料选辑. 北京：科学出版社，1955：124.

③ 严中平. 中国近代经济史统计资料选辑. 北京：科学出版社，1955：132-133.

产铁矿石 80 万吨，大部分被廉价运往日本。

1895—1900 年，列强在华设立工厂 933 家，涉及中国各个经济部门。除煤铁业外，西方列强还投资于中国的棉纺织、面粉、食品、缫丝、机械、造船、水电等行业。

外商垄断中国工矿业，直接控制了中国出口商品的一部分货源，便于西方列强对中国经济的掠夺。同时，一些外资在华企业生产的产品被低价运往母国，不但使中国遭受税收损失，而且加剧了中国对外贸易条件的恶化。

（二）交通运输业

甲午战后，列强在华投资的交通运输业主要涉及铁路及轮船运输。早在 19 世纪 60 年代，西方列强就试图在华修筑铁路，但遭到清政府的抵制。甲午战争后，清政府开始鼓励铁路建设。1896 年，盛宣怀出任铁路招商公司总理后，在“条陈四事”中明确指出要“特设铁路总公司，拨官款，募商股，借洋债”①，这一方案得到了清政府的批准。从此，清末借债筑路的高潮正式拉开序幕。

清末铁路建设初期，为了不使铁路权益旁落帝国主义之手，清政府力主自办铁路。自办铁路包括唐胥铁路、唐芦铁路、台湾铁路、新易铁路、京张铁路、张绥铁路、齐昂铁路、新宁铁路、漳厦铁路、株萍铁路等。但随着铁路建设的普遍开展和财政的紧缺，清政府最后不得不以借债筑路为主，以加快铁路建设。借债修建的铁路，包括清政府借款修建的铁路和地方借款修建的铁路，其中有全部借款的和部分借款的，还有外资参股的以及先借款后赎回的铁路。晚清政府通过借用外债修筑的铁路包括：津沽铁路、卢汉铁路、关内外铁路、广九铁路、沪杭甬铁路、津浦铁路、粤汉铁路、沪宁铁路、潮汕铁路、南浔铁路、正太铁路、道清铁路、汴洛铁路、吉长铁路等。

清政府通过实施“借债筑路”政策，促进了铁路事业的迅速发展，迎来了中国近代第一次铁路建设高潮。至 1911 年，中国境内共修筑了 31 条主要铁路，合计 9 656 公里。其中，中国自己开办的铁路有 10 条，894 公里，占全部铁路的 9%；通过借款修筑的铁路有 17 条，5 436 公里，占全部铁路的 56%；外国在中国开办的铁路有 4 条，3 326 公里，占全部铁路的 34%②。即全部铁路的 90%以上被列强通过直接投资或间接投资予以控制。特别是通过直接投资、直接经营铁路，列强不但掌握了铁路建设、经营管理的所有权利，一定程度上控制了中国的交通命脉，同时他们还迫使清政府承认铁路沿线为债权国的势力范围，由此又控制了铁路沿线的土地及资源。全国形成了两条铁路干线：一条是自黑龙江经长春、沈阳、天津、南京、上海至杭州；另一条是从北京至汉口，断续达至广州。加上其他支线铁路，初步形成了一个贯通全国的铁路运输网络。

西方列强通过投资中国铁路，不但为其过剩资本找到了出路，而且极大地便利了其商品倾销和原料掠夺，尤其是直接推动了西方铁路器材的销售，为其钢铁业、机械制造业打开了新的广阔市场。同时，铁路的修建客观上也促进了中国内地农、畜、矿产品的出口，这些产品数量大、价格低，且多远离口岸，传统的畜力运输规模小、速度慢、成

① 赵尔巽，等. 清史稿：卷 149. 北京：中华书局，1976：4435.

② 许毅. 从百年屈辱到民族复兴——清代外债与洋务运动. 修订版. 北京：经济科学出版社，2006：142，122

本高，制约了出口贸易的发展。而铁路的发展大大改善了运输条件，铁路是联系港口与腹地市场之间最便捷的交通运输工具，它的兴修“使内地接近通商口岸，贸易由之而增进，新的消费与生产领域也就形成了”①。因而，“凡铁路所到的地方……那里就兴起了过去所梦想不到的繁荣贸易。”②使中国更多的农副矿产品进入国际市场，更广大的地域开始与世界经济相联系。一些学者利用计量经济学的方法对中国20世纪初铁路与对外贸易的发展关系所进行的回归分析也表明，铁路的长度与对外贸易规模高度相关，且出口贸易与铁路的相关度比进口贸易更高③。

甲午战争后，外资轮船公司进一步增加。1898年，在日本政府扶持下，日商成立了大阪轮船公司，不到一年其长江业务量即赶上英商太古和怡和。为进一步增强竞争力，1907年大阪与另外三家日资轮船公司合并为日清轮船公司。19世纪末20世纪初，我国内河航运的76.8%～84.4%为三家最大的外资轮船公司——太古、怡和、日清所占有，而远洋运输则全部由外资轮船公司控制。从来源上看，其中英资公司在华航运业中所占比重最大但呈现下降趋势，1893年所占比重达84.4%，1902年降至60.4%，1907年进一步降至52.5%。位居其次的是日资公司，且所占份额不断上升，从1893年的2.8%很快上升至1907年的24.6%。

（三）电信业

清政府从1874年开始兴建电信事业，采用商办或官办，很少借债。一直到1900年以前，电报局建设水陆电线的经费也主要来自电报局筹集的款项。1900年，八国联军侵略天津、北京，列强为了发报便捷，更为了掠夺中国电信主权，擅自修筑大沽至北京陆线，怂恿外商电报公司设上海至大沽水线。在这种情况下，清政府不得不主动提出了购买要求，但由于财政拮据，无现银可拨，就将价款作为借款，从而开了中国近代电信借用外债的先河。从1900年至1911年，清政府有关电信借款共有七笔，总计8 599 292两库平银（参见表2–5）。

表2–5　　清末电信外债情况

债项	时间	数额/库平银两	年利率/%	期限/年	债权者
沪沽新水线借款	1900.8	2 000 000	5	30	（英）大东公司 （丹麦）大北公司
烟沽副水线借款	1901.2	400 000	/	/	（英）大东公司 （丹麦）大北公司
邮传部汇丰银行借款	1908.1	671 140	7	3	（英）汇丰银行
邮传部汇丰银行借款	1910.7	335 570	7	1	（日）北京正金银行

① 李康华，等. 中国对外贸易史简论. 北京：对外贸易出版社，1981：236.

② 海关贸易报告. 1899年：1.

③ 陈争平. 天津口岸贸易与华北市场1861—1913//中国社科院经济所集刊：第十一辑.

续表

债项	时间	数额/ 库平银两	年利率/ %	期限/ 年	债权者
邮传部汇丰银行借款	1910.1	465 838	7	0.5	（日）北京正金银行
邮传部电报借款	1911.4	4 000 000	5	19	（英）大东公司 （丹麦）大北公司

资料来源：根据中华人民共和国财政部、中国人民银行总行 1988 年编印的内部资料——《清代外债史资料》（三册）相关内容整理而成。

清代电信借款与铁路借款相比，虽然数量少、规模小，但利率高，大部分是 5%或 7%的年息，高出当时西方国家间的贷款年息 2～4 个百分点。西方列强通过对华借款不仅对中国进行高利盘剥，而且在借款中一部分电信主权也被帝国主义强占，如沿海及一些通商口岸（上海、厦门、福州）的一部分电信主权就已丧失，一些陆路电线也为外商所把持。电信外债在客观上促进或激发了中国电信事业的发展，到 1911 年，中国的电信事业已初具规模。水陆合计铺设线路共达九万余里[①]。特别是在帝国主义武力侵略和经济侵略的逼迫下，清政府采取了“与其假人，不如自设”的政策，自主发展了部分电信事业，从而推动了中国近代电信事业总体水平的提高。

（四）金融业

甲午战争前，西方在华银行已开始操纵中国金融业，不过，其主要作用仍然是为对外贸易服务。到 19 世纪 90 年代，资本主义由自由竞争发展到垄断阶段，金融资本已经不仅是工商企业的中介人，而且已成为所有资本运动的中枢。西方列强对华投资、开展贸易及一切经济活动都要通过银行来进行。故甲午战争后，西方列强在中国金融业的投资进一步增加，据统计，1895—1913 年有 13 家外资银行及 85 个分支机构在华设立[②]。规模及影响较大的除甲午战争前的英国汇丰、德国德华、日本正金外，这一时期主要有俄国的道胜（沙皇俄国的殖民地银行，1896 年在上海设立分行）、法国的东方汇理（法国政府特许的海外殖民地银行，1894 年在香港设立分行，1899 年在上海设分行）、美国的花旗银行（20 世纪初，美国唯一一家能在境外营业的银行，1902 年开始在华设立分行）及比利时的华比银行（1902 年设立）等。它们通过国际汇兑、进出口押汇、信用透支及外汇结算等方式支持各国在华洋行，以加强其在中国对外贸易中的垄断地位。此外，他们还经营商业银行的其他业务，尤其是存放款和证券业务。这些实力雄厚的银行处于金融统治地位，控制了中国的资本与利率，它们吸收中国政府、企业和私人的存款，再将资金以低利率贷给在华外资企业。而中国民族工业向华商银行借款的利率一般在年息一分以上，生产销售条件原已较差的民族工业负担高出一倍的利息，成本加重，就更难以与外资企业竞争了，中国民族工业由此遭受进一步打击，而外资银行则得以控制中国的经济命脉。

① 周伯棣. 中国财政史. 上海：上海人民出版社，1981：49.
② 吴承明. 帝国主义在旧中国的投资. 北京：人民出版社，1956：35.

在中国发行纸币是外国银行利用中国资金和控制金融市场的另一个重要手段。甲午战争之后，发行纸币的外商银行增多了，其在华流通量也大大增加。据粗略估计，在20世纪初期，外国银行发行的纸币流通量约合3 500万元（参见表2–6）。

表2–6　　外资银行纸币在华流通额估计（1910年左右）

银　　行	在华流通情况	流通额（折合银两）
汇丰、麦加利银行	2/3在中国流通	14 982 776
东方汇理银行	上海、天津、北京、昆明、蒙自	8 508 726
横滨正金银行	全部在中国流通	7 946 739
德华银行	上海、北京、青岛、济南	1 866 517
华比银行	上海、汉口、天津、北京	364 561
华俄道胜银行	全部在中国流通	1 235 703
合计		34 905 022

资料来源：根据献可《近百年来帝国主义在华银行发行纸币概况》有关数字整理，原文载于《近代史研究》1979年第1期。

正如毛泽东所说："帝国主义列强经过借款给中国政府，并在中国开设银行，垄断了中国的金融和财政。因此，它们就不但在商品竞争上压倒了中国的民族资本主义，而且在金融上、财政上扼住了中国的咽喉。"[①]以致1898年中国第一家近代银行——中国通商银行的创办人盛宣怀无奈地称："汇丰之设，已三十余年，气势既盛，根底已深，不特洋商款项往来，网罗殆尽，中行决不能分其杯羹，即华商大宗贸易，亦与西行相交日久，信之素深。"[②]

这一时期，外国在华投资主体也出现了新的变化：一方面，传统在华外资企业的垄断性不断增强；另一方面，世界性垄断组织纷纷在华设立分支机构，开始对华投资。如英国怡和洋行，其经营范围除进出口贸易外，还发展到金融保险、交通运输、房地产及工业制造等诸多领域。到20世纪初，怡和洋行在华设立的大型企业已有30多个，遍布上海、汉口、长沙、天津、广州、昆明、重庆、福州、汕头、青岛等口岸，资本总额达到4 000万元以上[③]。同时，它还是汇丰银行的大股东，它的大班一度兼任汇丰银行的董事长。就进出口贸易而言，其经营的商品品种几乎无所不有，它出口的中国商品涵盖"从寒冷的华北"到"暖和的南方"所产的各种各样的"适合市场销售的土特产"，如猪鬃、皮毛、生丝、茶叶、桐油等；进口商品，则从机械设备、纺织品到各种日用生活消费品及奢侈品等，应有尽有。史称其"总是站在经常变更和日益扩大的中国市场的前面"。[④]

① 毛泽东. 中国革命与中国共产党//毛泽东选集：第二卷，592. 北京：人民出版社.

② 愚斋存稿：卷2：30.

③ 汪敬虞. 中国近代工业史资料：第二辑，上册. 北京：科学出版社，1957：6.

④ 陈真. 中国近代工业史资料：第二辑. 北京：三联书店，1957：51.

19 世纪末 20 世纪初，世界性垄断组织纷纷在中国设立分支机构。如 1894 年美国洛克菲勒财团在华设立了美孚油公司（Standard oil Company），1900 年英国帝国化学工业公司在华设立了中国卜内门公司，1902 年英美烟草托拉斯设立英美烟公司（1935 年更名为颐中烟公司），1903 年英国利华兄弟托拉斯设立中国肥皂公司，1905 年卡内基财团设立美国钢铁公司，1907 年荷英壳牌皇家石油公司设立亚细亚火油公司（Anglo-Saxon Petroleum Company），日本三井财团设立三井洋行，1908 年美国通用电气设立通用电气公司等。它们凭借自身的垄断实力，迅速控制了中国相关行业的市场。

综上所述，19 世纪末 20 世纪初，随着西方列强在华获得进一步的特权及国际资本流动趋于活跃，其在中国的直接和间接投资均迅速增加。这些投资一方面使中国利权进一步丧失，另一方面客观上也促进了中国一些行业的近代化。

二、甲午战争后对外贸易的发展

甲午战争后，在对外开放以及外商直接和间接投资下，中国铁路建设的发展使交通运输条件显著改善，极大地便利了沿海与内地市场的联系。铁路的巨大运力使过去的许多不可贸易品变成了可贸易品，大大增加了中国出口商品的种类，对于以低附加值的、零散的农副产品出口为主的中国出口贸易起到了有效的推动作用。主产于内地的商品借助新式交通工具得以运往通商口岸，并出口海外。如 1903 年中东铁路即南满支线通车后，东北大豆即开始批量出口。据《上海总商会月报》记载，京汉铁路 1906 年通车前，经汉口出口的芝麻年均不足 30 万担。铁路修通后，1908 年输出的芝麻即达 164 万担，1909 年又增至 192 万担。不仅如此，河南货物也大批运到汉口出口，年增长率达 100%；1907 年，沪宁铁路修通后，上海的出口贸易规模成倍扩大；京张铁路建成后，山西亚麻得以大量从天津出口。[①]与此同时，进口商品向内地推销也更为便利了。

（一）贸易额增长加速，逆差扩大

甲午战争前的 1894 年，中国进出口贸易额为 2.23 亿美元；战后，进出口贸易额迅速增长，到 1901 年达到 3.15 亿美元，到 1911 年增长到 5.52 亿美元，比 1894 年增长了 3.28 亿美元，18 年增长了 1.48 倍。而战前 18 年，1877—1894 年，进出口贸易额只增长了 7%。[②]若以银两计算，增幅更大。参见表 2–7。

表 2–7　　甲午战争前后中国年均进出口贸易指数（以银两计算）

	1890—1894 年	1895—1899 年	1910—1914
出口	100	142	315
进口	100	153	417

资料来源：陈争平，等. 中国近代经济史教程. 北京：清华大学出版社，2002：155.

① 章有义. 中国近代农业史资料：第二辑. 北京：三联书店，1957：102–132.

② 李康华，等. 中国对外贸易史简论. 北京：对外贸易出版社，1981：502–505. 根据附表计算。

作为资源丰富、劳动力价格低廉的国家，中国在诸多农矿产品及手工业品上具有比较优势。1894 年海关贸易报告曾称："作为一个生产羊毛的国家来说，中国资源尚未充分开发，长江以北和蒙古生产羊毛的地区，与澳洲殖民地一般大，只要白银保持着现在的价格，中国是能够藐视来自一切金本位国家的竞争的。"[①]随着更广大地域的对外开放及交通运输、通信等基础设施的改善，中国的比较优势得以发挥，同时由于中国对外贸易主权的丧失，既不能"奖出"，也不能"限入"。相反，出口税高于进口税的协定关税制度实质上起到了鼓励进口、限制出口的作用，致使中国贸易逆差规模不断扩大。

与之相伴的是中国出口商品价格较之进口价格相对下降，甲午战争后，中国对外贸易条件恶化严重。从进出口价格指数来看，若 1871—1873 年进出口价格指数均为 100，1901—1903 年，进口价格指数升至 446.2，出口价格指数升至 282.7；1909—1911 年，进口价格指数达 662.3，出口价格指数则升至 518.2[②]。可见，这一时期进出口价格指数均呈上升趋势，但进口价格指数的上升大大快于出口价格指数，贸易条件不断恶化。

中国出口商品价格的相对下降主要是由进出口商品的国际竞争力决定的，因而贸易规模不会随价格的相对下降而产生扩大效应。随着进口商品竞争力的不断提高、出口商品竞争力的下降，进口贸易增长明显快于出口的增长，导致中国的对外贸易逆差更加扩大。

如前所述，从 19 世纪 70 年代开始，中国对外贸易已由顺差转为逆差，但在甲午战争前，逆差额尚不太大，年均逆差额大体在 2 000 万—3 000 万海关两，到 1894 年逆差额占对外贸易总额的比重为 11.7%[③]。这一时期中国依靠华侨汇款和金银出口尚能弥补经常性项目国际收支的赤字。甲午战争以后，特别是进入 20 世纪以后，随着对外贸易的发展，逆差额不断增大，中国经常性国际收支日趋恶化。1901—1911 年，逆差额达到 0.79 亿～2.19 亿海关两，在中国进出口贸易中的比重日趋上升。1902 年占 19.1%，1905 年达 32.5%[④]，1903—1913 年年均逆差额已是 1895—1899 年的近 20 倍。

长期巨额逆差对中国国民经济带来严重危害。甲午战争后，大量的贸易逆差被转化为列强在华投资，他们利用中国廉价的劳动力和原材料，攫取高额利润，垄断中国工商业，从而对中国幼弱的民族工业造成沉重打击。

（二）进出口商品种类更加多元化

1. 进口商品构成

甲午战争后，西方资本主义势力更加深入中国的内地腹省，进口洋货及外商在华投资企业的产品以其物美价廉的优势迅速排挤了土货，与之相关的传统手工业遭到毁灭性打击。中国自然经济加速解体，西方工业品的市场愈益广阔。

据统计，1874 年上海口岸进口商品种类约 180 种，天津口岸约 100 种。到 1911 年，两口岸进口洋货品种均上升到 800 余种之多。1910 年，贸易额超过百万关两的进口商品

---

① 姚贤镐. 中国近代对外贸易史资料：第 2 册. 北京：中华书局，1962：1120.

② 章有义. 中国近代农业史资料：第二辑. 北京：三联书店，1957：189.

③ 李康华，等. 中国对外贸易史简论. 北京：对外贸易出版社，1981：502-505. 根据附表计算。

④ 李康华，等. 中国对外贸易史简论. 北京：对外贸易出版社，1981：502-505. 根据附表计算。

就有35种之多[①]。品种的增多从一个侧面反映了洋货消费市场的扩大。在进口商品中以消费资料为主，其在进口额中所占比重达85%左右，而生产资料仅占15%左右，直接消费资料的进口又高于消费品原料的进口。

最大宗的进口货物是棉织品，其次是鸦片、棉纱，三项商品合计占进口总额的50%以上。从发展趋势上看，由于中国手工业者采用洋纱织造土布，一方面导致棉纱的进口增长激增，另一方面土布对进口洋布构成竞争，因而棉纱进口快于棉布。19世纪最后20年间，棉纱进口增长了10多倍，而棉布仅增长了不到3倍。

其他大宗进口货物还有大米、面粉、糖、烟叶、煤油及金属类。其中，进口粮食的传统品种为大米，甲午战争后扩大到面粉、小麦等多个品种。粮食的进口随中国农业的丰歉而波动，每年进口量从数千担到数千万担不等，总体上是逐年增加的。米、面粉、小麦、糖、烟叶这些日用生活消费品大体合占进口总额10%以上。煤油作为照明燃料，从19世纪60年代开始进口，由于其价格低廉（仅为植物油价格的50%～70%）、亮度高，逐渐取代了照明用的土油。到甲午战争后，煤油进口增长加快，1901年进口量达1.3亿加仑，价值1 700万关两。到第一次世界大战前，增加到2亿加仑，占进口贸易总额的5%～6%左右。甲午战争前，随着外国对华投资的扩大以及中国近代民族企业的兴办，机器、运输设备、化学产品、燃料、钢铁及其他金属等生产资料进口显著增长。各类进口商品所占比重参见表2–8。

表2–8　　进口商品构成　　单位：%

年份	生产资料				消费资料		
	合计	机械	原料	建筑用品、运输工具、器材、半制品、燃料等	合计	原料	制成品
1893	8.4	0.6	—	7.8	91.8	13	78.6
1903	15	0.7	—	14.3	85	22.3	62.7
1910	17.6	1.5	—	16	82.4	17.17	65.4

资料来源：严中平．中国近代经济史统计资料选辑．北京：科学出版社，1955：72.

从表2–8中可见，生产资料在进口中的比重趋于上升[②]，消费资料的比重下降，但后者仍占绝对优势，反映了中国进口商品结构的半殖民地性质。

2. 主要出口商品

这一时期，随着交通运输条件的改善，中国更深入地卷入世界市场体系之中。一方面，中国更多的产品进入国际市场，使出口商品的种类日趋增加；另一方面，由于中国经济发展迟缓，技术落后，国内流通成本过高，长期在国际市场占据优势的传统商品在激烈的国际竞争中不断失利，大宗传统出口商品——丝、茶在国际市场及中国出口贸易

① 武堉干．中国国际贸易概论．上海：商务印书馆，1930：3.

② 其中，燃料及车辆的进口，相当一部分是作为消费资料，实际生产资料的比重低于此数。据估计，1913年生产资料进口约为11.3%。

中的地位进一步下降。

19 世纪末，随着世界经济的发展，丝织品的消费市场相应扩大，促进了欧美丝织业的发展，世界市场对生丝的需求增加，为中国生丝及丝织品出口提供了有利的契机。丝及丝织品充当了中国最大宗出口商品的角色，约占出口总额的 1/3。

20 世纪以后，出口商品种类不断增加，到 1910 年出口额达百万关两的商品有 33 种之多。相对而言，丝及丝织品在出口商品构成中的比重下降。由于中国丝织技术的落后，手工缫丝与欧洲、日本的机械缫丝相比在竞争中处于劣势，致使生丝及丝织品在世界市场中所占份额下降，其中丝织品的下降尤为剧烈。到 1900 年，中国生丝出口额高于丝织品出口额五倍多，1905 年日丝与华丝的出口量已大体相当了，1908 年日丝出口比华丝多了 3 万担，中国在世界丝绸市场上所占份额也进一步降低。据欧洲学者研究，19 世纪时，欧洲市场所需丝绸一半以上要从中国购买，但 1902—1904 年，仅从中国购买其所需的 27%了，到 1905 年这一份额进一步下降到 25%以下。[①]到 1911 年，丝及丝织品虽然仍为中国首要出口商品，但其占出口总额的比重已经降至 1/4 了。

另一大宗出口商品——茶叶的下降趋势更加显著。甲午战争前，中国出口茶叶占世界茶叶市场的比重虽降至 49%，但依然是世界最大的茶叶出口国。战后，其所占市场份额进一步降低。1893 年，中国绿茶输英尚达 2 亿余磅，1908—1912 年则降至 4 000 万磅，减少了 80%，而同期印度出口到英国的茶叶量则增加到 1.5 亿磅。在美国茶叶市场上，中国遭遇了日本强有力的竞争，所占市场份额也不断下降。只有在俄国的砖茶市场上，中国茶叶出口仍然占据优势，但也出现了数量与价值的背离，即出口值落后于出口量的增长。1910 年，中国茶叶出口的绝对量降至 2.08 亿磅，占世界茶叶贸易的份额仅有 28%。同期印度的出口量上升至 2.56 亿磅，占世界茶叶贸易的比重达 34.7%。

上述丝茶两项商品合占出口贸易的比重比甲午战争前又降低了 41.7 个百分点。[②]

这一时期中国的豆类及皮货、棉花、羊毛、蛋类等杂项商品开始进入国际市场，其中豆类出口增长尤其显著。豆类产品主要包括大豆、豆油、豆饼等，19 世纪末，中国豆类产品已出口到日本，但数量有限，每年不过数百万担，贸易额较小，到 1894 年仅有 303 万海关两。从 20 世纪初开始，随着铁路的修建、东北地区的开发，民用照明由煤油替代植物油。大豆和豆制品出口显著增加，时值欧洲棉籽和亚麻籽缺货，肥皂等行业油脂原料匮乏，1908 年，日本三井洋行将东北大豆运往欧洲试销，获得成功。西方对大豆需求迅速增加，“以致为了新的季节（1909—1910 年）派出了 50 艘轮船到大连和威海卫去”。[③]1909 年，豆类出口激增至 1 443 万担，价值达 3 278 万关两，以后略有回落。到第一次世界大战前，豆类每年出口达 2 000 万关两，占出口贸易的比重达 14%左右。

甲午战后随着外资工厂在华兴建及民族工业的发展，棉纺织品也开始少量出口，但其在出口总额中所占比重极小，且大部分来自在华外资企业。

---

① [法]布尔努瓦. 丝绸之路. 济南：山东画报出版社，2001：244.

② 丝茶两项商品占中国出口贸易的比重，1870—1875 年为 85. 7%，1896—1900 年降至 44%。郑友揆. 19 世纪后期银价钱价的变动与我国物价及对外贸易的关系. 中国经济史研究，1986（2）.

③ 西・甫・里默. 中国的对外贸易. 北京：三联书店，1958：110.

因此，在中国出口商品构成中，依然是以农矿原料性商品及手工业品为主，1910 年占中国出口总值的 81.2%。其中，农矿原料性产品在出口中的比重还呈现出不断增加的态势。各类出口商品所占比重参见表 2–9。

表 2–9 **出口商品构成** 单位：%

年份	原料		半制成品		制成品	
	农产品	矿产品	手工	机制	手工	机制
1893	15.6	—	28.4	0.1	53.4	2.5
1903	26.8	0.4	17.2	14.7	32.9	8
1910	39.1	0.7	13.1	11.9	28.3	6.8

资料来源：严中平．中国近代经济史统计资料选辑．北京：科学出版社，1955：73.

从表 2–9 中可见，甲午战争后，在中国出口商品构成中，半制成品和制成品比重下降，农矿产品比重上升，即由附加值相对较高的产品变为附加值相对低的产品，中国在国际贸易和国际分工中处于更加不利的地位。

综上所述，中国进口以消费性工业制成品为主，出口以农矿原料及手工业品为主，表明中国的进出口商品结构完全适应资本主义列强倾销商品、掠夺原料的需要，中国对外贸易的半殖民化色彩更加浓厚。

（三）对外贸易地理方向的变动

甲午战争以前，英国在中国对外贸易中居独占地位。到 1894 年，英帝国（包括英国本土及其殖民地）对华贸易占中国对外贸易总额的比重仍高达 69.5%。1895 年，英国驻沪领事 G. Jamieson 在提交给英国政府的报告中还称：其他国家在中国市场上“多半只限于诸如缝针、火柴、燃料、灯具等次要的贸易商品上。在所有的大宗商品中，英国货不仅保住了原有的份额而且还有所增加。”①然而，甲午战争后，各资本主义列强实力对比发生变化，英国独占中国市场的格局被打破。其中，日本和美国随着自身经济实力的增强，扩大了其在中国的政治、经济权势，它们在中国市场与英国展开了激烈争夺，致使英国在中国对外贸易中的地位逐渐下降，日美地位上升。

1. 列强对中国市场的激烈争夺

这一时期，西方列强在中国对外贸易中的竞争空前激烈。各国商人纷纷在通商口岸组织商会，单个企业间的竞争被以国籍划分的集团竞争所代替。“对华贸易的外国公司的数目增加，比贸易本身增加更快。商人们在竞争中都习惯于国界的观点来对待自己了。一种越来越高涨的感觉是，政府应该对他们的在华商人的成功予以直接支持。”②这种竞争在中国棉纺织市场上表现得尤为明显。

中国最大宗进口货物——棉布最初主要来自英国，鸦片战争后的数十年中国洋布市

① 上海近代经济贸易发展概况：1854—1898 年英国驻上海领事贸易报告汇编。

② 西·甫·里默．中国对外贸易．北京：三联书店，1958：111.

场几乎是英国一家独占。19 世纪后期，随着美国工业的发展，英国棉布在中国市场的垄断局面被打破，尤其在粗布市场上美国占有了更大的份额。

甲午战争后，日本也加入了对中国棉布市场的争夺。到 1900 年，美、英、日三国出口到中国的棉布占中国棉布的进口比重分别为 63.5%、15.5%、26%。20 世纪后，日本采取了一系列措施增进对华棉布输出，如 1902 年日本纺织联合会对棉布出口提供补贴，规定每出口 300 斤棉布补贴 1.1 日元。1906 年，以三井财团为首的五家大纺织企业联合成立卡特尔组织——“日本棉布输出组合”，旨在与美国棉布竞争。为此，日本政府下令正金银行给该组织以金融上的援助、满铁会社给予运费上的优惠。随后，日本棉布在中国市场的份额迅速上升，如在东北市场上，日本棉布所占比重由 1906 年的 1.2%上升到 1910 年的 41.9%。同期，美国棉布的份额则由 77.4%降至 33.8%。

甲午战争前，中国进口棉纱主要来自印度和英国。甲午战争后，为占领中国棉纱市场，日本政府对棉纱输华实行扶植政策，一方面免除棉纱原料——棉花进口税和棉花出口税，另一方面对棉纱输华予以财政补贴。1897 年、1898 年，日本政府两次给予横滨正金银行 300 万日元的贷款，专门用于扶植日纱输华。日本纺织联合会又采取了一系列措施扩大日纱输华，如与日本邮船会社商定降低日纱输华的运费并享有优先承运权；实行输出奖金和输出津贴制度，1898 年决定给每包输华日纱奖金 2 日元，1902 年提高到 3 日元，1908 年又决定给予超出预定输出量的部分每包 3～5 日元的津贴。在此政策下，“日货并力锐进”，日纱疯狂在中国市场倾销，输华数量迅速增加，在中国棉纱市场上的地位一路攀升。如在华北市场上，甲午战争前的 1893 年，来自英帝国的棉纱占 92.8%，而日纱仅占 1.4%。十年后，日本所占比重上升至 39.3%，英帝国所占比重降到 59%。到 1913 年，日纱所占比重超过英国，高达到 62%。

其他国家对中国市场的争夺同样不甘落后。如在煤油市场上，19 世纪主要是美俄争斗。美国是中国煤油最早的进口来源国，19 世纪 80 年代以前，美国煤油在中国市场上处于垄断的地位。1888 年，俄国煤油开始与美国在华展开竞争。20 世纪后，英荷壳牌石油公司在中国设立了分公司——亚细亚火油公司，销售荷属苏门答腊（今印度尼西亚）产的煤油，其主要竞争对手是美国的美孚油公司。两大公司势均力敌，在中国煤油市场上激烈角逐，1910 年海关报告称：美孚油与亚细亚两大公司的竞争，简直“等于战争”。到 1911 年，美国煤油所占份额虽有下降，但仍占 60%以上。

在中国的火柴市场上，早期主要进口来源国是瑞典和德国。甲午战争后，日本凭借运费低、劳动力便宜的优势，将瑞典和德国火柴挤出中国市场。20 世纪后，瑞典为夺回中国火柴市场，一方面在中国市场上实行大规模倾销政策，以低于成本 50%的价格在中国出售瑞典火柴；另一方面又大肆收购中国境内火柴企业的股票。瑞典最终击败了日本火柴，重新占领了中国火柴市场。

2. 各国在中国对外贸易中地位的升降

到 19 世纪末，英帝国在中国对外贸易中依然维持着霸主地位，甲午战争后以及日俄战争后，英国受到日、美等国的挑战，特别是日本在华对外贸易中所占地位迅速上升。1905 年，日俄签订了《朴次茅斯和约》，日本夺取了俄国在中国东北的大部分特权，大大加速了日本对华商品输出及原料掠夺。1905年，英帝国（包括所占的香港）在中国对外贸易中的比重由19世纪的70%～80%降至55.7%，到1911年进一步跌至48.7%，其中英国本土所占比重由1894年的14.1%降至12.48%。与此同时，日本在中国对外贸易中的份额则由6.2%上升到16.46%，超过了英国本土的对华贸易①。美国1894年在中国对外贸易中的份额尚不到5%，1905年日俄战争爆发，美国趁机推进对华贸易，该年美对华贸易占中国外贸总额高达15%。此后，由于美国迫害华工，中国掀起抵制美货运动，再加上日本在中国东北的势力扩张，美国在中国对外贸易中的地位下降。

在进口贸易中，1891—1893年英国本土在中国进口贸易中的比重为20.4%，大大高于日本（4.9%）和美国（4.5%）。甲午战争后，英国所占份额下降，日、美等国的份额则上升。1909—1911年，英国本土所占份额跌至16.5%（整个英联邦也仅占中国出口贸易的20%），日、美则分别升至15.5%和7.1%。英国虽仍领先，但优势已不显著②。

在出口贸易方面，1891—1893年，英国本土在中国出口贸易中的比重是11.3%，日本及美国分别为7.2%和9.8%。到1909—1911年，英国所占比重跌至5.1%（英联邦在中国的进口贸易中占50%），而日本及美国上升到15.9%和9.0%，均超过了英国③。

3. 中国对外贸易的地区分布

随着中国更广大地域的对外开放，各地区在全国进出口贸易中所占的份额也发生了较大的变化。甲午战争以前，对外贸易高度集中于华中和华南。1891—1893年，二者在中国进口贸易中的比重分别是56.5%和40.2%，出口贸易中的比重为46.8%和47.1%，其他地区所占比重则微不足道④。

甲午战争后，特别是到20世纪以后，东北及华北在中国对外贸易中的地位迅速上升，1909—1911年其在中国进口贸易中的份额分别达到9.8%和10.9%，在中国出口贸易中的份额分别为16.7%和5.2%。⑤

各国在中国对外贸易中地位的变化，表明列强对中国市场争夺激烈。而中国各地区在全国对外贸易中比重的变化，又表明中国更为深入全面地卷入了资本主义世界经济的旋涡。

第四节 甲午战争后对外贸易对社会经济的影响

甲午战争后，一方面，中国对外开放的地域范围扩大，半殖民地对外贸易制度的强化，使中国商品市场更加开放，对外贸易有了进一步的发展，不但使沿海口岸经济加速发展，促进了口岸城市化水平的提高及周边地区商品经济的发展，而且使内地一些地区经济的封闭状态被打破，使近代化向内地腹省逐渐扩展。另一方面，“借洋债以兴利”、

① 严中平. 中国棉纺织史稿. 北京：科学出版社，1955：516.
② 严中平. 中国近代经济史统计资料选辑. 北京：科学出版社，1955：65.
③ 严中平. 中国近代经济史统计资料选辑. 北京：科学出版社，1955：66.
④ 严中平. 中国近代经济史统计资料选辑. 北京：科学出版社，1955：67.
⑤ 严中平. 中国近代经济史统计资料选辑. 北京：科学出版社，1955：68.

允许外商直接投资，使中国的资本市场开放。外国在华直接和间接投资，促使一系列中国近代行业的出现和发展。但与此同时，中国丧失了更多的国家主权，中国经济受西方列强控制的程度进一步加深，严重束缚着中国近代产业的发展。

一、促进了交通运输和通信业的近代化

在被迫开放与自主开放的交织中，清末通过借外债及允许外商在华直接投资，使中国铁路、电信等近代交通通信业从无到有逐步发展起来。通过“借债筑路”及外商直接筑路，中国铁路事业获得迅速发展。在这一时期，中国境内共修筑了 31 条主要铁路，合计 9 656 公里。其中，中国自己开办的铁路有 10 条，894 公里，占全部铁路的 9%；通过借款修筑的铁路有 17 条，5 436 公里，占全部铁路的 56%；外国在中国开办的铁路有 4 条，3 326 公里，占全部铁路的 34%。[①]至 1911 年，修筑了近万公里的铁路，初步形成了一个贯通全国的铁路运输网络。

铁路建设固然丧失了一部分主权，加深了中国殖民化的程度，使中国的交通运输状况得到改善，国内外经济联系加强，社会生产力明显提高，经济结构得到改变，对中国近代经济的发展乃至民众思想观念的转变都起到了促进作用。

第一，交通运输的近代化，提高了社会生产力。在两千余年的中国封建社会中，交通运输主要依靠以人力、畜力和自然力为动力的陆运和水运，铁路的出现使中国的交通运输发生了质的变化，交通运输转而依靠机器为动力，从而实现运输革命性的变化，从传统跨到了现代化。从“借款筑路”开始，铁路建设很快在全国范围内展开。由南到北修建起两条铁路交通干线：第一条由京绥铁路、卢汉铁路、粤汉铁路构成，从呼和浩特经北京、武汉、长沙到达广州；第二条由关内外铁路、津浦铁路、沪杭甬铁路组成，从黑龙江经沈阳、辽宁、天津、南京、上海、杭州到达宁波。再加上各地的支线和地区间的铁路，中国铁路建设已形成一个交通网络，大有代替中国古有的以车马为主要交通工具的陆路交通地位之势。

第二，带动了中国相关行业的发展。近万公里铁路建成使用，带动了中国近代经济成分的发展，促进了铁路运输的上游行业——煤炭、钢铁及机器制造等的发展。如汉阳铁厂产品主要供给卢汉铁路、粤汉铁路、淞沪、沪宁、沪杭甬、津浦、广九及川汉铁路及正太铁路等建设使用，其产量逐年增加：生铁年产量 1900 年为 2.58 万吨，1903 年为 3.88 万吨，1906 年为 5.06 万吨，1908 年为 6.64 万吨；钢的年产量由 1900 年的 8 538 吨猛增到 1908 年的 22 626 吨[②]。

第三，促进了铁路沿线城市的发展。铁路的修建和延伸，使一批铁路线上的新型城市迅速崛起，出现了一系列新的中心城市。如东北地区，兴建铁路之前，仅有沈阳、吉林、长春、营口等几座城市，铁路铺设后，新的城市大量出现。特别是哈尔滨，它原来是个渔村，自东省铁路兴建后到 1905 年发展成为一个 10 万人口的大城市。原称“青泥

---

① 许毅. 从百年屈辱到民族复兴——清代外债与洋务运动（修订版）. 北京：经济科学出版社，2006：142，122.

② 王培. 晚清企业纪事. 北京：中国文史出版社，1997：100.

洼”的旅顺和大连，自南满支路通达后，一跃成为东北的贸易中心，几与上海、广州齐名。在华北，天津、石家庄、郑州在修建铁路之后迅速成长壮大。如天津原为军事重镇，自京奉铁路、津浦铁路建成并与京汉铁路、京绥铁路联通后，成为仅次于上海的全国第二大港口。在华东，上海、南京因有了铁路而更为繁荣，汉口则成为全国性的交通枢纽。而一些传统的水路城市，如山东临清、江苏扬州、淮安等城市则因不通铁路而日渐衰落。这说明漕运为铁路所代替，大宗运输和客运从水路转到铁路，使得城市开始沿铁路兴起，改变了过去城市单纯沿江河布局的格局。

中日甲午战争爆发后，由于外债的引入，电信事业迅猛发展。1880—1911 年，线路架设共达九万余里[①]，几乎遍及全国，中国的电信事业已初具规模。随着全国电信事业的扩展，全国各地出现了电信局、电报局以及电话局等营业部门，它代表着一种新的社会生产力，改变了中国传统的信息传播方式。在中国封建社会千余年间，信息主要靠邮递来传播，传播的工具主要是马、车、船等，而军事信息的传播主要靠烽燧、鸣炮等原始手段。这些传播方式本身就是落后的，加之中国幅员辽阔，信息的传播就显得更加缓慢了。即使到了清代，信息传递仍然没有大的改观。清末有了近代电信以后，中国的通信业发生了翻天覆地的变化，各地的信息能够“瞬息可至”，大大降低了经济活动的成本，有助于增强社会的经济活力。

1898—1902 年，中外合资企业主要出现在安徽、山东、奉天、河南、山西、四川、直隶、新疆等矿产地区，以及上海、苏州、福州、烟台等沿海地区。主要的合资矿局有 1898 年在安徽设立的中日宣城煤矿公司、在奉天成立的中英暖池塘煤矿、在山东举办的中俄烟台煤矿、在河南组建的中英福公司。甲午战争后，在从事买办和参与洋务运动中积累了资本的买办阶级，相当一部分开始直接投资购买外国机器设备和技术，创办近代工业企业，这对推动中国近代民族工业的发展无疑起到积极的作用。如怡和洋行买办祝大椿 1888 年就开设了源昌缫丝厂。20 世纪后，除源昌缫丝厂的 50 万元外，祝又投资 20 万元兴设源昌碾米厂，投资 20 万元兴设华兴面粉厂，投资 67 万元兴设公益纱厂，投资 14 万元兴设怡和源机器打包厂，合计 191 万元。此外，他还在上海龙章造纸厂、苏州振兴电灯厂、扬州振扬电灯厂、无锡源康缫丝厂、无锡惠元面粉厂拥有股本，使其投资总额达到 306 万元[②]。又如东方汇理银行买办朱志尧 1897—1910 年投资上海大德油厂 21 万元、通昌榨油厂 13 万元、求新船厂 69.9 万元、申大面粉厂 27.9 万元、北京利呢革厂 60 万元，另外加上在同昌纱厂、大达轮船公司、大通轮船公司的股本，投资总额达到 365 万元[③]。

二、推动了城市经济的发展

随着对外开放程度的逐渐加深，一些地区在开放过程中以贸易为先导，因商而兴，优先发展成为大城市。西方列强以武力打开中国的大门，其中一个重要目的就是要占领

---

① 周伯棣. 中国财政史. 上海：上海人民出版社，1981：49.

② 章有义，等. 旧中国的资本主义生产关系. 北京：人民出版社，1977：39.

③ 郝延平. 十九世纪的中国买办：东西间的桥梁. 上海：上海社会科学院出版社，1988：164.

中国这个广阔的市场，他们在中国主要是以通商口岸为基地，因而产生了交换要素的空间聚集。在这些通商口岸对外贸易过程中，由于大规模的资本主义商品经济的空间聚集，上海、天津、汉口、济南等城市化发展迅速，成为近代中国最早的一批大中城市。

作为中国的近代城市和对外贸易中心的上海，不仅外国人和外国资本、商品大量聚集，而且中国人、中国资本、商品也在上海大量聚集。19 世纪末，有外国人评论说："每年中国商人愈来愈倾向于想使上海成为北华贸易的中心城市，把北方沿海和沿江的口岸仅仅当作供给本地即时需要必不可少的货物的卸货地。规模最大的华商号都在这里设立代理机构……上海的未来，要以中国和中国人，连同中国人的权益为转移；外国人唯有跟中国跑，才是明智的。"[①]进出口贸易的快速发展，直接推动了上海的航运业、船舶修造业和进出口加工业的大发展，同时也吸引大量的内外商业资本和金融资本向上海大量集中，上海成为中国和远东的商品集散地和金融中心，对外贸易、埠际贸易和金融业的发展，成为推动上海城市繁荣的动力。

天津之所以成为中国北方第一大商业中心，也与它的开埠通商发展对外贸易关系密切。天津开埠后，吸引了一批外国商人，他们"希望这个港口能在重要性上压倒上海或其他敌手，或者至少把这些地区的商业吸引过来"。[②]天津开埠初期，由于华北地区的市场限制，对外贸易增长的幅度并不大。19 世纪后期，随着天津对外交通运输的发展，天津的对外贸易出现了很大的变化，进出口贸易总额较以前有很大幅度的增加。如 1900 年天津进出口贸易额比开埠初期的进出口贸易额增加约 5 倍。天津海关称 19 世纪末"这十年间（1892—1901）历史确定的主调是本埠的潜在力量，这种力量不顾一切阻碍，持续地向前突进，这种力量的表现没有比 1892 年再为强烈的了"。[③]20 世纪初，以天津为中心的水陆交通运输网络的形成则使天津在经济上逐渐摆脱了对上海的依附。随着天津对外贸易特别是直接贸易的增长，天津市场与世界市场的经济联系日益密切，天津市场的商品也成为世界性的商品，参加世界市场的流通。天津对外贸易的增长为其后天津成为中国北方第一大城市和全国第二大城市奠定了基础。1895 年，天津城市人口为 587 666 人，比开埠前的 1840 年的 198 716 人净加了 388 950 人，几乎净增加了两倍。天津开埠后的前半个世纪，城市人口的增长主要是由于对外贸易和交通的发展所造成的，开埠吸引了大批的中外商人和手工业者、劳动苦力纷纷来到天津。另外，对外贸易的发展还促进了为本城市服务的城市商业和服务业的发展。天津开埠后，无论是华界还是租界内的各种商店、旅店、饭馆、茶园、妓院开始大量出现。

天津成为中国北方最大的开埠通商口岸后，其经济辐射和聚集功能大大增强。由于天津通往内陆腹地的交通日益方便，同时内陆腹地关卡少、所征关税也不多，以至经天津运到太原的洋布仅比距上海 100 余公里的苏州普遍流行的价格略贵一点。因此，天津的腹地不断扩大，成为全国洋布洋纱进口的最大口岸。19 世纪下半叶，天津进口的洋布

---

① 上海英文《文汇报》（ Shanghai Mercuey），1893 年第 95 页。

② 罗澍伟. 近代天津城市史. 北京：中国社会科学出版社，1993：169.

③ 天津 1892—1901 海关十年报告书//天津市历史研究所. 天津历史资料，1965（4）.

占全部进口商品总额的 50%以上，占全国洋布进口总数的 1/4 强，洋布的输入量超过了上海和中国其他任何一个口岸。进口的洋纱量也成倍增长，占全国洋纱进口总量的 10%。①

汉口是一个内陆港埠，对外开埠通商之前，由于受到太平天国时期的战争破坏和影响，商业一度衰落。但 1861 年汉口开埠后，由于对外贸易的发展，城市经济则日趋繁荣。1882—1891 年十年中，汉口贸易净值相当可观，平均每年为 3 800 万海关两。到 20 世纪初年，汉口对外贸易额已达到 1.7 亿海关两左右，始终占全国对外贸易总额的 10%以上。1865—1895 年，汉口港的进出口贸易仅次于上海，位列全国第二位，汉口由一个区域性的经济贸易中心向全国性的，甚至国际性的贸易中心发展。20 世纪初，中外人士已经普遍认识到“汉口作为一个大的商业都会和迅速发展的贸易中心这个事实”②。汉口正是由于与国际市场发生了密切的经济联系，其经济辐射能力和聚集能力才较开放前出现巨大飞跃，从而才有可能成为近代中国少数几个特大城市之一。

1904 年开埠的济南也经历了城市化快速发展的历程。1904 年 5 月 19 日，清政府正式批准山东自开济南等三处商埠。自开商埠后到辛亥革命前，济南商埠区的建设已经初具规模。商埠的经一路、经二路、经三路逐渐发展成商业和金融业的繁华之地。洋行、银行、老字号及商场式市场纷纷在此扎堆。济南的商品开始漂洋过海，大宗贸易和远程贸易的势头愈发强盛。开埠后的半个世纪，济南由一个传统的消费城市变成一个商业贸易城市，除了山东西部以外，乃至在整个华北地区也有一定的影响。济南城市的活力增强了，生产聚集和发散商品的数量增加了，质量提高了，而且交换范围广了。它不限于本城市的消费，而且把外地的商品聚集到济南，再往别处去输送发散——从沿海进来的商品到济南以后再批发到别处去，从而成为区域性交换的中心。

自开商埠是济南由传统封闭城市走向开放和近现代化的开端。中外商人资本的汇聚，津浦、胶济铁路的通达，城市空间的不断拓展，经济和文化事业的兴盛，使济南由一个政治中心一跃成为山东内陆第一大商贸中心和华北地区重要的商品集散地。至 20 世纪初，济南城市的结构和功能发生了显著变化，这些变化对济南城市和社会的发展产生了综合效应，极大地改变了可见的城市面貌，也深刻地诱发了社会心态的巨大历史变迁。开埠前，城内人口仅 5 万人左右。开埠后，市区面积扩大到 10 平方公里，至 1911 年，人口已达十几万。1910 年，为建齐鲁大学修新建门，并在城东西南三面加开城门。封闭式的结构被打破，济南最繁华的商业中心由元代以来的回民聚居区西关移至商埠。城市公共事业和市政建设有了长足发展：邮局取代传统驿站；原仅限于官府和沿黄河防汛专用的电报电话扩展为民用电话；电灯公司的设立使民用照明以商业化的形式得到普及；现代报业发展起来，官办《济南日报》创刊发行，全国第一份通俗文体报纸——《白话报》在济南创刊；山东图书馆、博物馆相继设立……传媒对社会心态的影响大大加强，导致社会时尚、风气和思想意识的多元化和开放化，时称“民智大开”。这种变化在社会各阶层中普遍产生了移风易俗、趋新思变的精神推动力。总之，20 世纪初的济南已经具备了

① 罗澍伟. 近代天津城市史. 北京：中国社会科学出版社，1993：171.

② 穆德和. 近代武汉社会与经济——海关十年报告. 香港：香港天马图书有限公司，1993：36.

近代城市的功能。

随着对外开放程度的加深，通商口岸市场经济机制日趋成熟，西方新的交易方式及商业制度得到引入，近代化的新式机构如百货公司、工厂、仓库、银行、医院、学校等遍布城市各处，近代市政工程设施如马路、电灯、电话、自来水、轮船码头相继出现，使城市面貌及人们的生活条件和生活方式大为改观，开放城市的近代化大大加速。

如在自开商埠的福建三都澳，开放前仅是一个只有十多间房屋的村落，1899 年开埠后，面貌大变。数年间修建了海关办公楼、海关宿舍、银行、数十家商店；1902 年正式设立了邮局；1905 年铺设了电缆，开通了与福州间的电信交通；新式学校也次第开办。时人评说“这个新拓口岸像凤凰一样从海上出现了”。[①]

南宁开埠后，清政府投资兴修了公园、市场、道路、码头，修补了江堤；济南开放后，政府投资修筑马路、沟渠，开井泉，植树，设立市场及相应的管理机构。1905 年，电灯照明遍布全城。城市基础设施建设的发展，使投资环境大为改善，中外企业纷纷设立，促进了近代工商业的发展。济南在开埠前仅有一家官办的近代企业——山东机器局；而据统计，从开埠到辛亥革命前，新设立近代资本主义工商企业近 40 家。[②]昆明开埠前也仅有云南机器局和云南矿务局两家官办近代企业。1905 年开放后，在短短五年间新增企业达 20 余家。武昌开放前，有洋务企业 4 家，1900 年开埠后到辛亥革命前，新增近代企业 18 家。

开放城市商业的发展尤为显著，如南宁开埠后，各大洋行的分支机构相继开办，如英商亚细亚石油公司、英国轮船公司、天和银行等在南宁都开办了分支机构。广东、江西、福建等地的不少内地商人也云集南宁，将各地土货经由南宁运销中国香港、越南等地。短短数年间，南宁成为华南重要的农产品出口口岸。开埠的 1907 年土货出口额为 723 959 关两，1911 年增至 2 575 589 关两，4 年间增长了 2 倍多。[③]随着国内外贸易的发展，大部分自开口岸逐渐被纳入近代商品流通体系之中。昆明开埠前，由于其“地处极边，外来商贾，本属无多”。开埠通商后，中外商人纷纷涌入，到 1907 年，昆明商业行帮已多达 59 个，仅百户以上的大行帮拥有的店铺即达 6 127 个。随着对内、对外贸易的发展及与之相应的金融保险、交通运输、通信及工矿业的兴办，中国沿海及内陆的一些通商口岸的经济结构发生了急剧的变化，城市的功能也发生了演变。开放前，中国城市的传统功能主要是各地区的政治及文化中心，城市中人口构成主要是官绅、士大夫及商贾等，因而中国城市多为消费性城市。开放后，不仅对外贸易成为这些地区经济的重要组成部分，而且成为近代产业的聚集区。伴随着洋货的大量涌入，逐渐形成了近代工业品的销售市场。

---

① 文史资料委员会. 福建文史资料. 福州：福建人民出版社，1985（10）：152—157.

② 济南简史. 济南：齐鲁书社，1986：386.

③ 马依，舒瑞萍. 广西航运史. 北京：人民出版社，1991：117.

三、区域经济与民族工业的发展

无论约开口岸还是自开商埠，对外开放后，不仅促进了口岸城市经济的发展，而且还辐射带动了周边区域经济的繁荣。

如济南开埠后，从辐射力较小的传统区域性商业中心迅速变成华北地区主要的贸易市场，商品流量骤增，中外贸易繁荣。由于外资的大量流入，贸易额直线上升。开埠后第一年，胶济路的货运量为 310 248 吨，总运营收入 1 912 296 元，利润达 1 116 902 元，利润率为 61%。此后，逐年递增，到 1911 年，货运量已达 717 189 吨，总收入达 3 511 106 元，利润达 2 410 584 元，利润率高达 68.7%。[①]随着贸易量的上升，济南很快成为中国棉花交易的最大市场。济南开埠后，前往济南收购棉花的外国公司日益增多，使山东、直隶地区棉花产量陡增，使济南与国际棉花市场的联系大大增强了。为发展棉业商品生产，当地商务局推广美棉良种种植，使棉区单产提高了三倍[②]。南宁开放后，从 1907 年到 1911 年，进出口总额由 1 544 600 关两增加到 4 700 517 关两，五年间增幅达两倍。如湖南岳州及长沙（条约口岸）开埠后，湖南各地与世界市场的联系逐步开始，西方的洋纱、洋布、洋纸、书籍及机器等涌入湖南，湖南的煤炭、铁、铜、棉花、木材及茶籽“输出于长江流域及海外各国者，当有七八百万石”[③]。

甲午战争后清政府实施的“振兴商务”政策，放宽了对兴办民营新式工矿业的限制，1895—1912 年的 17 年间，新办资本在万元以上的工矿企业约 800 家，主要分布在棉纺织、缫丝和面粉业。这些企业多数位于长江三角洲和珠江三角洲一带及各通商口岸。

在外国商品的冲击下和洋行对中国资源掠夺性贸易的刺激下，中国人民的民族意识日益觉醒，各地纷纷开展“收回矿权”的群众运动。1907 年，山西商人集资创办“保晋矿务公司”，在各界群众支持下，以 275 万元的代价从英国福公司手中赎回盂县、平定、潞安、泽州及平阳五处矿区。随后，山东、奉天、安徽、四川、云南、湖北等地也相继收回一部分矿权。这些自办矿业多数由于经营管理不善导致亏损，影响了企业的发展，但毕竟开创了近代民营工矿业发展的先河。更为重要的是，矿权的收复运动造成了巨大的社会声势，激发了民族的竞争意识，一定程度上扭转了士绅的观念，剩余资本的投向逐渐由土地转向近代工商业。如岳阳开放后，外资轮船公司蜂拥而至，湘鄂商绅惊呼“内河轮船我不兴办，彼必行驶”，他们纷纷集资创办民族航运企业，与外资展开竞争。济南开埠前除了官办的山东机器局之外，几乎没有近代工业。随着开埠通商，济南官商各界把投资兴趣转移到近代工业方面，改变了资本的流向，于是出现了众多的商办和官商合办的近代机器工业企业。自开埠到辛亥革命前的近 8 年时间内，济南新创办了 16 家近代民营企业，加上官办及官商合办的厂矿，总数为 21 家，具体参见表 2–10。

---

① 丁日初，近代中国：第 2 辑. 上海：上海社会科学院出版社，1991：216.

② 东方杂志. 4（4）.

③ 曹佐照. 湖上农言.

表 2–10 清末济南近代企业创办情况

年份	企业名称	创办人	资本	工人数	经营性质
1905	济南电灯公司	刘恩驻	100 万元	130	商办
	林木培植会		3 万两		
	洛口小铁轨铁路		2 万两		商股、德商代经理
	大公石印馆	沈景臣	100 两	20	商办
1906	济南济农公司				商办
	大经经厂有限公司		20 万两		商办
	机器制砖有限公司	徐明锵			商办
	小清河轮船公司	唐荣诰	10 万两		商办
1907	大清银行济南分行				商办
	中安烟草有限公司	唐世鸿等	2 万两		商办
	济合机械公司	周庆冕等			商办
	永阜草公司				商办
	通惠公司				商办
	美聚棉花公司	金毓珍			商办
1908	东兴货栈有限公司		30 万两		商办
	琴记雪茄公司分庄				商办
1909	泺源造纸厂	丁道津	26 万两		官商合办
	兴顺福机器油坊	张采丞	15 万两		商办
1910	普济草绳有限公司	黄绍斌	5 万两		商办
	金启泰铁工厂	黄全材	2 万两	65	商办
1911	济南津浦铁路工厂			372	商办

资料来源：济南市社会科学研究所. 济南简史. 济南：齐鲁书社，1986：386–387.

外国商品及外资产品的倾销也刺激了中国进口替代工业的发展。在所需投资少、技术要求不高的产业中涌现了一批民族资本企业。如火柴原为进口商品，19 世纪末年进口量约为 10 万箱，火柴庞大的市场首先吸了日本企业在华投资设厂。20 世纪初，广东、四川、汉口、北京各地先后有中国人开设火柴厂与日资企业竞争。卷烟在鸦片战争后传入，长期控制在英美商人手中。20 世纪初，一些爱国人士提出“不吸美国烟”的号召，中国商人开始投资烟草工业。到 1908 年，民族卷烟工厂已发展到 16 家，其中 1905 年华侨简氏兄弟创办的“南洋兄弟烟草公司”最为成功，其产品不但销往国内各省，甚至远销东南亚各地。

当然，由于缺乏完整的国家主权和独立的政治保障，幼弱的民族企业只能在特定的非常态时期在与外资企业的竞争中取得暂时的优势。大多数时期、大部分企业只能在外资企业的夹缝中艰难生存，“实业救国”成为难以实现的梦想。

四、技术引进与中国技术进步

自鸦片战争之后，随着外国侵略势力的入侵，中国日益沦为半殖民地国家。帝国主义为了把中国变为它们的商品销售市场和原料供应基地，在输入商品和输入资本的同时，也输进了新的生产工具、生产技术和资本主义经营方式，从而加速了中国封建经济自身的分解。外国先进生产方式和技术的引进，推动中国生产技术的进步。

自洋务运动开始，中国即积极引进外国先进技术设备。西方科学著作也不断被翻译介绍到中国，实用技术也伴随着外国资本的侵入及中国民族资本主义的发展源源而来，从而促进了近代工业经济的发展，提高了经济效益。就冶铁工业而言，光绪二十六年（1900年），全国生铁产量为 25 890 吨，光绪三十一年（1905 年）为 32 313 吨，宣统二年（1910年）骤增至 119 396 吨[①]。这一巨大成就无疑归功于近代冶铁技术的传入与应用。美国学者费维恺认为，“近代前的”经济扩张是一种“低度开发”，是在落后状态下的成长；“近代性的”经济成长则是由于科技不断进步而形成的[②]。这一观点比较客观，与清前期、晚清的经济发展状况基本相符。

我们再以中国近代矿业科技为例。中国封建社会的矿业虽然历史悠久，但生产工具十分落后，一直停留在小手工业生产的水平上。中国矿业中机器大工业的出现，来源于外国资本主义先进的生产技术的引进和输入。当时，有名的大工矿如开平煤矿、汉阳铁厂、萍乡煤矿以及后来的汉冶萍公司，都是借外债购进外国的机器设备，实现了机器大工业的生产。其他矿业的机器设备也同样购于国外或中外合办以后由国外输入，先后不同程度地进入机器生产阶段，摆脱了原来落后的手工业生产局面。外国资本主义先进生产技术的引进和输入，对中国资本主义的产生起到了决定性的作用。马克思曾经指出：“各种经济时代的区别，不在于生产什么，而在于怎样生产，用什么劳动资料生产。”[③]而劳动资料的发展最重要的是生产工具，特别是机械性生产工具的革新。社会生产力的变化和发展总是从生产工具的变化和发展开始的，在一定的条件下，生产工具的变化，又导致社会生产关系的变化。“手推磨产生的是封建主为首的社会，蒸汽磨产生的是工业资本主义为首的社会。”[④]在欧洲，资本主义的先行者英国正是因为蒸汽机的使用，把与它同处于工场手工业阶段的竞争伙伴荷兰和法国抛在后面，而站到了现代资产阶级发展的最前列。中国由于引进和输入资本主义先进的生产技术和机器设备，从而产生了机器大工业。

---

① 杜石然，等. 中国科学技术史稿：下册. 北京：科学出版社，1982：283.

② [美]费维恺. 清代经济史与世界经济史//中国第一历史档案馆. 明清档案与历史研究：上册. 北京：中华书局，1986：393–394.

③ 马克思恩格斯全集：第 23 卷. 北京：人民出版社，1979：204.

④ 马克思恩格斯选集：第 1 卷. 北京：人民出版社，1972：108.

清末矿业借款改善了煤铁生产设备，引进了先进技术，提高了近代矿业的生产力。在洋务运动中，中国近代矿业虽然迅速兴起，但大都设备简陋、技术落后，不少还停留在手工业状态。要使这种状态尽快改变，不引进先进技术，不购买机器设备是不行的。矿业借款为达到这一目标创造了暂时的条件。如萍乡煤矿第一次借款，其中的 1/3 用于购买机器设备；第二次借款用于购买洗煤机、控井机、制砖机等机械，进一步改善了生产设备，使之成为一家机械化程度颇高的近代煤矿企业，其生产力水平不仅超过当时其他手工业开采的煤矿企业，而且超过早已颇具规模的开平煤矿。贵州青溪铁厂从英国购进了日产能力为 25 吨的煤铁炉 1 座、日产能力为 6 吨的贝色麻炼钢炉 2 座、轧钢条机 13 副、轧钢板机 1 副以及锅炉等设备。汉阳铁厂 1898 年由盛宣怀经手后，为了解决该厂钢轨易脆裂的问题，拆除了原来的旧设备，重新购置 30 吨碱法马丁炉 4 座、150 吨大调和炉 1 座；同时，新建轧钢厂、钢轨厂、车辘厂、竣货厂，并扩充机器修理厂和电机厂，不仅使钢材脆裂问题得到解决，而且使生产量大为提高。直隶井陉煤矿在创建时，也借助德国的借款购置了大批机器设备，先后购进大小锅炉 17 座，并在开凿的南井中，安置了地底铁道、抽水机和使用畜力牵动的绞车，具备了一定的生产规模和生产能力。机器生产是中国近代资本主义矿业的标志。这一进步与利用外资、引进技术有着密切的关系。[①]

五、被迫开放对中国经济发展的制约

在被迫对外开放进程中，中国主权不断沦丧，开放条件下的贸易制度、投资制度等或为列强强加的，或受其严格约束，其建设与发展是以实现列强利益最大化为目标的，中国近代经济发展也就受到严重制约。

在西方洋行控制下，中国对外贸易的直接经济效益低下。大量鸦片及其他消费性商品的进口造成国民财富严重流失。此外，一些在国际市场上曾经占优势地位的商品在与外国竞争中不断失利，使中国无法依靠出口优势商品为发展近代企业积累资本，中国经济的现代化步履缓慢。而日本在明治维新后制定了一个所谓的“以土养洋”的经济发展战略，主要依靠出日本国的优势商品为引进国外先进技术设备积累外汇资金。1870 年至 20 世纪初，日本积极扶持生丝的出口，使其打败中国，占领了世界生丝市场的大部分份额，从而为其进口机器设备和原料提供了大约 40%的资金。[②]而作为传统的生丝及丝绸出口大国，中国一方面缺乏政府的政策支持，另一方面又受到西方列强的控制，终于丧失了在国际生丝市场上的优势地位，出口值日趋跌落。结果既不能促进传统缫丝业的技术改造，也严重影响了广大蚕农的收入水平，进而降低了其商品购买力，限制了工业品销售市场的扩大。国民收入增长缓慢，严重制约着中国近代化水平的提高。

纵观世界经济发展史，几乎所有后发成功的工业化国家在其经济起步阶段都实行了对本国产业的保护性措施，因为后发展国家的新兴工业相对于先进国家相同产业而言尚

---

① 许毅. 从百年等到民族复兴（修订版）：第 1 卷. 北京：经济科学出版社，2006：112.

② 林刚. 中国国情与早期现代化. 中国经济史研究，1999（4）.

处于幼年时期，无论其技术水平、经营管理水平、生产规模还是劳动力素质、市场的发育均处于落后状态，国际竞争力较弱，需要国家采取适度的扶持、保护性措施，使其逐步成熟，提高竞争力。19 世纪初，德国及美国在李斯特、汉密尔顿等人的“幼稚工业保护论”指导下，均对本国产业实行保护性高关税政策。如美国在 1807 年实行“禁运法令”，严格限制对本国产业冲击大的商品的进口。19 世纪 10—20 年代又先后多次提高进口税率，到 1828 年美国平均税率高达 45%。后起的日本，在其 1897 年恢复关税自主权后即大幅度提高进口税率，保护国内市场。而在近代中国，关税被规定在极低的水平，使洋货极易进入中国市场，并大肆倾销，从而极大地挤占了中国产品的市场。同时，随着外资在华企业的设立，华商企业所占市场份额更为狭小。洋货及外资产品销量的扩大，固然在摧毁中国自然经济的基础上为工业品打开了一个日趋扩大的市场，但同时对幼弱的中国民族工业造成了巨大压力，中国近代经济的发展随这一压力的强弱变化而起伏波动。

如这一时期中国发展最快的行业——棉纺织业，由于洋货泛滥使国产棉纱市场变得狭小，据记载，“福建、广东、广西、贵州、云南这南中国五省之广大棉纱市场，简直没有国产纱的插足地……东北且成为日纱倾销最大的市场之一，结果国产纱在东北四省的年销量始终不曾超过一万担，而那里每年的全部销量却几达二十万担。东北市场也无国产纱的插足余地”。即在西南及东北市场上，国产纱所占比重不到 5%；在华北、华中市场上国产纱所占市场份额略有提高，但也处于绝对劣势。据统计，1899 年以前，进口棉纱年均不足 200 万担，而国内需求较高，民族纱厂竞相设立。不过 1894—1898 年，长江中下游七口岸和华北四口岸国产纱占市场销量分别仅为 13.6%和 6.3%，而洋纱则占 86.4%和 93.7%。1899 年以后，日货进口激增，加上英、印棉纱，1901—1905 年年均进口量达 246 万担。同时，英、美、德、日等国在华相继设立纱厂，与华商纱厂相比，这些外资企业规模大，设备先进，经营管理水平高，因而对民族纱厂造成威胁，以致此期间没有一家新纱厂设立。1905 年以后，由于抵制外货运动的开展，加上受日俄战争的影响，外国棉纱进口量减少，如日纱进口 1908 年即比 1905 年减少 40%，国内出现了设立纱厂的热潮，但随后由于“日货重来，繁荣力再次消逝”。[①]1909—1913 年，国产纱所占市场份额有所提高，但在华中及华北市场上也仅占 20%左右。[②]

综上所述，甲午战争后西方列强进一步剥夺了中国主权，不仅使半殖民地的贸易得到强化，而且还建立了半殖民地的投资制度。与此同时，清王朝为维持其统治进行了有限的变革，从而使中国的对外开放在被动与主动交织的矛盾中向前推进，从而使局部地域、局部行业的近代化水平得以提高。

① 严中平. 中国棉纺织史稿. 北京：科学出版社，1955：133.

② 严中平. 中国棉纺织史稿. 北京：科学出版社，1955：130.

第三章
北洋政府时期的对外贸易
（1912—1927）

1911 年，轰轰烈烈的辛亥革命爆发，这是一次比较完全意义上的资产阶级民主革命。它不仅推翻了封建专制主义的清王朝，而且结束了统治中国两千年的封建君主专制制度，建立了中国历史上第一个资产阶级共和政府。1912 年 1 月 1 日，南京临时政府在南京成立，孙中山就任临时大总统，改国号为“中华民国”，这标志着资产阶级登上政治舞台。南京临时政府制定的各项政策措施，反映了中国民族资产阶级的愿望和利益。虽然南京临时政府只存在了 3 个月就夭折，北洋军阀政府控制了政权，但依靠国家政权力量推动中国资本主义经济发展的趋势没有改变。在国外经贸新环境的影响下，北洋政府迫于国内压力出台了不少发展资本主义经济的政策与措施，推动了这一时期对外经济贸易的发展。第一次世界大战的爆发，欧洲各列强放松了对殖民地、半殖民地国家经济的控制和掠夺，由此给包括中国在内的落后国家民族经济的发展带来了前所未有的良机。

第一节 国内外经济环境的变化

北洋政府统治时期，中国的国内外政治经济环境发生了巨大变化，中国的对外贸易与晚清相比也有很大发展。

一、世界经贸格局的变化

19 世纪末 20 世纪初，资本主义由自由竞争阶段发展到以垄断为特征的帝国主义阶段。在这个时期，国际贸易环境发生了新的变化。在 1870—1914 年期间，欧美发生了第二次科技革命。第二次科技革命的重心是重工业，这次科技革命的基本成果是使世界工业生产从所谓“棉纺织时代”进入“钢铁时代”。1870—1913 年，世界工业生产增长了四倍。“一次大战前的 20 年，是资本主义经济发展特别强盛的时期。科技革命和它所推动的世界经济的巨大发展，为国际分工和国际贸易的进一步发展开辟了广阔的前景。”[①]因此，西方主要资本主义国家相继完成了产业革命，技术进步的加快、交通运输与通信工具的进一步改进为国际贸易和国际投资的发展奠定了更为坚实的物质技术基础。

但是，科技革命的发展也加剧了各个资本主义国家之间经济发展的不平衡性，使得世界经济格局发生了巨大的变化。

世界市场和殖民地争夺中的垄断，要求重新瓜分世界。新兴的美国、德国以及后来发展起来的日本等资本主义国家的经济得到快速增长，而以前资本主义世界的霸主英国，其经济发展的速度反而相对迟缓。因此，英国作为老牌强国，其世界经济霸主的地位开始出现动摇。与此同时，尽管世界贸易有了很大的发展，但是其增长率越来越落后于世界工业生产的增长率。据统计，1900—1913 年，世界工业生产增长率为 4.2%，而世界贸易的增长率为 3.75%。1913 年，世界工业生产所占比重最高的三个国家分别是美国占 36%，德国占 16%，英国占 14%。同年世界贸易所占比重最高的三个国家分别是英国占 15%，德国占 13%，美国占 11%。[②]而在 1913—1929 年，世界工业生产增长率为 2.7%，世界贸易的增长率却只为 0.72%。[③]这一情况表明，世界市场的扩大速度已经赶不上世界生产的扩大速度。资本主义生产与销售之间的矛盾已经趋于尖锐化，市场问题成为资本主义世界面临的主要问题。经济实力相对落后的英国和法国，拥有世界殖民地和落后国家市场的绝大部分，而经济实力日益增强的美国和德国在世界市场上却只能分得英法饱餐之后的残羹。因此，列强各国展开空前激烈的争夺市场、抢占殖民地的斗争，由此导致各国矛盾的激化。到 1914 年，终于爆发了世界规模的战争即第一次世界大战。第一次世界大战

① 唐海燕. 国际贸易环境论. 上海：华东师范大学出版社，1999：43.

② 樊亢，宋则行. 外国经济史：第二册. 北京：人民出版社，1982：77.

③ 李蓉丽. 民国对外贸易思想研究. 武汉：武汉大学出版社，2008：2.

的主要根源在于帝国主义时期资本主义发展不平衡性的加剧，导致后起的帝国主义国家强烈要求重新瓜分世界。原来老牌的殖民帝国主义国家同英、俄、法占据了世界绝大部分殖民地，而经济发展迅速、国家实力急剧膨胀的德、日、美等新兴帝国主义国家所拥有的殖民地却相对较少，这种经济发展和殖民地分配的不均衡导致帝国主义国家之间的矛盾尖锐起来，新兴帝国主义国家强烈要求瓜分老牌帝国主义国家的殖民地。就其内部原因来讲，资本主义国家周期性的经济危机和国内阶级矛盾的尖锐化也使帝国主义各国内部统治不稳，于是各国妄图通过对外战争来转嫁内部的各种危机，于是各国扩军备战。战争首先在 8 个欧洲国家（德国、奥匈帝国及其敌对国英国、法国、俄国、比利时、塞尔维亚和黑山）之间开始，后来逐渐有 38 个国家、15 亿人卷入战争。战场遍及欧、亚、非三洲和大西洋、地中海、太平洋等海域。这场战争对西方世界和中国都产生了深远影响。这场人类历史上空前的灾难，不仅严重摧毁了世界生产力，对社会生产造成沉重打击，而且使国际经济关系遭到极大破坏，世界经济贸易格局发生了巨大变化。敌对国贸易关系中断，世界贸易总量下降了 40%。

战争的结果还使得主要资本主义国家经济实力发生了新的巨大变化。第一次世界大战后，各国经济实力对比发生了新的变化，处于战争中心的欧洲国家经济实力受到严重削弱，而远离战场的美国和日本经济则趁机加速发展。远离欧洲战场的美国，由于作为军需品供应国而大发战争横财。它通过同交战双方做军火买卖，促进了本国工业生产的极大增长。[①]1914—1918 年，美国钢产量几乎翻了一番，汽车产量增加一倍多。[②]随着经济实力的增强，美国在国际贸易中的地位显著上升。向各国提供大量贷款，美国因而从债务国一跃而成为债权国，并取代英国成为世界金融资本的中心。东亚的日本，也乘欧洲各国无暇东顾之际，扩大对中国的侵略，加强了在远东和世界市场上的扩张，经济实力也有了很大的增长。“1914—1919 年间，日本的进出口贸易都增加 3 倍以上，并从战前长期入超的国家，一跃而成为一个大量出超的国家，1914—1919 年出超总额达 13.3 亿日元，工业总产值增加近 4 倍。”[③]因此，美、日两国随着经济实力的增强，在国际贸易中的地位显著上升。

在这一时期，国际贸易的地理格局、发展规模、商品结构出现了许多新的特点。从国际贸易格局来看，英国“世界工厂”的地位已逐渐丧失，其在国际贸易中的地位显著下降，而美国和德国这两个后起的资本主义国家在国际生产和国际贸易中的地位则迅速上升。1870—1913 年，英国工业生产增长 1.3 倍，对外贸易额增长 89%，而美国工业生产则增长 8.1 倍，对外贸易额增长 1.6 倍；德国工业生产增长 4.6 倍，对外贸易额增长 1.8 倍。1913 年，世界工业生产所占比重最高的三个国家分别是：美国占 36%；德国占 16%；英国占 14%。同年，世界贸易所占比重最高的三个国家分别是：英国占 15%；德国占 13%；美国占 11%。

---

① 李蓉丽. 民国对外贸易思想研究. 武汉：武汉大学出版社，2008：3.

② 孙玉琴. 中国对外贸易史（中卷）. 北京：中国商务出版社，2015：113.

③ 李蓉丽. 民国对外贸易思想研究. 武汉：武汉大学出版社，2008：4.

上述世界经贸形势的基本变化，对北洋政府时期的对外贸易和工业发展产生了深刻的影响。

二、国内经济发展的环境

第一次世界大战不仅对西方世界产生了深远影响，而且对中国的经济发展和社会生活的各方面也产生了相当大的影响。[①]“一战”爆发以后，欧洲资本主义国家卷入战争，放松了对中国的经济侵略。但是，日美两国对中国的侵略并没有放松。日本在这一时期运用政治、军事、经济多种手段，急剧扩张其经济势力，对中国进行了大规模的掠夺，为其进一步扩大对华侵略准备了条件。[②]与此同时，美国也加大了对华经济侵略，虽然规模要小于日本。

北洋军阀统治时期，中国政局动荡，战争频繁。但由于北洋政府采取自由主义的经济政策，政权更迭又使国家强权对工商业的干涉降到了极低的程度，再加上国内外多种因素的作用，中国资本主义经济反而有了长足的发展。到第一次世界大战前后，即 1914—1921 年，中国出现了一个私人资本主义发展的“黄金时期”。[③]

北洋军阀统治时期，中国民族资本主义经济发展的因素是多方面的。第一，封建专制统治被推翻，为私人资本尤其是中小资本开办企业解除了来自封建制度的许多束缚。国家对经济领域的干预减少，使得当时的经济活动享有更多的自由。正如白吉尔所言：“在中国资产阶级的黄金时代里，国家政权与民间社团之间的关系，由于国家的作用几乎濒临消亡，而显得相当的引人注目。正是这种消亡，为私人的创制活动提供了极大的可能，并允许企业获得自由的发展，从而呈现生机勃勃的景象。”[④]据统计，1912—1916 年，北洋政府所颁布的有关经济发展的条例、章程、细则、法规等达 86 项之多。[⑤]这些经济法规的制定和颁行，使政府对社会经济的管理开始走上法制化道路，也使企业和企业家趋于法人化，并促进了竞争的自由化和正规化、融资渠道的社会化和国际化以及市场的统一化。[⑥]这是这一时期私人资本主义经济发展的有利的制度环境，也是这一时期中国民族资本主义发展最根本的内在原因和基本动力。第二，第一次世界大战为中国经济的发展创造了一个有利的外部环境。第一次世界大战的爆发扩大了世界市场和中国国内市场，外国输入中国的商品逐渐减少，同时也造成了世界市场对中国产品的需求急剧增加。据统计，1919 年的中国出口总值比 1913 年增加了 40%。中国工商业由此获得了进一步发展的机遇，这一时期中国的资本、市场、技术和经营等方面的变化与以前相比显然更有利于工商业的进步。这就为中国经济发展创造了良好的外部条件和机会。第三，国内发展民族经济的热潮和基础建设的发展，为中国经济发展提供了良好的现实基础。国内

① 史全生. 中华民国经济史. 南京：江苏人民出版社，1989：97.

② 黄逸平，虞宝棠. 北洋政府时期经济. 上海：上海社会科学院出版社，1995：33.

③ 杜恂诚. 中国近代经济史概论. 上海：上海财经大学出版社，2011：74.

④ 白吉尔，张富强. 中国资产阶级的黄金时代（1911—1937）. 许世芬，译. 上海：上海人民出版社，1994.

⑤ 张静如，刘志强. 北洋军阀统治时期中国社会之变迁. 北京：中国人民大学出版社，1995：16.

⑥ 章开沅，罗福惠. 比较中的审视：中国早期现代化研究. 杭州：浙江人民出版社，1993： 179-182。

民族资本的投资热潮、群众各种形式的爱国主义运动以及国内交通建设等的发展，这些因素不同程度地推动了中国经济的发展。

因此，北洋政府时期的经济发展，既有内部原因，也有外部原因；既有政治因素，也有经济因素，需要综合分析。

第二节　北洋政府时期发展对外贸易的政策与措施

辛亥革命以后，资产阶级的社会地位大为提高，他们提出实业救国的主张，并进行了一系列的实践活动。资产阶级力量的进一步壮大，“不仅表现在他们经济实力的增强和队伍的扩大，而且表现在本身素质的提高”，从而使他们更有条件影响并直接参与国家政策法令的议定。[①]在北洋政府中，一些著名的工商界人士担任了经济部门的要职，他们也制定出台了一系列有利于发展资本主义工商业的政策措施。

一、积极争取关税自主

北洋政府建立初期，出于增加收入、缓解财政危机的考虑，关税自主问题成为关注的重点。正如当时的农商总长张謇在国务会议上所说的：“至国际贸易，全视关税为之损益，各国通例，出口货多无税。吾国则不然，若丝若茶若棉若其他土货有国际竞争者，莫不有税，是抑制输出也。抑制输出，是为自敝政策。惟关税有条约之关系，尚待协商，若厘金、常关，为国内之恶税，抱持不舍，则百业日以消沉，倏忽数年，而国民生计丧无余矣。”[②]因此，北洋政府从增加政府财政收入出发，为提高海关税率展开了一系列关税自主的活动。

1917 年 12 月 25 日，北洋政府利用对德宣战之机，颁布了一个适用于无约国及交战国的《国定进口税则》，规定进口税则分为四类：（1）奢侈品，税率为 30%～100%；（2）无益品，税率为 20%～30%；（3）资用品，税率为 10%～20%；（4）必要品，税率为 5%～10%。这是自 1843 年以来中国政府第一次颁行的自主税则，体现了中国政府和民众强烈要求恢复关税自主权的愿望。帝国主义列强借口抵制，使得中国这次关税自主尝试“简直就像一个发育不全的半死婴儿一样，不受北京外交保育院的欢迎。”[③]

“一战”结束后，北洋政府继续为恢复关税自主权而不懈努力。1919 年，中国代表团在巴黎和会上向大会提交了《希望条件说帖》，首次正式提出了“关税自主权”等七项严正要求。其中，第二项即为“关税自主权”。在会上，中国代表陈述了中国

---

① 黄逸平，虞宝棠. 北洋政府时期经济. 上海：上海社会科学院出版社，1995：337-353.

② 张謇研究中心，南通市图书馆，江苏古籍出版社. 张謇全集：第 2 卷经济. 南京：江苏古籍出版社，1994：163.

③ S. F. 莱特. 中国关税沿革史. 北京：商务印书馆，1958：431.

现行税则的弊端，要求和平会议同意中国应有改定税则的权利，同意两年后废止现行税则，代之以适用无约国货物的税则。列强以不在和平会议权限范围内而拒绝讨论该提案。[①]

中国政府在华盛顿会议再次提出关税自主。1921 年 11 月 23 日，顾维钧在华盛顿会议太平洋远东问题委员会第五次会议上提出收回关税自主权等议案，并发表了《对于中国关税问题之宣言》。中国代表还提出了关税自主渐进的三项办法：（1）中国进口税则自 1922 年 1 月 1 日起，按照现行税率加至 12.5%；（2）在短期内仍用协定税则，与各国商定最高税率，在最高税率以下，由中国按照各种进口物品的性质，自由制定有区别的税率；（3）出席会议的各国应该议定，经过上述时期后，关税主权应该交还给中国，中国政府可以自由订定税则，免除外国的约束和限制。[②]

1922 年，华盛顿会议上通过了一个《九国间关于中国关税税则之条约》，该条约同意中国修改税则以达到"其税率适合于切实值百抽五之数"，并准许中国对进口货征收值百抽 2.5 的附加税。中国代表团对此提出《保留案》，该案声明中国决不放弃关税自主的要求。根据华盛顿会议条约，1922 年 3 月，在上海成立了修改税则委员会，9 月新税则修订完成，决定自 1922 年 12 月 1 日生效。因日本反对，新税则直到 1923 年 1 月 17 日才实施。

中国共产党成立后，于 1922 年 6 月发表的《中国共产党对于时局的主张》，提出我们目前奋斗的目标第一项就是"改正协定关税制，取消列强在华治外特权，清偿铁路借款，完全收回管理权"。

1925 年 10 月 26 日至 1926 年 7 月 3 日，关税特别会议在北京召开，出席会议的有美国、英国、日本、法国、意大利、比利时、挪威、葡萄牙、荷兰、西班牙、瑞典、丹麦十二国代表。中国代表是沈瑞麟、颜惠庆、王正廷、施肇基、黄郛、蔡廷于、陈锦涛七人。[③]王正廷代表中国政府向会议提出关税自主提案，美国和日本也各自抛出了自己的提案。会上，各国原则同意中国关税自主，但条件是关税前过渡时期，加征的附加税只许普通品 2.5%、奢侈品 5%，并须与各国缔结新的关税协定。列强的要求激起了人民群众的反对，舆论一片哗然。中国代表团鉴于民情发表声明说：（1）关税自主应明白规定在条约内；（2）裁厘是中国自动的提议，非自主交换条件；（3）自主问题解决后方能解除各国与中国间各项条约中之关税束缚，并允许中国国定关税。条例于 1929 年 1 月 1 日发生效力。但在关税自主的时间、附加税、税款的用途、税款的保管等问题上争论不休。[④]正当关税会议正在召开之际，国内局势发生重大变化，奉系将领郭松龄倒戈反奉、浙奉战争相继发生，时局动荡，关税会议时断时续。1926 年 4 月，段祺瑞政府垮台，它

① 北京政府外交部. 外交公报，第 8 期专件：26.

② 蔡渭洲. 中国海关简史，北京：中国展望出版社，1989：128–129；武堉干. 中国关税问题. 北京：商务印书馆，1938：118–119.

③ 魏宏运. 民国史纪事本末：第 2 册. 沈阳：辽宁人民出版社，1999：295.

④ 外交公报，第 54 期，专件：17–18 页//王建朗. 中国废除不平等条约的历程. 南昌：江西人民出版社，2000：164.

派出的关税会议代表也随之逃亡。原本已有初步成果的会议陷入瘫痪状态，许多代表回国。1926 年 7 月 3 日，各国代表正式宣称停止关税会议，断断续续坚持了九个月之久的谈判画上了不圆满的句号。[①]

关税是调节进出口和保护国内市场的基本手段，虽然提高关税率并不一定能刺激一个国家工业的发展，但没有关税率的保护对一个经济落后国家的经济与贸易的发展还是弊大于利。北洋政府在 20 世纪初四次修订关税，均遭到帝国主义国家的反对，尽管每次修订关税税则都使中国的海关税收有所增加，但实际税率始终不能达到 5%。北洋政府的软弱是一个重要原因，但从巴黎和会、华盛顿会议以及关税特别会议的情况来看，政府为挽回关税自主权还是做了很多的努力，虽然其最终并未实现真正的关税自主，但毫无疑问这些努力为南京国民政府收回关税自主权奠定了坚实的基础。

二、鼓励进口替代，发展出口贸易

民国之前，所谓中国的对外贸易，实际上是各国倾销商品、掠夺原料的贸易，是典型的半殖民地贸易。就 1865—1894 年来看，进出口总值由 1865 年的 111.597 百万海关两增长到 1894 年的 284.259 百万海关两，增长了 1.55 倍。其中，进口贸易值从 1865 年的 49.271 百万海关两增长到 1894 年的 139.569 百万海关两，增长了 1.83 倍；出口贸易值从 1865 年的 62.325 百万海关两增长到 1894 年的 144.699 百万海关两，增长了 1.32 倍。[②]在这个时期，进口货物中，消费资料占很大比重，其中直接的消费资料占 80%左右，生产资料仅占 8%，近代化生产所必需的机器及大工具几乎没有。在出口货物中，手工制品、半制品及农产品占了主要地位，即制品值在出口总值中只占 2%左右。[③]

民国初年，中国进出口贸易仍严重入超。大量的进口和少量的出口，不仅使中国的工业化进程缓慢，而且使得中国成为外国原料供应地，在世界贸易中处于边缘地位。

表 3-1　　1895—1903 年中国进出口贸易值　　单位：百万海关两

年份	进口值	出口值	进出口总值	入超
1895—1903	1 959.34	1 721.12	3 680.46	–238.22

资料来源：1895—1903 年根据海关报告数字按照到岸价格和离岸价格计算方法逐年计算而得。陈绍闻，郭庠林. 中国近代经济简史. 上海：上海人民出版社，1983：30.

为扭转入超局面，袁世凯政府制定了使用国货、鼓励出口的方针。1913 年 11 月，张謇在国际公法学会上发表演说，明确提出“加税免厘”“改变出入口不合理税率”的主张。次年，农工商部颁布通令：“自欧战以来，出口呆滞，入口锐减，亟应提倡国货

① 李娟婷. 商会与商业行政：北洋政府时期的政商关系 1912—1927. 北京：经济管理出版社，2015：276.

② 姚贤镐. 中国近代对外贸易史资料：第 2 册. 北京：中华书局，1962：1082.

③ 陈绍闻，郭庠林. 中国近代经济简史. 上海：上海人民出版社，1983：29.

制造，凡出口足抵外货者优先奖励。”[①]同时，鼓励进口替代，1915 年 3 月农商部颁令：“凡日用品向由外国供给，而为本国所能仿制者，此类工厂，尤应特别保护，并给予奖励，已有各厂货物之可用者，设法扩充其销场，拟就教育用品、军用品、交通品等，以公家力量，宪订购墉，以重国货。”此外，如国有发明改良工艺品，也订有奖章，给予特许之权，以此来督促国民技术的改进。[②]进口替代是像中国这样落后的发展中国家在实现工业化进程中的一个比较明智的选择，通过产品的进口替代，不仅可以减少同类外货的进口，而且可以改进本国企业的生产技术，从而增加本国产品的供给，以满足国内商品的需求。

为了刺激本国产品的出口，北洋政府采取了减低或减免出口关税的措施。1914 年年初，北洋政府对“与国际贸易处竞争之地位者”和“为制造品之原料者”的商品减免税厘。[③]1915 年 1 月，北洋政府对商人贩运棉布出口减轻税厘；2 月，免除 7 种工业品出口关税；对出口的草帽缏、地席减税 50%；通花绸巾、抽通华夏布等，无论进出口，一律暂行免除各税。[④]从这些出口大宗商品来看，中国出口的多是一些农产品和手工产品，它们一般没有多少技术含量，只是为了满足世界市场的原料需求而出口。

要开拓中国商品的国际市场，就必须向外宣传和推销本国的产品，并在世界市场打造自己的品牌。北洋政府积极组织中国商品参加各种世界博览会。1913 年 12 月，颁布了筹备巴拿马赛会事务局章程；1914 年 4 月，日本东京上野动物园举办大正国际博览会，在这次博览会上有 70 件产品获得奖章，中国商品开始为外人了解与关注。此外，组织参加的博览会还有巴拿马赛会，法国、意大利博览会等，参展的一些中国产品如刺绣、丝织品、酒类等先后获奖，打开了这些商品进入国际市场的渠道。[⑤]

此外，北洋政府还积极采取措施，改良主要出口商品品种，提高质量。如丝业方面，1916 年，农商部将美国丝业公会编的《改良中国生丝办法》转发沪、江、浙、皖丝茧总公所，广东丝业研究所及苏、杭、宁等各地商会，令他们“切实改良，而兴丝业”。[⑥]随后，江苏无锡、丹阳、高淳等地先后设立蚕桑实验场，取得初步成效。其他如茶叶、棉花、大豆等重要出口产品方面，北洋政府也都采取了一些相应提高品质的改良措施。这些措施一定程度上改善了中国产品的出口质量，增加了产量，推动了出口贸易。

北洋政府时期，各地纷纷提倡使用国货。如中华国货促进会章程中规定：“凡会员自入会起，以后新买物品，应以国货为主。务使外货渐次绝迹于我国内，以符合本会宗旨。”“凡有发明国产货品足以与外货抵抗者，得由本会用全体之力以维持之。并代呈政府奖励

① 申报，1914 年 12 月 5 日.

② 沈家五. 张謇商总长任期经济资料选编. 南京：南京大学出版社，1987：273.

③ 沈家五. 张謇商总长任期经济资料选编. 南京：南京大学出版社，1987：19.

④ 沈家五. 张謇商总长任期经济资料选编. 南京：南京大学出版社，1987：179.

⑤ 孙玉琴. 中国对外贸易史：第 2 册. 北京：对外经济贸易大学出版社，2004：155.

⑥ 北京政府：《农商公报》，第 28 期，1916 年 11 月，第 5–6 页。

或请予免税、专利等事。”[①]《农商部奖励实业办法》则重点奖励和振兴国货，其 5 条办法为：（1）每年能将国货运往国外销至 10 万元以上，而营业时期继续已逾 3 年者，给予一等奖奖章；（2）工厂设立资本在 5 万元以上，营业确有成效者，给予二等奖章；（3）发明有实用之物品或器械，给予三等奖章；（4）以中国资本发起开矿、放垦、渔牧等实业，及提倡设立实业学校者，得体察情形，分别给予奖状；（5）商会农会能实心提倡商务或农业，卓有成绩者，得体察情形，分别给予奖章。[②]据初步统计，1915—1926 年，各地国货维持会举办的国货展览会，属国内主要的、规模较大的就有 7 次。这些国货展览会除获得一定的经济效益外，还取得了一定的社会效益。[③]提倡国货，成为振兴民族经济的强大动力，对民族工业发展起到了强劲的推动作用，也为开拓国货市场创造了有利的条件。

三、自开商埠，以开放促发展

中国最早的商埠都是外国通过各种不平等条约强行开设的。到了民国初年，北洋政府开始由被动变主动，试图用自开商埠的办法改变中国经济发展不平衡的局面。杨天宏认为，自开商埠应该具备三个基本要素：“其一，必须是从事商业贸易活动的口岸或市镇；其二，必须是中国政府主动宣布开放的，所有中外商贾，均可在此做生意；其三，包括课税在内的一切行政权，概归中国政府行使。”[④]1914 年，袁世凯宣布将西北地区的归化城以及张家口、多伦诺尔、赤峰和山东龙口开放为商埠。在阐述这些地区开放动机时称：“惟是开埠各处，均属东南内地，而长城西北，建设阙如，商业既日即凋残，民风亦仍多闭塞，不亟为通商惠工之外，曷以收厚生利用之功。”北洋政府试图改变中国对外开放、现代经济发展过于集中于东南沿海的格局，从而打破西北地区的封闭状态，促进经济的发展。据统计，1912—1925 年，中国新开口岸 22 处，这些新设立的口岸几乎全部位于内地，这反映了中国内地市场的进一步开放。自开商埠促进了中国的对外贸易和城市变革。正如海关十年报告（1922—1931 年）所指出，这些通商口岸“在把外国商品带到中国内地广大和富饶的人口的面前以及在便利外国人所需要的中国产品的收购和运输方面的共同作用，对这些年贸易的迅速扩展而言……是重要的影响因素”。[⑤]“至 20 世纪 20 年代，中国沿海、沿边、沿江、沿商路的重要城市与港口都成为商埠，中国已是一个被动地全方位开放的国家。”[⑥]据统计，到 1928 年，自开商埠的对外贸易额已经占到全国总额的 6%，促进了中国外贸的增长。自开商埠也推动了这些口岸城市思想文化和社会的近代转型。

自开商埠不同于被迫开放的通商口岸，其主要特点有三：在土地制度上，取消了界

---

① 江苏省商业厅，第二历史档案馆．中华民国商业档案资料汇编（下册）．北京：中国商业出版社，1991：673.

② 《申报》，1917 年 4 月 18 日，第 141 页．

③ 黄逸平，虞宝棠．北洋政府时期经济．上海：上海社会科学院出版社，1995：182.

④ 杨天宏．口岸开放与社会变革——近代中国自开商埠研究．北京：中华书局，2002：60-61.

⑤ 《海关 1922—1931 年十年报告》，第 152-153 页．

⑥ 赵德馨．中国近现代经济史（1842—1949）．郑州：河南人民出版社，2003：184.

内土地的永租制；本国政府在行政管理上享有独立管理权；司法和立法也可以独立。[①]自开商埠是商品经济发展的必然结果，北洋政府自开商埠是从有利于经济发展的角度来抉择的，可以抵制外来商品的侵袭，挽回国家利权，更重要的是可以发展中国的商务，增强国力。北洋政府在1915—1925年间开放了16处口岸，其中20年代开放的11处口岸基本上是由中国当局自开。其地域分布多向内陆腹地延伸，涉及华东、华北、华中、西南、东北和西北。“用当时海关报告中的话来说，这一时期新设口岸‘在把外国商品带到中国内地广大和富饶的人口的面前以及在便利外国人所需要的中国产品的收购和运输方面的共同作用，对这些年贸易的迅速扩展而言’，是重要的影响因素。”[②]

四、“开放门户，利用外资，振兴实业”的经济政策

南京临时政府存在时间不长，但拟订了一系列“开放门户”“振兴实业”的政策。孙中山极力提倡对外开放，积极引进外资，以便发展资本主义经济。袁世凯执政后，虽然政治上倒行逆施，但在经济方面也力图有所作为，明确宣称“民国成立，宜以实业为先务”，“以开放门户，利用外资，为振兴实业之方针”。

在北洋政府时期，著名实业家张謇出任农林、工商总长。他认为，中国实业步履艰难，推原其故，“无法律之导之故也”，故“农林工商部第一计划，即在立法”。这一认识获得袁世凯的赞同。在张謇的主持下，北洋政府开始系统地制订颁布经济法规。[③]张謇为发展实业制订颁布了一系列相关法规，其中主要有：鼓励创办企业，发展工商业的《公司条例》《商人通例》《公司条例施行细则》《商人通例施行细则》《公司注册规则》等；鼓励发展采矿业、垦荒业及棉、糖等农牧业的《矿业条例》《矿业条例施行细则》《矿业注册条例》《矿业注册条例施行细则》《国有荒地垦殖条例》《植棉制糖牧羊奖励条例》等。1912—1928年，北洋政府机构制定了大量的法律法规，根据《北洋政府时期的政治制度》一书的记录，这一时期政府所有制定颁布的法律、法规、规则、条例、章程、命令等，共约有852件。[④]其中，颁布经济法规40余项（不包括各种法规的实施细则），涉及工商、矿冶、金融、权度、农林、经济社团、利用外资和侨资等各个方面。[⑤]北洋政府奖励实业政策绩效的直接体现，就是国内企业创办情况及其运营成效。1912年至1927年11月，共有1 550家工商企业注册，平均每年103.1家。[⑥]雇工30人以上的工厂，从1913年的279家、1920年的808家，上升为1928年的2 327家，同比为1913年的8.3倍。[⑦]

孙中山认为利用外资有三条原则——“一不失主权，二不用抵押，三利息甚轻。”[⑧]农

---

① 张践．晚清自开商埠述论．近代史研究，1994（5）.

② 海关1922—1931年十年报告，152-153.

③ 王立民．等．“西法东渐”与近代中国寻求法制自主性研究．上海：上海人民出版社，2015：86.

④ 曹全来．国际化与本土化——中国近代法律体系的形成．北京：北京大学出版社，2005：116-117.

⑤ 贾孔会．试论北洋政府的经济立法活动．安徽史学，2000（3）.

⑥ 沈家五．北洋时期工商企业统计表．近代史资料．总58号．北京：中国社会科学出版社，1985：133.

⑦ 任保秋．北洋政府初期经济政策述评．汉中师范学院学报（社会科学版），1999（2）.

⑧ 孙中山．孙中山全集：第1卷．北京：中华书局，1981：568.

工商总长、资产阶级大实业家张謇认为，“实行门户开放，利用外资，为振兴实业之计”，明确提出“门户开放，利用外资，振兴实业”的纲领，并拟定了利用外资振兴实业的具体政策及“关于利用外资振兴实业办法”。他主张采用“合资”“借款”“代办”三种形式，并提出了各种形式相应的限制条件。[①]北洋政府的《矿业条例》中规定，“凡与中华民国有约之外国人民得与中华民国人民合股取得矿业权，但必须遵守本条例及其他有关诸法律；外国人民所占股份不得逾全股十分之五。”[②]在北洋政府的积极支持下，外商投资呈现出了急剧增长的态势，据统计 1902 年外国在华投资总额为 812.7 百万美元，1914 年即达到了 1 672.4 百万美元，其中外国直接投资从 1902 年的 528.4 百万美元增加到 1914 年的 1 096.7 百万美元。北洋政府时期还颁布了中国第一部专门奖励华侨的法规——《奖励华侨条例》。1919 年 2 月，大总统徐世昌发布了关于招徕、优惠和奖励华侨回国投资的大总统令，提出进一步招徕侨商，利用海外华侨的资金和技术以发展工业的政策。[③]北洋政府利用外资的政策法规存在着实际效果与主观动机严重背离的问题，结果利用外资反而变成了被外资利用。尽管如此，利用外资兴办实业的政策毕竟激励了人们的实业意识，促使社会上闲置资金向近代实业投资转移，推动了中国近代经济的发展。

北洋政府颁布的这些相关法规，虽然大多是初步的、不完善的，但对促进当时对外贸易的发展起到了一定作用，而对外贸易的发展使得中国近代市场不断扩大。北洋政府制定和颁布的这些经济法规、条例和政策，主要是针对资本主义商品经济薄弱的问题，积极解除民间兴办企业的限制，鼓励、奖励兴办实业，鼓励农业生产，加强商业和贸易，培育金融行业发展。客观上为中国资本主义发展提供较好的制度条件，在一定程度上推动了相关的工商业发展，为该时期经济的近代化营造了一定的社会环境，提供了比较有效的制度保证，成为中国近代化进入启动阶段的一个基本条件。但是北洋政府的经济政策在本质上是以维护统治集团自身利益为目的，其直接目的就是要满足庞大的财政需求。因而，有些政策并未得到有效的贯彻实施。由于时局动荡，再加上财政困难和不平等条约的限制，这些法规实施的绩效要大打折扣，它对民国初年经济现代化的促进作用也受到限制。

第三节　北洋政府时期对外贸易的发展状况

北洋政府虽然是一个评价并不高的政府，但历史发展的潮流不可逆转地推动着中国

---

① 张謇. 筹划利用外资振兴实业办法呈（1913 年）. 张謇研究中心，等. 张謇全集. 第 2 卷《经济》. 南京：江苏古籍出版社，1994：169.

② 郭剑林. 北洋政府简史. 天津：天津古籍出版社，2000：787.

③ 左峰. 中国近代工业化研究：制度变迁与技术进步互动视角. 北京：生活 · 读书 · 新知三联书店，2011：108.

向近代化方向转变。这时期中国的对外贸易虽然处于西方列强的控制之下，但由于政府也采取了一些积极的对外贸易政策，因而对外贸易的发展速度逐渐加快。总体上看，这一阶段工农业产品总量显著增加，农产品商品化程度加深，这不仅扩大了国内市场，也增强了对外贸易的物质基础。因此，虽然战争造成国际贸易量下降，削弱了世界购买力，但中国对外贸易却呈现出前所未有的良好发展势头。

一、进出口贸易规模的发展

对外贸易发展的规模出现了一定的发展。这一时期的对外贸易就进出口总值来说，呈现缓慢上升的发展趋势。以 1919 年为分界点，“一战”爆发后，对外贸易的进口下降，而出口有一定的增加，这一时期出口增长快于进口增长，1914—1919 年年均出口贸易比 1900—1913 年增长了 57.8%。贸易逆差虽然存在，但相对有所减轻。1913—1927 年，贸易总值无论是以海关两还是美元为单位计算，以及物量指数和贸易率指数都大体上是 1919 年为发展的最好年份。若按美元计算，第一次世界大战期间，中国对外贸易额年均增长率达 6.1%，年均贸易额超过 10 亿美元。到战后的 1919 年，中国进出口贸易规模达到了近代中国对外贸易的顶峰，其中出口达 8.77 亿美元，进口达 8.99 亿美元，进出口总额达到 17.76 亿美元。这与战争爆发后帝国主义列强减少对中国的商品出口，而中国的出口商品满足世界市场的需求的基本趋势是吻合的。1919 年以后，随着“一战”的结束，帝国主义国家卷土重来，西方国家重新加强了对中国的商品出口，而中国的出口则相对减少，进口贸易的增长又超过了出口贸易的增长。总体而言，战后中国进出口贸易处于发展状态，1917—1927 年年均进口增长率达 7%，出口增长率达 6.4%。[①]

在这一时期，中国的对外贸易入超有所缓和但依然没有根本转变。中国对外贸易的逆差额在第一次世界大战期间显著缩减。由于列强的资源被用于战争，没有足够的工业品向中国出口，同时由于战争期间运输费用的提高，远洋运输费用暴涨至战前的 10～20 倍，资本主义列强无力向中国大量倾销棉纱、棉织品、化学染料等消费品，对华的出口额有所下降；而国际市场对中国重要农产品及战略性物资的需求激增，中国出口贸易出现了显著增长。1915—1919 年年平均逆差额不到 0.5 亿美元，这在一定程度上改变了甲午战争以来入超不断增长的现象。但“一战”后贸易入超又有一定上升，超过战前的 1～2 倍。1920—1930 年年均逆差值达 12 000 多万关两，1920 年的入超为 2.2 亿海关两，已达到并超过 1914 年，1921 年更高达 3 亿海关两以上。如果加上军火、鸦片和一般的商品走私贸易，入超更加严重。贸易逆差的不断扩大、资金的外流，进一步加剧了中国近代产业的资金短缺，对中国的资本积累和工业化进程构成了很大的障碍。

---

① 孙玉琴. 中国对外贸易史（中卷）. 北京：中国商务出版社，2015：140.

表 3–2　　1913—1927 年中国对外贸易的进出口规模

年份	值（1 000 关两）					贸易总值（美元）		物量指数		贸易率指数
	出口净值	进口净值	总值	贸易平衡	贸易总值指数	1 000	指数	进口	出口	（进口物价/出口物价）
1913	403 306	570 163	973 469	–166 857	100.0	710 632	100.0	100.0	100.0	100.0
1914	356 227	569 241	925 468	–213 014	95.1	620 064	87.2	91.6	83.8	103.3
1915	418 861	454 476	873 337	–35 615	89.7	541 469	76.2	70.3	96.5	104.8
1916	481 797	516 407	998 204	–34 610	102.5	788 581	111.0	73.7	102.3	104.6
1917	462 932	549 519	1 012 451	–86 587	104.0	1 042 824	146.5	73.4	108.3	123.4
1918	485 883	554 893	1 040 776	–69 010	106.9	1 311 378	184.5	66.1	105.5	128.4
1919	630 809	646 998	1 277 807	–16 189	131.3	1 776 152	249.9	75.4	140.0	134.1
1920	541 631	762 250	1 303 881	–220 619	133.9	1 616 813	227.5	75.9	119.3	155.6
1921	601 256	906 122	1 507 378	–304 866	154.8	1 145 607	161.3	94.7	126.9	142.3
1922	654 892	945 050	1 599 942	–290 158	164.4	1 327 952	187.0	112.6	130.5	117.7
1923	752 917	923 403	1 676 320	–170 486	172.2	1 341 056	188.7	108.5	137.3	109.1
1924	771 784	1 018 211	1 789 995	–246 427	183.9	1 449 896	204.0	119.6	136.6	105.4
1925	776 353	947 865	1 724 218	–171 512	177.1	1 448 343	203.8	109.9	132.9	103.5
1926	864 295	1 124 221	1 988 516	–259 926	204.2	1 511 272	212.7	130.5	141.1	98.6
1927	918 620	1 012 932	1 931 552	–94 312	198.4	1 332 770	187.5	109.8	154.1	108.6

资料来源：郑友揆. 中国的对外贸易和工业发展. 上海：上海社会科学院出版社，1984：336–337.

总体而言，这一阶段，尽管战争削弱了世界购买力，造成世界贸易量下降，但中国对外贸易却呈现出前所未有的良好发展势头。这一时期对外贸易比晚清有所发展，那么发展的原因何在呢？我们认为有以下几个重要因素。

第一，“一战”爆发，各国纷纷把注意力集中在战场上，征用商船运输战略物资。由于缺乏商船，使得远洋运输费用飞涨。高额运费对中国的工商业产生了有利的影响。有资料显示，“一战”后期的运费较 1913 年或 1914 年高出十至二十倍。高额运费同进口关税一样，提高了进口商品的成本，不利于进口。这样“促进了我国加工工业的兴盛。因为中国出口的初级产品和矿产品多体大笨重，在运费大增情况下，为减少体积和重量、节省运费，力求将它们加工后运出。”

第二，现代交通运输业的发展，扩大了商品的购销领域，尤其在铁路修通、轮船通航、汽车通行后，使各种货物进出便利快捷，有些原来没有被开发利用的货物，也开始成为大宗出口货物。如原来进口的煤炭，出口量大增；新开矿山的有色金属矿砂开始出口；再如猪鬃、桐油、烟叶等也大量出口。进口货也依赖现代交通工具的发达而渗入到内地市场。

第三，中国近代工业的进一步发展，也扩大了进出口贸易量。在第一次世界大战期间，中国的面粉和棉纱出口量有了较大的增长。由于近代工业发展的需要，进口的各种机器设备、钢铁等物品也在增加。“第一次世界大战给中国的企业家们带来了意外的好机会。”①在战争进行时，一方面，帝国主义国家没有办法向中国提供足够的大宗产品，如棉布、化学品、燃料和大量的其他消费品；另一方面，世界市场上对中国出口的丝、丝绸、羊毛、蛋制品以及锡、锑、钨等战略矿产品和金属品的需求，则急剧增加。

第四，中国人民抵制“洋货”，提倡国货运动。20 年代，国货运动蓬勃发展。在这一时期，中国经济民族主义凸显，大规模抵制外货运动不断开展，其中主要针对英国和日本。这种轰轰烈烈的拒绝洋货运动，虽说对双方国家都有不利之处，但在当时，对外国的损害最大。“我国的棉纺、面粉、火柴、卷烟等民族资本主义工业行业，就是为了抵制洋货而逐步发展起来的。”②与此同时，国内掀起的使用国货运动，以及政府倡导的多次大规模的国货展览活动，以及一些爱国团体倡导的使用国货等活动，刺激了本国民族工业的发展，而这在一定程度上有利于出口货物的增加。“对日货的抵制，在本十年（1912—1921年）的后半期处于剧烈的实施阶段，它为中国人制造国产商品替代日本货提供了必要的刺激。”这样，国货就可以取代以前的日本进口货，使商业繁荣，贸易兴盛。③而国货的外销，也增加了中国对外贸易的出口。“若推广国货于国外，发达对外贸易，辟一莫大之利源”，则可以增长国家的经济。④

二、对外贸易的商品结构

第一次世界大战期间及战后，国际市场的变化及中国近代工业的空前发展，使中国进出口商品结构发生了显著的变化。在这一时期，进口商品中数量明显减少的商品有面粉、棉布、棉纱、毛纺织品、针织品、火柴、钢铁、机器等，出口商品数量明显增加的商品有：面粉、豆、豆饼、豆油、毛类、皮革及皮货、粗细市布、桐油、原棉等。

表 3-3　　按经济类别划分的进口商品（1913—1928 年）　　单位：%

品种		1913 年	1916 年	1920 年	1925 年	1928 年
牲畜		0.1	*	*	*	0.1
饮料和食物		18.1	22.5	11.5	23.3	22.5
	未制成	3.6	7.0	1.1	7.1	6.1
	已制成	14.5	15.5	10.4	16.2	16.4

① 郑友揆. 中国的对外贸易和工业发展. 上海：上海社会科学院出版社，1984：35.

② 丁日初. 近代中国的现代化与资本家阶级. 昆明：云南人民出版社，1994：22.

③ 张富强，等. 广州现代化历程——粤海关十年报告（1882—1941）译编. 广州：广州出版社，1993：118.

④ 国货月刊，第二辑，1915 年，研究：1–2.

续表

品种	1913 年	1916 年	1920 年	1925 年	1928 年
原料	5.3	7.7	9.3	15.4	13.9
半制成品	26.7	26.2	30.7	21.8	20.1
制成品	40.4	40.5	47.0	38.1	41.9
其他	9.4	3.1	1.5	1.4	1.5
总计	100.0	100.0	100.0	100.0	100.0

资料来源：郑友揆. 1840—1948 中国的对外贸易和工业发展. 上海：上海社会科学院出版社，1984：45.

表 3–4　　　　1913—1924 年全国主要进口商品数量

商品名称	1913	1918	1919	1922	1924
棉布（千担）	30 754	18 594	24 879	23 178	23 165
棉纱（千担）	2 685	1 132	1 406	1 220	576
面粉（千担）	2 597	5	271	3 601	6 577
纸张	971	542	862	1 283	1 678
毛纺织品（千两）	8 374	5 243	6 796	14 851	23 377
钢铁（千吨）	245	149	325	365	494
机器（千两）	8 550	7 437	14 711	50 192	23 060
水泥（千担）	618	862	1 515	3 179	1 787
电器（千两）	2 322	4 133	4 992	9 403	8 195
橡胶制品（千两）	*327	*562	1 461	2 724	2 197
火柴（千箱）	569	267	332	54	56
针织品（千打）	2 109	1 913	2 063	1 349	1 019
棉花（千担）	135	190	239	1 781	1 219
小麦（千担）	2	0.016	0.02	873	5 145
生橡胶（千担）	*0.315	*0.259	0.666	5.70	11
烟草（千加仑）	162	181	160	254	678
煤油（千加仑）	183 984	110 443	199 399	209 192	223 207
苯胺燃料（千两）	5 401	752	3 043	6 849	10 611

资料来源：徐雪筠，等. 上海近代社会经济发展概况——海关十年报告译编. 上海：上海社会科学出版社，1985：358–361、365；上海市工商行政管理局，等. 上海民族毛纺织工业. 北京：中华书局，1963：42、47；陈真，等. 中国近代工业史资料：第 4 辑. 北京：三联书店，1961：754；上海市工商行政管理局，等. 上海民族机器工业. 北京：中华书局，1966：431；上海市工商管理局，等. 上海民族橡胶工业. 北京：中华书局，1979：3–5.

*1913、1918 年的橡胶制品与生橡胶进口量分别为 1911—1914 与 1915 年的每年平均进口量。转引自：黄逸平，等. 北洋政府时期经济. 上海：上海社会科学院出版社，1995：40–41.

表 3-5　　1908—1928 年进口商品次序表

次序	1908 年	1913	1918	1923	1928
第一位	棉货 17%	棉货 19%	棉货 17%	棉货 14%	棉货 14%
第二位	棉纱 12%	棉纱 12%	糖 11%	五谷 12%	糖 8%
第三位	液体燃料 7%	糖 7%	棉纱 10%	液体燃料 7%	液体燃料 7%
第四位	五谷 7%	液体燃料 5%	烟草 6%	棉花 6%	五谷 6%
第五位	糖 5%	五谷 3%	液体燃料 5%	糖 6%	棉花 6%
第六位	铁路材料 4%	燃料颜料 3%	五谷 4%	棉纱 5%	烟草 5%
第七位	鱼介 3%	烟草 3%	钢铁 3%	烟草 5%	呢绒 3%
第八位	固体燃料 2%	鱼介 3%	鱼介 2%	机械 3%	钢铁 3%

资料来源：鲁传鼎. 中国贸易史. 台北：“中央”文物供应社，1985：129.

进口贸易的状况清楚地显示出这一时期内中国工业化进展缓慢。在进口方面，原料的进口在缓慢增加，从 1913 年的 5.3%上升到 1925 年 15.4%；半制成品的比重则在下降，从 1913 年的 26.7%下降到 1925 年的 21.8%；在这个时期内，制成品在进口总额中的比重虽然仍维持在 40%上下，但在 1925 年则有所下降。在这一时期，进口的显著特点是，生产资料进口加速增长。如棉花，1913 年进口量仅 13.3 万担，而出口量则达 74 万担。从 1920 年开始，棉花进口加速上升，其进口量超过出口，该年进口达 67.8 万担，1925 年即增加到上百万担，1926 年达 274.4 万担，价值近 1 亿海关两，使该项商品入超值达 6 435 万海关两。此外，机器、车辆、化工品、电器材料、染料、钢铁等金属材料进口增长也颇为显著。此外，这一时期进口规模较大的商品还有食糖、纸张、火柴、肥皂、烟叶等生活消费品。①

表 3-6　　按经济类别划分的出口商品（1913—1928 年）　　单位：%

品种		1913 年	1916 年	1920 年	1925 年	1928 年
牲畜		1.7	1.1	1.0	0.5	0.4
饮料和食物		17.4	16.9	20.6	13.9	15.7
	未制成	4.1	2.4	8.9	4.5	5.1
	已制成	13.3	14.5	11.7	9.4	10.6
原料		29.1	24.7	23.9	31.3	35.4
半制成品		38.7	43.2	37.5	38.9	34.8
制成品		12.2	11.0	14.6	13.8	13.3
其他		0.9	3.1	2.4	1.6	0.4
总计		100.0	100.0	100.0	100.0	100.0

资料来源：郑友揆. 中国的对外贸易和工业发展. 上海：上海社会科学院出版社，1984：45.

① 丁溪. 中国对外贸易. 北京：中国商务出版社，2006：106.

表 3-7　　1913—1924 年全国主要出口商品数量

商品名称	1913	1918	1919	1922	1924
生丝（千担）	149	125	165	143	131
茶叶（千担）	1 442	404	690	576	766
豆及豆饼（千两）	52 190	75 110	104 302	106 478	147 765
桐油（千担）	463	489	613	746	896
芝麻、油菜籽、花生（千两）	22 997	8 001	28 612	22 452	36 377
蛋品（千两）	23 779	11 053	24 932	29 955	31 523
皮革及皮货（千两）	6 284	24 167	26 129	20 311	21 467
毛类（千两）	0.6	11 820	13 299	15 138	16 031
粗细市布（千匹）	739	44	32	122	1 370
原棉（千担）	6 305	1 292	1 072	842	1 080
草帽（千顶）		878	4 580	10 209	5 423

资料来源：徐雪筠，等. 上海近代社会经济发展概况——海关十年报告译编. 上海：上海社会科学院出版社，1985：368–375；彭泽益. 中国近代手工业史资料：第 2 辑. 北京：中华书局，1962：附录 1。转引自：黄逸平，等. 北洋政府时期经济. 上海：上海社会科学院出版社，1995：41.

在出口方面，原料在出口中的比重有所增加，从 1913 年的 29.1%，增加到 1925 年的 31.3%；半制成品的出口比重则有所减少，从 1916 年最高的 43.2%下降到 1925 年的 38.9%；制成品的比重则维持在 12%左右，半制成品的比重没有大的变化，反映了中国工业化水平的低效。这一时期，伴随着中国民族工业的发展，一些投资少、见效快、技术要求低的轻工业品有少量出口，如棉纺织品、毛呢、水泥、纯碱、电灯和面粉等。世界市场上对中国矿产品的需求不断增加。北洋政府时期，煤、铁及钨、锑、锡等特种矿产品在中国出口商品构成中占据日益重要的地位。①

表 3-8　　1908—1928 年出口商品次序表

次序	1908	1913	1918	1923	1928
第一位	丝 24%	丝 20%	丝 17%	丝 20%	丝 16%
第二位	茶 12%	茶 8%	植物油 9%	豆及杂粮 7%	豆及杂粮 15%
第三位	丝织品 5%	豆及杂粮 6%	棉花 8%	植物油 6%	蛋 5%
第四位	棉花 4%	丝织品 5%	豆及杂粮 4%	棉花 5%	植物油 4%
第五位	籽仁 4%	兽皮 5%	兽皮 4%	蛋 4%	茶 4%
第六位	兽皮 4%	棉花 4%	丝织品 4%	丝织品 3%	五谷 4%
第七位	豆及杂粮 4%	籽仁 4%	茶 3%	固体燃料 3%	棉花 4%
第八位	植物油 3%	植物油 4%	羽毛 3%	茶 3%	皮货 3%

资料来源：鲁传鼎. 中国贸易史. 台北：中央文物供应社发行，1985：130.

① 丁溪. 中国对外贸易. 北京：中国商务出版社，2006：106.

从表 3–3 至表 3–8 我们可以看到，这一时期中国进出口贸易的商品结构虽然有些变化，但是进口方面以直接消费资料为主，制成品的进口居高不下，出口则以农产品原料及手工制品、半制品为主，制成品的比重没有大的增加。不仅反映了中国工业化水平的低下，而且反映了这一时期中国的殖民地性质贸易格局基本没有变化，中国仍处于世界边缘的地位。也就是说，晚清以来，进口以消费资料为主、出口以农副矿产品为主的特点并没有根本改变。比如，1894 年中国的 MP 为 0.35，1920 年为 0.27，1930 年为 0.26，MP 值越来越低，说明中国成为外国推销成品、掠夺原料的场所。MP 表示部门间分工的参与度，如果一个国家进口的商品完全是初级产品，出口的完全是制成品，则 MP=1，表示该国完全参与了国际部门间分工，即部门间分工参与度为最大。反之，如果一国进口的完全是制成品，而出口的完全是初级产品，则 MP=0，表明该国主要是以自然资源换取所需的制成品，这是经济不发达的特征，是自然经济的延伸，算不上自觉地参与国际分工，因而部门间分工的参与度为最低。MP 越大，表明一国通过参与部门间分工与世界经济相关联的程度越高，反之，则表明这个国家经济较不发达。[①]中国农产品出口不断增长，并不是中国农业大发展需要出口大量的剩余产品，而是中国的农业生产被卷入世界市场的一种被迫表现。

表 3–9　　农产品出口情况表　　单位：千海关两

年份	农产品出口总值	占出口贸易总值的百分比
1893	28 423	15.6
1903	29 496	26.8
1910	231 957	39.1
1920	307 047	36.4
1930	628 285	45.1

资料来源：严中平. 中国近代经济史统计资料选辑. 北京：科学出版社，1955：72–73.

三、对外贸易的地理方向

这一时期，中国的对外贸易不但在数量上有所增加，而且在世界贸易总额中的比重也有所上升。第一次世界大战前，日本在中国对外贸易中已经占居首位，但中国出口贸易的地理方向仍以欧美国家为主。第一次世界大战期间，西方列强对落后国家和地区的政治、经济控制削弱，其在中国对外贸易中所占份额下降。中国与周边国家的联系加强，对外贸易的地理方向趋向多元化。

---

① 陈争平. 试析 1895—1930 年中国进出口商品结构的变化. 中国经济史研究，1997（3）；罗龙. 当代经济发展中的开放度问题. 北京：对外贸易出版社，1990：31–32.

表 3–10　　各国（或地区）在中国对外贸易中的比重　　单位：%

年份	英国		中国香港		英属地		日本*		美国		俄国		法国		德国		其他	
	进口自	出口到	进口自	出口到	进口自	出口到	进口自	出口到	进口自	出口到	进口自	出口到	进口自	出口到	进口自	出口到	进口自	出口到
1913	16.5	4.1	29.3	29.0	10.2	3.7	20.4	16.2	6.0	9.3	3.8	11.1	0.9	10.1	4.8	4.2	8.1	12.3
1919	9.5	9.1	22.6	20.8	1.4	1.2	36.3	30.9	16.2	16.0	2.1	3.4	0.5	5.4	—	—	11.4	13.2
1927	7.3	6.3	20.6	18.5	3.9	1.9	28.4	22.7	16.1	13.3	2.2	8.4	1.4	5.6	3.8	2.2	16.3	21.1

日本包括中国台湾。

资料来源：郑友揆. 中国的对外贸易和工业发展. 上海：上海社会科学院出版社，1984：25，58，61.

就这一时期的地区贸易结构而言，我们可以看到这样几个特点。第一，中国对外贸易的地区和国家是多样的，反映了中国被迫卷入世界经济贸易的状况，帝国主义国家把中国作为贸易掠夺的主要对象。第一次世界大战后，帝国主义国家逐步恢复对华商品输出，商品进口急剧增加。中国进口货值增加远高于出口的增加，进口货值 1924 年突破 10 亿两大关。战后中国的对外贸易就地区来说，主要集中在西洋国家，他们的贸易额稳步增加。英国 1919 年为 9.3%，1921 年增加为 11.8%，居西方国家前列，仅次于美国。第二，英国是最早侵略中国的老牌资本主义国家，在中国进出口贸易中最初它占的比例也是最高的，而英国占领下的香港是中英对外贸易的主要窗口，其进出口比例一直很高。第三，“一战”结束后，一些老牌帝国主义国家衰落，日本和美国成为两个崛起的新兴资本主义国家，在对华贸易中，日本和美国所占份额上升，美国 1919 年对华贸易所占比重为 16.1%，1921 年一度增至 17.3%，1929 年为 16.1%。特别是日本成为中国最主要的贸易交往国家，1919 年日本对华贸易占三分之一左右，战后因西方国家贸易的扩大，由 1919 年的 36.2%减为 27.6%。第四，中国在世界贸易中的地位依然是一个贸易小国。1911—1913 年，中国对外贸易额占国际贸易总额的比重很小，约为 1.7%。1913—1928 年，中国的贸易总额和人均贸易额也有一定的增长。中国占世界贸易总额的比重由 1913 年的 1.88% 增加为 1928 年的 2.31%。按照国际联盟的统计，1924 年，中国在国际贸易中的排名由 1913 年的第 13 位上升至第 10 位。“第一次世界大战后，随着西方国家对外贸易恢复增长，中国所占份额下降，到 1928 年又再次跌落到第 12 位。”①

表 3–11　　中国对外贸易额占世界贸易额的比重（1913—1928 年）

	1913 年	1924 年	1928 年
中国人均贸易额（美元）	1.61	3.25	3.38
中国贸易总额（百万美元）	710	1 450	1 553
中国贸易总额占世界贸易总额的比重（%）	1.88	2.62	2.31
中国在世界贸易中的顺序	13	10	12

资料来源：League of Nations：“Review of World Trade ”（1932），pp.27～29//刘佛丁. 中国近代经济发展史. 北京：高等教育出版社，1999：297.

① 尹翔硕，等. 贸易战略的国际比较. 上海：复旦大学出版社，2006：287.

在这一时期，英、日、美三国成为中国最重要的贸易国家，英国虽然依靠其在中国的传统地位而保持优势，但在日本和美国的冲击下，其对华贸易呈衰落之势；日本和美国在华贸易地位提升，而且呈上升趋势，日、美两国成为中国贸易中主要的竞争国家。中国与这三个国家的进出口量统计资料显示，英、日、美三国 1906 年出口到中国的商品额在当年进口额中所占的比例分别为 18.4%、14.3%、10.4%，当年中国出口到这三国商品额占中国出口额的比例则分别为 5.6%、14.1%、10.9%；1913 年，中国从英、日、美进口商品额在当年进口额中所占的比例分别为 16.5%、20.4%、6.0%，中国当年对三国出口额中占中国出口额的比例分别为 4.1%、16.2%、9.3%。[①]从表 3–12 可以很清晰地看到，英、日、美三国 1915—1928 年在对华贸易中的消长情况。在北洋政府统治时期，在对华输出输入方面，日本增长幅度最大。

表 3–12　　1915—1928 年中国进出口贸易中，英、日、美三国所占百分比

年份		1915	1920	1925	1928
进口贸易	美国	8.15	18.06	14.77	16.99
	英国	15.74	17.19	9.65	9.4
	日本	26.46	29.71	32.73	26.7
出口贸易	美国	14.46	12.38	18.44	12.83
	英国	7.62	8.32	6.24	6.16
	日本	18.54	26.11	28.50	23.1
贸易总额	美国	2.18	16.12	16.40	15.12
	英国	11.85	13.58	8.08	7.94
	日本	22.66	28.4	30.51	25.1

资料来源：实业部国际贸易局. 国际贸易导报（1933），5（3）：86.

就这一时期的中美贸易来看，1915 年美国向中国输出的商品在美国对外出口中仅占 0.72%，从中国进口的商品也仅占美国全部输入商品的 3.16%，可见此时美国对外出口的主要国家并不是中国；1928 年，美国向中国出口商品有所增加，但也不过占美国出口商品的 2.97%，而从中国进口的商品只有少许增加，为 3.83%。[②]中国对美贸易中曾经出现出超，如 1915—1918 年前中国连续几年在对外贸易中出现出超，出超最大的数字是“一战”时的 1917 年，近 3 400 万海关两。而在“一战”后的 1925 年也有出超现象发生，那么我们如何看待这时期一些年份的出超呢？“如仅从出入

① [美]费正清，等. 剑桥中华民国史. 章建刚，等，译. 上海：上海人民出版社，1991：140.

② 实业部国际贸易局. 国际贸易导报（1933），5（3）：86.

超数字上观察，民国北洋政府时期的前期，中美两国贸易中，中方是有过顺差的情况；但这一情况并不能说明其时我对美贸易有着优势地位。”[①]从上表中我们可以看到，以“一战”结束前后为分界点，中国的对外贸易出超大多在“一战”结束前，这时的美国商品大量出口到参加“一战”的欧洲国家，而我国出口到这些参战国的商品也以美国为中转国，因此中国对美出口增加，出现顺差；而在“一战”结束以后，这种情况不再存在，美国对华贸易输出增加，到中国来抢占市场份额，因此美国顺差，而中国则出现逆差。“所以说，对我贸易入超的情况，要具体分析，倘我之出超不过供外人之必需之原料，入超也实乃洋货扩充市场的象征，那么即使我国对美贸易出超，两国间贸易的不平等和我之劣势地位，也是显而易见的。”[②]我们认为这个分析是十分中肯的。

中国是一个大国，就其贸易额在世界贸易额中的比重而言，如果从自身的发展来看，还是呈上升趋势的，无论贸易总额还是人均贸易额以及中国贸易总额在世界贸易总额中的比重都是缓慢发展的，中国在世界贸易中的排名也比民国成立之初有所上升。根据国际联盟的统计，中国进口总额占世界输入总额的比例，1913、1926 和 1927 年分别为 0.94%、1.90%和 1.55%。同期年份的出口总额占世界输出总额的比例则分别为 0.67%，1926 年为 1.46%，1927 年为 1.49%。可见，进出口在世界贸易中的地位都比较边缘化。而如果计算人均贸易额，1913 年、1926 年和 1927 年我国人均进口额为 2.14 美元、2.74 美元和 2.07 美元；我国人均出口额 1913 年为 1.60 美元，1926 年为 2.26 美元，1927 年为 2.02 美元。这样低的数额远落后于那些工业发达国家，和其他国家相比也是比较低的。[③]和邻国日本相比较，中国的进口额、出口额和进出口总额都远远低于日本，中日的贸易差距悬殊，在某种意义上反映了中日两国经济现代化的差距。

表 3–13　　中国、日本和世界贸易增长（1882—1891 为基数 100）

年份	中国			日本		世界贸易
	出口	进口	总值	出口	进口	
1907—1916	198.3	188.9	192.8	643.7	592.8	192.8
1912—1921	232.8	186.1	205.3	921.2	749.2	192.6
1917—1926	273.4	223.9	244.2	1 049.1	1 067.9	223.2
1922—1931	299.9	283.4	290.2	1 297.5	1 375.9	265.2

资料来源：刘佛丁. 中国近代经济发展史. 北京：高等教育出版社，1999：296.

① 申晓云. 北京民国政府时期中美贸易关系述评. 民国档案，1998（2）.

② 申晓云. 北京民国政府时期中美贸易关系述评. 民国档案，1998（2）.

③ 何炳贤. 中国国际贸易. 上海：商务印书馆，1939：17.

四、贸易逆差与外国投资

（一）贸易逆差的扩大

在这个时期，中国对外贸易的逆差依然严重。20世纪开始，中国对外贸易的性质发生了巨大变化。“在这之前，中国对外贸易主要是商业性的，要求贸易平衡，进口主要靠出口抵偿，贸易逆差尚不太大。但自此以后，贸易逆差剧增，资本货物与交通运输设备大量进口。”[①]1864—1877年的13年间，清政府对外贸易只有1864年、1872—1876年六年保持出超，但自1877年后，长期处于入超，且入超数额越来越大。1865年至1927年，输入价值为20 612 651 693海关两，输出则为15 660 151 115海关两，两者相差为4 952 500 578海关两。[②]1890年以前，清政府每年入超数额一般在5 000万元以下，其后常在5 000万元以上。[③]1877年到1900年的24年间，中国对外贸易入超达6亿4 000多万海关两，相当于清王朝近十年财政收入的总和。1895—1927年的33年间，中国进出口贸易总值为30 854.39百万海关两，入超3 743.91百万海关两，入超数占总值的12.13%，“33年的入超数高达37亿多海关两，中国平均每年损失外汇达8 000万银两之多。而且，还有不少外国商品的进口不经海关而偷运漏税。所以，实际进口的价值和入超的数字，肯定远远超过海关报告的数字。”[④]在这一时期，对外贸易入超的根本原因就在于没有关税保护。同时，进口工业品和出口农副产品交换中存在的剪刀差，使外国资本家获得了大量的贸易利润，造成中国财富外流，货币资本积累严重不足，从而妨碍了中国工业化的进展。

表3–14　　**1895—1927年中国进出口贸易值**　　单位：百万海关两

年份	进口值	出口值	进出口总值	入超
1895—1903	1 959.34	1 721.12	3 680.46	–238.22
1904—1927	15 339.81	11 834.12	27 173.93	–3 505.69
合计	17 299.15	13 555.24	30 854.39	–3 743.91

资料来源：1895—1903年根据海关报告数字按照到岸价格和离岸价格计算方法逐年计算而得。1904—1927年参照样断流等编的《六十五年来中国国际贸易统计》统计表第1表数字相加而得。计算时参照姚贤镐编的《中国近代对外贸易史资料》中的有关数字进行校正。转引自陈绍闻，郭庠林. 中国近代经济简史. 上海：上海人民出版社，1983：30.

（二）外国在华投资的发展

20世纪初，欧美垄断资本发展，对外投资日趋活跃。20世纪一二十年代被称为资产阶级的黄金时期，同时外国在华投资大量增加。而且，我们发现，中国对外贸易的入超与外国在华投资是正相关的。下面以1914年为例来看这种关系。

① 郑友揆. 中国的对外贸易和工业发展. 上海：上海社会科学院出版社，1984：265.

② 伍纯武. 现代世界经济史纲. 上海：商务印书馆，1937：267.

③ 邓绍辉. 晚清财政与中国近代化. 成都：四川人民出版社，1998：253.

④ 陈绍闻，郭庠林. 中国近代经济简史. 上海：上海人民出版社，1983：30.

表 3–15　　1914 年贸易入超国与该国在华投资　　单位：百万美元

国家（累计并包括该年数）	贸易入超		对华投资	
	总计	占入超总额（%）	投资额	占外人在华投资总额（%）
英国	735.2	46	607.5	37.7
日本	434.0	27.2	219.6	13.6
美国	0.6	0.04	49.3	6.1

资料来源：郑友揆. 中国的对外贸易和工业发展. 上海：上海社会科学院出版社，1984：120.

本时期，在中国投资居于前四位的国家是英、德、俄、法，它们合占外国在华投资的86.6%。第一次世界大战爆发后，欧洲各国因忙于战争，无暇东顾，对华投资下降。与此同时，日本及美国在华投资加速发展。根据侯继明等人的统计研究，1902 年外国在中国的投资总额为 7.87 亿美元，包括直接投资 5 亿多美元和中国政府的债务 2.8 亿多美元。1914 年，外国在中国的投资总额增加到 16.10 亿美元，包括直接投资 10 亿多美元、中国政府的债务 5 亿多美元和向私人参与者放款 0.17 亿多美元。[①]另根据雷麦所做的外国在华投资与贸易统计，1914 年外国在华投资为 16.10 亿美元，该年中国贸易入超为 15.98 亿美元，1930 年外国在华投资为 32.425 亿美元，贸易入超为 29.099 亿美元，由此我们可以推断，1913—1926 年，外国在华投资与中国贸易入超的情况基本是平行发展的。而根据上面的统计表可以看到，即便按照国别来说也存在类似的关联。外国对华贸易的出超，大部分都成了它们在华投资的资本。而这些资本大多数是直接投资，它们的投资一方面使中国的对外经济关系变得灵活，同时，由于外国在华享有特权，它们投资盈利的去向是中国政府无法控制的，这种贸易出超转化为投资究竟对中国有多大利弊是很难估量的。外国列强对华投资中，重点已经超出修铁路和贸易业，开始拓展到工矿业，主要集中在煤矿、铁矿、冶金等方面。在煤炭生产中，1912 年外资煤矿的产量占总产量的比重为 42.6%，中外合资矿所占比重为 49.3%，二者合计占总产量的 91.9%。这样的情况持续到 1921 年才略有下降，前者为 30.9%，后者为 45.0%，合计为 75.9%。[②]

在以贷款为主的对华间接投资中，日本地位迅速上升。第一次世界大战爆发后，英国、法国、德国、意大利先后卷入战争，无暇东顾。日本利用这个时机，乘机大规模扩大对华投资。日本为扩大其在华权益向北洋政府提供了大量政府贷款，仅 1917 年、1918 年的“西原借款”即达 14 500 万日元。外国对华借款由战前的德、法、英、俄四强变为战后的日、英、法、美四强。1919—1928 年，北洋政府共举借外债 393 笔，债务额为 695 188 740 银元。其中，日本的贷款有 123 笔，债务额为 370 607 518 银元，占这一时期贷款额的 53.3%，从而成为中国最大的债权国。[③]在对华直接投资方面有

① 侯继明. 中国的外国投资和经济发展 1840—1937 年. 坎布里奇：哈佛大学出版社，1965：13.

② 齐海鹏，孙文学，张军. 中国财政史（第 3 版）. 大连：东北财经大学出版社，2015：281.

③ 王桧林，郭大钧，鲁振祥. 中国通史——近代后编（1919—1949）上（第十二卷）(21). 上海：上海人民出版社，2015：472.

着基本相同的格局。英国在华经济实力雄厚。英国的直接投资在 1914 年占其总投资的 66%，在这时期，英国先后控制了 16 家煤矿、铁矿和有色金属矿的开采权，英国资本控制下的煤矿产量 1913 年为 248.877 万吨，1919 年增加到 430.7 万吨，占全国煤矿总产量的 21.9%。1918—1928 年 10 年间，英国在华兴办的公司洋行有 33 家，遍及烟、蛋、电业、碱、橡皮、机器、玻璃、纺染等行业。到 1920 年，日本在华投资额已从战前的 18 660 万美元上升到 35 190 万美元，增长了将近一倍，从而成为仅次于英国的第二大对华投资国家。其中，增加比较显著的就是棉纺织业。1914 年日本在华纱厂有 2 家，拥有纱锭数近 9.6 万枚，到 1925 年时日本在华纱厂增加到 30 家，拥有纱锭数 126.8 万枚，十年间日本在华纺织业呈 10 倍的速度增长。[①]同时，美国对华投资也从 5 390 万美元增长到 1914 年的 9 000 万美元，与法国相近。[②]美国在华投资主要集中在毛纺织、化学、食品、电力业等部门。资本主义列强在华直接投资主要运用“中外合资”的办法。各国政府制订法律鼓励本国资本家到中国投资和攫取中国资本。比如，1922 年美国议会通过《对华贸易法》，鼓励美国公司扩大在中国的投资。1925 年又加修改，鼓励美国在华公司“攫取中国资本，经营在华企业”。日本利用更多的“合资”形式压迫中国民族工业。1917—1927 年，纯日资的资本增加了 214%，而“合资”的资本增加了 655%。

北洋政府的财政窘迫是“仰给外债以度岁月”的时期，也是近代中国举债最多、最滥的时期（清代 208 笔外债、南京国民政府 108 笔外债）。北洋政府为维持其正常运行，每月需 1 700 万元，但月收入仅 500 万元，不及支出所需的三分之一。“财政收入更形短少，支出更形浩繁”“纯恃借款以渡难关”。[③]北洋政府为了救急，举借大量新的外债。由于外债被大量用于军阀混战的军政开支，实业外债也被挪用于军事行政，弥补财政赤字，致使大量外债被拖欠、改订，直至借新债还旧债，是这时期外债的重要特点。[④]层出不穷的借新还旧，突出地反映了北洋政府借债度日的困境和该时期外债管理的落后、混乱，北洋政府在债务泥淖里越陷越深。在这一时期，北洋政府时期的外债有 750 多笔，数额相当于 16 亿银元，债务支出（包括内外债）占财政支出的三分之一左右，高的年份达 46.83%。因此，在北洋政府的财政支出中，军费和债务偿付两项就占了财政支出的 70%，有时高达 90%，这是造成北洋政府借债度日和大量借新还旧的主要原因。各省军费支出占财政支出的比重则更高，据有人粗略统计，四川 1922 年占 88%，河南 1923 年占 84%，山西 1923 年占 80%，湖北 1923 年占 94%，江西 1925 年占 78%。[⑤]北洋时期（不包括南京临时政府）共举借各种外债 633 笔，平均每年 37 笔，月平均为 3.1

① 李英铨. 转型中的近代中国经济. 北京：希望出版社，2005：201.

② 孙玉琴. 中国对外贸易史（中卷）. 北京：中国商务出版社，2015：125.

③ 《任内借款经过情况，1922 年 3 月 29 日》，《民国日报》，1922 年 4 月 2 日.

④ 王国华. 外债与社会经济发展. 北京：经济科学出版社，2003：192.

⑤ 许毅. 北洋政府外债与封建复辟. 北京：经济科学出版社，2000：335.

笔，债务总额达到15.56亿银元。[①]这些借款，按用途可分为四类，即军政借款、实业借款、教育借款和借新债还旧债。北洋时期的地方政府借款一共有78笔，6 200多万银元。北洋政府时期（包括南京临时政府在内），举借外债157 396万银元，各种军费和行政经费的借款为68 816万银元，占43.73%，实业借款45 462万银元，占28.88%，借新债还旧债43 118万银元，占27.39%（也有一种说法，严格意义上的借新还旧共计78笔，达4.31亿银元，占同期外债总额的27.7%）。在实业借款中，铁路借款占总借款的20.60%，矿业借款占0.62%，电信借款占1.59%，工业借款占0.40%，航空航运借款占1.16%，金融借款占0.44%，教育事业借款占0.36%，其他实业借款占4%。[②]在北洋政府的外债中，善后大借款、西原借款和借新还旧外债这些主要用于北洋军阀势力复辟和军阀混战，这些外债极具落后性，使中国主权受损，而且令帝国主义列强得以进一步强化对中国的政治、经济控制。因此，北洋政府的外债具有巨大的消极作用。然而，北洋外债也有其两重性。比如，北洋政府的实业性外债（包括名义上的实业借款）近200笔，占全部外债的比例超过40%。因此，"北洋外债在一定程度上为中国资本主义生产力和生产关系的发展，为当时社会经济的发展也起了一些积极作用。"[③]

表3–16　　北洋时期军费及债务支出占财政支出的百分比　　单位：元，%

年份	财政支出	军费支出	军费支出/财政支出	债务支出	债务支出/财政支出
1912	356 361 607	120 691 324	33.87	—	—
1913	642 236 876	172 747 907	26.89	300 738 407	46.83
1914	357 024 030	135 970 643	38.08	98 564 793	27.6
1916	417 519 436	159 457 250	38.08	98 564 793	32.98
1919	647 691 787	269 099 582	41.68	127 162 826	19.63
1925	634 361 957	297 713 024	46.93	166 466 939	26.24

资料来源：左治生. 中国财政历史资料选编：第11辑. 北京：中国财政经济出版社，1987：298，311.

北洋政府时期，外国在中国的投资可以概括为两个特点：一是外国的直接投资主要集中在沿海地区的条约口岸城市和交通比较发达的地区；二是在华的外国资本很少进入矿业或种植业。1914年，外国在华工矿企业的投资估计共有1.96亿美元，占全部企业投资的20.4%，相当于商业投资（3.54亿美元）的1/2强、运输业投资（5.31亿美元）的1/3强。[④]因此，要看到外国资本的两重性作用。一方面，外国资本追逐高额利润和控制被投资国财政经济命脉，加深了外国对华经济控制的程度，使中国近代经济的半殖民地特征极

① 许毅. 北洋政府外债与封建复辟. 北京：经济科学出版社，2000：337.

② 王桧林，郭大钧，鲁振祥. 中国通史——近代后编（1919—1949）上（第十二卷）（21）. 上海：上海人民出版社，2015：484.

③ 王国华. 外债与社会经济发展. 北京：经济科学出版社，2003：199.

④ 杜恂诚. 中国近代经济史概论. 上海：上海财经大学出版社，2011：192.

其突出；另一方面，随着商品社会化的发展即世界经济一体化趋势的发展，推动了中国经济尤其是重工业的发展，在客观上对资本主义生产方式的形成起到了催化作用。

五、洋行对中国贸易的控制

中国对外贸易的经营权这时依然主要控制在外国洋行手中，呈现出半殖民地属性。1840 年鸦片战争之后，外国洋行就在对外贸易中居于支配地位，“中国政府无权过问其在华的活动。”[①]在这之后，随着对外贸易的增加，各国洋行如雨后春笋迅速发展起来。一些大洋行以及后来进入中国的国际垄断资本，他们所拥有的资本力量使一般华商望尘莫及，从而可以凭借雄厚的资本力量加强对华商的控制。洋商还可以利用外国银行系统为其融通资金。外国银行操纵金银，发行纸币，独占外汇，对中国贸易和金融的控制大大加强。当时除了关税以外，中国外贸的另一大调节杠杆汇率也被外人所操纵。

外国洋行垄断对外贸易经营权，进出口贸易实际就是外国洋行的买进或卖出。中国的外贸商人很少能直接经营外贸，即便经营也无力与洋人竞争，结果不是停业破产，就是成为洋行的工具。和甲午战争前的情况不同，这时进入中国的外商大多是世界性垄断组织，中国的对外贸易主要由这 1 000 多家外商垄断公司所控制。不仅如此，这些垄断组织也控制了中国的国内贸易。“外商垄断公司还直接利用中国商人和商店，设立推销网，直至基层，如英美烟公司、亚细亚火油公司、美孚石油公司、中国肥皂公司等垄断组织，都设有自己的推销网。”[②]英国利华兄弟托拉斯、美国钢铁公司、卜内门洋碱公司、邓禄普橡皮公司、杜邦公司、通用电气公司、福特汽车公司等纷纷来到中国。日本的大财团如三井、三菱、大仓组等也在日本政府支持下扩大在华投资，日本官商合办的南满洲铁道株式会社逐步发展为控制中国东北铁路、工矿、贸易等多种经济部门的大垄断组织。垄断组织掌握一些部门的进出口商品，而最大的两个垄断组织是英国的怡和洋行和日本的南满洲铁道株式会社（“满铁”）。怡和洋行到 1914 年所辖企业有 30 多个，资本在 4 000 万元以上。中国对外贸易总额的 80%以上操纵在洋行手中。[③]外国洋行的经销制扩大了洋商与众多华商之间的联系，促进了“洋商—华商”型进出口商业网的形成和发展，使之成为推动 20 世纪上半叶外国对华贸易发展的新的商业组织形式。[④]这种商业剥削网控制了中国的城市和乡村，它们采取贷款、赊货、津贴等方式，利用中国的商号，充当它们在不同地区包销或包卖的代理商。

一战之后外国洋行在中国的规模迅速扩大。1893—1928 年，洋行总数由 580 家增至 12 293 家，增长了 20 倍多。这一期间各主要强国在华商行户数都在增加。其中，日本最为突出，由 42 家增至 8 926 家，增长了 200 多倍。到 1913 年时，日本商行数已跃居各国首位，即占各国在华商行总数的一半以上。排在第二位的是俄国，德国则排在第三

① 龙碧秋. 中国近代商业史话. 北京：中国商业出版社，1991：7.

② 乔培华，赵士红，杜本礼，等. 中国近代经济史. 北京：中国统计出版社，1997：106.

③ 白寿彝. 中国通史·第 11 卷（19）. 上海：上海人民出版社，2007：598.

④ 陈争平. 中华民国史，第三册志二. 成都：四川出版集团，2006：318.

位，而原先占压倒优势的英国则失去优势。[①]

表 3–17　　各国在华商行户数统计

年份	英国	美国	法国	德国	日本	俄国*	其他各国	总计
1893	354	30	33	81	42	12	28	580
1903	420	114	71	159	361	24	143	1 292
1913	590	131	106	296	1 269	1 229	184	3 805
1920	679	409	180	9	4 278	1 596	224	7 375
1928	682	574	181	319	8 926	1 112	499	12 293

*1917 年后为苏联。

资料来源：陈争平. 中华民国史. 第三册志二. 成都：四川出版集团，2006：316.

外国洋行之所以能在中国控制进出口贸易经营权，主要原因如下。第一，洋行享有的政治特权与丰富经商经验。在进出口贸易中，洋商们享有不平等条约给予的政治特权，他们和国外厂商之间联系密切，在国际市场上有着丰富的从商经验，这是华商无法相比的。第二，洋行拥有雄厚的资本实力作为后盾。外国洋行拥有比华商雄厚的资本，一些大洋行以及后来进入中国的国际垄断资本所拥有的资本力量使一般华商望尘莫及，而且可以利用外国银行系统融通资金，他们的垄断资本为垄断对外贸易奠定了雄厚的资本基础。[②]外国银行用发放贷款的方式资助外商。其发放贷款的原则是“三个为主”，即以外商企业为主，以该国在华企业为主，以进出口业为主，这样就直接加强了进出口洋行对中国贸易的控制。[③]第三，在具体的经营业务上，这些洋行也占有很多优势。与对外贸易相关的海关、商检、航运、保险等诸多环节都被外国人把持，把持海关的洋员在验货、估价、课税等方面往往对洋商极力给予方便。“铁路运价、路务规章等由控制各路的各国资本制定，也常发生优待外商、歧视华商的现象。这些重要环节被外国人所把持的结果，也加强了洋商对中国进出口贸易的控制。”[④]

第四节　对外贸易与国内社会经济发展

美国经济学家罗伯特逊最早提出经济增长发动机理论。他认为：外贸是经济增长的原因和动力，经济增长则是外贸扩张的结果，外贸对国家的经济增长起着发动机的作用。落后的国家可以通过对外贸易促进经济增长。对外贸易对 1912—1926 年中国经济发展有着重要的影响。“现在的贸易是会产生重要的实业、经济及社会的结果的……中国正在进行着一种经济的革命，我们可以把这种革命看作外国贸易进入的积累结果。这一革命

① 陈争平. 中华民国史，第三册志二. 成都：四川出版集团，2006：315.
② 陈争平. 中华民国史，第三册志二. 成都：四川出版集团，2006：320.
③ 李康华，等. 中国对外贸易史简论. 北京：对外贸易出版社，1981：235.
④ 陈争平. 中华民国史，第三册志二. 成都：四川出版集团，2006：321.

的影响所及，中国的贸易绝不会是无关轻重的事情”。[①]

一、对外贸易推动商品经济的发展

中日甲午战争后，中国内地通商口岸增多，资本主义国家把中国的农村变成它们农业原料的产地和倾销工业品的场所，现代交通事业的发展，让外国商品可以直销到广大农村。民国初年，中国进出口贸易额增加，大量的外国商品进入中国的城市，并渗入中国广大的农村地区。1895—1926 年，中国的进出口贸易总值“从 3 亿两增加到 21 亿两，增加了 6 倍，其中进口值增加了 7 倍，出口值增加 5 倍。”[②]从进口商品结构来看，输入的洋货中绝大部分是日用消费品，而生产资料的输入比重很小，而这些日用消费品（其中洋纱洋布最多）主要是销售到农村。洋纱洋布的进口打击最重的是中国的农村家庭纺织业。出口贸易中，大多数是农产品和手工业品，中国是个资源丰富的大国，能够满足世界原料市场的多种需要。资本主义国家加紧掠夺这些农产原料来满足工业发展的需要，破坏了中国农村的家庭手工业，中国社会的自然经济基础减弱。

外国机器大工业生产的廉价产品大量进口，使得中国的手工业受到冲击，农民成为进口日用消费品的消费者。为了提高自己的购买力，就不能只限于种植粮食等作物，而必须选择种植有利可图的经济作物以增加收入。“中国农民的生产和消费开始同世界市场挂上了钩，并受其支配。中国农业中经济作物的增长也与国内城市与某些手工业的兴办和发展有关……经济作物的种植地域与种植面积扩大，商品率提高。”[③]农村的经济作物种植面积增加，传统的粮食等作物种植面积减少，大量的农产品和经济作物进入市场流通。在外来商品的冲击以及内部自身演化的双重因素作用下，自给自足的小农经济进一步解体。郝延平认为，在通商口岸出现了一种“商业资本主义”，其具体内容包括自由贸易和经济竞争、货币和信贷的扩张、市场的开拓和农业商品化、在政治不稳定和商业风险的环境下追求利润、西方的商业方式和价值观念的引进等，这是一场“商业革命”，大大推进了中国的近代化。[④]

商品经济的发展，带动商业资本的投资热和新式商业的兴起。北洋政府时期，商业资本规模不断扩大，1920 年我国约有近代工业资本 7 亿元，而商业资本至少有 23 亿元，是工业资本的 3 倍多。北洋军阀统治时期，国内商业的一个突出特点是具有资本主义性质的新式商业迅速崛起。西方资本主义国家的各种商业组织形式，如采用股份有限公司形式的大型百货公司（先施、永安、新新）等百货公司等，被逐步移植到国内沿海一些大城市。它们的出现，标志着我国商业资本的发展进入到一个新的阶段。

商品经济的发展与社会意识的变化是相互影响的。“商业活动同一切经济活动一样总是在一定的社会历史文化背景下进行，这就不可避免地触及许多非经济因素，而这些非经济因素反过来又影响包括商业在内的经济运动，使之成为相互交叉、彼此影响和互为

① 西 . 甫 . 里默. 中国对外贸易. 卿汝楫，译. 北京：三联书店，1958：178.

② 桑润生. 中国近代农业经济史. 北京：中国农业出版社，1986：79.

③ 赵德馨. 中国近代国民经济史教程. 北京：高等教育出版社，1988：64.

④ 丁日初，沈祖炜. 对外贸易与中国经济近代化（1843—1936 年）//章开沅，朱英. 对外经济关系与中国近代化. 武汉：华中师范大学出版社，1990.

制约的复合运动过程。”[①]民初以来，随着欧风美雨与西学东渐的浸染，中西文化碰撞、冲突与交流、融合，封建社会的意识形态受到猛烈的批判，社会风气大变。商业的发展使商品经营者增强了市场观念、竞争观念、效益观念以及对技术进步的渴望。西学东渐，引起文化观念、教育理念等方面的巨大震撼和猛烈冲突，也迫使从业人员提高自身的专业知识。民国以后，商界学习英语、法律、经济、工程技术专科知识者大增。是否具有一定的文化素质，已成为新式商业从业人员的谋生前提。“如五金店职员必须熟悉规格繁多、计算单位复杂的各式商品性能、用途，并略懂英文；西药业学徒无英文基础，则无法了解各类西药的特性、价目，连站柜台也难以胜任。大型百货公司如上海的永安公司等，在招收营业员时要考英语会话、商业知识、珠算等；招收练习生时，要考算术、珠算和英语等。这就要求应征者起码具有高小以上的文化水平。”[②]由于新式商业的从业人员报酬、待遇较高，所以部分市民越来越重视新式教育和吸收西方的价值观念。中外贸易的不断扩大推动社会习俗的深刻变化，使部分旧的商业行业衰落或转型，也使一些新的行业兴起与发展。这些新兴的商业行业受资本主义市场影响，具有近代化性质并形成近代商业贸易网络。

二、对外贸易推动中国农产品商品化

近代中国农产品商品化程度的提高，首先表现为经济作物种植的扩大和传统粮食作物种植的减少。北洋政府时期，粮食作物播种面积的比重，如玉米、小麦、大麦、高粱、小米等开始下降；而油菜子、芝麻、花生、棉花等大多数经济作物的播种面积的比重都有显著提高。对外贸易的发展、世界市场对中国农产品需求的增加，促进了某些农作物商品化的发展。由于经济作物的发展与粮食作物的商品化，中国逐步形成了若干农业专门化区域。“一些区域专门生产一种市场生产品，另一些区域又专门生产另一种市场生产品，并且农业的其他方面也都适应这种主要的生产品。”[③]到 20 世纪二三十年代，在全国形成了许多新的农业生产专门化区域。如东北是生产大豆的主要区域，大豆出口贸易成为东北的区域出口特色；棉花生产的中心在河北、江苏、湖南和湖北等地，这主要是上海、天津、武汉等大城市棉纺织业的发展带动所致；江浙、广东等地是蚕丝的生产中心；山东、河南等地则是烟草和花生的集中产区。[④]农业的专门化发展，也表现为中国农业经济商品化的进程有所加快。在肯定专门化农业区域促进中国商品经济的同时，也应该承认这种程度并不高，分布的区域主要集中在少数地区，商品化的种类也非常有限。

其次，近代中国农产品商品化程度的提高也表现在农产品不断进入国内外市场中。20 年代中叶，中国农产品商品率接近 50%。相对而言中国中东部地区的商品化程度高于北部，1921—1925 年中东部地区商品化程度平均为 62.8%，而北方地区则较低，为 30%～50%。[⑤]

① 黄逸平，虞宝棠. 北洋政府时期经济. 上海：上海社会科学院出版社，1995：195.

② 黄逸平，虞宝棠. 北洋政府时期经济. 上海：上海社会科学院出版社，1995：198.

③ 丁长清，慈鸿飞. 中国农业现代化之路：近代中国农业结构、商品经济与农村市场. 北京：商务印书馆，2000：187.

④ 丁长清. 关于中国近代农村商品经济发展的几个问题. 南开经济研究，1985（3）.

⑤ 王天伟. 中国产业发展史纲. 北京：社会科学文献出版社，2012：306.

第一次世界大战期间，欧洲各国忙于战争，对中国农产品需求扩大。“一战”以后，国际市场逐步恢复，中国农业商品经济增长放缓。对于不同农业商品来讲，由于国际市场的变化也带来了农业商品结构上的调整，这一时期很多地区的农产品贸易出现增长，“少数农产品增长幅度还比较大”，只有少量的农产品由于受到国际市场上竞争国家的冲击而下降。1921 年，中国豆类出口在全部出口商品中的比重超过茶叶和生丝，跃居第一位。1926 年与 1901 年相比，豆类出口增长了 10 倍。东北三省的大豆产量不断上升，1909 年产量近 200 万吨，1921 年增长到 350 万吨，1923 年猛增至 1 200 万吨，其中近 80%的大豆产品和制品远销国外，在国际市场竞争力很强。从表 3–23 中可以知道，只有茶叶贸易有所下降。

再次，农民对于市场的依赖程度，也跟随着农产物商品化的加深而加深。据 1921—1925 年金陵大学在苏、浙、豫、皖、闽、冀、晋七省内对 2 000 多个农户所作调查的报告，农民农产品的出售部分平均已达 52.6%。华东地区农产商品的农户平均商品率为 62.8%，华北地区农产商品的农户平均商品率为 43.6%。[①]在商品化程度较高的东北，据 1923 年的调查，仅投入城市市场的农产品已达 23%，其中输出量达 18%。[②]1922—1925 年间，安徽、福建、江苏三省七处 1 184 农户的衣食资料来源是：粮食自产率为 76.5%，购入率为 23.5%；衣着原料自产率为 1.9%，购入率为 98.1%。也就是说，农民的粮食平均有近 1/4 需从市场购买，而衣被原料则几乎全部依赖市场供应。[③]农作物商品化的进一步加深和农民对市场依赖的加深，并不全是积极的效果，农民为了换取货币以购买日用品和支付货币赋税与地租，不得不压低生活水平而出卖口粮，这也造成了广大农民生活的进一步贫困化。

表 3–18　近代中国农产品贸易增长趋势（以 1904—1909 年的指数为 100）

类别	农产品	调查地区数和县数	1914—1919	1924—1929
各地区输入的农产品	高粱	14	139	144
	稻	15	102	138
	米	10	107	275
	小麦	25	133	173
自县城输出的农产品	水果	16	114	125
	花生	15	123	159
	芝麻	10	114	133
	茶	10	103	79

资料来源：刘方健，等. 中国经济发展史简明教程. 成都：西南财经大学出版社，2001：219.

粮食商品化程度是考察自然经济状况的重要指标。鸦片战争前，中国粮食的商品率为 10%以下，1840—1894 年全国粮食的商品率上升到 16%左右。中日甲午战争后又有新的变化。粮食和棉花的商品量增长，相应的商品率也增长，1894 年粮食商品率为 16%，

① 卜凯. 中国农家经济. 上海：商务印书馆，1936：275.

② 云南大学经济系. 中国近代经济史下册. 昆明：云南大学出版社，1978：69.

③ 卜凯. 中国农家经济. 上海：商务印书馆，1936：表一及第 524 页.

棉花商品率为33%，而到1919年时分别增为22%和42%。[①]1921—1925年，华北、华东7省17县农产出售率平均为52.6%，其中最高者为浙江镇海县，达83.8%，最低者为河南开封，达32.8%。东北地区，1923年的农产出售率高达41%。[②]从以上调查我们可以看到，南方的商品化程度要比北方高，沿海的商品化程度明显高于内部。近代中国农产品商品化程度的差别，反映了近代中国市场发展的地区性不平衡。当然，近代中国农产商品化主要是外国对中国农业原料的需求和本国轻工业对农产原料需求的结果，是被动的商品化，而非主动的商品化，和欧美以及日本相比又是很落后的。如美国的小麦商品率早在1919年就高达85.9%，而中国的粮食商品率到1936年时也仅有30%。以农业总产值中商品经济与自然经济的比重来看，在1920年，我国农业总产值为165.20亿元，其中商品经济61.96亿元，自然经济103.24亿元，商品经济与自然经济的比重为38:62，可见在我国的20世纪20年代自然经济依然占优势地位。[③]

在民国初期，农业机械的进口增加。根据海关报告，农机具及抽水机的进口值逐年增加，1918年为164 188海关两，1919年为530 220海关两，1920年为1 004 277海关两，1921年再增为2 192 404海关两。不过，虽然有农业机器的进口，但由于农民的购买力有限，这些机器的进口并不能完全用于农业发展。例如，在以上统计数字中包括了农产品加工机械和工业用抽水机。不过，对外贸易的发展让传统农民有了使用新机械的现代意识。[④]

与此同时，在20世纪初兴起了农牧垦殖公司。据北洋政府农商部统计，到1912年注册的农垦公司共171家，资本额6 351 672元，从1912年到1920年，农垦公司的投资额增至4 000多万元，增加了5.5倍。[⑤]1912—1921年，据江苏、安徽、浙江、山东、河南、山西、吉林、察哈尔八省统计，这种公司由59家增为100家，投资额由286万元增至1 245万元。[⑥]其中，江苏最多达41家，资本近千万元。[⑦]经营范围是农、林、牧、副、渔都有，如种棉、植桑、造林、种植桐树、漆树、橡胶、园艺、饲养牲畜等。“各农垦公司的投资和经营规模大小不等，大的投资达几十万元至几百万元，占地数万亩至数十万亩。小的投资数千元，占地数千亩。”[⑧]这些公司的投资人主要是军阀、官僚，其次是买办商人、华侨和少数工业资本家，他们创办垦殖公司的目的是为了合资贱价领出官荒、官地，进行土地垄断和投机。其经营方式也主要是将土地出租。农垦公司的经营方式和企业性质比较复杂。这一时期的农垦公司基本上是封建性的，同时也带有一些资本主义性质；主要是资本主义性质的农场极少。从发展趋势看，在半殖民地半封建社会的

① 据吴承明同志估计，“我国粮食的商品率1840年约为10%，1895年约为16%，1920年约为22%，1938年不到30%”。（吴承明. 我国半殖民地半封建国内市场. 历史研究，1984（2）；我国棉花的商品率，据徐新吾等同志文稿中的资料计算，1840年约为27%，1894年约为38%，1920年约为42%，1936年约为51%。参见丁长清. 关于中国近代农村商品经济发展的几个问题. 南开经济研究，1985（3）.）

② 章有义. 中国近代农业史资料：第2辑. 北京：三联书店，1957：219-227.

③ 刘方健，等. 中国经济发展史简明教程. 成都：西南财经大学出版社，2001：220.

④ 实业部. 中国经济年鉴（K）. 上海：商务印书馆，1934：630-631，（F）279-280.

⑤ 丁长清. 试论中国近代农业中资本主义的发展水平. 南开大学学报，1984（6）.

⑥ 魏永理. 中国近代经济史纲（下）. 兰州：甘肃人民出版社，1990：149-150.

⑦ 凌耀伦，熊甫，裴倜. 中国近代经济史. 重庆：重庆出版社，1982：282.

⑧ 刘克祥. 简明中国经济史. 北京：经济科学出版社，2001：81.

条件下，这些农垦公司发展十分艰难，有的夭折，有的负债累累，有的向封建地主经济逆转，20 世纪 30 年代后，各地农垦公司大都衰败、倒闭。

三、对外贸易推动中国早期工业化进程

北洋政府的经济贸易政策，“其目的无非是对我国农工商实行奖励、保护、补助，使我国实业得以迅速发展，使我国经济逐步地从封建生产方式向资本主义生产方式转变。”①据估算，1913 年中国全部资本（包括国家资本和私人资本）估值为 29.9 亿元，到 1920 年即迅速增长为 48.1 亿元。其中，工业投资由 2.9 亿元增为 5.6 亿元，增长额几近一倍；交通运输业资本由 4.8 亿元增为 6.8 亿元，增长 41%；商业资本由 16.6 亿元增为 23.7 亿元，增长 42.7%；金融业资本由 56 亿元增为 126 亿元，增长超过 120%。②从设立的工厂数来看，1912—1927 年的 16 年中，中国历年所创办资本额在 1 万元以上的工矿企业总数约 1 984 家，创办资本总额约为 45 895.5 万元。1912—1927 年的 16 年间创办企业数与创办资本总额都超过了 1840—1911 年 72 年间的 1 倍以上。③有研究表明，1921—1926 年中国新式工业的增长率为 8%，虽低于 1912—1921 年的 11.7%，但是这也表明中国经济发展的速度仍然是很快的。④唐传泗对棉纺、面粉、缫丝、卷烟、火柴、电力、水泥、矿冶八项工业按投资额加权平均，估算出其年增长率为 13.8%。1920 年左右，我国工农业总产值为 219.03 亿元，其中现代工业为 10.66 亿元，占工农业总产值的 4.7%。⑤国际国内的有利形势给中国的民族工业发展带来了良好机遇，民族企业的利润丰厚，成就了这一时期中国民族工业发展的“黄金时期”。

表 3–19　　1913 — 1921 年私人资本工业各部门资本额增长情况比较

（单位：万元）

	1913 年	1921 年	增长量	发展速度	年均增长率
棉纺业	1 423	9 842	8 419	691.64%	73.95%
面粉业	885	3 527	2 372	368.02%	33.50%
缫丝业	1 603	2 253	650	140.55%	5.07%
卷烟业	138	1 680	1 542	1 217.39%	139.67%
水泥业	285	880	595	308.77%	26.10%
火柴业	294	746	452	253.74%	19.22%

资料来源：黄逸平，虞宝棠. 北洋政府时期经济. 上海：上海社会科学院出版社，1995：114.

① 黄逸平，虞宝棠. 北洋政府时期经济. 上海：上海社会科学院出版社，1995：18.
② 许涤新，吴承明. 中国资本主义发展史：第 2 卷. 北京：人民出版社，1990：1043.
③ 杜恂诚. 民族资本主义与旧中国政府（1840—1937）. 上海：上海社会科学院出版社，1991：106.
④ 刘国良. 中国工业史·近代卷. 南京：江苏科学技术出版社，1992：172.
⑤ 吴承明. 中国资本主义与国内市场. 北京：中国社会科学出版社，1985：115–127.

1915—1929 年是中国对外贸易增长较快的阶段。在此期间，中国对外贸易的年均增长率为 4.20%。这个时期中国的工业获得较大发展，进口机器和原材料增加，出口的矿产品和桐油以及农副产品在国际市场上也很有销路，对外贸易与工业增长形成良性互动。“从近代中国进口商品结构看，尽管以消费品为主，但属于装备产品的生产资料的进口还是呈现逐渐增加的趋势。这一发展在第一次世界大战前后的中外贸易中表现比较明显。”[①]对外贸易的发展，使进口机器增加，设立的外资工厂增加。从这一阶段中国使用蒸汽动力的总量和进口机械的总值，可以看出这一阶段工业的快速增长。据统计，中国工厂使用的蒸汽动力，1913 年为 43 448 马力，1918 年约增加 1 倍，为 82 750 马力。机械动力也在增加。据关册记载，1913 年机械输入总值为 800 万海关两，1921 年竟达 5 700 多万两。[②]在中外企业竞争中，为提高本国产品的竞争力，民族企业从模仿到创新，改进管理和生产技术，不仅提高了自己产品的竞争力，而且为中国早期工业化积累了资本和技术。章长基估计，1912—1920 年中国近代工业的平均增长率为 13.4%，为近代中国工业增长最快时期。[③]在北洋政府时期，出现了兴办民族实业的又一次高潮，并形成了一些著名的企业集团，同时还形成了各具特色的企业文化。

四、开埠通商推动中国城市化的发展

对外贸易发展过程中，通商口岸城市化也因为贸易的发展而兴盛。“城市化，指社会人口不断向城市集中，从而使城市在数量和规模方面不断扩大的过程与现象。”“城市化是人类文明的进步现象，是社会变迁和现代化的重要表征之一。”[④]近代中国是一个特定的过渡型社会，所以近代中国的城市化有着自己的特点。近代中国城市化的最初动力，不是源于自身的工业化，而是来自外力推动下的中外贸易。1912—1927 年，是中国城市化获得了初步发展的时期，作为商品进出口的中转城市，不仅在物质层面发生了很大的变化，而且在社会生活、观念以及制度层面也发生了变迁，由传统向近代化演变。举凡外洋事物、价值观念、生活方式、婚丧礼俗、岁时节令等都从通商口岸城市转销内地。民国时期，中俗与西俗的交汇已成为一种趋势，通商口岸城市居民对于异域的“洋俗”从疑惧、排斥到欣赏、接受直至推崇、追求。

贸易和城市化之间存在着密切的逻辑关系。“广泛的贸易关系是城市化的前提，而城市化反过来使贸易关系得到发展，因为潜在的贸易关系的发展是城市发展的‘脱氧核糖核酸’”。[⑤]中国近代出现和兴起的城市，如沿海的上海、天津、广州、青岛等都是进出口贸易的中心。“近代工商业的发展是城市近代化的核心”。[⑥]上海之所以一跃成为近代中国最大的都市，是因为早期现代化发展程度最高，即与对外贸易有着极为密切的关系。“对外贸易

---

① 章开沅，罗福慧. 比较中的审视：中国早期现代化研究. 杭州：浙江人民出版社，1993：295.

② 孙健. 中国经济通史：中卷. 北京：中国人民大学出版社，2000：881–882.

③［美］章长基. 解放前中国工业的发展. 芝加哥，1969：71.

④ 章开沅，等. 中国近代民族资产阶级研究（1860—1919）. 武汉：华中师范大学出版社，2000：84，85.

⑤［美］罗森堡，小伯泽乐. 西方致富之路. 北京：三联书店，1989：88.

⑥ 茅家琦，等. 横看成岭侧成峰——长江下游城市近代化的轨迹. 南京：江苏人民出版社，1993：2.

的发展，使上海经济同外部世界有了联系。”[①]从某种意义上讲，贸易的发展与城市化几乎是同一个概念。“中国近代的城市化运动有自己鲜明的特点，其中之一就是它始终是与开埠通商这一历史现象联系在一起，是以商业化而不是工业化的力量来作为自身发展的主要动力源。”[②]中国的城市化道路在一定程度上偏离了正常的城市化发展顺序，走的是先发展商业贸易，而后发展工业的畸形道路。中国的城市化是一种工业化“低度发展”的城市化，带有浓厚的殖民色彩。伴随着开埠通商，那些通商口岸城市的工商业、对外贸易等获得了较快发展，社会经济结构发生了根本性的变化，由一个商业城市发展成为一个工业、商业、贸易为一体的近代化城市。以上海为例，上海在20世纪一二十年代每年的对外贸易值一直在40%以上，同世界三百多个港口有贸易往来。上海口岸对外贸易的发展，带动了内贸、交通运输、电信通信、金融、工业等部门的发展。“而这些部门的发展又相辅相成，互相促进，以其巨大的经济聚集力量，使上海成为近代中国最重要的多功能经济中心。”[③]对外贸易的发展有利于市场的扩大，城市化与市场的扩大是一种互为因果的关系，中国近代城市的形成和发展是国内外市场发展的结果，反过来城市化和工业的发展也促进了国内外市场的扩大。

表3-20　　1912—1927年五大商埠对外贸易额趋势表

单位：1 000海关两

年份	上海	大连	天津	汉口	广州
1912	185 910	60 524	102 258	135 032	96 171
1913	207 222	72 347	133 458	154 029	112 286
1914	208 075	78 718	123 640	141 138	105 296
1915	208 173	83 834	125 053	160 904	103 817
1916	240 472	99 777	133 020	174 819	109 182
1917	276 411	135 945	142 361	170 730	102 844
1918	323 999	165 824	153 139	165 162	103 262
1919	410 749	210 748	189 776	200 398	147 953
1920	511 915	203 774	173 483	169 952	140 814
1921	551 774	210 431	224 779	172 547	165 232
1922	631 990	220 010	244 516	206 106	197 288
1923	712 101	230 549	238 408	239 745	219 204
1924	776 811	240 673	251 695	282 450	201 566
1925	754 696	273 710	287 705	288 761	201 721
1926	972 287	332 078	277 575	285 110	261 606
1927	868 978	336 373	325 339	200 960	172 482

资料来源：武堉干. 中国国际贸易概论. 上海：商务印书馆，1930：360–1，374，386–7，396–7，409//鲁传鼎. 中国贸易史. 台北：“中央”文物供应社，1985：136.

① 张仲礼. 近代上海城市研究. 上海：上海人民出版社，1990：59.

② 章开沅，罗福慧. 比较中的审视：中国早期现代化研究. 杭州：浙江人民出版社，1993：417.

③ 张仲礼. 沿海城市与中国近代化. 上海：上海人民出版社，1996：64.

“到20世纪初，一个从通商口岸到内地城市再到乡村的国内商业流通网逐渐形成。”[①]进口商品是由城市到内地城镇再到农村；出口商品则是从农村到城镇再到口岸城市。通商口岸成为中转和消费中心，通商口岸成为中国现代化的桥头堡。对外贸易的发展，使近代市场流通的商品结构发生重大变化，进口洋货、出口土货与国内城市工业品在市场上占的比重增加。

城市的近代化和商业的发展是互动的。一方面，商业的发展促进了沿海沿江城市的崛起，另一方面城市的发展又推动了商业的进一步繁荣。近代城市生活中所必需的一些消费品的输入，也带来西方的消费生活方式。西装、火车、汽车、洋楼等五光十色的西洋器物的传入改变了人们的衣食住行，近代西方资产阶级的生活方式诱惑着人们的感官，刺激着人们的欲望，中国传统的崇俭恶奢的观念受到剧烈冲击。“剥削阶级的奢华放荡和物欲横流，客观上也促进了各类消费行业的发展。在沿海沿江一些城市的近代化过程中，商业呈现畸形繁荣，经营进口奢侈品的行业增多，各类消费性行业如茶楼酒馆、游乐场所等发展迅速，赌博、吸毒、卖淫成为商业，这也正是半殖民地城市近代化的必然衍生物。”[②]

城乡之间市场联系加强，性质也发生了变化。城乡关系是广泛存在于城市和农村之间的相互作用、相互影响、相互制约的普遍联系与互动关系，是一定社会条件下政治关系、经济关系、阶级关系等诸因素在城市和乡村两者关系中的集中反映。[③]在自然经济占主导地位的时期，中国的农民极少需要从城市中获得生活资料，多数生产资料是通过乡间交换的方式获取，农民与市场联系并不密切。那时的城市更多地依赖于乡村，乡村向城市提供税收来源，并向城市供给各种农副产品。开埠通商之前，城市在政治上统治乡村，经济上依赖乡村；而乡村作为城市经济的腹地，政治上依附于城市，经济上则制约城市，城乡之间形成了互相依存的低水平的城乡一体化模式。[④]20世纪初以后，中国的城市工商业快速发展，城乡一体化旧模式逐渐被打破，城乡差别迅速扩大。农村与城市的关系也发生转变。从农村市场交换的商品性质看，随着西方各国工业品的倾销和国内新式工业的兴起，农民购买的主要是工业品，出售的是工业原料和初级的农产品。而且，随着商业性农业和某些经济技术作物专业性种植的发展，农民出售的商品很大部分是专为市场生产的商品，农民生产者对市场的依赖程度加深，城乡之间的经济联系加强。同时，在城乡关系上，农村从属于城市，农村市场从属于城市市场，农村更加依赖城市。在社会转型过程中，城市的吸引力增加，乡村人口向城市流动加快，城市人口剧增，规模不断扩大，原先城市的政治功能开始向政治与经济功能并重，城市开始成为国家的经济、政治、文化中心。随着城市化进程的加速，天津发生了翻天覆地的变化，居民的生活方式、价值观念等各个层面也都受到强烈冲击，居民的交往方式、消费观念、日常生活、休闲娱乐等，在城市化的牵动下，出现了许多新的变化，呈现出多元化的趋势。

---

① 刘方健，等. 中国经济发展史简明教程. 成都：西南财经大学出版社，2001：218.

② 黄逸平，虞宝棠. 北洋政府时期经济. 上海：上海社会科学院出版社，1995：200.

③ 何一民. 近代中国城市发展与社会变迁. 北京：科学出版社，2004：415.

④ 张利民. 城市史视域中的城乡关系. 学术月刊，2009（10）.

五、对外贸易带动新兴行业发展，推动国内贸易与区域经济发展

对外贸易的发展也推动金融、保险及交通运输业取得了显著进步。对外贸易的快速发展，对资金的需求大幅度增长，促进了中国近代银行业的发展。国内外贸易的发展需要快捷的交通运输。近代化的工业生产需要广阔的原料产地和庞大的消费市场作为两端节点，连接两端节点使近代生产得以进行的便是交通业。铁路等近代交通工具扮演着极为重要的和不可替代的载体角色，成为促进近代中国社会经济结构发生变化的“融媒和推进器”。[①]这一时期，中国的新式交通运输业也有所发展。以轮船航运业为例，1911 年，中国 5 000 吨以上的轮船仅 1 艘，到 1921 年增加到 10 艘，还有万吨级轮船 4 艘。同时，中国的航线也不断延伸，这不仅增加了在内河和沿海的航运市场份额，而且还开辟了中国至东南亚、美国的远洋航线。北洋政府执政时期，实行“干线国有”政策。为抵借外债，从 1912 年 8 月起将多条铁路路权出卖。1912—1928 年，北洋政府先后修建了陇海、粤汉、京绥等铁路，累计 3 000 余公里。民国时期有人阐述铁路有六大作用：（1）增进社会生活之状况与经济之流通；（2）发展天然物产之销路与用途；（3）军事行经之便利；（4）提高土地之价值；（5）运输货物之费用省；（6）促进交通事业之进步。[②]虽然铁路里程短，但这一时期铁路的载运能力增长较快，机车由 1912 年的 600 台增至 1925 年的 1 131 台；机车牵引力由 5 340 吨增至 11 966 吨；货车由 8 335 辆增至 16 718 辆，载重量由 183 224 吨增至 452 272 吨。1917 年，全国铁路运输量为 489 517 万吨公里，1925 年增至 787 244 万吨公里，增长幅度为 60.8%，发展速度也是比较快的。在公路方面，北洋政府时期，公路建设起步较晚。1921—1927 年，全国通车里程分别为：1921 年 1 185 公里；1922 年 8 000 公里：1923 年 13 611 公里；1924 年 16 000 公里；1925 年 23 333 公里；1926 年 26 111 公里；1927 年为 29 170 公里。[③]新式交通网络不但便利了货商的流通与交往，也更好地沟通了不同地区的生产、消费、分配等部门，加速了相互间经济的交流。

对外贸易发展带动了国内贸易及区域经济的发展。北洋政府时期，一方面，随着对外贸易的发展，在外向型水平较高的沿海口岸出现了商业制度及组织更新，从而带动了国内贸易的发展。另一方面，那些卷入国际市场的内地不少地区兴起了一些新的工商行业，在西方先进科学技术的影响和带动下，中国传统行业发生了新变化，并产生了一些适应国际市场需求的新兴手工业。在那些最先可以感受到世界市场变化的沿海沿江地区，它们的经济发展是最先发生变化的，工商企业不断开办，国内市场与国际市场联系紧密，从而带动了区域经济的发展。

总之，北洋政府为把中国的经济与贸易的发展纳入法制化轨道，采取了一些有力措施，扭转了晚清以来的不利局面。但由于内外压力，北洋政府的行为绩效又会因为政府

① 朱荫贵．近代新式交通运输业与中国的现代化：以铁路轮船为中心的考察//朱荫贵，戴鞍钢．近代中国：经济与社会研究．上海：复旦大学出版社，2006：622.

② 杨隽时．铁路学 ABC，上海：世界书局，1929：3.

③ 中国公路交通史编审委员会．中国公路史·第一册．北京：人民交通出版社，1990：146.

的软弱而大打折扣。中国的对外贸易虽然出现一些良性发展迹象，但这丝毫不能改变中国对外贸易半边缘的基本性质。而且，对外贸易的发展也不利于发展中国家贸易条件的改善，不利于经济增长，导致贫困化增长的现象发生。有经济学者认为，贸易是经济增长的侍女。无论这种观点是否完全正确，对外贸易对落后国家经济增长的负面作用都不容忽视。

第四章 抗战前南京国民政府的对外贸易（1927—1936）

1927 年 4 月 18 日，南京国民政府建立。南京国民政府的建立和全国的统一是得到国人欢迎和认同的，因为在当时“南新北旧”的认知环境下，建立一个新政府和一个统一的政权总比久已令人生厌的北洋军阀政府和长期的分裂混战令人期待。国家的统一和政治的相对稳定为经济发展创造了一个较为有利的环境。1929—1933 年世界范围的经济大萧条及 1931 年日本发动的“九·一八”事变使中国的经济发展受到严重抑制，中国的对外贸易在有利与不利的环境中艰难曲折地发展。

第一节 南京国民政府面临的国内外贸易环境

一、经济大危机与国际贸易的萎缩

1929年资本主义世界爆发了空前严重的经济危机，即“大萧条”，这次危机前后长达五年之久，主要资本主义国家都被深深卷入这场危机。这次危机造成贸易严重受损、工业生产大幅度下降、失业人数激增、社会动荡不安。为了摆脱危机、改善自己的处境，各国诉诸经济国家主义和管制政策，在贸易、金融等领域打起了一场没有硝烟的战争。

“在1929年到1932年之间（1932年代表了危机的深度），世界的生产据估计下降了38%。”[①]资本主义世界和主要国家的工业生产指数都呈下降趋势。1929年，资本主义世界的工业生产指数为150，1932年下降到84，下降了44%。[②]世界主要国家工业生产指数，除苏联在危机时期上升外，英、德、法、美四国的工业生产指数1932年以前都呈急剧下降的趋势。这次大危机使整个资本主义世界损失2 500亿美元，整个工业生产水平下降40%以上。发达资本主义国家纷纷放弃金本位制，实行货币贬值，力图把本国商品倾销到国外市场，同时又不断提高进口关税水平，“设立各种贸易壁垒，以限制进口，促进出口，国际贸易保护主义程度大大增强了。”[③]

1929年以后，世界贸易总额与各国贸易量大幅度下降。1929年世界贸易总额为1 146亿美元，按1913年固定价格计算的国际贸易数量比1913年增长77.4%，如果按1913年固定价格计算国际贸易量，增长了29.9%。[④]大危机爆发后，国际贸易额和贸易量都下降了，国际贸易额的下降幅度远远大于贸易量的降幅。同1929年相比，1932年国际贸易实物量下降25.6%，年均下降9.2%。与1929年相比，1933年的国际贸易额和国际贸易量分别下降了64.9%和24.2%。[⑤]由此可见，国际贸易受到的经济危机的打击是相当沉重的。受30年代经济大危机影响，主要资本主义国家的对外贸易也不同程度下降。资本主义世界的国际贸易价格总指数在危机期间连年下跌，于1935年才到达低点，较1929年降约58%。[⑥]

在经济大危机到来时，为保护各自的国家经济利益，世界各国展开了激烈的贸易战。

---

① [美] 帕尔默，等. 现代世界史. 董正华，等，译. 北京：世界图书出版公司，2009：663.

② [苏] 尤·瓦尔加. 世界经济危机1848—1935. 戴有振，等，译. 北京：世界知识出版社，1958：54.

③ 孙玉琴. 中国对外贸易史（中卷）. 北京：中国商务出版社，2015：157.

④ 宋则行，樊亢. 世界经济史：中卷. 北京：经济科学出版社，1994：205.

⑤ 宋则行，樊亢. 世界经济史：中卷. 北京：经济科学出版社，1994：206.

⑥ 国际联盟. 世界经济概览. 1936—1937：158-160.

“世界各国提高关税之指导权，握于美国手中”。[①]在关税战中，美国率先提高了关税，成为关税战的导火线。1930 年 5 月 19 日，美国总统胡佛签署通过《斯穆特—霍利关税法》，将 890 种商品的进口税率不同程度地提高，平均将进口税提高到占征税商品值的60%，关税税率达到 45%。[②]其中，重点是提高进口的农产品原料税率，由 38.1%升至48.92%，提高了 10 个百分点。其他商品的进口税率由 31.02%升至 34.3%。《斯穆特—霍利关税法》被称作“世界历史的转折点”，破坏了正常的国际经济关系，两年内共有 65个国家宣布提高关税或采取外汇管制措施，导致整个资本主义世界贸易保护主义盛行。到 1931 年，欧洲各个国家进口税比 1929 年提高了 60%到 100%。[③]例如，德国对许多进口商品征收 100%的从价税。1929 年后的两年内，先后有 24 个国家修改关税，“税率之高，为历史所未见”。[④]1931 年年底，美国又宣布对工业品和农产品征收 10%～100%的进口税。到 1932 年，西方各国的税率都超过 20%，德国、法国、意大利依次高达 261%、138%和 140%，比 1928 年提高了 41 倍、18 倍和接近 18 倍。[⑤]其余各国也都超过 10 倍，只有日本关税没有多大变化。关税混战动摇了自由贸易体制。1933 年召开的世界经济会议，通过了关税休战的协定，但有名无实，短短几个月内，英、法、意等国退出，中国也被迫退出。[⑥]主要资本主义国家不仅高筑关税壁垒，限制外国商品输入，而且为保护国内市场，也采用其他非关税措施。“各国普遍实行了贸易的数量控制，包括进口限额制、许可证制、对于一些商品禁止进出口以及外汇限制等。”[⑦⑧]国际贸易的环境日趋恶化，国际贸易量急剧下降，甚至低于战前水平。从全球来看，1932 年与 1928 年相比，进口贸易总额从 588.3 亿美元下降到 236.5 亿美元，而出口贸易总额则从 556 亿美元下降到218.2 亿美元，跌幅都超过一半。[⑨]

若将 1929 年的世界贸易水平指数设为 100，则 1932 年的指数下降到了 39.1，1934年则只有 34，直到 1938 年才恢复到 40.5。[⑩]这一时期国际贸易的下降最主要的是西方发达资本主义国家间贸易的萎缩，而资本主义发展对海外市场的需求，迫使各国不断加强与其殖民地、附属国之间的贸易，尽可能地把经济危机的恶果转嫁到他们头上。这样，

---

① 静如. 世界关税战争之各面观（上）. 工商半月刊，1932（10）：8.

② 高德步，王珏. 世界经济史（第二版）. 北京：中国人民大学出版社，2001：378；该关税法在《福特尼—莫肯堡关税法》已经提高关税 38%的基础上，又将美国关税提高 50%，参见 Philip L. Groisser. Mastering American history. Oxford Book Company，1989，p. 309.

③ 高德步，王珏. 世界经济史（第二版）. 北京：中国人民大学出版社，2001：378.

④ 《银行周报》，1931 年 8 月 4 日，第 15 卷第 29 号，国际要闻，第 2、3 页。

⑤ 刘克祥，吴太昌. 中国近代经济史（1927—1937）：上册. 北京：人民出版社，2010：478.

⑥ 李雪纯. 在死亡线上挣扎的中国茶叶. 新中华，1934，2（4）：18，19.

⑦ 池元吉. 世界经济概论. 北京：高等教育出版社，2003：24.

⑧ 赖普曼. 欧洲的关税水平与经济一体化//宋则行，樊亢. 世界经济史中卷. 北京：经济科学出版社，1994：219.

⑨ 贺平著. 贸易政治学研究. 上海：上海人民出版社，2013：201.

⑪ 海闻，等. 国际贸易. 上海：格致出版社，上海人民出版社，2003：263.

落后的殖民地、半殖民地国家的贸易条件进一步恶化了。[①]

很多国家采用货币贬值作为反危机的措施，对外倾销本国贸易商品。大危机之前，各国都以货币价值固定不变作为经济稳定的标志，不会采用货币贬值的办法来削弱竞争对手。货币战就是以贬低币值的办法，压低本国商品的价格，相对抬高别国商品的价格，实行对外的商品倾销，更具有进攻性。[②]时人这样评论说：关税战争，接触的范围不超过本国的国土，那纯粹的是一种保守式的，“至于运用货币政策以为斗争的工具，那便是有此不用了，那是具有深长的积极性的一种斗争方法”。[③]30 年代金本位制度崩溃以后，各国实行竞争性的货币对外贬值，以此作为一种国际贸易中的政府行为来影响贸易差额，进而影响国际收支差额。[④]货币战使世界商战更加激烈。1931 年 9 月 21 日，英国首先宣布放弃金本位，禁止黄金出口，停止英格兰银行钞票兑现，英镑贬值 30%。这种政策有利于英国保护国内市场与向国外倾销商品，从而揭开了货币战的序幕。1931 年 12 月，日本也宣布放弃金本位，日元币值下跌，日货的对外输出逐年增加，成了各资本主义国家特别是殖民地和半殖民地国家的严重威胁[⑤]。到 1933 年 4 月，美国也放弃金本位，贬低币值，实行汇兑倾销。英镑、法郎和美元三个货币集团展开货币战，货币之间的汇率浮动，货币竞相贬值，外汇的严格管制对国际贸易产生了巨大的破坏作用。

危机过后，资本主义的经济与贸易并没有达到“一战”前水平，资本主义国家对国际市场的争夺时刻没有放松。这次危机影响了很多国家的对外贸易，直到 1935 年及 1936 年，世界贸易的发展依然受限。虽然也有一部分国家实行降低贸易壁垒的政策，但其完全是以维护本国经济利益为前提。世界各国的一切经济活动都是以经济的国家主义为原则。这种政策的结果就是危机过后各国国内虽然有相当的复兴，但世界贸易没有多大的增进。据国联统计，经济危机之前，世界生产的发展不及世界贸易的发展。经济恐慌后，世界贸易量的发展远不如世界生产的发展。这种现象发生的最主要的原因，在于各国贸易限制太多，商品流通不畅。如果各国之间的贸易限制不消除，那么全世界贸易的繁荣是无法达到的。[⑥]

20 世纪二三十年代，世界经济处在急剧变革的时期。一方面，全球殖民化、资本主义化和现代化趋势日渐扩散，世界的经济竞争日益激烈；政治形势风云变幻，各殖民地半殖民地国家的民族运动兴起，对旧的国际政治经济秩序形成强有力冲击，新生的力量在积蓄。另一方面，世界经济危机爆发，资本主义国家都在设法转嫁自己的危机，保护本国经济，世界经济全面混乱，国际商战不断升级。自由贸易体制解体，原有的国际经济秩序崩溃，贸易保护主义回归，而全面的贸易保护必将推动世界经济陷入贸易保护与贸易萎缩相互促进的恶性循环中。

---

① 孙玉琴．中国对外贸易史（中卷）．北京：中国商务出版社，2015：158.

② 高明振，等．从分散到整体的世界史：现代分册．长沙：湖南出版社，1990：149.

③ 余捷琼．国际货币政策压迫下中国国际贸易的危机．国际贸易导报，1935（12）：43.

④ 罗丙志．国际贸易政府管理．上海：立信会计出版社，1999：73.

⑤ 许涤新．货币战争及其对于中国经济的影响．东方杂志，1934，31（9）：51.

⑥ 何炳贤．最近各国关税及贸易政策的透视．国际贸易导报，1935（10）：21–22.

二、经济大危机对中国经济的冲击

1929—1933 年的资本主义经济危机给中国带来严重不良影响。1931 年以后，中国也发生了经济危机，中国经济危机并不是资本主义生产过剩的经济危机，而是由于帝国主义转嫁危机引起的，这主要是由中国的半殖民地性质造成的，突出表现在以下方面。

资本主义国家转嫁经济危机，对内实行关税壁垒，限制进口贸易，对外倾销商品，扩大出口贸易。资本主义国家纷纷向落后国家转嫁危机，中国市场广大，它们对中国大量倾销“剩余”农产品。1932 年、1933 年两年，中国进口的米、麦、面三种粮食总数均达 4 000 万担以上。他们还利用工农业产品的价格剪刀差剥削中国农民，农产品出口价格下跌，致使中国农业经济面临严重危机。资本主义国家在危机期间，实行关税壁垒，各国家纷纷提高关税或者禁止某种商品尤其是农副产品等的进口。在大危机发生后，中国对外贸易急剧下降。中国进口商品激增，而出口却大幅减少，贸易入超严重。1931 年和 1932 年两年入超分别达到 8.1 亿元和 8.6 亿元以上。中国出口到美国的大宗货物生丝，从 1930 年开始征收从价税，并由 25%逐步上升到 45%，致使华丝输美数量由 1929 年的 5.09 万公担降至 1932 年的 1.28 万公担，跌落了 75%。①

资本主义列强扩大资本输出，加强对中国经济命脉的控制。国民政府初期的十年，特别是 1931 年后，帝国主义对华投资增长加快。1914—1930 年，帝国主义在华投资增长了 54%，达 34.8 亿美元，年均增长 3.38%；1931—1936 年投资又增长了 23%，达 42.85 亿美元，年均增长 4.6%。②20 世纪 30 年代，资本主义国家的资本在中国控制的企业不仅有重工业的各部分，在轻工业方面也占有优势。在这种背景下，中国民营工业陷入空前困境，大批工厂破产倒闭。根据国民政府实业部发表的材料，1928—1934 年注册的工厂不论工厂数还是资本额都呈明显的下降趋势。各国对华投资中，贸易性垄断洋行的直接投资增长较快，洋行数量也不断增加。日本在华商行最多，仅在上海就有 677 家，大都建立于 1931 年。到 1936 年，除日本外，外国在华贸易性商行共有 1 603 家，其中英国 501 家，美国 400 家，德国 293 家。

这一时期日本对华投资增速最快，1914 年日本在华投资尚落后于英、俄、德三国，居第四位。“一战”以后日本对华投资则增长了 48.5%，稳居列强在华投资的首位。据雷麦研究，日本企业在华直接投资增长也是最快，1902 年日资仅占外国在华直接投资的 0.2%，1914 年增加到 19.4%。1920 年，日本对华投资只有 4.6 亿美元，占各国对华投资总额的 23.1%。1931 年，则高达 36.9%，仅次于第一位的英国（1931 年占 38.9%）。到 1936 年，日本在华直接投资已达 16 亿美元，占在华外资的 60%以上，从而超过占 24.18%的英国，居各国在华投资的第一位。③这一时期，日本对华投资重点在东北地区，除了棉纺织业外，日本在其他各个领域的工业投资进展有限。

---

① 孙玉琴. 中国对外贸易史（中卷）. 北京：中国商务出版社，2015：158.

② 高德步. 中国经济简史. 北京：首都经济贸易大学出版社，2013：236.

③ 雷麦. 外人在华投资. 北京：商务印书馆，1959：69.

美国白银政策等西方贸易保护主义政策对中国近代经济造成了剧烈的冲击。中国并非产银国，但长期使用银两作为货币本位，所需白银大量依靠进口，因此银价的升降由国际市场供求决定。1929 年大萧条发生后，世界银价跌幅甚巨，一度促进了中国的出口，使中国的国际收支状况有所改善。1931 年 9 月以后，英国、日本先后放弃金本位制。1933 年，美国为了摆脱经济危机，也放弃金本位。各国从金本位货币体系中纷纷脱离，给处于银本位的中国经济造成严重破坏。国际银价上涨，中国货币的汇率也随之上升，这就使我国商品与外国商品在国内外的激烈竞争中处于不利的地位，贸易逆差增加，来自海外的外汇输入和国外企业的投资也随之下降。1934 年，美国为了操纵世界白银市场，把实行银本位制的国家拉入美元集团，实施“白银政策”。美国白银政策的实施，一方面，人为抬高了世界银价，意味着美元贬值，美元贬值导致美国国内物价上涨，刺激国内各部门的生产，从而推动国内经济的复苏；另一方面，银价的上涨，提高了实行银本位国家的购买力，从而有利于美国向这些国家倾销其过剩商品。且银价的上涨意味着银本位制国家的货币升值，从而抑制其出口，因而美国的白银政策是其又一贸易保护主义手段。这一举动刺激了世界市场白银价格猛涨，中国白银大量外流。1934 年 6 月，上海库存白银约 6 亿元，到年底流出 2.6 亿元，占存银的 43.3%。①西方资本主义国家获取了巨大利润，而给中国带来的后果却是灾难性的。中国陷入了严重的通货紧缩之中，影响了正常的商业和金融活动，加剧了企业周转失灵从而倒闭破产。

日本公开发动侵略中国的战争，加深了中国的民族危机。日本于 1931 年制造了震惊世界的“九·一八”事变，在短短的 3 个多月时间里，东北近 100 万平方公里的国土沦为日本的殖民地。东北沦为日本殖民地，国内市场缩小。“一·二八”淞沪抗战中民族资本损失严重；日本向关内扩张、日货走私泛滥以及长江流域大水灾、农村破产、农民购买力急剧下降等原因，使国内经济陷入空前危机。

三、国内政治经济的变化

（一）国民政府主要经济法规的制定

南京国民政府建立以后，应该说工商业发展迫切需要一系列相关法规的指导，政府也积极解决制度缺口，重新全面厘定了经济法规，1928—1936 年所颁布的有关经济问题的法规约有 500 项之多，②其时间集中在 1928—1933 年。这一大规模经济立法活动涉及范围很大，内容有很大改变，法规的影响力增强，可谓近代中国经济立法的第三次高潮。从形式上看，涉及工商业、农业、金融业等经济生活的方方面面；从内容上看，对北洋政府的法律做了很多修改，不仅注重对中国传统的尊重，而且积极借鉴西方法律的精髓，使两者结合起来，为中国的经济现代化提供了制度保证。1927—1936 年制定的比较重要的综合性经济法规有公司法、工厂法、商标法、会计法等。这些法规，都是一个国家工商业发展中必备的法规，从这些法规中体现出的是资本主义的色彩。因此，这些法规对

① 中国人民银行上海市分行. 上海钱币史料. 上海：上海人民出版社，1960：233.

② 商务印书馆. 中华民国法规大全. 商务印书馆，1936.

中国现代化的发展起了重要作用。

（二）政府对社会经济活动的保护与扶持

南京国民政府成立初期的基本政策是在努力发展国营工业的同时，对民营工业予以保护和扶植。规定水利、电气、钢铁、酸碱、煤、糖、煤油、汽车等九项基本工业由国家兴办，其他各种工业由私人兴办，政府加以扶助并予以鼓励。

国民政府颁布了一系列支持工农业经济发展的法规。1929年公布《特种工业奖励法》。1934年又将《特种工业奖励法》修改为《工业奖励法》，扩大了奖励的范围，采取授予专利权、减免税款、减低国营交通事业运输费等方式予以扶植。1932年公布《实业部奖励实业规程》，1934年又公布《工业奖励法》，1929年制定的《农产奖励条例》。综观南京政府的各项奖励法规，其奖励对象大致分为4类："① 基本工业，期望以此带动其他工业；② 外销工业，目的是增加外汇收入；③ 新型工业，鼓励技术创新和进步；④ 进口替代工业，保护国货并改变外贸入超的局面。奖励方式有6种：① 发给奖章、匾额等荣誉；② 授予专利权、专制权；③ 国有土地或建筑物的无偿使用；④ 发给奖金或由国库按年发给补助金；⑤ 减免各种税捐；⑥ 减低国营交通事业所收水陆运输费。"①

从以上法规的内容以及涉及领域来看，当时工商业所需要的制度需求政府基本上都满足了，这些法规是在继承前两次立法经验的基础上，根据形势的新需要制定的，适应了当时资本主义经济发展，其积极作用是值得肯定的。

四、货币金融制度改革

（一）从废两改元到法币政策

南京国民政府建立后，即着手币制改革。第一步，废两改元，将货币统一为银元制度。第二步，废除银本位货币，实行法币制度。

1. 废两改元

国民政府财政部颁布法令，宣布银元为本位货币，废除以银两作为商品交换和价格的标度，史称"废两改元"。银两制度是以金属币材所含的重量来计值，银两制度存在许多缺点：体积过重，携带不便；成色不齐，折算繁难，平砝多样，换算烦琐。实际使用中，银元也形成一种不稳定的价格，即所谓洋厘，因其上下波动，有碍国计民生。因此，这种以两计值的称量货币制度在很大程度上束缚着中国商品经济的发展。因此，废两改元的议论酝酿很久。"我国币制紊乱，久为世所诟病。自国民政府定都南京，革故鼎新，努力建设，关于币制问题，曾由财政部聘请专家，共同研究。原欲逐渐推行金本位制，以合世界潮流，而利对外贸易。乃环顾世界经济情况，衰落日甚，民二十以后，又值国难发生，民生受其影响，金融方面，惟当力图安定，未可多所更张。于是拟先从统一银币入手，以期确立银本位之基础，而废两改元实为先决问题。"②1928年，国民政府召集全国经济会议，通过了废两改元的议案，并决定一年后具体实施，但因种种阻碍最终未

---

① 徐建生. 民国时期经济政策的沿袭与变异（1912—1937）. 福州：福建人民出版社，2006：112.

② 陈昭桐. 中国财政历史资料选编：第12辑上，国民政府时期部分. 北京：中国财政经济出版社，1990：294.

能实现。1932 年，国民政府财政部提出，中国习用银两过久，欲达废除目的，必须分两步骤逐渐推行，并初步拟定出实施废两改元的具体办法：（1）新银元成色减低为银 88、铜 12，总重量为 26.697 1 公分，含纯银 23.493 448 公分，计合上海规元 0.699 230 5 两；（2）两元之间的换算率为每元含银 0.715 两；（3）新银元的推行，应有运输及兑换自由，并建立相应的保证措施。

1933 年 3 月，废两改元在呼吁了多年后终于付诸实施。4 月 5 日，国民政府财政部出面正式发布《废两改元公告》，从 1933 年 4 月 6 日起，“所有公私款项之收付，与订立契约票据，及一切交易，须一律改用银币（元），不得再用银两。”①从此，开始在全国实行废两改元。废两改元之后，中国货币流通在法律上进入了银本位时期。银本位币定名为“元”，重 26.697 1 克，成色 88%，含纯银 23.493 448 克。新银元正面为孙中山头像，背面为帆船图案，俗称“孙头”或“船洋”。废两改元的改革在全国顺利实现，使用了四百多年的中国银两制从此结束。②倡议 16 年之久的废两改元，之所以能够在南京政府建立初期成功实施，主要的原因在于：“既有南京政府顺应历史发展要求的乘势而为，也有南京政府审时度势的主观努力。”③

废两改元的顺利实施，对中国的社会经济产生了重大影响。有人评价说：“废两改元是中国货币史上的一件大事，也是近代中国金融、经济和社会生活中的一件大事，是南京政府建立后在财政金融方面采取的第一个重大举措。”④第一，币制开始统一。结束那种赋予银两以多名目、多类别的紊乱货币状况，是符合发展商品经济的客观需要的。这次废两改元，解决了一直困扰中国金融市场的银两与银元的矛盾，使中国币制开始走向统一，走向近代化。第二，加强了国家对金融的控制与管理。把银币的铸造和发行集中于中央政府之手，扩大了中央银行活动的规模和机能，有利于中央银行对整个金融市场的控制。第三，奠定了今后币制改革的基础。银元成为统一的货币，它为 1935 年币制的进一步改革奠定了基础。⑤

但是，这次改革是不彻底的。废两改元没有从根本上改变银币的不稳定性，没有解决中国货币半殖民地化的根本问题。废两改元后，中国货币仍然是银本位制，中国不是产银国，而是用银国，世界银价一有波动，就会严重影响到中国的金融和经济。从世界范围来看，中国银本位制是落后的，因为当时许多资本主义国家已经实行纸币流通制度。因此，废两改元实际是中国币制改革的第一步。

2. 法币改革

所谓法币改革，就是以由政府发行的可以自由兑换的纸币全面取代银元、银两等通货。法币改革是近代中国货币史上的一次巨大变革。

---

① 《国民政府的废两改元令》，一九三三年四月五日国民党政府行政院档案（2）42013；彭明，洪京陵. 中国现代史资料选辑：第四册（1931—1937）. 北京：中国人民大学出版社，1989：141.

② 虞宝棠. 国民政府与民国经济. 上海：华东师范大学出版社，1998：102.

③ 贺水金. 1927—1952 年中国金融与财政问题研究. 上海：上海社会科学院出版社，2009：109.

④ 贺水金. 1927—1952 年中国金融与财政问题研究. 上海：上海社会科学院出版社，2009：96.

⑤ 魏宏运. 民国史纪事本末第 4 册. 沈阳：辽宁人民出版社，1999：120.

面对国内外严峻的经济形势，国民政府决定实行币制改革。这次币制改革的背景是1933—1935年国际市场银价飙升、中国白银大量外流，中国发生严重的信用紧缩和经济衰退，导致中国出现货币危机。这说明中国以白银为本位的货币体制存在严重的制度缺陷，以至于国民政府不得不放弃使用已久的白银货币，进行自救。[①]国民政府再三权衡利弊，决定废除银本位币制，选择纸币制度，完成近代中国货币史上的一次革命。从此，中国的财政金融当局才具有了实施货币政策的可能性。[②]这次币制改革的主要目的之一就是避免国内货币金融与国际白银之间再发生必然的因果联系，以便使中国的货币、物价、对外贸易以及国民经济不再受世界银价变化的影响。

1935年11月3日，国民政府财政部以《财政部布告》《财政部长宣言》的形式，颁布币制改革令，宣布实行“法币”政策。法币政策的主要内容如下。

首先，发行新货币——法币。币制改革令规定，自本年十一月四日起，以中央银行、中国银行、交通银行（1936年又加上中国农民银行）所发行的纸币为法币，法币之名意即由国家法律赋予该纸币具有无限的能力。改革令规定，所有完粮纳税及一切公私款项之收付，概以法币为限，不得行使现金，违者全数没收，以防白银之偷漏。币制改革中，政府集中的白银达到5亿盎司。其次，自1935年11月4日起，以中央银行、中国银行、交通银行、中国农民银行（1936年加入）所发行的钞票作为法币，在全国公私财贸一切领域流通，其他银行发行的钞券逐渐以中央银行的钞票换回。四行发行的纸币稳定，总额不断增加，发行递增率相当迅速。[③]收兑11家银行发行的纸币大约14 000万元，占发行总额21 889万元的60%。[④]由于法币的信用增加，因此当时货币的流通额有80%为法币所代替。再次，法币准备金，规定以现银六成和有价证券四成的比例充之。设立发行准备管理委员会办理法币准备金之保管及其发行收换事宜。再其次，实行白银国有。所有企事业单位、公私机关和个人持有的各种白银均应到指定机构兑换法币；如有故存隐藏意存偷漏者，应照危害民国紧急治罪法处治。最后确定法币的外汇本位制。法币自身无含金量，其价值由外汇汇率表示。币改令规定，为使法币对外汇价按照目前价格稳定起见，应由中央银行、中国银行、交通银行无限制买卖外汇。[⑤]

1935年的币制改革，使中国与世界主要国家货币本位制得到衔接，对中国社会经济的发展产生了重大的影响。第一，推进了中国货币的现代化进程。法币政策用纸币代替金属币，统一了货币，结束了中国货币的混乱状态。信用货币代替金属货币是货币发展的较高阶段，与世界上货币发展的总趋势是相适应的。币制改革适应市场经济发展的要

① 李爱. 白银危机与币制改革：解析南京国民政府银本位时期的政治、经济与外交. 北京：社会科学文献出版社，2014：213.

② 刘巍，陈昭. 中国货币供给机制研究：历史、逻辑与实证（1910—1935）. 北京：高等教育出版社，2011：77.

③ 中国银行总管理处经济研究室. 中华民国二十五年全国银行年鉴. 第（T）42页。

④ 财政部钱币司. 法币施行后一年来之经过. 中央时事周报. 第5卷46期，1936.

⑤ 中国人民银行总行参事室. 中华民国货币史资料：第二辑. 上海：上海人民出版社，1991：178–179.

求，这对于国内统一市场的形成、商品交换的发展和商品流通的扩大，均有一定的促进作用。第二，货币管理开始走向了现代化。放弃银本位，实行管理通货制，摆脱了世界银价波动对中国货币的影响，世界银价的涨落不再影响中国货币制度的稳定，又顺应了货币发展的规律。第三，由于白银收归国有，又实行了“汇兑本位”制，使国民政府掌握了相当数量的白银，换取了一定量的外汇准备金，这就稳定了法币的币值，并增强了其在国际金融市场上的活动能量。国民政府以“白银国有”的名义，将白银收换集中。《兑换法币办法》规定，各地银钱行号、商店、公共团体及个人，持有银币、大条、生银、银锭或银块等，从1935年11月4日起，限在三个月以内，就近交各地兑换部门换取法币。“到1937年9月以前，中央、中国、交通、农民四银行收兑银币共达3亿元。”[①]“总之，通过币制改革，中国工商业渐趋繁荣，外贸入超减少，政府财政收入大为增加，从而为以后的持久抗战奠定了经济基础。”[②]法币政策的成功实施扭转了长达4年的金融经济大恐慌，市场恢复活跃，物价回升，1936年中国经济走出低谷，成为旧中国经济发展最好的年份。

当然，1935年国民政府的币制改革带来的副作用和影响亦不可忽视。由于法币是不可兑换的纸币，发行量缺乏严格限制，这又为以后的通货膨胀留下了隐患。

（二）现代银行制度的健全

“近代中国银行制度发展的第二阶段是银行制度的逐步完善阶段，时间是1927—1949年。近代中国银行制度的逐步完善主要是以中央银行制度的建立、专业银行的设置和银行监管制度的形成为标志的。”[③]南京政府建立之初就着手建立比较现代的银行制度。1927年国民政府成立后，建立了“四行二局”资本金融体系，“四行二局”即中央银行、中国银行、交通银行、中国农民银行这四行和邮政储金汇业局、中央信托局这两局。

1928年中央银行成立，中央银行为国家银行，资本定为2 000万元，由政府发行的短期金融公债3 000万元内拨出2 000万元抵充。1928年10月26日和11月16日，国民政府相继颁布《中国银行条例》和《交通银行条例》，对两行实行改组，将中国银行定为国际汇兑银行，交通银行定为发展全国实业的银行。中国银行资本总额2 500万元，官股500万元；交通银行资本总额1 000万元，官股200万元，官股都用金融公债拨付。1933年4月1日，国民政府设立豫鄂皖赣四省农民银行，总行在汉口。1935年4月1日，四省农民银行改组为中国农民银行。6月4日国民政府颁布《中国农民银行条例》规定该行为“供给农民资金，复兴农村经济，促进农业生产之改良进步”的农业专业银行。股本1 000万元，由财政部认购250万元，各省市政府认购250万元，其余由民间认购。中国农民银行是国民政府金融垄断体系中专司全国农业金融的机构。中国农民银行和中央银行、中国银行、交通银行并立成为官僚资本的四大银行，它们为国民政府垄断全国金融和经济奠定了基础。

① 史全生. 中华民国经济史. 南京：江苏人民出版社，1989：249-251.
② 魏宏运. 民国史纪事本末：第4册. 沈阳：辽宁人民出版社，1999：378.
③ 郭庠林，张立英. 近代中国市场经济研究. 上海：上海财经大学出版社，1999：238.

表 4-1 四行在全国银行中所占的地位

		1934 年	1935 年	1936 年
实收资本	数额（单位元）	136 715 650	166 915 750	16 750 000
	占全国银行的百分比/%	40	45	42
资产总额	数额（单位元）	1 904 930 406	1 072 686 046	4 288 150 128
	占全国银行的百分比/%	44	56	59
各项存款	数额（单位元）	1 267 514 962	2 106 260 976	2 676 366 658
	占全国银行的百分比/%	42	56	59
发行兑换券	数额（单位元）	408 937 936	676 841 045	1 270 221 400
	占全国银行的百分比/%	66	78	78
纯益	数额（单位元）	17 959 326	14 537 622	21 998 020
	占全国银行的百分比/%	45	39	44

资料来源：王桧林，郭大钧. 中国现代史参考资料. 北京：高等教育出版社，1988：290.

为了垄断信托事业，国民政府自 1934 年 6 月起筹办中央信托局，中央银行拨款 1 000 万元为资本。1935 年 10 月 1 日，中央信托局在上海开业，各地酌设分局或约定分理处。1936 年 12 月，中央信托局总资产达 8 358 万元，所属中央储蓄会的总资产为 797 万元。1930 年 3 月 15 日，交通部在上海成立邮政储金汇业总局，将邮政总局办理的储金和汇兑业务划归邮政储金汇业总局办理，资本以全国邮政收入为担保。邮政储金汇业局性质相当于官办储蓄银行。它利用邮政机关密布全国城乡之便，可以将触角伸向偏僻地区，吸收存款。

以中央银行、中国银行、交通银行、中国农民银行四大银行为核心的国家金融系统，加上邮政储金汇业局和中央信托局，它们共同构成“四行二局”的国家金融垄断体系。法币改革后，四行二局开始发挥控制和支配全国金融的总枢纽功能。除四行二局外，国民政府还控制了中国通商银行、四明银行、中国实业银行、中国国货银行，这四行俗称“小四行”。另外，国民政府还控制了“北四行”和“南三行”。到抗日战争爆发前，全国直接和间接由国民政府控制的银行资产达 54 亿元，约占全部银行业资产的 74%。[①]国家资本在金融业完全居于垄断地位。银行制度的健全与规范对于对外贸易的发展有着重要影响。

除此之外，在这一时期，国民政府加强了国家资本主义的发展，但民族资本主义经

① 吴申元. 中国近代经济史. 上海：上海人民出版社，2003：255.

济也有新发展。在1928年11月国民党中央政治会议通过的《建设大纲草案》中规定："凡关系全国之交通事业，如铁路、国道、电报、电话、无线电等；有独占性质之公用事业，如水电、商港、市街、城市公用事业等；关系国家前途之基本工业及矿业，如钢铁业、基本化学工业、大煤矿等，悉由国家经营之。"[①]1931年5月2日通过的《实业建设程序案》中提出了"水利、电气及钢铁、酸碱、煤、糖、煤油、汽车等项基本工业，应由国民政府积极兴办"的政策主张。[②] 1935年以后，国民政府加快建设国有重化工业、资源工业和国防工业。庞大的国营经济体系的建立与发展，带动其他经济的发展，而且也有利于政府控制有关国计民生的产业。1932年至1936年，铁矿产量增加32%，机器冶炼生铁量上升30%，机器开采煤炭量也增加 10%。[③]由国家资本建立起来的国营企业不仅为经济的发展提供了基础，有利于经济的恢复与发展，也有利于稳定市场和满足民生需求。

从总体状况来看，民营企业的数量、资本规模和生产能力都在不断扩大。在政府有关部门注册的工矿企业快速增加，在1928年至1934年6月的6年半时间中，共计有984家企业注册，平均每年151家；开办资本总额为31 130万元，平均每年为4 789万元，平均每家为31.6万元；折合1913年币值资本总额为19 627万元，平均每年为3 019元，平均每家为19.3万元。[④]

抗日战争爆发前的十年，中国表现成就最大的就是经济。美国阿尔伯特•魏德迈将军在美国国会第82届报告云："1927年至1937年之间，是许多在华很久的英、美与各国侨民所公认的黄金十年。在这十年之中，交通进步了，经济稳定了，学校林立，教育推广，而其他方面也多有进步的建制。"[⑤]在工业方面，工业平均年增长率为8.4%，工业品总产值从1927年的67.01亿元增长到1936年的122.74亿元，增加了83.2%。[⑥]虽然对是否有黄金十年存在争议，但这段时期，中国的经济取得了一定成效是大家比较认可的。

第二节 南京国民政府的对外贸易制度与政策

一、关税自主权的恢复

关税自主是指一个国家根据本国的经济、政治和文化的需要，独立自主地制定本国

---

① 《革命文献》第22辑，台北："中央"文物供应社，1961：368.

② 《实业建设程序案》，1931年5月2日，秦孝仪主编. 革命文献. 第七十九辑，台北："中央"文物供应社，1979：226–227.

③ 张宪文，张玉法. 中华民国专题史：第六卷（南京国民政府十年经济建设）. 南京：南京大学出版社，2015：431.

④ 高德步. 中国经济简史. 北京：首都经济贸易大学出版社，2013：237.

⑤ 《调查太平洋关系学术记录》（1951年9月19日），见美国国会第82届参议院1期，第801页//张宪文，张玉法. 中华民国专题史：第六卷，南京国民政府十年经济建设. 南京：南京大学出版社，2015：1.

⑥ 陈廷湘. 新时期的中国现代史研究. 成都：四川大学出版社，2008：179.

关税制度、管理海关行政和处理关税收支的权力。这是国家独立主权的重要体现之一。近代以来，中国的关税受不平等条约的束缚，所有的进出口货物应收的税率，一律值百抽五。另外，还有存票退税及边关减税等特别制度，仍妨碍国内产业的发展。[①]自关税条约协定以后，我国在国际贸易上受了极大的打击，“洋货销售的数量，总较国货为多。”[②]巨额的贸易入超使工商界人士十分痛心，关税已失去保护国内工业和商业的壁垒作用，关税自主是近代对外贸易发展的关键。

“南京国民政府的关税自主活动是在半殖民地半封建的历史背景中进行的，既有内部因素的能动，也有外部因素的影响，在客观上存在着必然性，在主观上则存在着积极的动因。”[③]

关税自主是南京国民政府初期轰轰烈烈的“革命外交”中的重要内容。从 1928 年 6 月 15 日南京政府宣布北伐结束、统一告成的当天发表修改不平等条约宣言开始，至 1931 年日本发动“九·一八”事变后不了了之，国民政府的修约运动前后约经历了三年时间，内容涉及改订通商条约及关税条约、废除领事裁判权和收回租界及租借地交涉等方面。“国民政府将列强在华特权分为五大类，预定将革命外交分五期进行：第一期恢复关税自主权；第二期取消治外法权；第三期收回租界；第四期收回租借地；第五期收回铁路利权、内河航行权、沿海贸易权等。”[④]

国民政府为什么要把恢复关税自主权作为革命外交的第一步呢？原因大概有几个方面。其一是政治方面的考虑。南京国民政府建立，在一定程度上实现了民族的独立，可以着手解决一些问题了。现行的协定关税损害中国主权，是旧中国不独立的象征，南京国民政府建立后，为维护和加强自己的政治统治，很是希望能有一番作为。其二是经济方面的原因。关税自主问题对整个中国经济有着直接的制约作用，解决这一问题，可以获得巨大的经济利益。它既有助于中国民族经济的振兴，也有助于处于困难中的国民政府财政的改善。其三，良好的国际环境。第一次世界大战开始，西方帝国主义分裂，它们之间的矛盾与分歧给南京国民政府的关税自主活动带来机会。早在南京国民政府成立之前，苏联先后三次发表对华宣言，宣布废除旧俄与中国订立的不平等条约。这给当时的南京国民政府的关税自主活动提供了重要契机。

1928 年 6 月 15 日，国民政府外交部发表“修约宣言”称：“中华民国与各国间条约之已届满期者，当然废除，另订新约。其尚未满期者，国民政府应即以相当之手续解除而重订之。其旧约业已期满，而新约尚未订定者，应由国民政府另订适当临时办法，处理一切。”[⑤]当时，与中国订有协定关税条约的共有 12 个国家，此次改订通商及关税条约大体上可分为三种类型：第一类系旧约届满而另订新约者；第二类系旧约未满期而重新缔约者；第三类系原无约国如波兰、希腊、捷克与中国订约，还有与德国重新修订关税条约。

国民党南京政府外交部《关于修订新条约之宣言》发表后，条约未到期的美国首先

① 蔡翔，孔一龙. 二十世纪中国通鉴 1927—1949. 北京：改革出版社，1994：160.

② 《工商部检送国货运动小册子函》（1929 年 6 月 17 日），国民政府档案，中国第二历史档案馆藏.

③ 董振平. 南京国民政府关税自主的背景分析. 齐鲁学刊，2002（1）.

④ 王建朗. 日本与国民政府的“革命外交”：对关税自主交涉的考察. 历史研究，2002（4）.

⑤ 洪钧培. 国民政府外交史第 1 集. 上海：华通书局，1930：240.

赞同。美国驻华公使转达国务卿致中国外交部长的照会，称“美国政府及人民，对于中国人民凡能促进统一和平及进步之一切举动，莫不表示欣慰……兹美国政府为证明上述坚信起见，预备以驻华公使为代表，与国民政府依法委派之代表，对于中美间条约关于关税之规定，即时商议，以期缔成新约。”[①]这说明美国把改订新约限制在关税范围之内，原因在于美国当时在与中国的贸易往来中并不占优势地位，也不会因为修改关税条约而受损失。美国公使马克漠与财政部长宋子文于 1928 年 7 月 25 日在北京签订了《中美关税条约》《中美关税条约》的签订，让南京国民政府十分欣喜。《中央日报》发表评论称，“中美关税条约，是中美两国有约以来的第一个平等条约，是中国修约运动的最初成功。”[②]条约规定：“历来中美两国所订立有效之条约内所载关于在中国进出口货物之税率、存票、子口税并船钞等项之各条款，应即撤销作废，而应适用国家关税完全自主之原则。”[③]美国于 1929 年 2 月 13 日由参议院批准，1929 年 2 月 20 日两国在华盛顿交换条约文本。《中美关税条约》的签订，对有关各国都产生了很大的冲击，加强了国民政府在修约外交中的地位。随后，《中挪关税条约》《中荷关税条约》《中英关税条约》《中瑞（典）关税条约》《中法关税条约》也纷纷签订。在这些关税条约中，各国都宣布取消在中国的一切关税特权，承认中国有完全的关税自主权。《中美关税条约》的签订对日本压力更大。《朝日新闻》的社论认为：“美国之承认关税自主权的政治上意义，以及其对国际上影响，非常重大。”[④]日本开始表示反对中国修改关税条约，迫于各方的压力，1930 年 11 月 18 日与中国在南京互换条约。[⑤]当然，日本政府并没有无条件承认中国的关税自主，而是提出一系列附加条件。

南京政府通过努力，终于收回了人们盼望已久的权利。国民政府能够自定税率，自由地支配税款，并基本上掌握和控制了海关的行政大权，基本符合国民的意愿。“这虽然不能从根本上动摇帝国主义在中国的统治，但至少减少了一些在中国的特权，是历史的进步。”[⑥]中国关税自主地位的取得，具有巨大的历史意义，是国民政府外交的巨大胜利。国家一改“协定关税”的屈辱历史，开始自行制定关税政策，从而对国家的政治、经济生活产生了深远的影响。

二、对外贸易机构的建立与外贸制度的形成

（一）对外贸易相关机构的建立

南京国民政府建立初期，对外贸易机构的建立经历了从不完善到逐步完善的过程。

---

① 《整理中美两国关税关系之条约》（1928 年 7 月 25 日），国民政府财政部档案.

② 《中央日报》，1928 年 7 月 27 日.

③ “国民政府财政部档案”《中华民国史档案资料汇编》第 5 辑，第 1 编，“财政经济”（2）第 10 页。英文见 Treaty Regulat-ing Tariff Relations Between the United States of American andthe Republic of China，Signed at Peking，July 25，1928，FRUS，1928，Vol. 2，pp. 475–477//仇华飞. 美国与中国关税自主. 民国档案，2002（1）.

④ 陈鹏仁. 中日外交史（北伐时代）. 台北：水牛图书公司，1989：130.

⑤ 《中央日报》，1930 年 12 月 23，24 日

⑥ 许毅. 从百年屈辱到民族复兴：国民政府外债与官僚资本. 北京：经济科学出版社，2004：106–107.

南京政府成立之初，并没有专门的贸易管理机构，只是在 1928 年 3 月组成工商部。工商部的职责是依法令管理全国工商行政事务，该部下设秘书处和工业司、商业司、劳工司三司。工商部此时仅是一个建议和咨询性的机构，作用不是很大。

1930 年 11 月 1 日的全国工商会议上成立了工商访问局，专门向国内工商界提供国内外有关信息。[①]12 月，国民政府把原设的农矿部和工商部合并成实业部，下设七司一署，并设有商约研究会等各种委员会 29 个，其直属机关有南京国货陈列馆等 34 个单位。据 1931 年 1 月 17 日国民政府公布的《实业部组织法》规定：实业部管理全国实业行政事务。七司中的商业司负责有关贸易的事项，如国营商业之设计、管理；民营商业之奖励、保护、监督、改良及推广；商品的检验；发展国际贸易；商埠商港的经营以及驻外商务官的指导监督等事项。[②]1931 年 12 月，又设立"国际贸易局"，作为对外贸易的咨询指导机构，主要任务是从事有关国内外商业贸易信息的收集和调查，并向国内工商界提供信息资料，便于他们更好地开展对外贸易活动。国际贸易局还负责协调企业与政府相关部门的关系。关于国际贸易局机构的性质，有称实业部主管对外贸易的机构或说是"发展对外贸易的研究机构"，亦有根据职能称之为"对外贸易的咨询指导机构"。还有研究者认为，国际贸易局应是一个服务型的外贸行政机构。无论性质如何，它在推动对外贸易发展方面具有多种功能。国际贸易局"其组织架构和功能设置具备了相当的合理性，即从调查研究起步，为政府的外贸管理和企业的外贸经营提供专业意见，而非滥用权力、横加干涉，颇合现代政府的管理理念。"[③]1931 年以后，实业部内部各司虽有所调整，但未有大的更动。专职机构的逐步建立，使外贸的管理变得更加有序，不仅对外贸的发展有积极作用，而且也反映了国民政府的组织管理趋于现代化。

随着战争的日益临近，国民政府的实业部整顿桐油和茶叶的外销，资源委员会整顿钨锑的出口贸易，对其实行统制，"遂建立国营机构，为日后改革贸易机构建立基础，开中国对外贸易机构方面之新纪录。"抗战伊始，国民政府对进口贸易实行统制政策，实业部改组合并为经济部。

海关行政管理权的自主。自 19 世纪 50 年代，中国海关行政管理权丧失，海关这一行政机构完全为外国人把持，成为西方列强维护其在华利益的重要工具。1927 年，国民党政府成立后，"一方恢复中国在关政上之主权，一方维护海关现行制度"，[④]对海关行政管理制度进行了一系列改革。

1927 年 5 月，国民党政府设立财政部，下设关税处，10 月改为关务署，并颁布了《财政部关务署总则》，规定关务署的职能是负责关税税率的制订、关税的统计、税卡的设立、废止、解释关税法令。海关总税务司虽然仍由英国人担任，但他必须听命于中国政府。

---

① 《全国工商会议规程》第一条规定："工商部为厉行工商政策、促进生产事业、发展对外贸易、增益国民经济起见特召集工商会议。"实业部总务司商业司. 全国工商会议汇编第 1 卷，第 6 页//沈云龙. 近代中国史料丛刊三编：第 20 辑. 台北：文海出版社，1987.

② 《实业部组织法》(1931 年 2 月 21 日国民政府修正公布)，中华民国现行法规大全. 商务印书馆，1933：225–227.

③ 张国义. 创新与顿挫：民国国际贸易局述论. 史林，2016（5）：148–155.

④ 黄胜强. 旧中国海关总税务司署通令选编（第三卷）（1931—1942 年）. 北京：中国海关出版社，2003：274.

海关只掌管征税工作，不再拥有一切政治性的超出本职之外的职权和联系。关税自主后的外籍总税务司英国人梅乐和的权限已不能与其前任赫德等人相比，不能再以“通令”等形式颁布法规。1929年，关务署决定除特别技术人员外，海关停招外籍人员。同时注意提高海关中中国雇员的素质。一方面严格考试制度，另一方面将受过高等教育、具有丰富经验的人员派往欧美各国考察学习，回国后加以重用。1928年前的50年从来没有一个中国人升至海关税务司的职位，而到1937年，各口岸的税务司中已有1/3由中国人。海关人员统一由关务署任命，事权统一，大大加强了行政效率。并且，“华洋官员待遇同，已无分畛域，一律平等。而处理关务，复悉为政府之命是从。”[①]中国的关税税款长期以来是由外国银行存储和代付借款本息，关税自主后关税税款则全部存入中央银行，并由中央银行办理外债还本付息业务。

（二）对外贸易相关制度、法规的确立与措施的实施

1. 驻外商务制度及各种博览会

南京国民政府向一些重要的对外贸易国家派遣商务随员，令其各地领事调查各国商业需要、工业状况并随时报告，以便政府采取相应的措施。1934年，实业部《驻外商务专员章程》公布，1936年2月实业部参照各国驻外商务官制度，又修改前项章程为《驻外商务官章程》。这个章程中声明设立商务官的目的在于：“为明了国际贸易状况而资改进本国工商业”，商务官的主要职责有三类：一是关于调查所在国的金融交通税则和一般实业的情况；二是负责国产推销宣传；三是要完成实业部、外交部、财政部等部门交办的各种事项。[②]1936年4月，驻外商务官首先在日本设立。实业部还出版实业部月刊、物价统计月刊及刊及实业统计资料，作为各地发展实业、开展外贸的参考。1930年1月，实行关栈制度、领事证单标记办法，在当时均含有保护国内产业、限制外国商品在中国倾销的作用，有利于国家对贸易活动的监管。同年，在上海成立中国国际贸易协会。该组织虽然不是政府机构而是一个民间团体，但是它是由实业部遴选国内重要工商业资本家及华侨商业界要人组建的，这个团体可以有组织地开展国际贸易活动。

与此同时，国民政府加大开拓国际市场的力度，经常组织国内产品参加国际博览会，如菲律宾、芝加哥等地的商品博览会，使国货得以跨出国门走入世界市场。国民政府还鼓励在本国举办博览会。国民党“三大”颁行《全国举办物品展览会通则》，对博览会进行大力倡导，厘定展览会含义是“在国内各省市县提倡国货，征集物品，开会展览以供研究改良而广产销者”；[③]规定博览会计划举办后可“请工商部签发免税证书及减费清单”。“在《通则》的督导下，中国国货展览会的次数与频率显著增长，一切展览会均按章而设。从此，中国国货展览会步入了制度化的轨道。”[④]例如，1929年浙江省政府举办的西湖博览会以发展实业、振兴社会文化的进步为目的，在当时被誉为世界级的大型博览会。不仅对浙江省资本主义工商业的发展产生重要影响，而且引发了极大的社会效应，在

① 黄胜强. 旧中国海关总税务司署通令选编（第三卷）（1931—1942）. 北京：中国海关出版社，2003：262.

② 沈云龙. 近代中国史料丛刊三编：（845）. 实业公报 271 至 276 期. 1936 年 3–4，台北：文海出版社，1996：29.

③ 中华民国史档案资料汇编：第 5 辑第 1 编，财政经济（八）. 南京：江苏古籍出版社，1994：720.

④ 张忠民，陆兴龙，李一翔. 近代中国社会环境与企业发展. 上海：上海社会科学院出版社，2008：361.

中国早期现代化的历史上也有重要地位和作用。[①]1936 年 7 月，中华工业国外贸易协会主办的南洋商业考察团赴南洋各埠考察，历时四个月，遍历菲律宾、新加坡等地，所到之处，参观访问，公开演讲，展览出口品，“以调查南洋各地商业情形与有关国货事业，互相探讨并携带样品前往展览推销，宣扬国货为宗旨”，[②]备受当地政府与侨胞的热烈欢迎。

2. 限制外国商品倾销的《倾销货物税法》的颁布与提倡国货运动的开展

由于中国实际关税水平较低，又无其他的非关税壁垒，西方工业品凭借成本低廉的优势大肆在华倾销，致使中国幼稚的民族工商业难以生存。对此，工商业者不断呼吁政府予以扶助。1931 年 2 月 9 日，南京国民政府正式颁布《倾销货物税法》。这部法规“开创了中国反倾销立法的先河。”“寄托着民族资产阶级对维护市场正常竞争秩序的期望。”[③]国民政府颁布的《倾销货物税法》适应了当时国内、国际经济形势发展的需要，对民族企业的发展起了很大的作用。[④]世界经济的衰退与国际贸易保护主义的抬头是国民政府颁布《倾销货物税法》的国际背景，而当时国内民族资产阶级的政治压力也迫使国民政府制定这项法规来保护本国民族产业的发展，这是一个最重要的原因。《倾销货物税法》共九条，其目的在于防止外国货物以倾销方式影响国内市场。该税法第一条明文规定：外国货物以倾销方法在中国市场与中国相同的货物竞争时，除进口税外，得征倾销货物税。主要内容有：（1）外国货物以倾销方法在中国市场与中国相同货物竞争时，除进口关税外，得征倾销货物税；（2）被列为外国货物在中国市场倾销的三种价格行为；（3）成立倾销货物审查委员会。[⑤]由于没有制订相关的施行细则，法律仅仅局限于条文。施行细则直到 1932 年 12 月 7 日才正式公布。虽然有倾销税法和施行细则，但效果却不显著，当时的社会经济环境决定了该法的失败命运。[⑥]同时，还通过行政手段对全国范围内提倡国货的运动予以支持，如国民政府将 1933 年定为“国货运动年”，将 1934 年定为“妇女国货年”，将 1935 年定为“儿童国货年”，将 1936 年定为“学生国货年”。提倡国货运动与发展国货企业是相辅相成的——国货运动推动国货企业的发展，国货企业的发展又促进国货运动的开展。这些举措一定程度上抵制了西方商品的倾销，对国内产业起到一定的保护作用。对于中国这样一个处于半边缘地位的国家来讲，能在倾销大潮下保持入超值稳中有降，不能不说与含有保护性贸易政策的实施密切相关。

实行出口退税和保税工厂制度。所谓退税是指退还出口商品中进口原料所纳的关税。如面粉出口可退洋麦进口税。1936 年 4 月，国民党政府财政部公布了《制造货物关栈暂

---

① 乔兆红. 1929 年的杭州西湖博览会. 广西社会科学，2003（3）.

② 中华工业国外贸易协会. 南洋商业考察团专刊. 1936：102.

③ 卢征良，朱佩禧. 现实的抉择：近代中国反倾销法规的历史命运//2008 年度上海市社会科学界第六届学术年会文集（哲学·历史·文学学科卷）. 上海：上海人民出版社，2008：90.

④ 卢征良，蒋立场. 20 世纪 30 年代中国水泥业反倾销研究——以上海华商水泥公司为中心的考察. 国际贸易问题，2008（1）.

⑤ 中华民国法规大全（第 3 册），商务印书馆，1936：3154-3135；谢扶民编著. 中华民国立法史. 中正书局 1937：687.

⑥ 卢征良，朱佩禧. 现实的抉择：近代中国反倾销法规的历史命运//2008 年度上海市社会科学界第六届学术年会文集（哲学·历史·文学学科卷）. 上海：上海人民出版社，2008：90-101.

行章程》，规定：制造货物关栈之制品应以运销外洋为大宗；进入制造货物关栈应具备银行保证或商号保证；制造货物以适当之栈存储有外洋进口之原料、国产及其他已完税之原料及已制成之货物，应与原呈请书列明者相符，并不准供其他之用；外洋运进的制造所需材料进入关栈时免税；关栈中制造出的货物，如运入国内，照该货出栈时的状态及当时价值，完纳应征之进口税，如运至外洋，则免税验放。①这实际上是当今各国普遍采用的保税办法，但在当时世界各国并不多见，国民政府意能及此，显示了相当的超前意识。

3. 实行易货偿债贸易

“易货偿债贸易”是工业落后国家与发达国家贸易的一种贸易模式。就是西方国家向中国提供贷款，规定贷款用于中国自该国进口工业品，再以中国农产品偿还，是在贷款名义下的易货贸易。三十年代中期，国民政府对部分矿产品实行易货偿债政策和出口贸易管制。最早进行易货偿债贸易的是中德，也是当时两国为了各自利益的一种最优选择。有些重要的工业品，中国不能自己生产，只能从外国进口，同时中国资金又很缺乏，只能拿中国的农产品或其他矿产资源来偿还。

“中德两国急亟发展各有所需的贸易，但均缺乏外汇和准备金，若能以某种易货方式进行，各方均蒙其惠。”②这是中德易货偿债贸易的背景。“一战”失败后，战争的赔款不仅使得德国国内经济困窘，而且外汇短缺，无法进行对外交易。德国是资源严重缺乏的国家，除了褐煤能够自给自足外，85%的石油、80%的铁矿、70%的铜、90%的锡、95%的镍、98%～99%的钨和锑都需从国外进口。此外，许多农产品（包括粮食）也得依赖外购。③在这种情况下，德国选择了“趋向于由物品交换途径以抵补其国外生产品之需要，借以改善金融现状，而扩充其经济建设”，并“热切希望与那些可为它提供原料及需要工业产品的国家发展易货贸易关系”。④为此，德国政府采取了易货贸易与中国等国家进行贸易往来，以获取国内所需要的原料和产品，当然中国也是德国巨大的工业品和军火销售市场。在中德贸易中，德国对于中国工矿原料寄予厚望，其代表克兰表示，“敝国农矿原料之需要，异常广泛，足以包括中国输出可能之全部。”而此时的中国成为德国潜在的贸易伙伴。第一，中国正在进行大规模的国防建设，急需购买外国的武器和工业设备；第二，由于缺乏外汇，中国只能用出产的农矿产品换取；第三，中国蕴藏的丰富的钨、锑、锡等战略原料正是德国扩军备战所迫切需要的，于是中德两国达成一致意见。⑤正如德国奥托·俄普夫公司总裁 Otto Wolff 在《发展中德贸易意见书》中提出的那样，中国欲实行建设计划，必须大量输入机器及其他生产工具。但因资本缺乏、原料及半熟货输出的减退，以及银币贸易受世界市场的影响，建设计划之实行殊多障碍，“而德国则

① 第二历史档案馆藏财政部档案，三（2）2390//孙玉琴. 中国对外贸易史（第 2 册）. 北京：对外经济贸易大学出版社，2004：215.

② 张平. 克兰与中德易货贸易. 民国春秋，1996（1）.

③ 柯伟林. 蒋介石政府与纳粹德国. 北京：中国青年出版社，1994：129.

④ 马振犊. 中德外交密档. 桂林：广西师范大学出版社，1994：18，24–25.

⑤ 陈谦平. 抗战初期的中德钨砂贸易. 抗日战争研究，1998（3）.

适居其反，正亟图增加其工业制造品之输出，保持其购买外国原料及半制造品之能力，苟两国通力合作，互济供需，实为两利。”

当时的德国工业发达，技术进步，对于中国建设所需的机器及其他生产工具有比较充足的供给能力，而中国可以供给多种德国所需的原料，如桐油、饲料以及战略原料如锡、钨等。当时负责这一事务的国民党资源委员会统计处少将处长孙拯也认为，奥托·沃尔夫（Otto Wolff）所提议的组织资金团行交换贸易的办法，实适合我国的需要。[①]于是，1934 年 7 月底，孔祥熙与克兰在南京枯岭进行了 4 个星期的谈判，双方于 8 月 23 日秘密签订了《中国农矿产品与德国工业品互换实施合同》，协议的目的在于借中国农矿原料与德国工业品及其他各种成品之交换，以促进两国工业与政治之建设，并以增进两国人民之强盛。协议共 18 条，其中第一条云：“中国政府按照商业通例，供给克兰以德国所需要之农矿产原料，须在德国口岸交货。克兰供给中国政府以中国所需要之德国工业品，及其他各种成品，须在中国口岸交货。”对于易货贸易实施的具体办法，合同规定：中国政府供给德国的农矿原料，随时价计账，以作为在德国的存款，中国政府可以随时按照合同自由支配该项存款，用来购进德国工业品及其他成品。实行易货贸易后，德国在中国对外贸易中所占比例一直呈上升趋势，1934 年德国在中国对外贸易中占 6.1%，1935 年占 8.7%，1936 年上升到 11.4%，1937 年更是上升到 11.5%。[②]《中德易货协定》成立后，两国间军火贸易也有了飞跃发展。统计表明，1935、1936、1937 年三年，德国军火输华价值在其全年军火出口总值中的比率已由 8.1%上升为 28.8%和 37%。[③]尽管战前德国军火输华客观上也在一方面帮助了中国的抗日国防建设，但就其本质而言它只不过是一种商业生意，其在政治上的影响与作用不过是其商业性质的副产品。[④]

德国经济部长沙赫特上台后，推行“新经济计划”，支持发展对外贸易。1935 年 5 月 6 日，德国经济部长沙赫特致函孔祥熙：“前由院座与汉斯·克兰君所订立之物品互换合同，敬悉一切，并深为欣幸。沙赫特必竭尽本人一切力量，促进合同之实现也……沙赫特甚愿由一敝国适当银行团体准备货物借款，以供贵国之提用，款额暂订为 2 000 万马克。”[⑤]1936 年 4 月 8 日，沙赫特和顾振分别代表两国政府在柏林签署了《中德信用借款合同》（又称《易货协定的补充信贷合同》），将 1934 年签订的合同升格为两国政府间官方正式的易货协定。与此同时，德国政府将向国民政府提供数额为 1 亿马克的商业信

① 马振犊. 中德外交密档. 桂林：广西师范大学出版社，1994：199–200，202.

② 何炳贤. 中国的国际贸易. 上海：商务印书馆，1937：252–253. 在沈晋康著的《中德贸易统计表（1927—1940）》中可以看出，德国在中国对外贸易中所占百分比：1934 年对德贸易输入占总数的 8. 97%，1937 年增为 15. 3%，增加近 1 倍；1934 年对德贸易输出占总数的 3. 75%，1937 年增为 8. 64%，增加 1 倍多。因为有些矿产品交易是民间交易，因此统计数据有不一致的地方。

③ [美] wsl—iamKsrbyl，oevelopn、enta，AidorNeo—ImPerialism German Industry in china（1928—1937）//王正华. 抗战时期外国对华军事援助. 台北：正中书局，1988：57.

④ 马振犊. 抗战爆发前德国军火输华述评. 民国档案，1996（3）.

⑤ 张平. 克兰与中德易货贸易. 民国春秋，1996（1）.

贷用于两国“易货贸易”。[①]1934—1936 年，中德易货贸易采取了“补偿贸易”和“ASKI”马克两种类型的贸易形式。所谓补偿贸易是允许进口商将其商品低价销售给出口商，出口商则用外汇向进口商付账，交易允许出口商以大大低于市面价值的价格在中国低价销售货物。ASKI 是德语“Auslandersonderkonto für Inlandszahlung”的缩写，意为国内付款的外国特别账户。在“ASKI”马克贸易中，德国进口商收到同其实际货物相比已大大涨价的货款，并将之存入授权银行的“ASKI”账户上，然后他将其 ASKI 马克减价卖给德国出口商。这样，出口商就可以降低其产品价格，而同时进口商在出口交易的进程中得到补偿。[②]上海的德商会指出，这两种贸易形式对德国对华输出的增长起了很大的作用。[③]在易货偿债的政策下，中德两国的贸易往来有了很大进步，1936 年，德国已成为中国的第三大贸易伙伴。当希特勒于 1941 年 7 月承认汪伪政权后，中德外交关系断绝，易货贸易也停止。

虽然中德之间易货偿债的政策对中国有些不利，但对中国后来的抗战是有积极作用的。日本学者奥村哲说：“易货方式的借款对当时的中国是不利的……但当时为什么选择这一不利之极的方式，是应当考虑到当时的国际国内条件的。”[④]中国政府在财政困难的情况下，要想迅速发展以国防为中心的重工业，舍易货偿债别无他途。中国以易货偿债的方式，用国内的特矿产品交换德国先进的机器设备，是一种正常的对外经济交往。通过中德易货协定的实施，德国不仅得以满足本国的消费和储备之需，还可有相当余量转销其他国家，以牟取超额利润。1932—1935 年，德国从中国输入的金属矿品平均每年仅 487.5 万马克，1936 年达 800 万马克，1937 年已达 2 110 万马克。[⑤]因此，中德之间的易货偿债贸易对双方都是有一定积极作用的。

4. 海关缉私制度的建立

关税自主前，近代中国在不平等条约的束缚下，海关税率被压得很低，“进出口除禁运和限制物品有较多的走私外，其余货品的走私还不严重。”[⑥]关税自主后，国民政府加重税率，一些不法之徒为逃避海关税，便开始猖狂走私，以图暴利。靠近香港和澳门的华南地区走私更为严重，华北和东南地区在日本的操纵下走私也日盛。缉私是国家赋予海关的一项重要权能，为加强缉私，南京国民政府制订规章，并采取一系列措施来遏制走私活动。

首先，健全海关缉私组织机构。1931 年 1 月于总税务司署内添设缉私科，专门负责统筹规划、部署落实全国海关缉私工作，协调各关缉私事务，统一政令，统一领导指挥。并

---

① Sweet Paul R.　Documents on German foreign policy C5. London，1959：41. 转引自杨捷. 论 20 世纪 30 年代中期的中德“易货贸易”. 南昌大学学报（人文社会科学版），2007（4）.

② [美] 柯伟林. 蒋介石政府与纳粹德国. 北京：中国青年出版社，1994：230–231.

③ 周建明. 民国时期的中德贸易（1919—1941）. 中国经济史研究，2007（1）.

④ [日] 奥村哲. 中国最近对民国时期经济史的研究述评. 池步洲，等，译//中国近代经济史丛书编委会. 中国近代经济史研究资料第 3 辑. 上海社会科学院出版社，1985：108.

⑤ 郑友揆，张传洪. 旧中国的资源委员会——史实与评价. 上海：上海社会科学院出版社，1991：285.

⑥ 陈诗启. 中国近代海关史. 北京：人民出版社，2002：751.

自1932年起，先后于江海、粤海、津海、九龙、厦门等重要缉私关区设立缉私课，总理该区缉私工作。海关缉私组织机构的健全，保证了缉私行政的正常运转，使各项具体措施得以贯彻落实。①

其次，制订缉私法规和相关的奖励制度。1932 年，缉私科先草拟了一个海关缉私法，经过征求各界意见，并参考各国缉私法令，最后形成了正式条例。1934 年 6 月 19 日，财政部颁布了《海关缉私条例》。该条例为中国设立海关机构以来首次制定的缉私成文法规。《海关缉私条例》内容涉及面很广，是缉私行为的重要法律依据。《条例》明确规定了海关员警执行缉私时的搜索对象、空间和时间范围及扣留货物的程序，并明确规定走私行为的构成及对违章货物、货主、报关行、舟车运输工具等的处分罚则。该条例分总则与分则两大部分共七章 54 条，分则按照缉私环节分为查缉、扣押、罚则、处分程序、执行、附则共六章，设计比较完善合理。“从立法角度讲，中国政府完成了收回海关缉私主权的任务。这个条例对当时中国海关缉私工作的顺利推进，有了很大的帮助。”②可是这个条例对于武装走私并无明文制裁规定，因此当日本在华刮起武装走私狂潮时，不能不另行设置措施以对付之。③据《海关缉私条例》第 31 条的规定，1934 年 11 月成立了海关罚则评议会，受理中外商民不服海关处分的抗议案件。为了进一步提高缉私的积极性，1936 年 6 月，财政部又制定了《缉获私货从优给奖办法》。由于走私之风甚盛，国民政府加重对走私犯的处罚。1936 年 6 月 8 日，行政院公布《修正惩治偷漏关税暂行条例》。其中规定，如果偷漏关税者，处三年以上、七年以下有期徒刑；偷漏在一万元以上者，可以处死刑或无期徒刑。另外，还颁行了一些缉私办法和章程，主要有《禁止一百吨以下之轮船或电船往来外洋贸易办法》《船只进口呈验单照章程》《海关管理航海民船航运章程》《装货甲板征收船钞办法》《取消洋货复出口退税存票办法》《关栈货物增加储存便利办法》《管理报关行章程》《海关缉私界程以十二海里为限之规定》等。④

再次，筹划沿海巡缉事务和创建海上缉私武装。1927 年南京国民政府建立初期，海关只有大小巡船 10 艘，大小巡艇 43 艘，以小船小艇居多。一些船舰年代久远，最高时速均不超过 12 节（海里）。为此，国民政府加强了缉私的装备建设，到 1934 年年底，海关已拥有一支由 26 艘巡缉船组成的主力缉私舰队，长度均在 100 英尺以上，部署在北自山海关，南迄东京湾的中国海岸，承担深海缉私任务；100 英尺以下巡缉艇 40 余艘，承担港湾缉私工作。新造的巡缉船性能良好，最高时速均在 12 海里以上。⑤为建立缉私情报协作网，各海关间还设置了专用无线电台，以利各关协同缉私。海上布起了严密的防走私之网，陆上也成立关警队，分布在沿海各关，重点布防香港、澳门、广州湾、越南

① 孙宝根. 论近代中国海关缉私制度的确立. 广西民族学院学报（哲学社会科学版），2004（2）.

② 孙宝根. 论 1934 年“海关缉私条例”的历史地位. 求索，2007（2）.

③ 陈诗启. 中国近代海关史. 北京：人民出版社，2002：754.

④ 蒋清宏. 国民政府战前关税政策研究. 中国社会科学院近代史研究所青年学术论坛 2005 年卷. 北京：社科文献出版社，2006.

⑤ 华民. 中国海关之实际状况. 上海：神州国光社刊，1933：32.

方这四个地方的走私。[①]经过多年的苦心经营，海关缉私组织“业已规模大备，堪与他邦缉私设置，互相媲美。”[②]组织完善了，缉私成效也显著增加。海关缉获走私货充公变价及罚款金额从 1931 年的 270 万元猛增至 1934 年的 790 余万元，增长了近 3 倍，挽回了损失，增加了政府的财政收入。[③]

国民政府的外贸管理机构趋于健全，各部职权渐趋分明，管理由紊乱趋向协调，参照国际机制的各种相关制度陆续出台。这些努力有助于国家对出入口商品进行合理的调控监管，对有效地避免以前管理上的漏洞起到积极作用。后发展国家向现代化转型时期，国家的权威起着很大的作用，甚至是决定性的，外贸管理机构的设立与相关制度的颁布是体现国家主导作用的重要载体，这对于完善外贸市场也有一定的作用。

三、国民政府的国定关税政策

关税自主后，协定税则变为国定税则。关税自主后，南京国民政府根据经济、政治、国际关系等方面的变化对进口税率进行了多次调整。工商界人士普遍希望修改进出口税则，采取保护贸易的政策。国民政府顺应民意，多次修改进出口税则，调整进出口货物的税率，以求真正达到关税壁垒的作用。1927—1936 年，中国的关税政策可以大体分为两个阶段。1926—1931 年，关税政策向着自主的方向发展，特别是 1931 年税则所确定的税率水准已经突破了 1925 年关税会议所限定的最高限额。所以，这一时期可以看作中国向关税自主过渡的阶段。1932 年以后，中国的关税政策比较规范化，为关税自主的稳定时期。“1933 年后南京国民政府已能不受外国干涉，独立自行地较大幅度地提高进口税率或减免出口税，这对鼓励中国商品在国际市场上的竞争，保护中国的工商业多少还是起了有益的作用。”[④]

（一）进口关税政策

就进口税则而言，1929—1937 年，总共修改四次，下面分述之。

1. 1929 年进口税则

1928 年 12 月 7 日，国民政府公布新税则，规定 1929 年 2 月 1 日施行。新税则将以前均一的值百抽五税率，改为差等税率，税率分别为 7.5%、10%、12.5%、15%、17.5%、22.5%、27.5%。最低为 7.5%，最高则为 27.5%，同时，宣布取消 2.5%的附加税和奢侈品附加税。[⑤]税类分为 14 类 780 目，以一年为有效期。

这个税则，是关税自主后施行的第一个国定税则。税则虽对税率有所提高，但内容多是根据关税会议中美英日代表的建议，自主中呈现着非自主。这一税则打破了长期以来实行的均一税制，确立了等差税制，一定程度上体现了关税自主原则。同时，废除了陆路税减免 1/3 的不合理规定，统一了海陆关税。该税则平均税率为 8.5%，进口税率终于有了实质性的提高。因此，1929 年进口税则是“由协定税则向国定税则的过渡办法”，

---

① 连心豪. 南京国民政府建立初期海关缉私工作的整顿与加强. 厦门大学学报（哲社版），1989（3）.

② 中国第二历史档案馆，中国海关总署办公厅. 中国旧海关史料（1859—1948 年）. 北京：京华出版社，2001：16.

③ 财政部缉私署. 十年来之缉私. 重庆：中央信托局印制处，1943：5.

④ 慈鸿飞，李天石. 中国历史上的农业经济与社会. 兰州：兰州大学出版社，2002：501.

⑤《海关十年报告 1822—1931》（三）税收上海;国民党党史会编：《革命文献》第 73 辑，台北 1983：139.

还带有旧税则的许多缺陷和不足。[①]

1929 年下半年，世界金价暴涨，银价低落，影响到海关税收和财政收入。1930 年 2 月，中国政府宣布以海关金单位计征进口税，以值 60.186 6 公厘纯金为单位。[②]每一海关金单位等于 0.40 美元，或英磅 19.65 便士，或 0.802 5 日元。海关金单位同外币有固定的比率，避免了受世界银价的下降给国家财政税收造成严重损失。

2. 1931 年进口税则

1930 年 12 月 29 日，政府公布新税则，明令 1931 年元旦起施行，这是第二次修改进口税则，通称 31 进口税则。

1931 年进口税则的修改是依据以下三个原则进行的：第一，发展国内工业所必需的原料，当减轻其进口税；第二，国内工业必须发展者由政府帮助，使其不受外货竞争的影响；第三，抵补裁减各税。[③]按照货品的性质，针对进口贸易与国内市场需求状况，分别厘定税率。修改后的税则，税率增高的货物有 451 项，税率减低的为 150 项，未变动者为 232。税率共分十二级，最高税率达 50%，最低税率为 5%，平均税率为 16.3%。烟酒的税率最高，为值百抽五十，绸缎、瓷器次之，呢绒、人造丝又次之，其中和国产蚕丝竞争的人造丝为值百抽三十，机器等进口值百抽五。[④]

1932 年 4 月，对上述税则做了部分修改，主要是增加糖品税率。8 月间，立法院第 196 次会议决定增加特种奢侈品税率，将人造丝、绸缎、酒、玩具和游戏品等的税率提高 2.5%～75%不等。[⑤]这两次修改，带有明显的保护色彩，但其出发点和宗旨仍是增加海关收入，充裕国库。1931 年的进口税则（因 1932 年的修改仅为小范围的变动，故把此次修改也归入 1931 年进口税则）虽有保护色彩，但仍笼罩在财政关税的阴影之下，只是较 1929 年的进口税则稍有进步而已。

3. 1933 年进口税则

1933 年 5 月，中日关税协定所列互惠附表满期，南京国民政府对全部税则做了修改，旨在保护国内实业，限制洋货进口，这是第三次修改进口税则。财政部在修改提议案中称：“现行海关进口税则公布以来，已愈两年未动，而世界经济变动剧烈，进口货物产销状况也较前多有不同。为海关税收计，为国内实业计，修订税则符合时宜。”[⑥]此提议经中央政治会议第 357 次会议议决通过。

新税则把 1932 年 4 月增加的糖品、人造丝、绸缎、游戏品、药品、酒和人造靛等税率纳入新税则中。税则共计 16 类 672 目，综观全部税则货品，较之 1931 年的进口税则，

---

① 《革命文献》第 73 辑，第 104 页.

② 《国民政府公报》，第 370 号第 2 页.

③ 天津《大公报》，1931 年 5 月 8 日.

④ 褚保一. 工业化与中国国际贸易. 重庆：商务印书馆，1946：34;《革命文献》第 73 辑. 台北，中国国民党党史资料编纂委员会. 1977：189.

⑤ 南京《中央日报》，1932 年 8 月 7 日.

⑥ 《行政院奉准财政部关于修订海关进口税则提案的密令》 1933 年 5 月 26 日，国民政府实业部档案，中国第二历史档案馆馆藏.

增高税率者 385 项，减低税率者 92 项，不动者 433 项，最高税率值百抽八十，比前次税则的最高税率值百抽五十又大幅度提高，这项税则明令于 1933 年 5 月 22 日起施行。同时，为了限制洋米的输入，保护农业，把向来免税进口的米谷、小麦、杂粮等，规定从 1933 年 12 月 16 日起，征收进口税，对救济国内农业的衰落有积极的作用。[①]

新税则对货品做了正确的分类。把以前的一些按照从价征税的货物改为从量征税，手续变得更为简捷。同时，新税则中各项增减税率项目“均具有保护关税性质”，大大利于国内工商业者，实非浅鲜。[②]对机器、汽车零件和木材等建设性器材分降税率，旨在满足国内实业发展的需求，增加生产性设备，提高劳动生产率，振兴民族经济。1933 年的关税是有意识地利用进口关税保护中国的工业并且创造有利投资的条件。[③]

新税则的一个突出特点是大大提高了日本货的进口税率，从而限制了日货在中国市场的发展。正如修改税则报告中所称，新税则修改的一个原则就是“要增高中日关税协定关系货品之税率。”[④]例如，对绵绸的税率提高 80%，对毛织品提高 200%。对各种等级的纸张提高 8%到 28%，对人造丝、鱼类和其他水产品这些日本大宗输出商品也大大提高了税率，日货在中国市场的优势局面得以改动，日本商品的销售额减低了近一半或三分之二，新税则达到了不再给日本以特惠的目的。[⑤]相反，这次税则有利于英、美、德等国的商品进口。

表 4-2　　日、德、美、英进口货物值比较　　单位：亿元

年份	日本		德国		美国		英国	
	进口货物值	指数	进口货物值	指数	进口货物值	指数	进口货物值	指数
1930	5.32	100	1.08	100	3.62	100	1.69	100
1931	4.78	89.85	1.30	120.37	5.01	138.67	1.87	110.65
1932	2.41	45.30	1.12	103.70	4.19	115.75	1.86	110.06
1933	2.36	44.36	1.08	100.00	2.97	82.04	1.54	91.12

资料来源：中国文化建设协会. 抗战前十年之中国. 1937：242.

1933 年进口税则的修订，标志着南京国民政府把保护国内实业以求经济发展放在了重要位置，在各次修订的税则中，这是保护色彩最浓、评价也最高的一次。1933 年关税税则的税率比 1931 年税则的税率提高了 30%，比 1929 年最初的新税则提高了 52.5%。在短短几年之内税率有了成倍提高，“从协定关税改变为真正的国定关税，这是中国沦为半殖民地后八十余年来关税史上的一个飞跃。”[⑥]新税由于不利于日本对华扩张，遭到日本

① 中国国民党党史资料编纂委员会. 《革命文献》第 73 辑，台北，1977：105，189-190.

② 《关务署检送总税务司梅乐和呈送新税则释要一份函》，1933 年 6 月 23 日国民政府关务署档案，中国第二历史档案馆馆藏.

③［美］小科布尔，著. 上海资本家与国民政府 1927—1937. 杨希孟，译. 北京：中国社会科学出版社，1988：144.

④ 《财政部拟订修正进口税则》，1933 年 6 月 22 日，关务署档案二档馆馆藏.

⑤ 莱特. 中国关税沿革史 1843—1938. 北京：三联书店，1938：677.

⑥ 高德福. 试论国民党政府的关税自主政策. 史学月刊，1987（1）.

的竭力反对，认为这是仇日的证据，因而施加压力以求修改。1933 年 10 月 25 日，主持修订此税则的财政部长兼行政院副院长宋子文突然辞职，这是可能重新修改税则的预兆。

4. 1934 年进口税则

1934 年 6 月 30 日，国民政府公布新的《海关进口新税则》，财政部定于 7 月 1 日起施行，并通令各海关遵照办理。[①]新颁布的税则有两个较明显的特点。

第一，减低了日货的进口税率，满足了日本的要求。1934 年的税则一反前次保护性的关税，对于大部分日货重新降低进口税，如染色棉布为 17%～39%，鱼类是 14%～26%，印花棉布是 2%～48%。[②]进口税率的降低，使日货如潮水般涌入中国市场，民族企业再次面临激烈的竞争。国内工商界、商会团体纷纷致电政府，反对海关进口新税则。上海市商会的电文称：对制成品棉织奢侈品如海味，本应加重税率，政府反而“以调剂一国之海外贸易为辞，偏有例外。”这样做的后果只能是“在外人固正中下怀，在华厂身临绝境”。[③]日本则从新税则中获利颇丰，深表满意。对 1934 年税则，当时曾有评论指出，“海关新税则与其说是为了保护国内产业，不如说是为了财政收入，但与其说是为财政收入，则又不如说是应外交的要求以奖励某国货物的输入。”[④]

第二，新税则的保护色彩大为逊色，关税的财政色彩浓厚。新税则把国内所必需的原料和制品，如棉花、金属、机器和日用品等的税率提高。这些货品进口数额庞大，政府可通过征税增加关税收入，充裕国库。国内所缺乏的化学产品及染料、丝类的税率也相应略有增加。这些举措引起国内工商界的恐慌和不满，指责新税则内容颇不合乎保护关税的原则，国产品将大受打击。上海商会声称：“各项机械进口税较前均有增加，不啻阻塞国内工业之建设，使举国日用品所需恃给予外人。”[⑤]因而，商会要求政府收回成命，以保护幼稚的工商业。

其实，1934 年的进口税率同英美等国相比差距甚大。中国税率平均为 31.3%，美国为 53.2%，英国为 43.3%。[⑥]这说明，处于半边缘化（即半殖民地化）地位的中国，其进口税率的保护性还不能与西方贸易发达国家相提并论。全部进口商品的平均税率，加上附加税，到 1928 年为止大约为 4%～5%，1928 年税则实施以后超过了 10%，1930 年税则实施后差不多达到 15%，1933 年税则达到 20%，1934 年税则实施后进而达到 30%的水平并维持下去。

1934 年税则有利于日本，不利于英、美。该税则是当时国民政府行政院长兼外交部长汪精卫奉行“对日妥协”路线的结果。该税则具有明显的财政色彩，执行后，1934 年关税收入比 1933 年增加了 11.4%，约 4 500 万元。[⑦]但保护实业和调剂海外贸易实际并

---

① 《国民政府公报》第 1477 号，1934 年 7 月 1 日.

② 莱特. 中国关税自主沿革史. 北京：三联书店，1958：678.

③ 天津《大公报》1934 年 7 月 8 日.

④ 陈霞飞，蔡渭洲. 海关史话. 北京：社会科学文献出版社，2012：91.

⑤ 天津《大公报》 1934 年 7 月 8 日.

⑥ 孙健. 中国经济史——近代部分. 北京：中国人民大学出版社，1989：436.

⑦ 叶松年. 中国近代海关税则史. 上海：三联书店，1991：462.

未做到，中国民族工业遭到打击，这个税则遭到实业界、工业界人士的普遍指责与反对。

（二）出口关税政策

就出口税则而言，在南京国民政府成立之前，一直沿用咸丰年间的出口税则，其税率一律值百抽五。1926 年 10 月起，各货开征 2.5%的附加税，合为值百抽七点五。南京国民政府成立后恢复关税自主权，到抗战前夕曾对出口税则三次加以修订。

1. 1931 年出口税则

1931 年 5 月 7 日，国民政府明令公布海关出口税则，定自当年 6 月 1 日起施行，此为第一次修改出口税则。[①]这是按照工商部在 1929 年 12 月草拟的关于修订出口税则呈文中的三项原则所做的修订，三项原则为：第一，竞争品税率应低，尤应视竞争之程度分别酌定；第二，出口货物在本国用途甚少，而出产剩余，税率应低；第三，出口货物为国内工业主要原料者，税率应高。[②]

新税则共分六类二百七十项，税率属于从量部分者，大约为值百抽五；属于从价部分者，除有二十五项为值百抽五外，其余皆为值百抽七点五，仍照海关两征收，茶、绸缎、金银、草帽等完全免税，棉花、羊毛、骆驼毛绒等税率加重。[③]

新税则原则上仍保留旧的出口税制，但对于特种货物则予以免税或减轻税率的待遇。就贸易来讲，新出口税则增税者不过约 2%，对于商业的影响不大。出口税则免除绸缎等的出口税，则可以起到保护国内丝绸等行业的作用。[④]此次出口税则豁免了转口税，“具有提倡海外贸易奖进商业之性质。”[⑤]但是，政府鉴于贸易现状不宜采取过剧变动的缘故，基本承袭旧税则，所产生的保护效应也极为有限。

2. 1934 年出口税则

1931 年颁布的出口税则，正值世界贸易不景气时期，国货的出口未见有长进，反而“颇见衰颓”。故在 1934 年 6 月 18 日，国民政府公布《修订海关出口税则》，这是第二次修改。[⑥]

这次修改税则遵循的原则是：第一，在财政许可范围之内，对于原料及食品，在外国市场推销最感困难者，酌量减免税收；第二，在财政许可范围之内，对手工艺制品，宜于奖励输出者，酌量免税。较 1931 年的出口税则，税率减低者有 35 项，如蚕品、油类、药品等，新增免税货品 44 项。由于减免税收的原因，国民政府的税收损失每年达 310 余万元。[⑦]

表面上看，此次出口税则使出口受益，政府受损，具有很强的保护性。但减免税收是以财政的承受力为最大限度，保护性受到极大的限制。

---

① 《国民政府公报》令第 766 号。

② 《工商部关于修订进出口税则并拟具意见呈》，1929 年 12 月 28 日，国民政府行政院中国第二历史档案馆藏。

③ 参见《国民政府公报》法规第 769 号。

④ 《海关出口税则公布》《大公报》，1931 年 5 月 9 日。

⑤ 一周间国内外大事述评《国闻周报》第 11 卷第 11 期第 2 页；第 16 期第 5 页。

⑥ 中国国民党党史资料编纂委员会.《国民政府公报》第 1458 号，1934 年 6 月 9 日；《革命文献》，台北，1977：104.

⑦ 中国国民党中央委员会党史史料编纂委员会.《革命文献》第 73 辑，台北，1977：53，55，191，150-151.

3. 1935 年出口税则

1935 年 5 月，国民政府为振兴国内实业和促进外贸发展，对出口税则作了第三次修订，并于同年的 6 月 25 日公布。

这次税则修订依据的原则是：凡出口货品减免其税率，可期增加输出者，不专注重大宗货品，概予分别减免，其税则第 270 号包括之未列各出口货物，予以免税；与其他国产品竞销剧烈的出口货物，分别减免税率。根据以上原则，有 130 余种货品减免税率，其中减税者 80 余种，免税者 50 种，超过征收税制的半数以上，税收损失达国币 300 万元。①

1935 年的出口税则注重保护国内实业和加强出口货品的竞争能力，但由于新税则的施行将大大减少关税收入，财政亏空也无以弥补，因而新税则并未真正施行，仍采用 1934 年的出口税则，一直到抗战前夕。

国民政府修改出口税则，每次都增加减免税商品的种类，使总体出口税率明显降低。关税自主前，中国的实际出口税率高于名义税率，也高于进口税率，这不利于民族经济的发展。在以后的出口征税中，部分商品征税 5%，其余商品征税 7.5%，一些工业制成品大体维持在 3%的水平。②但是出口税率的制定缺乏长远考虑，获得减免税待遇的商品均是当时出口的大宗农副产品、食品和手工产品，而工业品中除棉纺织品外其他都未列入，这不利于中国出口商品结构的优化，对中国工业化的推动作用也是有限的。

总之，国民政府的几次税则修订，实际上背后是以财政部长宋子文为代表的“财政外交”战略和以外交部长王正廷为代表的“革命外交”战略相互作用的结果，这两个战略不是互相排斥的。③1928 年的税则即是财政外交战略主导下的产物，其后 1930 年和 1933 年的税则，是保护关税舆论和“革命外交”战略的成果。1934 年对日妥协，该年税则维持向财政关税倾斜的保护关税。④具体而言：（1）国民政府进出口税则的变迁，常常受到非经济因素的干扰，根据本国的经贸发展状况制定税则的自主性受到极大限制。进出口税则的频繁更动，反映了政府的输出输入贸易政策缺乏系统性和稳定性；（2）通过进口税则可以看到摆脱了鸦片战争以来旧条约的严重束缚以后，国民政府不断提高进口税率，客观上在一定程度上起到保护国内产业、限制输入的作用，这种输入贸易政策的基本走向是正确的；（3）从各出口税则制定的原则和内容来看，为促进海外贸易，政府采用减免关税的措施，奖励有竞争力的原料品和制成品出口，政府的这种输出贸易政策客观上有利于扭转严重的贸易入超，虽然效果并不是非常突出。⑤总之，从国民政府成立到 1937 年全面抗日战争开始前的十年中，国民政府的关税政策体系初具规模，发挥了保护国内产业和确保财政收入的功能。

---

① 《国民政府准中政会通过行政院关于修订出口税则草案训令》，1935 年 5 月 21 日，国民政府行政院中国第二历史档案馆藏。

② 孙玉琴. 中国对外贸易史. 北京：对外经济贸易大学出版社，2004：207.

③ 久保亨. 走向自立之路：两次世界大战之间中国的关税通货政策和经济发展. 北京：中国社会科学出版社，2004.

④ 姚永超，王晓刚. 中国海关史十六讲. 上海：复旦大学出版社，2014：198.

⑤ 从 1932 年开始到战前的 1936 年，贸易入超连年下降。从 1932 年的 8. 67 亿元直落到 1936 年 0. 24 亿元，指数也从 385. 48 回落到 104. 64。表面上看，中国的对外贸易出现了极大的改观。

第三节　对外贸易的发展与外国在华投资

一、对外贸易发展状况

国民政府成立初期，中国作为落后的贸易小国，只能被动地接受世界市场的波动，西方市场的供求状况极大地制约着中国对外贸易的发展。1927—1936 年，中国对外贸易的发展大体上可以划分为三个阶段：1927—1931 年为较为平稳的时期；1932—1935 年为艰难发展时期；1936 年为恢复好转时期。

表 4–3　1927—1936 年中国进出口贸易值及物量指数（指数：1920 年=100）

年份	进口净值（千关两）	出口净值（千关两）	入超（千关两）	贸易总值		贸易总值		物量指数	
				千关两	指数	千美元	指数	进口	出口
1927	1 012 932	918 620	94 312	1 931 552	148.1	1 332 770	82.4	144.7	129.2
1928	1 195 969	991 355	204 614	2 187 324	167.8	1 553 000	96.1	173.3	130.8
1929	1 265 779	1 015 987	250 092	2 281 466	175.0	1 460 138	90.3	184.3	125.1
1930	1 309 756	894 844	414 912	2 204 600	169.1	1 014 138	62.7	172.6	109.9
1931	1 433 489	909 476	524 013	2 342 965	179.7	796 608	49.3	171.1	114.4
1932	1 049 24	492 641	556 606	1 541 888	118.3	524 242	32.4	139.7	84.5
1933	863 650	392 701	470 949	1 256 351	96.4	515 104	31.9	128.5	104.5
1934	660 88	343 527	317 362	1 004 416	77.0	528 323	32.7	112.1	99.4
1935	589 99	369 582	220 582	959 576	73.6	542 161	33.5	110.1	106.2
1936	604 329	452 979	151 350	1 057 308	81.1	489 534	30.3	102.6	105.3

资料来源：许涤新，吴承明. 中国资本主义发展史：第 3 卷. 北京：人民出版社，1993：23.

（一）平稳发展的时期（1927—1931 年）

1929 年，世界经济危机爆发，国际贸易严重衰退，由 1929 年的 686 亿美元下降为 1930 年的 556 亿美元，再下降到 1931 年的 397 亿美元。[①]从 1930 年开始，在资本主义世界爆发了一场激烈的对外贸易方面的倾销战和关税战。贸易之战同样也波及半边缘化的中国。就此时期中国的进口值来看，如果按美元计算的话，不仅没有出现递增，反而有所减少。1930 年的进口值为 602 488 千美元，1931 年则降为 487 386 千美元。对外出口值由 1930 年的 411 628 千美元，下降到 1931 年的 309 222 千美元，下降了 102 406 千美元，而同期进口值下降了 115 102 千美元。出口值下降幅度低于进口值下降幅度；入超值也由 1930 年的 190 860 千美元，下降到 1931 年的 179 164 千美元。显然，进出口贸易没有出现急剧恶化的趋势，可谓风雨飘摇中的宁静，中国的贸易没有很快卷入大危

① 斯塔夫里阿诺斯. 全球通史——1500 年以后的世界. 吴象婴，等，译. 上海：上海社会科学院出版社，1992：695.

机的旋涡之中。

中国的对外贸易之所以在大危机中出现较平稳的发展，有以下几个原因：

1. 中国的对外贸易还未完全融入世界市场体系

20 世纪 30 年代，由于不断增长的进出口贸易，中国成为世界经济系统的一部分，国内市场颇受国际市场的影响。但中国是一个半边缘化的国家，进出口贸易当时仍局限在上海、广州、天津等大的通商口岸城市，内地和偏远地区大多仍为长距离贸易，统一的国内市场体系尚未健全。根据历年的海关报告统计，在 1929—1931 年对外贸易的区域分布方面，上海、广州、汉口、天津、大连五个通商口岸在对外贸易总值中所占的比重为 75.6%，其他地方仅为 24.4%。[①]世界经济危机对中国的影响相对较小，而且经济危机影响的滞后性导致 1931 年前中国经济快速发展。由于中国实行银本位制，以黄金计量的白银价格下跌，导致白银流入。银价下跌鼓励了中国出口的增长，延缓了进口的增长，增加了华侨汇款。同时，银价下跌有效地减轻了危机对中国的冲击，阻碍了西方的商品倾销，改善了中国国际收支的状况。中国的外贸和工商业受到了某种程度的保护，金贵银贱使国内市场上物价不跌反涨，对民族工业的发展起到一定的促进作用。

在 20 世纪的前三四十年中，商品化速度明显加快。[②]虽然中国的小农经济已不可能再是一种封闭的自然经济，但这并非意味着小农经济的基础在国外市场大潮的冲击下完全解体。相反，这种商品化的手工业对现代资本主义工业的入侵进行了顽强的抵抗。传统小农经济是中国现代化发展的严重阻碍，但在大危机时期它却出人意料地表现出一定的优越性与生命力，使其无法对迅速沦入大危机的国际市场做出反应，这种反应的迟滞性不仅延缓了中国贸易恶化的时间，而且大大削弱了贸易恶化的程度。

2. 轰轰烈烈的国货运动以及金贵银贱限制了进口

国民政府成立后不久，便掀起倡导使用国货的运动。1929 年 6 月 17 日，工商部颁发的国货运动小册子就举行国货运动做了阐述：“农工生产要制造国货，商人贸易贩运国货，社会提倡使用国货，政策保护国货。”[③]国货运动遂以各种形式在全国各地展开，有效地抑制了洋货在危机初期的进口倾销。

中国当时实行银本位的货币制度，银价跌落，金价上涨，构成了一道天然的进口贸易屏障。中国以银为本位货币，西方国家则多以金为货币本位，国际市场上的金银比价是决定中国外汇汇率的最基本的因素。1929 年经济危机开始，金银比价急剧上升，1930 年为 53.4，1931 年为 70.3，而 1924 年仅为 27.735 2。金贵银贱的趋势，使进口物价显著上升，国民购买力水平明显下降，“如此则舶来品即可不用，大家来提倡国货，必定发达。”[④]金贵银贱，金汇上扬，对使用银币的中国来说就是货币对外贬值，这样会抑制进口，增加出口，中国出口产品的竞争力就会增强。因为中国出口商品价格是以外汇计算的，而在本国内部则是以银元支付的，外币汇率上升，进口货付出的银价就会增高，成

① 严中平，等. 中国近代经济史统计资料选辑. 北京：科学出版社，1955：69.

② 黄宗智. 华北的小农经济与社会变迁. 北京：中华书局，1986：124.

③ 《工商部检送国货运动小册子函》，1929 年 6 月 17 日，国民政府档案，中国第二历史档案馆藏.

④ 南京《中央日报》，1930 年 6 月 27 日.

本加重，使得过去进口有利的商品变为无利可图，甚至亏本，这样进口商品就必然减少。反之，如果银价跌落，那么中国出口的商品所得外汇折合银币数超过国内销售商品所得数，出口商品就会增加。[①]虽说金贵银贱利于出口而不利于进口，但因中国出口均为原料品，即能多销于国外，外国仍以土货加工制造输入。如果把这两年中国对外贸易的变化情况与整个世界资本主义贸易额进行比较，那么，1930—1931 年以金计算的中国对外贸易总额较 1929 年减少 31%和 45%，超过同期整个资本主义世界贸易额的缩减程度。中国在世界对外贸易额中的比重亦由 1929 年的 2.1%下降到 1930 年的 1.8%和 1931 年的 2%。[②]总体而言，中国的进出口贸易未发生较大变动，出口贸易并未严重衰退。

3. 积极的、间接的干预政策使对外贸易呈现良性发展势头

厘金原是一种货物产销税，始设于 1853 年 5 月。厘金被人称为中国三大恶税（另外两种分别是盐税、资本税）之一，自开征之后，弊端丛生。1928 年，全国总计有厘卡 735 个。不仅厘卡林立，而且名目繁多，章程混乱，税率不一。原定税率 1%，实际上许多地区都高达 5%～10%，还实行“遇卡完纳制”，即每经过一个关卡，就要缴纳厘金一次，故商人实际上负担奇重，不利于工商业的发展。[③]国民政府在积极整顿全国财政的同时，决定裁撤厘金。“吾国国民经济日形衰落，固由政治组织不良，亦缘最近数十年来，外感协定关税之压迫，内受厘金制度之摧残，以致商货艰滞，实业不振。本政府受国民之付托，夙夜兢兢，深知欲图民国经济之发达，作将万恶之厘金及类似厘金之制度彻底清除，不足以苏民困。”[④]裁撤厘金使国内外贸易和商业发展的长期障碍得以消除，有利于形成统一健全的国内市场体系。1930 年 12 月 15 日，财政部长宋子文宣布，自次年元旦起裁厘。12 月 26 日，国民政府主席蒋介石通电各省市，严令如期裁厘，并且声明“今日一切皆可牺牲，而裁厘之政策万不能不贯彻，且万不能不如期实行也。”裁厘后改办之新税称为特种消费税；特税税率，日用品值百抽 2.5 至 5，半奢侈品值百抽 7.5 至 10，奢侈品值百抽 12.5 至 15。[⑤]特种消费税原则上实行一物一税，较之厘金有一定进步意义，国货行销与出口负担减轻刺激了国内商品的输出，民族工商业在危机之初没有受到强烈冲击。

关税自主的真正实现及正式运作是在 1932 年之后，这使前两年的对外贸易实际仍处在“相对自由”的状态，这种奇怪的自由贸易造成贸易平稳发展。1929 年的税则由于日本的反对，缺乏保护性，关税自主也受到干扰，直到 1931 年的税则公布，才保护性渐浓，但就工商界的反应来看，并没有达到应有的效果。1931 年 2 月，工商会议中庞炳源提请政府先从棉纱布匹入手实施保护方案，急切要求税则自定，否则无以自解。[⑥]1930 年的中原大战和各地的军阀混战、1931 年 9 月的“九·一八”事变，

---

① 石毓符. 中国货币金融史略. 天津：天津人民出版社，1984：254.

② 黄逸峰，姜铎，等. 旧中国民族资产阶级. 南京：江苏古籍出版社，1990：392.

③ 张宪文，张玉法. 中华民国专题史·第六卷：南京国民政府十年经济建设. 南京：南京大学出版社，2015：222.

④ 财政部财政科学研究所，等. 国民政府财政金融税收档案史料：1927—1937. 北京：中国财政经济出版社，1997：931.

⑤ 财政部档案：三（2）—2915，中周第二历史档案馆藏.

⑥ 《实业部为工商会议请先从棉织业实施关税保护政策案》，实业部档案，中国第二历史档案馆藏.

这些内忧外患都使关税自主蒙上了无法兑现的阴影，此时的对外贸易仍处在非自主向自主的过渡状态，未有大的震动。

（二）艰难发展的时期（1932—1935 年）

1932 年开始，中国的对外贸易日趋恶化。主要表现在：1932—1935 年进出口值无论按海关两还是美元计算，均呈曲线下滑，贸易总值平均为 5 亿多美元，远低于 1931 年前的水平；入超值逐年增加，1932 年以后，入超占进口净值的比重呈上升趋势，1932—1935 年依次为 53.8%、58.6%、54.5%、49.1%。[①]1933 年以后，走私进口货增多，这部分货物也应视为入超部分，因而 1933 年以后的贸易入超值应该更大。

1932—1935 年中国对外贸易艰难发展的根源如下。

1. 世界经济危机的严重影响

1929 年，资本主义世界爆发了大规模的经济危机，危机持续了 5 年的时间。危机期间，资本主义各国工业生产急剧下降，大批企业破产，工人失业人数激增，社会生产力受到严重破坏。在工业危机的打击下，农产品的价格也普遍下跌，农业危机随之发生。在工业危机和农业危机的双重打击下，各国货币信用危机接踵而来，国际金融市场陷入混乱状态，国际贸易急剧下降。为争夺国际市场，发达资本主义国家之间展开空前激烈的贸易战，各国纷纷放弃金本位制，实行货币贬值，力图把本国商品倾销到国外市场，同时又不断提高进口关税水平，设立各种贸易壁垒，以限制进口、促进出口，国际贸易保护主义大大增强了。美国的国际贸易地位也急剧下降。1929 年至 1938 年，美国的进口份额由 12.2%降至 8.1%，出口由 15.6%降至 13.4%。这次经济危机使各国工业生产倒退了二三十年，甚至半个世纪。

表 4-4　1929—1933 年资本主义国家经济危机状况

年份	工业生产指数下降到	工人失业人数/万人	国际贸易减少到/亿美元	
			出口	进口
1929	100	590	351	325
1930	86	1 170	285	260
1931	75	1 920	202	185
1932	64	2 640	136	126
1933	72	2 600	123	115

资料来源：范元. 资本主义兴衰史//雨竹.1929—1933 年世界经济危机的状况、原因及对策. 江西社会科学，1991（5）.

“中国是世界经济系统的一个组成部分”。在危机到来的时候，各资本主义国家对殖民地和半殖民地国家进行大量的商品输出和原料掠夺，以尽量减少危机给本国造成的损失。中国是一个资源丰富、经济落后的市场大国，因此，也成为资本主义国家转嫁危机的重点目标。中国虽然对世界经济危机的反应不如西方发达国家那样迅速，却

① 许涤新，吴承明. 中国资本主义发展史：第三卷. 北京：人民出版社，1993：26.

无法避开世界危机浪潮的冲击。实业部国际贸易局的报告称："近两年来世界经济之凋敝，已为早有现象。吾国情形，自亦难逃例外，百业凋零，贸易不振。"[①]三十年代的这场大危机，到1932年夏天到了最低点。1932年以后，没有出现复苏而是进入特种萧条阶段，各国纷纷提高进口商品的关税，限制使用外汇购买外国商品，实行限额输入等。由于各国对初级产品的限制极为严格，而中国出口的大宗商品又恰巧是农副产品，中国出口贸易损失惨重。危机降临中国的时间较迟，但延续时段较别国为长。1933年，当各资本主义国家都已经开始摆脱危机时，中国非但没有缓和，反而在1934年陷入更深的危机，这从当时的进出口值、贸易总值和入超值的减少中得到证实。一直到1935年，中国外贸各数值才达到战前的最低点。

从表4–5中可以看出，1929年经济危机发生前，中国进出口贸易的情况还算正常。在进口方面，1926年为17亿多元，1928年为18亿多元，1929年为19亿多元，而同期的出口，1926年为13亿多元，1929年增加为15.8亿多元。入超指数1926年为100，1928年为78.7，1929年为96.2，略有下降的趋势。1929年，经济危机爆发，外国加紧在中国倾销商品，进口贸易增加，出口减少，入超增加，从1926年的4亿多元增长为1932年的8.6亿多元，短短几年增长了114.1%。在这一时期，外国对华倾销的商品，不仅有工业品，而且有农产品。海关统计数字表明，1929年外国向中国输出的面粉、大米、棉花等增加。如面粉，1927年为382万担，1932年为663万担；大米，1929年为1 082万担，1932年为2 138余万担，1933年为2 005余万担；棉花，1928年为191万担，1931年为465万担。[②]外国的这些农产品进入中国，一方面减轻了自身的经济危机，同时也使中国的农产品价格下跌，令中国的农业受到影响。中国在出口方面，中国的出口商品价格下降，使出口贸易受到严重损失。

表4–5　　1926—1936年中国对外贸易趋势表

单位：国币千元　指数1926=100

年份	进口		出口		合计		入超	
	价值	指数	价值	指数	价值	指数	价值	指数
1926	1 751 537	100	1 346 571	100	3 098 108	100	404 966	100
1927	1 578 148	90.5	1 431 209	106.3	3 009 367	97.1	146 939	36.3
1928	1 863 320	106.4	1 544 531	114.7	3 407 851	110.0	318 789	78.7
1929	1 972 083	112.6	1 582 441	117.5	3 554 524	114.7	389 642	96.2
1930	2 040 599	116.5	1 394 116	103.5	343 475	110.9	646 433	159.6
1931	2 233 376	127.5	1 416 963	105.2	3 656 339	117.8	816 413	201.6
1932	1 634 726	93.3	767 535	57.0	2 402 261	77.5	867 191	214.1
1933	1 345 567	76.8	611 828	54.4	1 957 395	63.2	733 739	181.2
1934	1 029 665	58.8	535 214	39.7	1 564 880	50.5	494 451	122.1
1935	919 211	52.5	525 809	42.8	1 495 020	48.3	343 402	84.8
1936	941 155	46.3	705 750	47.6	1 647 280	52.0	235 810	58.2

资料来源：武堉干．近十年来的中国国际贸易//中国文化建设协会．十年来的中国．上海：商务印书馆，1937：214.

① 《实业部国际贸易局关于1933年上半年出入口贸易价值概况的报告》，实业部档案，中国第二历史档案馆藏.

② 章有义．中国近代农业史资料．第3辑．北京：三联书店，1957：412.

表 4–6 表明，1931 年以后，中国出口商品的价格比进口商品的价格下降得快。中国需要出口更多的商品才能接近原来的出口额，这种进出口价格的差额，表明中国的损失比较严重。

表 4–6　　1929—1934 年进出口商品价格、商品总量、商品总值指数表

年份	进口			出口		
	商品价格	商品总量	商品总值	商品价格	商品总量	商品总值
1929	100	100	100	100	100	100
1931	139	81	113	102	88	90
1934	123	52	64	68	74	50

资料来源：章有义.《中国近代农业史资料》第 3 辑. 北京：三联书店，1957：427.

2. 金贱银贵与美国的白银政策使中国对外贸易危机雪上加霜

1931 年起，主要资本主义国家相继放弃金本位，贬低币值，伦敦及纽约的银价直线上升。各帝国主义国家贬低币值、提高银价的目的之一是想向中国这样的用银国转嫁危机。中国是半殖民地国家，在此世界市场紊乱之时，“影响所及，我国初出萌芽之产业，乃首蒙其损害。”贸易指数在发生巨变，如果以 1929 年的外贸指数为 100，1933 年入超为 188.3，进口减至 68.3，出口跌至 38.7，但奢侈品消费未有大减。

1932—1935 年，银价上涨 129.1%，汇率上升 66.2%，白银外流 4.25 亿两。出现上述情况，和美国的白银收购政策相关。1934 年，美国国会通过“白银法案”，其要点为：（1）美国货币准备金，金为 75%，银为 25%，即“金三银一”的比例，为达到这一比例，就要收购白银；（2）财政部长有权在国外购银；（3）总统有权命令国内存银全部交给造币局。美国提高银价能刺激世界上以银为货币本位的国家提高购买力，这样就可以向这些国家推销美国的过剩商品，减轻本国的经济危机。银价、汇率上涨，进出口商品的价格相应下跌。1932—1935 年，国外物价水平上升，进口物价指数下降 23.3%，国内的进口物价指数也跌落 19.7%，远未达到汇率变动应达到的幅度，洋货进口未受到重创，而国货出口却严重受制。美国经济考察团在考察中国后也不得不承认：中国金融破产的根本原因在于银行地产公司与个人的贫穷。当物价上涨时，则群起购买不动产；一旦市面衰落，则蒙受损失。“此时适有美国之购银政策，遂予中国商业与贸易一巨大打击。美国的白银政策对中国商业贸易损害甚大，此乃毫无疑问者。”①

面对金贵银贱和美国收购白银政策给中国贸易造成的损失，国民政府采取了积极的干预政策。财政部先是实行征收白银出口税政策，控制白银的外流，然后规定国内运输现银请领护照五项办法，以防止偷运出口。②1935 年 7 月，国民政府公布《妨害国币惩

① 天津《大公报》，1935 年 7 月 18 日.

② 天津《大公报》，1935 年 6 月 20 日.

治暂行条例》。其中，第二条规定："意图营利私运银币……，或银类出口者，处死刑、无期徒刑，或七年以上有期徒刑，得并科币额或价额5倍以下罚金。"第四条则规定，凡是销毁或私运出口的银币或银类，均要没收。[①]1935年11月，国民政府又决定放弃银本位，改为外汇本位制，将所有外汇集中于国家银行，货币由国家银行统一发行，这样就把外汇稳定在比较有利的水平上。这些举措不仅使中国的货币制度向现代化迈了一大步，而且有助于贸易的良性发展。

3. 国民政府对进口货征收高税率关税和限制进口政策使进口贸易趋于下降

为减少外贸入超额，平衡国际收支，国民政府对进口洋货大幅度提高关税税率，公布《倾销法》，严格限制奢侈品与竞争性商品输入中国。资本主义国家妄图利用大危机的国际背景和中国半殖民地的特殊条件推销剩余产品，转嫁危机的目的因国民政府的有效抵制而未能完全达到。但这些举措也影响了正常的进出口贸易，贸易不景气也就是很自然的事了。

4. 1932—1935年的民族工业和农村的危机，也是贸易下滑的重要因素

外贸的艰难发展影响了此时期民族工商业的发展，而民族工商业的萧条也影响了外贸的顺利发展，两者是相关联的。中国的民族工业直到1931—1932年冬春之交才受到大危机影响。[②]

民族工业的危机表现在以下几个方面。第一，洋货进口和走私货的行销，冲击了民族工业。三十年代初，全国有民营面粉厂148家，其中有60家在东北。"九·一八"事变后，由于东北市场丧失，长江流域充斥洋粉。全国1931年进口洋粉4 889 275担，1932年增加到6 636 658担，增加率为34%，致使国产面粉销售锐减。第二，外资企业在国内展开强大竞争攻势，民族企业陷入困境。在华外资工厂利用雄厚的资金与先进的设备，同国货在国内市场交锋，民族企业衰退。中国银行经济研究室调查结果显示，民营工业的营业额1934年比1931年普遍下降，其中棉纺织业下降55.1%，面粉业下降58.3%，缫丝业下降43.8%，卷烟业下降30.5%，机器业下降41.6%，搪瓷业下降39.9%，化妆业下降29.2，调味品业下降10.7%，染织业下降36%，针织业下降50%，橡胶业下降60%。只有火柴业增长11%，其余可说是百业萧条。[③]就发展比较好的轻工业来说，到1935年8月底，仅棉纺织业全国纱锭停工、减产者占44%，布机停工、减产者占41.9%。而且外资当时大多投在与外贸相关的行业上，又控制着绝大多数外贸交易机构，给民族企业的产品销售造成巨大的压力。第三，国民政府对机器设备、原料等进口征收高额进口关税，使国内企业发展如履薄冰。如1934年的进口税则第244号至266号，对国内急需的机械进口税较前增加，阻碍了国内企业更新设备。

① 《国民政府公报》训令第1795号.

② 扬格. 1927—1937年中国财政经济情况. 北京：中国社会科学出版社，1981：213.

③ 国民党中央党部国民经济计划委员会. 十年来之中国经济建设. 南京：扶轮日报社，1937：98.

表 4–7 20 世纪 30 年代中国主要民族工业萧条情况表

业别	1930	1933	业别	1930	1933	业别	1930	1933
棉纺业	100	35	橡胶业	100	80	调味粉业	100	100
针织业	100	50	毛织业	100	85	棉织业	100	110
面粉业	100	50	化妆品业	100	85	火柴业	100	140
机器业	100	73	丝织业	100	90	热水瓶业	100	150
染织业	100	80	搪瓷业	100	95	油漆业	100	185
卷烟业	100	80						

资料来源：章有义. 中国近代农业史资料. 第三辑. 北京：三联书店，1957：475.

1932 年至 1935 年的农业危机，也是导致这一时期外贸不景气的一个原因这其中既有天灾，也有人祸，各种因素交杂，农村经济更加残破。这些年几乎每年都有自然灾害，受灾区域之广，灾情之严重，是历史上所罕见的。

战争与地方割据使农业无法获得良好的外部环境。国民党连年剿“匪”，派系混战不断，战乱波及地域无法休养生息；“最痛心的现在各地方封建的形态依旧，各地方经济还富于地方性，没有走上国家化的路上去。”[①]浓厚的封建地租和苛捐杂税，使土地荒芜，农业收成甚不景气。农业的危机直接导致粮食进口的猛增，农林产品的出口锐减，严重影响了对外贸易的良性发展。

（三）恢复好转时期（1936 年）

1936 年对战争前夕的中国来讲，外贸的好转是对政府与国人的一种安慰。不景气的外贸进出口值都有所回升，贸易总值也相应增加。“总结起来，今年我国的对外贸易，不仅在数字方面入口平稳，出口激增，而且这种出口激增的现象普遍及于各种商品，各个国家以及南北各地……”[②]该年的入超值也由上年的 124 533 千美元，下降到 70 075 千美元，降低了近三分之二，这是 30 年代前期的最低点，在年初的月份，还出现了暂时的出超。如 1936 年 1 月，海关报告全国对外贸易出超 900 余万元。[③]1937 年上半年达到 1935 年同期的 2 倍左右，“贸易赤字迅速缩小”。[④]

1936 年，中国对外贸易跨出低谷、开始回升的原因如下。

1. 国际经济环境好转

世界经济形势好转与各帝国主义国家扩军备战，给中国一个发展外贸的好契机。从 1933 年起，资本主义世界的经济形势开始好转，到 1936 年世界经济危机已经过去，出现了短暂的繁荣。1936 年，世界经济危机早已走出低谷，各资本主义国家的贸易有所回升，关税壁垒放松，国际贸易又开始充满活力。1935 年 10 月，意大利入侵阿比西尼亚，各帝国主义国家都预感大战将至，纷纷囤积军需物资。中国资源丰富，所产的桐油、钨矿、锡矿等战争必需品正好满足了各国所需，这些产品的出口猛增，中国出口贸易逆势稍稍好转。

① 南京《中央日报》，1933 年 10 月 17 日.

② 何炳贤. 一九三六年我国对外贸易的透视. 民族，1937（4）.

③ 《大公报》，1936 年 2 月 28 日.

④ 陆仰渊，方庆秋. 民国社会经济史. 北京：中国经济出版社，1991：343、344.

2. 农业获得丰收

1936 年农业大丰收，中国贸易衰退得以有效遏制。1936 年，中国的农业生产，除四川、河南、广东三省受灾外，全国均获丰收，粮食总产量达 2 774 亿斤，棉花 1 697.6 万担，烤烟 357.2 万担，花生 6 341.5 万担。据统计，以 1933 年作为基期，全国 1931—1936 年稻麦等作物净产值指数分别为 112、122、100、84、107、120。农业净产值分别为 13 759 301 千元、14 931 222 千元、12 270 917 千元、10 304 406 千元、16 926 458 千元。[①]从上述指数变化来看，1936 年中国的农业开始超过往年，到达 30 年代的高峰。1936 年，中国工农业总产值约为法币 306.12 亿元，其中农业总产值为 199.23 亿元，约占工农业总产值的 65%。[②]1936 年农作物亩产较 1935 年增加率为小麦 10%、大麦 5%、豌豆 8%、燕麦 6%、籼粳稻 7%、糯稻 9%、高粱 8%、小米 3%、糜子 6%、大豆 29%、棉花 22%、花生 15%、芝麻 13%。其中，5 种在 10%以上。故 1936 年农业丰收也是前所未有的。小麦、高粱、大麦等均达到 1931 年以来的最高产量。1936 年，重要谷物收成的价值达法币 56 亿元，比 1933—1935 年的平均产值高出 17 亿元。小麦、大麦、燕麦三种产量均有较大增长，尤以小麦产量为 1930 年以来所仅见，棉花产量增长更是高达 46.9%，为棉纺、棉织业的发展提供了充足的原料。此外，有关外贸的重要农产品，如桐油、茶叶、蚕茧等也获得丰收。[③] 1936 年，农产品在出口贸易中占 34.2%，进口则明显下降，农产品大量进口的局面稍稍改变。

3. 币制改革

1935 年 11 月，国民政府实行法币政策，促进了中国贸易大发展。1935 年 11 月的币制改革，结束了长期以来币制混乱的局面，中国真正实现了货币的统一。有研究者认为，法币政策是“顺应时代潮流的进步货币措施”，对中国社会经济有积极作用。[④]从经济方面看，币制改革不仅实现了货币统一，稳定了金融，也推动了工农业和内外贸易的发展。法币政策的实行，“一方面既为抵御各国之汇兑倾销政策，另一方面亦欲借此以诱致输出贸易的增进。”[⑤]改革后，汇率稳定，币值贬低，物价回升，出口明显增加。英国《泰晤士报》称赞币制改革“成绩之佳，进行之顺利，远出意料之外”。

表 4-8　　币制改革前后主要商品价格上涨情况

商品类别	币制改革前 1935 年 10 月	币制改革后 1937 年 5 月	上涨率/%
粮食	79.1	106.0	34.0
其他食物	109.5	134.5	22.8
纺织品及原料	75.6	106.5	40.9

① 巫宝三. 中国国民所得. 上海：中华书局，1933：48.

② 董长芝，李帆. 中国现代经济史. 长春：东北师范大学出版社，1988：48，108.

③ 孙健. 中国经济史——近代部分（1840—1949 年）. 北京：中国人民大学出版社，1989：492.

④ 陈克俭. 关于 1935 年国民党政府法币政策评价的几个问题. 中国经济问题，1987（3）.

⑤ 罗敦伟. 新币制政策对于全国经济之影响. 中国经济，1937（1）.

续表

商品类别	币制改革前 1935 年 10 月	币制改革后 1937 年 5 月	上涨率/%
金属	117.3	191.5	63.3
燃料	114.8	140.0	22.0
建筑材料	93.5	134.4	43.7
化学品	127.3	137.7	8.2
杂类	90.9	120.9	33.0

资料来源：论今后我国物价之趋势//上海商业储蓄银行. 海光，第 8 卷第 7 期. 洪葭管. 中国金融通史：第 4 卷. 北京：中国金融出版社，2008：299.

1936 年年初月份短暂入超的主要原因也正在于此。1936 年 1 月至 9 月之间，中国出口贸易共计 507 522 千国币，与 1935 年同期比较，增加 27.90%，入口贸易则为 684 708 千国币，与 1935 年同期比较，计减少 5%。[①]姑且不论出超的优与劣、长时与短时，其受币制改革的刺激使然，则为一般人所共识。[②]虽然后来中国对外贸易重趋入超，但入超额明显减小。1934 年，中国进口 103 000 万元，出口 53 500 万元，进出口贸易总额 156 500 万元；1935 年，进口 91 900 万元，出口 53 500 万元，贸易总额 149 500 万元，下降 4.5%；1936 年，进口 94 200 万元，出口 70 600 万元，贸易总额增加到 164 800 万元，比上年增加 10.2%，其中进口增加 2.5%，出口增加 22.6%，出口增加的幅度大大超过进口增加的幅度。[③]后来的出超证明，中国的贸易逆差虽有所缓和，但对外贸易缺乏可持续发展的内外因素，出超仅仅是昙花一现。

4. 国民政府对外贸易的部分统制政策，有利于贸易的发展

20 世纪 30 年代中国的“统制经济”思想不仅在学术界被广泛支持，“实际上也得到政府的认可，成为国策，并被予以倡导和实行。”[④]早在 1936 年前，国内的工商界人士和商会团体便要求对进出口贸易施行统制政策。所谓统制经济系指国家依靠政权的力量，通过行政和法律等手段，直接管理或控制国民经济的各个部门和各个环节，即加强国家对经济的垄断。而对外贸易统制即国家以行政及法律手段对进出口活动实行严格的控制与管理。1932—1936 年担任实业部长的陈公博主张中国“采取统制政策”，并认为实行统制经济必须具备“政府和人民合作”和“要有强有力的政府，而强有力政府背后要有强有力的党”两个条件。[⑤]1934 年 12 月，国民党召开四届五中全会，蔡元培等人向大会提交了《请由政府厉行保护政策，扶助国内产业之发展，并于对外贸易实行管理，以期减少入超案》，建议国民政府实行外贸统制政策。1935 年 6 月，上海市商会在统制进口

① 赵心丹. 十年来新货币政策之检讨. 中国经济，1937（7）.
② 《东方杂志》第 33 卷第 8 号，1936 年 4 月 16 日.
③ 贺水金. 1927—1952 年中国金融与财政问题研究. 上海：上海社会科学院出版社，2009：128.
④ 郑会欣. 战前“统制经济”学说的讨论及其实践. 南京大学学报，2006（1）：86.
⑤ 为实业计划告国人. 民族杂志，1933（12）；统制经济与组织. 民族杂志，1933（11）.

贸易的呈文中说："挽救危机，非由国家力量，谋求国际贸易之均衡。"[①]但此时的统制只是在部分行业试行，并未全面开展。1935 年 11 月国民党四届六中全会通过的《努力生产建设以图自救案》，强调"从速设法力求国际贸易趋于平衡"，指出"凡进口贸易，可由政府直接加以管理""对于出口货物……规定标准，以求划一，而利推销"，以此确立了贸易统制政策。这一时期成立了官商合办的专业公司，如中国植物油料厂、中国茶叶公司、中国棉业公司、中国木业公司、中国矿业公司等。

1936 年，统制贸易略具雏形。1 月 1 日，资源委员会在长沙设立锑业管理处。2 月 28 日，在南昌设立钨业管理处，矿产品的收购和运销由资源委员负责管理，桐油、猪鬃等产品交由中央信托局办理。1936 年 8 月，实业部和六省政府创立中国植物油料厂，由其统制油料的生产和贸易，在各省的支持下，这个厂把控了全国的植物油和柴油的贸易权。据统计，仅 1936 年，有 8 500 百万元的油料销往国外。"抗战"爆发后，政府正式对贸易实行严格的统制政策。1937 年 9 月，国民政府财政部提出《增进生产，调整贸易办法大纲》，随即在军事委员会下，分别设立"工矿调整委员会""农产调整委员会"，10 月设立"贸易调整委员会"，对工矿业、农业、商业实施全面的经济统制。1937 年 10 月，国防最高会议制订《总动员计划大纲》，其中明确规定对外贸易要实行国家统制，利用有限的渠道出口盟国需要的中国农矿产品等战略物资，进口中国急需的军用及民用物资。国家资本的贸易机关和企业，在对外贸易活动中，对中国坚持长期抗战并取得胜利，起到了促进作用。

值得注意的是，工业的不景气、走私活动的存在、岌岌可危的战争环境等因素仍困扰着对外贸易的回升。1936 年的中外贸易并非历史上的最好水平，只是相较 1932—1935 年的迟滞有一定好转而已。

（四）东北地区的对外贸易

"九・一八"事变以后，东北地区的对外贸易从中国对外贸易中分离出去，成为日本的殖民地贸易。1931 年前，东北地区的进口贸易和出口贸易分别占进出口贸易总额的 1/10 和 1/3，各税关的收入年达 2 500 百万海关两，占全国关税收入的 15%。面积占全国领土的 1/10、拥有 3 000 万人口的东北，是历史上唯一出超的地区。东北的输出商品以农产物为主。大豆为东北特产，当时占世界生产总额的 60%以上，所产大豆 70%以上均输往国外销售。据海关报告，豆类及其产品的输出价值已超出生丝和茶叶的出口值而跃居首位，占全国出口货值的 20%有余。1926 年至 1932 年，东北地区出超额累计达 15.5 亿元。1931 年以前，日本对华贸易占中国对外贸易总额的 1/3 左右。"九・一八事变"后，日本在中国对外贸易中的地位下降。1931 年，日本在中国进出口贸易中所占比重分别为 20.4%和 29.1%，到 1935 年则下降到 15.1%和 14.2%。但这一统计中，不包括东北地区的对外贸易和日本对华大规模的走私贸易。据估计，1936 年日本对华北走私规模高达 2 亿元，由于华北走私的影响，国民政府的关税收入占财政总收入的比重从 1932 年的 59.8%下降到 1935 年的 47.3%，1936 年进一步跌至 33.3%。1931 年前，日本占东

① 《1935 年上海市商会呈文》，《经济部档案》（四）1231.

北进口贸易的 55%～65%，出口贸易的 35%～60%。[①]从 1932 年开始，东北的对外贸易不再列入统计数字，这对中国外贸无疑是一项巨大损失。

东北由于完全沦为日本的占领地，东北经济殖民地化的主要标志之一是贸易对日的附庸化、从属化。[②]1932 年 3 月，日本在我国东北地区策动成立了“满洲国”傀儡政府。在被日本占领时期内，东北地区对外贸易的结构与方向均发生了巨大变化。1932 年 9 月，日本关东军司令部在其《关于实行日满经济统治的基本必要条件方面的意见》中，明确提出：对于日本商品向“满洲国”输出，采取适当的保护及奖励方法，以鼓励日本商人强行向东北地区倾销商品。1934 年 3 月 30 日，日本内阁会议通过的《日满经济统治方策要纲》，规定了对伪满的“统制方针”“一般统制要纲”“统制方法”等方面的内容。其中，在“统制方法”中，对东北的关税做了如下规定：“关于满洲国的进口税，特别是与适宜在我国维持和发展产业有关者，考虑对该国的财政影响，尽速予以适当调整。必要时对于无碍于日满贸易的品种，无妨提高其进口税。”“满洲国的出口税，在该国财政许可范围内尽快废除。”[③]日本的这一系列政策目的很明确，就是为掠夺战略物资以及东北的廉价原料大开方便之门，以实现其“工业日本，原料满洲”的殖民主义侵略政策。伪满统治政权曾于 1933 年、1934 年进行两次关税改革，颁布非常有利于日本和整个日元地区的新税则。对进口商品，规定不收商品税的占 4.5%，减税的占 11.5%；对出口商品，有 4 种免税，1 种减税。但对从关内运到东北的“中国货”，则征 40%的高税。1931 年东北地区对日贸易总额为 10 亿日元，1932 年与 1933 年分别降至 9.4 亿日元、9.5 亿日元；1934—1935 年贸易总额开始上升，但也未恢复到事变前的数额。[④]1932 年以后，由原来的出超一跃变为严重的入超。1933—1936 年四年间，东北对日入超额累计达 86 700 万元，而同期东北地区整个对外贸易的入超额是 48 600 万元。[⑤]由于入超额不断增加，加重了东北人民的经济负担，束缚与破坏了东北地区民族经济的发展，同时也加深了对日贸易依赖程度，这标志着东北贸易的附庸化、殖民地化。“九·一八”事变后，东北已成为日本在华投资的集中地。1931 年，日本在东北的投资数约占其在华直接投资总额 11.164 亿美元（1930 年数据）的 78.69%；1936 年，提高到占其总额 15.601 亿美元的 82.6%，达到最高峰。

以 1931 年为时间点，1931 年以后东北地区的对外贸易对象变为日本独大的格局。“九·一八”事变前，东北地区与苏联、美国、德国、英国、丹麦、瑞典、中国关内都有贸易关系。1931 年后，日本限制东北与多国进行贸易，使东北与日本以外国家的贸易日益萎缩，贸易额明显减少，只剩下中国香港以及英荷属印度、澳大利亚等处，而与南洋其他各地贸易，几乎完全断绝。东北的对外贸易转而由日本独家垄断。

① 孙玉琴. 中国对外贸易史：中卷. 北京：中国商务出版，2015：193.

② 孙玉玲. 痛史之鉴：孙玉玲文集. 北京：社会科学文献出版社，2014：81.

③ 中央档案馆，等. 日本帝国主义侵华档案资料选编（14）东北经济掠夺. 北京：中华书局，1991：39.

④ 孙玉玲. 痛史之鉴：孙玉玲文集. 北京：社会科学文献出版社，2014：85.

⑤ 孔经纬，赵维平. 东北地区资本主义发展史研究. 哈尔滨：黑龙江人民出版社，1987：410.

表 4-9　　**东北历年入超统计**　　单位：伪满币元

年份	出口			进口			入超（—）或出超		
	总值	其中		总值	其中		总值	其中	
		日本	关内		日本	关内		对日本	对关内
1932	618 156 837	192 683 576	183 230 320	337 672 748	182 920 674	61 112 982	280 484 089	9 762 902	122 117 338
1933	448 477 605	177 326 651	71 770 873	515 832 425	313 749 276	79 821 389	−67 354 820	−136 422 625	−8 050 516
1934	448 426 567	172 265 580	65 299 692	593 562 248	383 270 256	57 537 743	−145 135 681	−211 004 676	7 761 949
1935	421 077 753	183 523 623	65 335 783	604 149 359	434 273 822	32 156 319	−183 071 606	−250 750 199	33 179 464
1936	602 758 989	237 508 643	128 602 736	691 830 312	507 324 215	47 684 840	−89 071 323	−269 815 572	80 917 896
1937	645 297 656	277 418 277	113 559 943	887 411 696	627 233 080	39 328 051	−242 114 040	−349 814 803	74 231 892

资料来源：章有义．中国近代农业史资料．第 3 辑．北京：生活·读书·新知三联书店，1957：523.

表 4-10　　**1932—1936 年各国在东北地区对外贸易所占比重表（日本项内含朝鲜）**　　单位：%

国别	1932		1933		1934		1935		1936	
	进口	出口	进口	出口	进口	出口	进口	出口	进口	出口
日本	58.4	38.2	65.9	46.7	68.9	48.8	75.6	51.6	77.3	47.4
苏联	2.2	5.6	1.6	3.0	0.8	1.9	0.2	1.1	—	0.3
英国	2.4	1.8	1.4	2.0	1.6	3.6	1.6	5.8	1.1	4.6
德国	1.9	12.0	2.0	1.8	2.1	11.9	2.4	7.8	1.9	8.4
美国	6.0	0.8	5.6	1.7	5.9	1.3	4.7	3.7	3.4	2.7
其他	11.0	22.0	8.0	16.8	11.0	17.9	10.2	14.5	9.4	15.3

资料来源：孔经纬．东北地区资本主义发展史研究．哈尔滨：黑龙江人民出版社，1987：408.

“九·一八”事变后，东北沦为日本的殖民地，对外贸易完全置于日本的控制之下。日本独占东北的对外贸易，把东北变为日本的商品销售市场和原料供应地，东北对外贸易成为日本加强经济掠夺的重要手段，一切取决于日本的利益及需要，并使之为日本经济掠夺和军事侵略服务。

二、对外贸易发展的特点

1927—1936 年间中国的对外贸易呈现如下几个鲜明特点。

（一）1927—1936 年的贸易发展呈两头好、中间差的马鞍形，各地区贸易发展也呈非均衡状态

20 世纪 30 年代初，以海关两计算，进口值、出口值、贸易总值均呈马鞍形的曲线。1927—1931 年呈缓慢上升的趋势，1932 年以后直线下降，1934 年、1935 年下降到最低点，直到 1936 年才爬出低谷，但远没有恢复到 1932 年以前的状态。这种发展状态和当时的国内外因素是密切相关的，国内相对稳定、世界经济发展时，中国的贸易状态就较好；国内不稳、世界经济衰落时，中国的对外贸易就出现逆流。

中国地域广阔，各地外贸发展也不均衡。20 世纪 30 年代的中国，华中和华南的对外贸易市场扩大，尤其是沿江沿海通商口岸城市贸易发达。华中地区 1929—1931 年进出口贸易值所占比重为 57.4%，1933 年则上升为 60.3%，1934 年为 65.5%，1935 年为 63.5%，1936 年 67.5%；华北地区在 1929—1931 年进出口贸易值中所占的比重则仅为 12.4%，以后各年份略有增加，但一直到 1935 年，进出口所占比重也不过 16.2%。而这时的华南地区则徘徊在 15%～20%之间。[①]1931 年全国贸易中进出口均有集中于上海之势，1932 年上海的贸易总额占全国贸易的 42.99%，1933 年为 53.4%，1934 年为 55.4%，1935 年为 53.1%，1936 年则为 55.5%。[②]而内地落后地区贸易欠发达，西北地区的对外贸易更是落后。

表 4–11　　入超占进口净值比重（%）

年份	进口净值（1）		入超（2）		走私进口（3）		（2）+（3）/（1）+（3）%	
	百万关两	百万美元	百万关两	百万美元	百万关两	百万美元	按关两计	按美元计
1931	1 433	487	524	178	30	10	37.9	37.8
1932	1 049	357	557	189	21	7	54.0	53.8
1933	864	354	471	193	86	35	58.6	58.6
1934	661	348	317	166	99	52	54.7	54.5
1935	590	333	220	125	135	76	49.0	49.1
1936	604	280	151	70	128	59	38.1	38.0

资料来源：许涤新，吴承明. 中国资本主义发展史. 第 3 卷. 北京：人民出版社，1993：26.

中国对外贸易中最大的一个现象就是贸易入超的增加和贸易条件的恶化。中国的贸易入超，20 世纪早期平均每年在 1.2 亿关两水平，第一次世界大战期间降为数千万关两，1921 年突破 3 亿关两，1930 年更是突破 4 亿关两。[③]随着资本主义经济危机的加深，发达国家对欠发达国家和地区的出口商品——主要是农产品的进口限制更加严格，使得这些国家的出口贸易严重受挫。一方面，限制别国商品的输入；另一方面，西方发达国家则对那些工业落后的国家大力倾销本国的工业品，对这些国家正在兴起的民族工业造成冲击。由于中国的对外贸易主要被外国的洋行所把持，因此这些洋行得以控制对外贸易中进出口商品的价格。进出口价格均出现了下降的趋势，但出口商品价格的降幅明显大大快于进口商品价格。1931 年以后，我国的贸易条件恶化。所谓贸易条件指数是国际经济关系中衡量相对贸易利益变动趋势的一个重要指标。贸易条件由出口价格与进口价格之比表示，相应地贸易条件指数由出口价格指数与进口价格指数之比表示。如果贸易条件指数增加，意味着该时期的贸易条件比基期的贸易条件更加有利，因为出口价格的相对上涨，使一定数量的出口商品可以换回更多的进口商品；反之，如果贸易条件指数下降，意味着该时期的贸易条件比基期的贸易条件恶化，因为进口价格的相对上涨，使一

① 刘佛丁，等. 近代中国的经济发展. 济南：山东人民出版社，1997：248.

② 严中平，等. 中国近代经济史统计资料选辑. 北京：科学出版社，1955：69.

③ 纵观中国历年进出口贸易值，1864—1936 年 76 年间，除 1876 年以前有几年是出超外，年年都是入超。郑友揆. 中国的对外贸易和工业发展. 上海社会科学院出版社，1984：334–337.

定数量出口商品可以换回的进口商品减少了。1936 年上海的一家报纸称："一九三一年起，我国物价，迅速下落，在各类物价下落中，有一个规则性的发展，就是出口的下落较批发物价为速，而批发物价的下落又较入口物价为速。"由于外国物价水平上升，进口没有增加，出口大大下降，入超达到 5 亿关两。近代中国的综合贸易条件指数整体呈下降趋势，说明中国在对外进行商品交换过程中的相对经济利益是不断下降的。贸易条件的变动受汇率和国际价格水平的影响非常小，与国内价格水平也无明显关系。贸易条件的变动主要是由贸易结构的变化引起的，茶叶和生丝等农产品贸易的衰弱是造成贸易条件下降的主要原因。①我们认为这个结论是比较可靠的，它反映了当时中国贸易条件恶化的主要原因在于中国出口商品价格的大幅度下滑。

东北是历史上中国唯一的贸易出超地区，每年出超数千万至 1 亿余关两，1931 年出超近 1.7 亿关两。自从东北海关沦入伪满洲国，日本货大量进入东北，1933 年开始东北也成为入超地区，到 1935 年超过 1 亿关两。中国提高关税后，从 1931 年起，走私进口增大，而后日本势力入侵华北，1935 年走私商品也超过 1 亿关两，这实际上也是入超。巨额的入超对于中国国际收支和国民经济产生严重影响。1932—1935 年既是中国入超比重最大之时，也是中国经济十分困难的时期。

表 4–12　　1932 年至 1937 年东北进出口贸易值　　单位：千美元

年份	进口值	出口值	总值	出入超（+或–）
1932	71 148	126 370	197 518	+55 222
1933	132 635	108 999	241 634	–23 636
1934	193 411	136 864	330 275	–56 547
1935	180 734	117 150	297 884	–63 584
1936	197 587	150 973	348 560	–46 164
1937	255 361	161 937	417 298	–93 424

资料来源：李康华，等. 中国对外贸易史简论. 附表九. 北京：对外贸易出版社，1981.

（二）进口商品的结构缓慢地趋于合理，而出口商品的结构未有大的变化

概括地说，外国进口中国的商品主要有三类：一次性产品，包括食品、原料、燃料；轻工业产品，包括纤维、陶瓷和杂货等；重化学工业产品，包括金属、机器、化学品等。这三类商品进口结构的变动，即生产性进口产品的比例不断增长、消费性产品比例下降，对于中国这样一个低度发展的国家来讲是有利的。肯定于此，并不否认战前中国贸易的消费性特点与工业的缓慢发展。尤其值得注意的是，这一时期中国对外贸易输入商品性质的畸形结构，使我国人民不能享受国际贸易的利益，而只感到外国商品充斥市场的压迫。进口商

① 袁欣. 近代中国的贸易条件：一般趋势及其与农产品贸易的关系. 中国农史，2008（3）：3.

1930 年，南开大学社会经济研究委员会以单行本形式出版了何廉所著《中国六十年进出口物量指数、物价指数及物物交易率指数（1867—1927）》。1932 年 3 月，何廉在《经济统计季刊》第 1 卷第 1 期上发表《中国进出口物量指数物价指数与物物交换率指数编制之说明（1867—1930）》，续编了 1928—1930 年数字。1936 年，《南开指数年刊 1935》刊出了《中国进出口物量物价与物物交易率指数（1867—1935）》。1937 年，《南开指数年刊 1936》再次刊出了《中国进出口物量物价与物物交易率指数（1867—1936）》，并对原指数中 1926 年以后部分进行了修正。

品中奢侈品的输入数额惊人，各种奢侈品（包括香水、脂粉、化妆品、真假首饰、卷烟、雪茄烟、各种酒类、糖果、鱼翅、燕窝等）每年的输入值是非常大的。即便在经济大萧条时期，比重下降也并不明显。据统计，在南京国民政府前期的十年内，每年奢侈品输入数额惊人，占入超总值的 20% 以上。时人评论说：进口货物的种类，大有调节的必要。[①]

中国出口商品主要以农林副产品、半制成品为多，尽管出口的数量有一定变动，但仅是量变，出口趋势未发生根本变动，这是第一个比较显著的特点。重化学工业产品和轻工业产品出口所占比例变化不大，轻工业产品的出口在 1936 年甚至有急剧下降的趋向，由 1933 年的 25.8%下降到 1936 年的 13.3%，下降了近一半。而一次性产品和手工业产品所占的比例未有大的变化，平均每年为 75%左右。这大体反映了中国工业落后，中国的贸易尤其是出口贸易处于世界贸易的半殖民地位。

表 4–13　　1929—1936 年输入商品顺位变迁表

年份	第一位	第二位	第三位	第四位	第五位	第六位	第七位	第八位	第九位	第十位
1929	棉布	砂糖	棉花	五金	米	麦粉	煤油	毛织品	纸张	机器
1930	棉布	棉花	米	砂糖	五金	煤油	机器工具	纸张	麦粉	鱼介、
1931	棉花	棉布	小麦	五金	砂糖	煤油	米	工具	纸张	海产品
1932	棉花	米	棉布	煤油	五金	小麦	砂糖	纸张	麦粉	颜料染料
1933	米	棉花	五金	小麦	煤油	棉布	纸张	砂糖	颜料	机器工具
1934	五金	棉花	米	机器	化学产品	煤油	纸张	颜料	毛织品	机器工具
1935	米	金属	机器工具	棉花	纸张	煤油	颜料染料	化学产品	木材	木材
1936	五金	矿砂	车辆	化学产品	颜料染料	煤油	纸张	棉花	毛及毛	车辆
		机器工具	船艇						织物	船艇
										木材

资料来源：武堉干. 近十年来的中国国际贸易//中国文化建设协会. 十年来的中国. 上海：商务印书馆，1937：211–262.

表 4–14　　1929—1936 年输出商品顺位变迁表

年份	第一位	第二位	第三位	第四位	第五位	第六位	第七位	第八位	第九位	第十位
1929	豆类	生丝	蛋类	皮货	茶叶	金属	煤	棉花	杂粮	桐油
1930	生丝	大豆	蛋类	豆饼	杂粮	桐油	煤	棉花	茶叶	金属
1931	豆类	生丝	豆饼	蛋类	棉花	杂粮	茶叶	煤	皮货	花生
1932	豆类	生丝	蛋类	茶叶	棉花	棉花	花生	绸缎	桐油	棉纱
1933	生丝	棉纱	蛋类	茶叶	桐油	棉花	绸缎	金属矿砂	皮货	花生
1934	茶叶	棉纱	蛋类	皮货	生丝	桐油	豆头	金属矿砂	编制品	籽仁
1935	桐油	生丝	蛋类	五金	茶叶	籽仁	皮货	棉花	花生	棉纱
1936	桐油	金属矿砂	蛋类	皮货	生丝	茶叶	籽仁	棉花	猪鬃	羊毛

资料来源：武堉干. 近十年来的中国国际贸易//中国文化建设协会. 十年来的中国. 上海：商务印书馆，1937：211–262.

① 孔士谔. 入超与中国之利害. 东方杂志，1935（18）.

出口贸易的第二个特点是传统的出口商品如丝、茶、豆类等，因受到国际市场冲击而日渐衰落，新的原料出口替换品增加，如煤、矿产品等。1931—1932 年，豆类、生丝、蛋类、茶叶等排在出口商品的前列。[①]1932 年东北沦陷后，大豆在出口贸易中的地位下降，茶、棉花出口受到别国的挤压难于维持稳定的出口量，籽仁、植物油（包括桐油）上升为大宗出口商品。据张玉法统计，1935 年、1936 年排在前五位的新出口商品为桐油、金属矿砂、皮货、五金等。[②]

这一时期，我国进口商品以制成品为最多，出口则以农副产品最盛，“输入及输出商品在性质上变动极少”。可见，我国作为各资本主义国家商品销售市场及原料供应地的现实仍然没有改变。中国的出口商品主要为第一产业产品，这些产品以价廉、外国市场空缺来获取销路，虽然有些产品如军需矿产品在国际市场颇受欢迎，但并非具有竞争力的产品。“市场上流通的商品结构是决定市场性质的主要因素。从进出口商品的内容可以看出近代中国对外贸易的半殖民地性质。”[③]

（三）对外贸易中，国家的主导作用在加强，但仍缺乏一个系统的、稳定的外贸发展战略

1927—1936 年对外贸易发展过程中，南京国民政府权威起着不同程度的调控作用。从发展走向来看，是由间接干预到酝酿统治，再到形成完全统治，是由核心统治区的调控向各地方展延渗透的复杂过程。这种发展势头，笔者以为与中国这样一个后发展国家的国情相适应，其积极作用应予以肯定。但是，南京国民政府并不是一个强有力的政府，受内外因素制约，决策具有很大的非自主性和非自觉性，从而导致缺乏一个系统的、有远见的、适合欠发达国家实现赶超型现代化的外贸发展战略，政府的外贸战略基本上是防御性的，缺少主动性、远见性和长时性，不具有有效地适应整个经济变动的充分的灵活性。政府的软弱更使外贸无法根本好转。正如一位英国外交官所论断的，即使要制止对外贸易的衰退，也需要有“一个具有无限权威和无限毅力的政府”。[④]

三、对外贸易的地理方向

1927—1936 年，中国和世界主要资本主义国家都有对外贸易来往，其中主要的贸易对象国是日本、美国、英国和德国。“20 世纪以来中国外贸大致上构成了四种类型并逐渐清晰起来，形成了以英国为代表的欧洲、美国、日本和南洋四种中外贸易格局，前三个贸易形态占据支配地位；南洋贸易数值比重不大，却是中国工业化的另一类外部条件。”[⑤]我们认为，当时的中德贸易也是一个非常重要的中外贸易类型，它和中英贸易是不同的另外一类型的贸易。

---

① 中国第二历史档案馆. 中华民国史档案资料汇编. 第五辑财政经济（八）. 南京：江苏古籍出版社，1994：1168.

② 张玉法. 中国现代史（下册）. 台北：东华书局，1981：530.

③ 刘佛丁，等. 近代中国的经济发展. 济南：山东人民出版社，1997：249.

④ 丁日初. 近代中国（第六辑）. 上海：立信会计出版社，1996：100.

⑤ 樊卫国. 近代外贸类型分析及其对中国工业化的影响（1900—1937）//张东刚，等. 世界经济体制下的民国时期经济. 北京：中国财政经济出版社，2005.

（一）中日贸易

中日之间的贸易在20世纪二三十年代提升比较快，下面分别通过这一时期中日贸易的规模、商品结构来看一下中日贸易发展的基本趋势。

表4–15 中国对日贸易统计 单位：海关两

年份	出口净值	进口净值	贸易平衡	总值
1927	268 665 089	302 175 259	–33 510 170	570 840 348
1928	277 175 374	330 881 709	–53 706 335	608 057 083
1929	296 212 165	333 942 878	–37 730 713	630 155 043
1930	260 729 749	335 324 973	–74 595 224	596 054 722
1931	294 587 100	300 455 739	–5 868 639	595 042 839
1932	114 567 000	151 007 000	–36 440 000	265 583 000
1933	61 493 235	79 171 515	–17 678 380	140 664 750
1934	52 078 148	81 511 408	–29 433 260	133 599 556
1935	52 525 000	89 621 000	–37 096 000	142 146 000
1936	65 780 000	98 817 000	–33 037 000	164 597 000
1937	32 200 000	48 429 000	–16 229 000	80 629 000

资料来源：丁长清，等. 中外经济关系史纲要. 北京：科学出版社，2003：111.

1. 中日贸易规模

中日贸易的快速发展是在1895年以后，尤其是1905年以后，日本对华的贸易规模不断扩大。至民初时期的最初几年，中日贸易额已增至1亿美元左右，占到中国对外贸易总额的14%～15%。“一战”时中日贸易迅速增长，战后稍减。在整个20年代，中日贸易总额可保持在3亿～4亿美元，约占中国对外贸易总额的20%～30%。1927—1936年，日本在中国对外贸易中始终处于上升趋势。这一时期的中日贸易，可以以1931年为界，大概分为两个时期。1931年以前，日本对华贸易占中国对外贸易总额的1/3左右，居第一位。尤其是1929年，日本对华贸易额达到6亿多关两。1931年，“九·一八”事变后，日本武装占领东北，这时占中国对外贸易1/3的东北地区不再列入中国对外贸易统计之中，从统计表中可以看到日本对华贸易额下降。统计资料显示，1931年，日本在中国进出口贸易中所占比重分别为20.4%和29.1%，中日贸易总额为5亿9千万关两，到1935年则分别下降到15.1%和14.2%，贸易额也下降为1亿4千万关两，短短几年，下降了近4亿关两。下降原因有两个，一方面是中国抵制日货，另一方面是统计数字中不包括东北地区的贸易和日本对华大规模的走私贸易。实际上，日本占东北进口贸易的55%～66%，占出口贸易的35%～60%。到1936年，东北地区进口贸易额为64 400万元，其中来自日本的就达53 500万元，占总额的83%，与日本的贸易占出口贸易的59%。日本以其占领的中国东北为基地开展大规模的对华走私活动。对华北走私，是日本对中国的政治和经济的双重侵害。一方面，大规模的走私活动使关税收入大受损失，损害了中国的财政基础。日本在华北走私货的价值，1934 年为 25 970 000 元，1935 年为 26 037 000 元，1936 年为 58 585 000 元，1937 年为 86 461 000 元，总计 197 053 000 元。[①]由于华北走私的影响，国民政府的关税收入占财政总收入的比重不断下降，从 1932 年的 59.8%下降到 1935 年的 47.3%，1936 年进一步跌至 33.3%，关税收入是中国财政的重要来源，关税损失影响了中国国力。另一方面，走私货物充斥市场对中国民族工商业造成沉重的打击。日本的走私活动，不仅损害了中国的经济，而且日本走私是侵华总政策的经济先导。[②]

2. 中日贸易结构

从总体上看，日本出口中国的多为制造品，中国自日本进口的多为原料品及食品，这反映了两个国家在国际贸易中的地位，以及中日两国工业化的差距。

表 4-16　　中国从日本进口商品结构演变（1926—1936 年）

单位：100 万元（　）内为%

年份	初级产品	重化工业产品	轻工业产品	不能分类的产品	总计
1926	76 （22.6）	49 （14.6）	205 （60.9）	7 （2.0）	337 （100.0）
1930	52 （15.9）	90 （27.6）	177 （54.1）	8 （2.4）	327 （100.0）
1933	10 （14.2）	24 （34.9）	32 （48.0）	2 （2.9）	68 （100.0）
1936	11 （15.5）	38 （55.9）	17 （25.7）	2 （2.9）	68 （100.0）

资料来源：久保亨. 走向自立之路：两次世界大战之间中国的关税通货政策和经济发展. 王小嘉，译. 北京：中国社会科学出版社，2004：217.

就日本对华出口贸易来说，1936 年以前中国从日本进口的商品中，轻工业产品一直占据出口优势，1936 年出口额最低，原因是受抵制日货的影响，而 30 年代维持在 50%左右的高比例。[③]其中，纺织品最多，约占进口总额的 35%，占进口制造品比重的 60%，纺织品中又以棉货最多。重化学工业品 1926 年仅为 14.6%，30 年代初开始稳步上升，1936 年达到抗战前最高点 55.9%。其中，化学品进口占总额的 16%，机械、金属、金属制品合计占进口总额的 13%。1928—1930 年，日本对华出口的产品平均每年服用品类为为 146 497 756 关两，杂项类为 66 664 096 关两，食用品类为 59 200 366 关两，教育用品类为 16 915 455 关两，金属和矿物类为 14 230 084 关两，化学用品类为 12 189 955 关两，建筑材料类为 8 308 164 关两，机器及其附件类为 6 832 820 关两，奢侈品类为 5 953 989 关两。[④]初级产品在对华出口中没有太大的变化，这反映了日本资源贫乏，所以主要是以制造品出口为主。20 世纪 30 年代，日本已开始走向"贸易立国"之途。彼时其进出口额已占国民生产总值的 20%，出口占其国民生产总值的比例到 20 世纪 30 年代增长

① 姚贤镐. 一九三四至三七年日本对华北的走私政策. 社会科学杂志. 第 10 卷第 1 期，1948 年 6 月.

② 姚会元. 华北走私是日本侵华总政策的经济先导. 山西师大学报，1995（3）：3.

③ 丁长清，等. 中外经济关系史纲要. 北京：科学出版社，2003：98.

④ 实业部. 日本在华经济势力北京：上海：中华书局，1933：35.

5%～20%。[①]因此，上述日本对华贸易出口结构，和当时日本“贸易立国、两头在外”的贸易战略是相吻合的。

中国对日出口的主要商品，初级产品从民国初期的54.1%，一直增加到1936年的近80%；而手工业产品在初期还是大宗出口商品，从30年代开始衰落，最后只维持在13%左右的水平；而轻工业产品和重化学工业产品在对日的贸易中则比例甚少。具体来说，纺织原料出口最多，占总额约28%，其中又以棉花和羊毛最多；其他如燃料、矿砂、皮革、植物油等合计25%，食物、烟草类出口占不大比例，中国纺织制造品出口约占17%。[②]在1931年前后，中国输向日本的物品主要是大豆、大豆制品、盐、棉花、生丝、煤炭、铣铁、榨油用种子、焦煤、铁矿砂、钨矿等。[③]

表 4-17　　中国向日本出口贸易商品结构　　单位：%

年份	初级产品	重化学工业产品	轻工业产品	手工业产品	不能分类	合计
1912	54.1	2.7	0.6	41.9	0.7	100.0
1920	46.1	5.9	3.7	42.7	1.6	100.0
1926	58.3	3.5	5.7	32.2	0.3	100.0
1930	60.9	4.4	7.4	26.6	0.7	100.0
1933	64.0	2.8	19.1	13.6	0.5	100.0
1936	79.4	4.2	2.3	13.5	0.5	100.0

资料来源：章开沅，朱英. 对外经济关系与中国近代化. 武汉：华中师范大学出版社，1990：472.

就中日贸易的平衡状况而言，1927—1936年，中国一直是入超，以前只有东北是出超。1931年以后，东北沦陷，中国对日贸易表面上入超减少，而如果加上东北的对日贸易和走私贸易额，中国入超依旧严重，中国对日贸易中的入超主要是通过日本在华投资来弥补的。

从上述中日贸易各方面来看，日本对中国的出口占其出口总额的23.8%，这个比例超过日本对整个欧洲地区或北美地区的出口贸易额。而且，日本向中国出口的商品主要是轻工业品和重化学工业品，这反映了日本把对中国的贸易看成其贸易战略的重点，在外国争夺中国市场的战斗中，日本处于优势地位。而就中国来说，1931年对日出口占中国输出额的29.1%，自日本的输入占中国进口额的20.4%，而对日贸易占中国对外贸易的23.8，中国在贸易上和日本联系密切。而就进口商品结构来看，中国在为经济发达国家输送原料和初级产品，同时吸收其输出的制成品，此时的中国成为日本倾销制成品的重要市场。

---

① 娄向哲. 民初中国对日贸易论. 天津：南开大学出版社，1994：135.

② 何炳贤. 中国的国际贸易. 上海：商务印书馆，1937：198-199.

③ 娄向哲. 民初中国对日贸易论. 天津：南开大学出版社，1994：134.

表 4–18　　1931—1936 年中日进出口贸易比例　　单位：%

年份	对日出口占中国输出额百分比	自日输入占中国进口额百分比	对日贸易占中国对外贸易百分比
1931	29.1	20.4	23.8
1932	23.24	14.0	17.2
1933	15.54	9.70	11.60
1934	15.17	12.50	13.30
1935	14.25	15.10	14.80
1936	6.40	16.30	12.60

资料来源：娄向哲．民初中国对日贸易论．天津：南开大学出版社，1994：134.

（二）中美贸易

1．中美贸易规模

1913 年，美国对华出口贸易额只有 2 500 万美元，进口贸易额为 2 700 万美元。南京政府成立以后，由于美国在“一战”后经济实力大为加强，在华对外贸易份额迅速增大，无论是输出还是输入，美国的增长速度均在各国之首，一跃成为中国最大的贸易伙伴。1930 年，美国对华出口增加到 17 000 万美元，进口达 13 000 万美元。同各国相比，同期德国增长率为 36%，法国为 100%，日本增长率为 52%，而美国增长率为 270%。[①]1931 年，美国在中国进口贸易中占比达到 22.7%，超过日本，到 1934 年美国在中国出口贸易中的比重达 17.6%，仍然超过了日本。到 1935 年，美国占中国进出口贸易的比重分别达 18.9%和 23.7%，1936 年进一步上升至 19.6%和 26.4%。美国得以在 20 世纪 30 年代成为中国对外贸易的重要伙伴，之所以如此，除了中国自身的原因外，这和美国重视对华贸易有着重要联系，比如美国派经济调查团来中国考察并注意收集对华的经济信息等。

表 4–19　　中国对美贸易统计　　单位：海关两

年份	出口净值	进口净值	贸易平衡	总值
1927	127 52 658	166 793 690	−45 041 032	288 546 384
1928	127 204 573	205 541 351	−78 336 778	332 845 924
1929	137 126 287	230 843 677	−93 717 390	368 679 964
1930	131 880 076	232 405 941	−100 525 865	364 286 017
1931	120 204 774	321 341 671	−201 136 897	441 546 445
1932	59 993 000	296 176 000	−236 183 000	329 169 000
1933	72 622 000	190 929 000	−118 307 000	263 551 000
1934	60 612 730	174 411 021	−113 798 291	235 023 751
1935	87 665 000	112 174 000	−24 509 000	199 839 000
1936	119 764 000	118 823 000	+941 000	238 587 000
1937	7 121 000	55 427 000	−48 306 000	62 548 000

资料来源：丁长清，等．中外经济关系史纲要．北京：科学出版社，2003：113.

① Julean Aronkl. Amerіean Trade propeet with China. Delieved bofore the National Foreign Tradc Council，New York City，Nov. 1934.

就中美贸易平衡来看，美国一直处于出超地位，只有1936年因为南京政府的货币改革计划，中国对美贸易首次出现出超。根据南京政府海关统计，1935年1—9月中美贸易中国入超为25 877 000海关金单位，合计中国法币45 163 000元；而1936年1—9月，中国由入超变为出超，其数额达1 876 000海关金单位，合计法币4 425 000元。[①]

2. 中美贸易结构

在美国输华商品中，初级产品所占比重最大，其中很大一部分是日用生活品，这是与当时日本对华出口商品最大的不同。这说明美国资源丰富，不仅可以满足本国需要，而且可以出口世界各国。1930年，初级产品出口到中国的比例高达61%，即便比较低的1936年也占32%左右。其次是重化学工业产品，1936年前维持在25%左右，1936年，也就是抗战前夕，自美国进口重化学工业品的比例达到近46%。在这些原料品和制造品中，以棉花、煤油、麦粉、小麦、汽车、机械、木材等居多数。“这些商品可以说大部分都是工业原料、工业用具及交通用具，对于当时以轻工业为主的中国来说，发展重工业有一定的促进作用，因此中国偏重于从美国进口重工业原料，以弥补中国在这方面的不足。”[②]当然，这种进口商品结构也反映了“抗战”前夕，国民政府也曾积极进行经济准备。

表4-20　　中国从美国进口商品结构演变（1926—1936年）

单位：100万元（　）内为%

年份	初级产品	重化工业产品	轻工业产品	不能分类的产品	总计
1926	109 （57.9）	39 （20.9）	35 （18.8）	4 （2.4）	188 （100.0）
1930	142 （61.1）	56 （24.0）	31 （13.5）	3 （1.4）	232 （100.0）
1933	93 （60.8）	44 （29.2）	15 （9.6）	1 （0.5）	152 （100.0）
1936	27 （32.7）	37 （45.4）	5 （6.6）	12 （15.2）	82 （100.0）

注：“不能分类栏中”的产品指这个时期贸易统计分类不便明言的军用飞机、枪械等军用物资。

资料来源：章开沅，朱英. 对外经济关系与中国近代化. 武汉：华中师范大学出版社，1990：470.

中国对美出口商品，就出口所占百分比来说，按分类依次是手工业产品、轻工业产品、初级产品，而重化学工业产品为最低，这和前面对日出口商品结构类似，说明半殖民地性质的中国，其出口贸易无论对哪个发达国家而言都是原料产品的获取途径。

① 实业部国际贸易局，实业部上海商品检验局. 国际贸易导报. 第8卷，1936年12月第12号，第233页.

② 仇华飞. 试论1927—1935年的中美贸易. 上海师范大学学报，1997（2）.

表 4-21　中国向美国出口贸易商品结构　单位：%

年份	初级产品	重化学工业产品	轻工业产品	手工业产品	不能分类	合计
1912	37.0	*	19.5	43.2	0.3	100.0
1920	35.1	1.4	17.0	40.3	6.2	100.0
1926	22.3	2.2	40.9	31.4	3.2	100.0
1930	23.5	1.2	27.6	47.4	0.3	100.0
1933	33.5	0.9	14.6	49.6	1.5	100.0
1936	33.1	1.2	7.7	57.6	0.1	100.0

资料来源：章开沅，朱英. 对外经济关系与中国近代化. 武汉：华中师范大学出版社，1990：473.

（三）中英贸易

1. 中英贸易规模

这一时期英国在中国对外贸易中的传统优势逐渐丧失，到 1930 年，整个英帝国占中国对外贸易份额为 33.84%，其中英国本土仅占 7.69%。英国对华贸易的中心——香港地区与内地的贸易规模连续下降，1930 年所占比重仅为 16.93%，且其产品的来源和去向已不限于英国，日、美已经占到较大比重。在中国各地区贸易中，英国仅在华南保持着独霸的地位，其在北方各地的势力受到了其他列强的排挤。

表 4-22　中国对英贸易统计　单位：海关两

年份	出口净值	进口净值	贸易平衡	总值
1927	57 991 169	750 72 394	−17 081 225	133 063 563
1928	61 063 733	113 756 588	−52 692 855	174 820 321
1929	74 334 237	119 148 969	−44 814 732	193 483 206
1930	62 669 051	108 257 932	−45 588 881	170 926 983
1931	64 525 890	119 985 583	−55 459 693	184 511 473
1932	37 584 262	119 192 225	−81 607 963	156 776 487
1933	31 340 722	98 870 896	−67 530 174	130 211 618
1934	31 967 942	80 004 305	−48 036 363	111 972 247
1935	3 181 000	62 912 000	−31 101 000	94 723 000
1936	41 736 000	70 930 000	−29 194 000	112 666 000
1937	23 597 000	32 752 000	−9 155 000	56 349 000

资料来源：丁长清，等. 中外经济关系史纲要. 北京：科学出版社，2003：113.

2. 中英贸易结构

中国自英国进口的商品主要是棉纺织品、呢绒、金属制品、机械和化工产品，这些产品在中国市场上遭遇到中国本土产品及其他国家同类产品的激烈竞争，英国产品既无绝对优势，也缺乏比较优势，在竞争中不断落败。其在中国的市场份额不得不让位于其他国家。中国出口英国的商品结构就分类来看，依然是手工业产品和初级产品最多，重化学工业品出口依然很少。

表 4–23　　中国向英国出口贸易商品结构（%）

年份	初级产品	重化学工业产品	轻工业产品	手工业产品	不能分类	合计
1912	54.2	0.1	0.7	41.8	3.2	100.0
1920	30.9	0.3	30.1	37.4	1.2	100.0
1926	25.8	1.9	30.5	41.4	0.3	100.0
1930	31.4	1.6	38.0	28.8	0.2	100.0
1933	25.1	2.1	38.9	33.0	0.9	100.0
1936	31.4	8.9	31.3	28.2	0.1	100.0

资料来源：章开沅，朱英. 对外经济关系与中国近代化. 武汉：华中师范大学出版社，1990：473.

以上我们分别考察了中国在 1927—1936 年与世界三个主要贸易国家的贸易往来。就进出口规模而言，在中国对外贸易的发展中，英、美、日三国形成鼎足之势，展开对华贸易争夺战。

表 4–24　　1931 — 1936 年美、日、英在中国进出口贸易中的地位（%）

年份	进口				出口			合计
	美国	日本	英国	合计	美国	日本	英国	
1931	22.7	21.5	14.4	58.6	14.8	31.8	9.3	55.9
1932	25.4	13.9	11.2	50.5	12.2	21.8	7.6	41.6
1933	21.9	9.9	11.3	43.1	13.8	16.2	8.0	38.0
1934	26.2	12.5	12.0	50.7	17.6	15.8	9.3	42.7
1935	18.9	15.6	10.6	45.1	23.7	14.8	8.6	47.1
1936	19.6	16.6	11.7	47.9	26.4	15.2	9.2	50.8

资料来源：史全生. 中华民国经济史. 南京：江苏人民出版社，1989. 表中的进出口合计为笔者计算所得.

从上表可见，就进出口贸易规模来看，英、日、美三国对华的进出口贸易几乎都占到一半左右。在进口贸易争夺中，1931 年后美国大力扩展在华的市场占有率，压倒英、日两国而居中国对外贸易进口国的首位。在出口贸易中，1933 年前，日本对华出口一直领先于英、美两个国家，直到 1934 年美国对华出口贸易超过日本而居第一位。而日本在中国对外贸易中，无论进出口都退居第二位。当然，这时的日本还占据着中国东北的对外贸易。英国在进口贸易中，1933 年曾一度超过日本而居第二位，但在 1927—1936 年，英国在中国进出口贸易中始终维持第三位。“美、英、日三国在中国对外贸易的竞争，这时日、美之间的冲突，主要在争夺中国对外贸易的霸权方面；日、英之间的冲突，主要在对华商品输出方面。”因为，美国出口中国的主要商品是棉、麦、煤油和烟草，这类商品与日本输华的主要商品并无直接市场竞争。而日、英两国对中国出口的主要商品都是纺织品类，因此，英、日两国在中国市场上有激烈的竞争。[①]虽然英、日之间的冲突远比美、日贸易冲突激烈，但中国已经成为这三个主要发达资本主义国家倾销商品的重要市场和重要的原料供应地，中国对外贸易的半殖民地性质没有改变。

（四）中德贸易

1. 中德贸易规模

和英、美、日三国相比，中德贸易规模在中国对外贸易中的比重并不大。到20世纪30年代，德国在中国进出口贸易中所占比重也不过4.52%，而此时日本所占比重为18.73%，美国所占比重为23.78%，英国所占比重则为7.83%。[②]1930年代以后，中德贸易迅速发展，德国在中国对外贸易中的地位迅速上升，到1935年，德国对华贸易规模仅次于英国，居第四位。1936年，德国对华进出口总额一举超过英国，达到18 941.2万元，跃升为中国第三大贸易伙伴。但是，就在中国占有的市场份额而言，德国尽管上升速度快，但与日本和美国相比较还是有很大差距的。中德贸易发展中，除了中德贸易发展速度快这个特点外，从这一时期的贸易平衡来看，中国长期处于入超地位。同时，“中德贸易中进口额增加比出口额的增加更快。进口和出口虽都呈增长趋势，但出口增长较为缓慢。”[③]1932—1936年，出口额由71 914美元增加到150 238美元，增长了1倍多；同期，中国对德出口额从29 833美元，增加到了39 174美元，增幅为30%。进口额增长的幅度远高于出口额增长的幅度，说明贸易逆差在不断扩大。

2. 中德商品结构

德国对华出口商品主要是科学仪器、铁路器材、机器设备、钢铁制品、化学品及各种军工产品等。在1929—1934年德国出口到中国的货物中，化工产品类占35%，钢铁机械类占25%，军械军火类占6%，纸张类和纺织品类均占8%，生活用品类占3%，其他类占12%。[④]与英、日、美等国相比，德国在中国进口金属产品方面所占地位十分重要。根据周建明的研究，在中国进口德国的商品结构中，有这样几个鲜明的特点：首先，进口商品绝大部分为生产资料，如钢铁机械类、化工产品类、仪器设备类等，它们占从德国进口商品的三分之二以上；其次，生产资料的进口数量在不断上涨，尤其是重化工业品如钢铁机械、化工等上升的幅度更大；再次，生活用品在从德国进口的商品中比重较小；最后，机器设备、科学仪器到30年代已成为德国输华的主要商品种类之一，其进口额甚至上升至第二位。[⑤]

---

① 李康华，等. 中国对外贸易史简论. 北京：对外贸易出版社，1981：248.

② 徐雪筠，等. 上海近代社会经济发展概况1882—1931海关报告. 上海：上海社会科学出版社，1985：356.

③ 周建明. 民国时期的中德贸易（1919—1941）. 中国经济史研究，2007（1）.

④ 周建明. 中德贸易商品结构分析：1906—1934. 中国社会经济史研究，2005（2）.

⑤ 周建明. 中德贸易商品结构分析：1906—1934. 中国社会经济史研究，2005（2）.

表 4–25　　中德贸易统计表

（单位：1927—1932 年千海关两，1933—1936 年千美元）

年份	中国从德国输入	中国对德输出	中国对德贸易平衡	合计
1927	39 354	20 355	−18 999	59 709
1928	55 697	22 825	−32 872	78 522
1929	67 076	22 458	−44 618	89 534
1930	69 105	23 361	−45 743	92 467
1931	83 514	23 138	−60 376	106 652
1932	71 914	29 833	−42 081	101 747
1933	108 016	20 795	−87 221	128 811
1934	93 398	19 159	−74 239	112 548
1935	103 385	28 926	−74 459	132 311
1936	150 238	39 174	−111 064	189 412

资料来源：据 Hsiao Liang–Lin：China's Foreign Trade Statistics，1864—1949，Published by East Asian Research Center Harvard University，Distributer by Harvard University Press Cambridge，Mass. 1974：145–146 计算整理。转引自：周建明. 民国时期的中德贸易（1919—1941）. 中国经济史研究，2007（1）.

中国对德国出口的商品主要是农牧矿产品，如花生、猪鬃、兽皮和矿产品等。在对德的出口贸易中，中国主要是初级产品和手工产品，这在对德出口贸易中占 80%以上，而且在中国出口超过百万元的大宗产品中，花生及花生仁、蛋黄、棉花都呈下降趋势。

表 4–26　　中国向德国出口贸易商品结构（%）

年份	初级产品	重化学工业产品	轻工业产品	手工业产品	不能分类	合计
1912	61.6	0.2	0.5	35.1	2.6	100.0
1920	47.3	3.1	2.4	46.2	1.1	100.0
1926	63.4	2.4	8.2	25.9	0.2	100.0
1930	64.3	2.2	14.0	19.3	0.2	100.0
1933	69.2	1.1	7.9	21.6	0.3	100.0
1936	62.6	2.9	6.0	23.4	0.1	100.0

资料来源：章开沅，朱英. 对外经济关系与中国近代化. 武汉：华中师范大学出版社，1990：472.

中德贸易从商品的种类及价值来看，是典型的先进的工业国与落后的农业国的贸易。"就中德贸易商品观察，有一点颇值吾人注意，即输入商品多属生产建设之工具，输出则以工业原料为大宗。"①

① 民国二十四年第三季第四季贸易报告下篇. 国际贸易导报，第八卷第五号，41.

（五）中法贸易

法国是当时的欧洲大国，但中法间的贸易往来并不太重要，其贸易规模远不如当时的日、美、英等大国。就商品结构而言，中国向法国出口的商品主要以轻工业产品，其次是手工业产品，初级产品在 1920 年以后开始超越手工业产品位居第二位。因此中法贸易在中国国外贸易上的地位甚为微小，1935 年中国进口法国货不过 1 330 万元，对法出口货不过万元。

表 4–27　　中国向法国出口贸易商品结构　　（%）

年份	初级产品	重化学工业产品	轻工业产品	手工业产品	不能分类	合计
1912	28.2		27.7	43.9	0.2	100.0
1920	15.9	0.1	56.9	26.1	1.0	100.0
1926	17.2	0.9	69.0	12.7	0.1	100.0
1930	23.7	0.3	57.6	18.3	0.1	100.0
1933	26.8	0.2	50.2	22.5	0.4	100.0
1936	35.5	0.9	32.5	30.7	0.4	100.0

资料来源：章开沅，朱英. 对外经济关系与中国近代化. 武汉：华中师范大学出版社，1990：473.

就以上中外贸易格局而言，中国出口各国的产品基本是相同的，主要是初级产品和一些简单的手工业以及部分轻工产品，这些产品技术含量低，附加值也比较低，而且基本是长期处于入超地位，这些现象都充分表明中国在国际贸易中的半殖民地地位与性质。“英、日、美三国的进出口商品基本上构成了世界市场对中国的商品供需关系。英、日、美为欧、亚、北美三种类型的工业化国家，它们的对华商品进出口结构形成了中国工业化颇具典型的外部市场条件。”由于这三个国家工业化水平不同，因此在对华出口贸易中也表现不同，它们都是把中国作为原料的供应地和推销工业品的场所，但方式却有差异。中日贸易商品结构的性质，可谓落后大国与临近的后起新兴工业国之间的对抗竞争性贸易，对中国经贸发展危害最大。中美贸易为两个生产力水平差异巨大的大国之间的贸易，中美贸易对中国的工业化有利，但冲击农业。中英贸易则是一种生产力水平存在差异的农业国与工业国之间的竞争互补型贸易。在此时期，中德贸易相对来说要平等些，而且是两国出于各自国家利益需要进行的贸易交往，但也是先进的工业国与落后的农业国之间的贸易。中国对南洋的贸易是有利于中国工业化的，“中国与南洋诸国的贸易是一种经济发展水平基本相若（中国工业个别地区略发展些）国家间的平等贸易。中国与南洋的贸易意义和价值，对中国来说，一言蔽之：可贵的工业品出口市场。”[①]但这类贸易在中国对外贸易格局中并不占主导地位。从表 4–28 可以看出这一时期中国外贸方向变动的趋势，中国与原来的老牌贸易国家英国的贸易联系有所下降，其中大部分是来自香港地区的转口贸易。中国与亚太地区的贸易分配比例有上升的趋势，从 1927—1937 年间的对外贸易

① 樊卫国. 近代外贸类型分析及其对中国工业化的影响（1900—1937 年）//张东刚，等. 世界经济体制下的民国时期经济. 北京：中国财政经济出版社，2005.

地理方向的发展趋势来看，这个结论也是成立的。“尽管列强在华势力消长是近代中国外贸方向变动的重要原因，但世界体系下的霸权转移和列强对华贸易的比较利益则决定了近代中国贸易取向的转变，同时近代中国外贸方向的变动仍遵循经济学规律，受地缘和传统因素的制约。以亚太为外贸重心的变动体现出中国参与国际经济的一种长期趋势。”①

表 4–28　　1927—1937 年南京国民政府对外贸易的分配比例　　单位：%

年份	英国			美国	欧洲	日本	其他
	英国	通过香港地区转口	总计				
1927	6.8	19.6	32.2	14.8	11.1	25.7	16.2
1928	7.9	18.5	32.0	15.1	12.8	24.9	15.2
1929	8.4	16.9	32.1	16.1	13.0	25.2	13.7
1930	7.7	16.9	33.8	16.4	12.6	24.5	12.7
1931	7.7	15.9	31.9	17.7	13.1	23.8	13.5
1932	9.4	10.6	26.2	18.7	13.4	17.9	23.8
1933	9.7	11.7	31.7	20.2	14.5	12.7	20.9
1934	10.7	10.9	29.2	21.9	15.2	13.7	20.0
1935	9.5	9.3	28.2	21.3	18.9	14.6	19.0
1936	10.4	8.5	26.2	23.0	20.3	15.4	15.1
1937	10.6	10.7	27.8	23.7	21.5	12.9	14.1

资料来源：中央银行报告，1937 年 12 月：337.//杨格. 一九二七至一九三七年中国财政经济情况. 北京：中国社会科学出版社，1981：553.

四、在华洋行对贸易的控制与华商进出口行的发展

（一）在华洋行对贸易的控制

为了扩大对华贸易，各国的一个重要措施就是在华设立经营进出口贸易的垄断性洋行。进出口商行是一国对外贸易的主体，在不平等条约制度框架内由西方资本主导的所谓国际贸易，尤其像中国这样的半殖民地国家的贸易经营，实际上就是由外国洋行操纵垄断。②

进入 20 世纪以后，西方一些垄断资本集团纷纷来华开设机构，推销自己的产品。规模较大的在华洋行有美国洛克菲勒垄断集团开设的美孚洋行、德士古火油公司，荷英壳牌火油集团开设的亚细亚火油公司，英国帝国化学工业公司开设的恒信洋行，德国颜料

① 李英铨，严鹏. 论近代中国对外贸易地理方向的变动及其原因. 安徽史学，2007，（4）.

② 刘克祥. 中国近代经济史（1927—1937）中册. 北京：人民出版社，2010：1450.

垄断集团开设的德孚洋行，比利时七家钢铁公司在华开设的比利时钢铁联合公司，德国西门子洋行、蔼益吉洋行等，以及三井、三菱、岩井等日本洋行。它们实力雄厚，操纵市场。例如：煤油、汽油的进口，主要由美孚、亚细亚、德士古三家石油公司垄断；肥皂的进口，主要为英国利华托拉斯的中国肥皂公司所垄断；烟叶和纸烟的进口主要由英美烟公司所垄断；日本三井财团则几乎独揽中国大豆的出口。[①]甲午战争以前，在华外国贸易商行是 603 家，1913 年增加到 3 085 家，1930 年进一步增加到 8 297 家，增长了 13.8 倍。[②]据海关统计，中国的外资洋行迅速增加，1894 年为 552 家，1900 年为 1 006 家，1910 年为 3 239 家，1920 年为 7 375 家，1928 年增加到 12 293 家。[③]“至 1936 年，除日本外，在中国还有 1 603 家外国贸易商行，其中英国 501 家，美国 100 家，法国 123 家，德国 293 家，其他国家共 286 家。”[④]根据已查明的 522 家外资洋行的设立年代，其中 1901 年至 1920 年设立 193 家，1921 年至 1931 年设立 329 家。前 20 年年均设立 9.6 家，后 10 年年均设立 32.9 家，1927 年以后设立的速度明显加快。在此期间，日本在华商行更多，单在上海就设立了各种贸易商行 677 家，其中多数是在 1931 年以后建立的。[⑤]到 1936 年，据国民政府实业部国际贸易局的调查资料，“上海以国际贸易为专业的进出口商户已增加到 971 户，其中欧美等西方洋行 559 户，占行业总户数的 57.57%，以日商为主体的东方洋行 116 户，占 11.95%，华商进出口行 296 户，占 30.48%。按经营额计算，外商洋行仍占绝大比重。”[⑥]1936 年，上海的日商洋行中，除少数几户老牌洋行如三井、三菱、岩井等外，约有 80%的商户是专营上海日本间贸易的。而欧美洋行兼营上海对日贸易的则逐渐减少，1930 年只有一二十户，它们从日本输入木材、棉货、化学产品以及一些零星杂货，向日输出一些废棉、废丝、食用油和杂货等。上海对南洋的贸易，由于东南亚国家当时属于殖民地半殖民地国家，除上海华商与当地侨商经营两地的土特产品贸易外，多数也由欧美洋行所经营，上海日商经营南洋贸易的较少。[⑦]各洋行为了争夺市场，难免会发生激烈的竞争。为了维护双方利益，往往经过协商达成妥协，或者制订统一的买卖价格，或者分配贸易额度，或者划分收购或销售地区，通过采取不同方法，联合起来垄断市场。[⑧]例如，怡和、和记等六家洋行垄断冰蛋出口；百利、台乐、固益三家洋行控制了废丝出口；连西装纽扣这样的小商品的进口也由礼和、美最时、禅臣三家洋行瓜分。到 20 世纪 30 年代，随着日本侵华战争的发生，中国对外贸易环境严重恶化，同时国民政府加强了对外贸易的国家垄断，洋行在中国对外贸易中的地位才大为跌落。

---

① 陈争平. 中华民国史第三册志二. 成都：四川出版集团，2006：322.

② 赵金鹏，刘冠生，等. 中国近代经济史. 成都：西南交通大学出版社，1996：170.

③ 王相钦. 中国近代商业史稿. 北京：中国商业出版社，1990：242.

④ 徐进功. 论南京国民政府 1927—1937 年的对外贸易. 中国社会经济史研究，2001（3）.

⑤ 虞宝棠. 国民政府与民国经济. 上海：华东师范大学出版社，1998：220.

⑥ 上海社会科学院经济研究所，等. 上海对外贸易（1840—1949）（上册）. 上海：上海社会科学院出版社，1989：199–200.

⑦ 上海社会科学院经济研究所，上海市国际贸易学会学术委员会. 上海对外贸易（1840—1949）（上册）. 上海：上海社会科学院出版社，1989：200.

⑧ 丁日初. 上海近代经济史第二卷（1895—1927 年）. 上海：上海人民出版社，1997：52.

因此，20 世纪二三十年代，洋行的业务情况虽有所下降，但依然操纵和把持着这一时期中国的进出口贸易。列强的各类洋行控制了中国的对外贸易，以谋求其利益最大化，客观上抑制了华资企业的对外发展。“洋行把近代西方商业贸易的一些体制、经营方式与经营方法引入中国，并把近代中国商业贸易纳入全球资本主义贸易体系中，无形中成为中国商业贸易近代化中，中国对外贸易依附增长的一个酶体。”[①]外国大型商行的增加，促进了对华贸易的迅速扩展，但也加重了对华贸易剥削。

（二）华商进出口行的发展

在甲午战争以后，华商经营的进出口行有所发展，但在整个对外贸易的经营中所占地位并不重要，而且后来也逐渐衰落。甲午战争后，华商经营的进出口贸易有所发展，打破了原来西方洋行独占对外贸易经营权的局面。这些由中国商人投资设立的从事进出口物资贸易业务的商行习惯上称为“洋庄”，以区别于外国商人经营对华贸易的洋行。洋庄分为“本庄”和“办庄”。在国内设立的总管理机构称为本庄，在境外设立的分支机构就叫办庄。按贸易地区和经营特点的不同，洋庄分为对西方国家贸易的“西洋庄”、对南洋各国贸易的“南洋庄”，以及对日贸易的“东洋庄”。[②]华商进出口行的兴起改变了以往外贸由洋行独霸的局面。

1. 西洋庄

西洋庄以经营对西洋的进出口贸易为主，其中多数经营中美贸易。1920 年上海华商西洋庄已有 40 余户。1925 年“五卅”运动后，洋行受到打击，西洋庄得到发展，到 1936 年已增加到 194 户，其中约有 70%以上是在 1928 年以后开设起来的。西洋庄中以经营进口贸易为主的有 82 户，以经营出口贸易为主的有 67 户，进出口兼营的有 45 户。[③]按经营的类型可分为进口商、出口商和进出口兼营商三类。

西洋庄业主主要来源于原来与洋行做生意的洋庄商人和洋行的买办、职员、掮客等，还有一些西洋庄是实业界、金融界、政界人士和华侨投资开设的。[④]华商西洋庄除了少数几家由实业界、金融界显要人物开设的（如新通贸易公司、光华火油公司规模比较大）以外，大多数西洋庄本身资金薄弱，经营的商品只能是外商洋行不乐意经营的零星商品。进口货物一般以零星杂项商品为主，即使经营大宗商品，也选其中品种规格比较零星的进口。如棉布，多以花色布为主；五金钢铁以不规则的边角料为主；机器以纺织机、针织机、缝纫机为主等。这类零星商品，外国生产的厂家很多，产品的品种规格复杂，各有各的商标牌号，又经常变换式样，贸易的金额不大，而手续烦琐，一些大洋行多不将其作为主要业务，而国外厂商则竞相推销。出口货物也以零星、土特产品如草帽、花边、古玩等为主。当时一些大洋行集中经营如生丝、茶、桐油等一类的大商品，不愿在这类小商品上花费过多资金精力。总之，西洋庄选择的商品，没有什么统筹规划，随时，随

① 张宪文，张玉法，江沛，秦熠，刘晖，等. 中华民国专题史第九卷：城市化进程研究. 南京：南京大学出版社，2015：402.

② 张忠民. 经济历史成长. 上海：上海社会科学院出版社，1999：129.

③ 沈祖炜. 近代中国企业：制度和发展. 上海：上海人民出版社，2014：90.

④ 熊月之. 上海通史·第 8 卷：民国经济. 上海：上海人民出版社，1999：45.

商品，随自己的能力，经常在变化。他们选择业务的秘诀在于根据自己的条件，从有利、易搞、风险小这几点来考虑。因此，华商经营这类商品比较容易发展，有的甚至在这类商品贸易中居于优势。华商西洋庄为了业务的发展，往往避开竞争激烈的主要市场，趋向次要市场，与中小客户进行交易。①由此可见，西洋庄基本是通过经营零星商品、小商品、与国外中小厂商建立关系而获得一定发展的。

西洋庄所经营的业务，是无法与洋行相比的。上海华商西洋庄的经营特点主要可以概括为三个：一是资金和规模小，无法与洋行相比；二是经营历史较短，经验不足，各方面的关系较差，而且基础薄弱，企业不够稳固；三是经营的商品包罗万象，以零星杂货为主，大宗商品相对较少。②由于西洋贸易向来为洋行所垄断，华商西洋庄在资本实力和与国外关系上均难以与洋行匹敌，因此，西洋庄主要经营次要市场，无法与洋行分庭抗礼，只能在夹缝中生存。据统计，上海对西洋出口商品中占 66%的 11 项大宗商品中，华商西洋庄所占份额为 12%，洋行占 88%，其他零星杂项商品出口华商也仅占 11.3%。同年，对西洋出口共 3 786 万元，占 11.3%左右；上海从西洋（包括日本）进口的 8 项大宗商品中（其数额几乎占进口总额的近一半），华商西洋庄的数额为 3 605 万元，仅占 7%，洋行占 93%。可见，华商西洋庄对西洋的出口贸易比进口贸易的比重大。1936 年，进出口合计共 7 391 万元，约占上海对西洋贸易的 9%左右，远较外商洋行为低。③

华商西洋庄虽然在洋行经营的夹缝中有所发展，但在经营被洋行控制垄断的大商品时，便要遭到洋行的排挤；西洋庄经营洋行垄断商品的极少，即使有少数西洋庄涉足这些大宗商品，也无不遭受洋行的打击，能够摆脱洋行控制、闯出一个局面的也是极其个别的。④由于华商西洋庄都属于中小商户，虽同属国际贸易业，但各户分散在不同商品行业中，“彼此互不联系，共同利益并不显著，相互矛盾也不突出，直到抗日战争前夕，仍未组成国际贸易行业的同业公会组织。”⑤西洋庄缺乏抵抗风险的应变能力，一旦遇到危机和风险，不少企业就倒闭或另行改组。因此，总的来说，华商西洋庄的发展是有限度的。

2. 南洋庄

南洋庄早期以埠际贸易为主，兼营代理南洋贸易，经营者以旅沪的闽粤商人居多，其南洋客户关系主要是当地的华侨。20 世纪 30 年代，上海的南洋庄有 120 家左右，到“抗战”前夕尚有 113 家，其中进口行 12 家、出口南洋办庄 94 家、其他南洋庄 7 家。⑥南

---

① 上海社会科学院经济研究所，上海市国际贸易学会学术委员会. 上海对外贸易（1840—1949）（上册）. 上海：上海社会科学院出版社，1989：237.

② 上海社会科学院经济研究所，上海市国际贸易学会学术委员会. 上海对外贸易（1840—1949）（上册）. 上海社会科学院出版社，1989：242. 上海：

③ 上海社会科学院经济研究所，上海市国际贸易学会学术委员会. 上海对外贸易（1840—1949）（上册）. 上海：上海社会科学院出版社，1989：245.

④ 上海社会科学院经济研究所，上海市国际贸易学会学术委员会. 上海对外贸易（1840—1949）（上册）. 上海：上海社会科学院出版社，1989：239.

⑤ 上海社会科学院经济研究所，上海市国际贸易学会学术委员会. 上海对外贸易（1840—1949）（上册）. 上海：上海社会科学院出版社，1989：243.

⑥ 刘兰兮. 中国现代化过程中的企业发展. 福州：福建人民出版社，2006：160.

洋庄的贸易对象主要是当时英属海峡殖民地即新加坡、英属北婆罗洲、缅甸、荷属东印度、菲律宾、暹罗以及法属殖民地越南、老挝等地，还包括对中国香港、澳门两地的本地销售和途经港澳对上述地区的转口贸易。它在全国和上海的进出口贸易中所占比重不大，主要帮助国内轻工业品出口南洋市场，这有利于发展南洋华侨和国内的经济联系。在上海对南洋的进出口贸易中，以南洋庄为主体的华商大约占 34%。[①]南洋庄按大类可分为以进口为主的九八行、以出口为主的南洋办庄、侨资分庄、侨资坐庄（可称申庄）等四种。[②]南洋庄帮口分明，经营有一定专业性。按其经营商品品种、行业范围以及所属帮口来划分，大致是九八行进口海味、食糖、木材、洋米等商品；出口办庄经营药材、丝绸匹头、杂粮、山地货、日用百货、纱布等。[③]其中，绝大部分输往中国香港以及南洋各地。随着国内机制轻工业品出口南洋规模的扩大，经营国产机制品出口的南洋庄也渐成专业。据统计，1936 年上海从南洋进口货值为 2 940.7 万关两，南洋庄占 16.6%，为 488.15 万关两；出口至南洋总额为 2 299.7 万关两，南洋庄占 51.36%。[④]在出口方面，南洋庄占据了优势。南洋庄的主要经营特点是：其一，南洋庄在内部管理上，停滞在传统家族式的水平，世代相传，变化极小；其二，上海南洋庄与南洋侨商之间，与有关内贸批发行号之间，都有密切关系，可以互通有无，直接达成交易，与外商洋行基本上是各走各的路；其三，有丰富的业务经验，经营灵活。南洋庄的行号，有的是老号改组，重操旧业；有的是原来的从业人员，另立门户。南洋庄的客户和供求关系相对稳定。由于经营日久，积累有本行业的丰富经验，对经营的商品品种和规格，以及国内外进销渠道，都摸得很清楚。[⑤]但是，南洋庄经营上存在着主客观两方面的问题：一是南洋庄推销出口货物，也往往遭到国外关税壁垒的阻挠，特别是 1929 到 1933 年资本主义世界经济危机发生以来，南洋各地盛行增收关税，这就使南洋庄推销国产商品受到阻碍；二是信用膨胀，基础薄弱。南洋庄的组成，大都是同乡亲友凑合股本或同业间相互投资设立的，其资本大小不一。由于华商经营南洋贸易，习惯上都要放账，平时资金融通，全靠行庄贷款或亲友垫款以作调节，一旦遇到意外情况，易产生账务纠纷。[⑥]

3. 东洋庄

东洋庄是主要进口日本商货的华商外贸商行。在东洋庄中，还有在上海的本庄与在日本的办庄之别。东洋庄在中国对日贸易中只占极小的份额，从中日贸易的整体来看，直到 20 世纪 30 年代，日本几家大的垄断商几乎控制经营了全部大宗商品，一直占有最重要的地位。华商东洋庄主要经营一些数值不大但品种繁杂的日货，诸如海味业和百货

---

① 张忠民. 经济历史成长. 上海：上海社会科学院出版社，1999：129.

② 李伯祥，蔡永贵. 近代上海南洋庄和南洋贸易. 中国社会经济史研究，1986（3）.

③ 上海社会科学院经济研究所，上海市国际贸易学会学术委员会. 上海对外贸易（1840—1949）（上册）. 上海：上海社会科学院出版社，1989：393.

④ 熊月之. 上海通史・第 8 卷民国经济. 上海：上海人民出版社，1999：47.

⑤ 上海社会科学院经济研究所，上海市国际贸易学会学术委员会. 上海对外贸易（1840—1949）（上册）. 上海：上海社会科学院出版社，1989：413.

⑥ 上海社会科学院经济研究所，上海市国际贸易学会学术委员会，上海对外贸易（1840—1949）（上册）. 上海：上海社会科学院出版社，1989：414.

杂货业等少数行业。日货输入可分为两大类：海产品和百货。因此，东洋庄有“海味业东洋庄”和“百货业东洋庄”之分。海味业东洋庄专办日本海产品进口，1928 年时大约有 15 家左右。海味东洋庄有从北海道进货的北市和从横滨、大阪进货的南市之分。由于日本鼓励推销日本百货，东洋庄杂货进口比重很高，主要经营日本轻工、手工业日用杂货的对华输出。大部分百货东洋庄号仍属传统商号性质。百货东洋庄规模一般较小，资本大都不超过一二万，一些大的庄号在日设有办庄，负责进货。由于日货质量不高，假冒西洋货牌号甚多，这些日本赝品大都价格低廉，行销较快，不少东洋庄获利丰厚。东洋庄的经营特点是：（1）直接的经营方式，东洋庄派驻日本的东洋办庄向日本当地批发商、工场或产地进货（如日本海产品），与一般在沪的日商洋行经销、代销的经营方式不同；（2）东洋庄主要业务都是自营，自负盈亏，现货现卖（包括支付期票），不代客订货，不以收取佣金为主；（3）上海东洋庄一般资本不大，到货快，资金周转迅速。[①]

“五卅”运动、“九一八”后反日救国运动等一系列的反日救国活动，使经销日货的东洋庄受到巨大冲击，货物积压，资金搁浅，损失惨重，以后百货东洋庄趋向衰落。一些百货业东洋庄转而自行创办私人资本工业，生产与以往经营同类的机制工业品，比较成功的有大中华橡胶厂、正泰橡胶厂等。上海沦陷后，一切日货由日人经营，东洋庄失去了生存的条件。[②]至此，曾经盛极一时的东洋庄偃旗息鼓。

总的来说，在 20 世纪二三十年代，在洋行仍占控制地位的情况下，华商进出口行有了一定的发展。1936 年上海华商进出口行已经发展到 300 余户，占上海进出口商总户数的 30%左右，经营额仅占上海进出口贸易总值的 10%左右。虽然这些华商都是一些中小商户，但它们是在承受着国内洋行强大压力和打入国外市场极端艰难的条件下，“采取各种灵活多样的经营方法，扬长避短，依靠各种社会关系，特别是海外华侨的支持，以及精打细算，节约开支，降低成本费用，才得以立足，并有所发展。”[③]20 世纪二三十年代，华商外贸业的发展是值得欣喜的进步，虽然在户数方面处于弱势，在对外关系、资本实力及业务经营方面，华商也难以与洋商匹敌，但改变了原来洋行在外贸行业中独大的的结构，在有些行业还占有一定优势。例如，20 世纪 20 年代到 30 年代，华商食糖进口兴旺，一度取代了外商洋行的优势地位。中小华商行的兴起，不仅使中国进出口商品的种类品牌更为丰富，市场各类外贸交易更为细化，而且也更加直接地加强了国内工商业与世界市场的联系和互动。

五、外国在华投资的扩张

1927—1936 年是外国在华投资增加最多的时期。外国投资一般包括直接投资和间接投资，其中最为主要的是外国直接投资。国民政府建立初期，帝国主义国家在华投资快

---

① 上海社会科学院经济研究所，上海市国际贸易学会学术委员会. 上海对外贸易（1840—1949）（上册）. 上海：上海社会科学院出版社，1989：525.

② 熊月之. 上海通史第 8 卷. 上海：上海人民出版社. 1999：49.

③ 上海社会科学院经济研究所，上海市国际贸易学会学术委员会. 上海对外贸易（1840—1949）（上册）. 上海：上海社会科学院出版社，1989：204.

速增加。据吴承明的估计，1914 年外国在华投资总额为 16.724 亿美元，1930 年达到 36.488 亿美元，1936 年则高达 39.414 亿美元。雷麦对 1931 年的估计是 32.43 亿美元，侯继明对 1936 年的估计是 34.83 亿美元。从投资的增长速度来看，1914—1930 年，帝国主义在华投资增长了 54%，达 34.8 亿美元，年均增长 3.38%；1931—1936 年，投资又增长了 23%，达 42.85 亿美元，年均增长 4.6%。1914—1930 年，年均增长 7699 万美元；1930—1936 年，年均增长 1.33 亿美元。[①]在这一时期，由于中国关税自主权恢复，外国对华商品倾销受到抑制，为规避关税，外国对华投资增长加快。

由于北洋政府时期已债信破产，国民政府成立以后借外债困难，因此这时期外资的增长主要是直接投资，政府借款的增加仅为 36%。[②]1930 年，外国在华直接投资为 27.516 亿美元，占对华投资的比例为 75.4%；1936 年则增加到 39.414 亿美元，占 79.3%。[③]各国在华投资的情况见表 4–29。

表 4–29　　1930—1936 年各国在华投资情况　　单位：百万美元

国别	1930 年	1936 年
总计	3 648.8	3 941.4
日本	1 489.7	1 818.3
英国	1 008.9	1 020.8
美国	264.4	328.2
法国	246.3	276.3
德国	174.6	136.4
苏联	230.9	26.1
其他国家	234.0	335.3

资料来源：吴承明. 中国资本主义发展史：第 3 卷. 北京：人民出版社，1993：39.

这一时期，各国在华投资出现了新的变化。外国人对华投资角色的变化，体现了“经济政治发展的不平衡是资本主义的绝对规律”。1920 年，日本投资只有 4.6 亿美元，占各国对华投资总额的 23.1%。1930 年，增加到 14.897 亿美元，占 40.8%。1936 年，日本在华的投资达到 18.183 亿美元，占 46.1%，日本成为这一时期投资增长最快的国家，年增长率为 8.9%。日本在华直接投资达到 15.6 亿美元，居在华投资的第一位。1931 年，英国、日本、美国对华投资分别为 118 920 万美元、113 690 万美元、19 240 万美元，占外国在华投资的比重分别为 36.7%、35.1%和 6.1%。[④]据估计，“九一八”前夕，日本在东北的直接企业投资为 5.5 亿美元；至 1936 年，日本在东北的投资达 14.5 亿美元，其

① 吴承明. 帝国主义在旧中国的投资. 北京：人民出版社，1955：45，46.
② 吴承明. 中国资本主义发展史：第 3 卷. 北京：人民出版社，1993：40.
③ 吴承明. 中国资本主义发展史：第 3 卷. 北京：人民出版社，1993：39.
④ 孙玉琴. 中国对外贸易史（中卷）. 北京：中国商务出版社，2015：256.

中企业资本为13.2亿美元。短短五年，企业直接投资增长2.4倍。美国是第二个投资增长最快的国家，年增长率为6.4%。1920年投资额为12.1亿美元，1930年增加为26.4亿美元，1936年则增加为32.8亿美元，占各国在华投资总额的8.3%。英国对华投资的增长率为2.0%，1936年英国对华投资为10.20亿美元，占各国投资总额的25.9%，居第三位。法国的对华投资不如日、英、美活跃，投资的增长率为2.1%。德国和苏联的投资都是减少的。因此，各国在华投资的发展呈现不平衡状况。

在这一时期，外资来源地也出现多元化趋势。荷兰、丹麦、意大利等欧洲国家的投资都在增加；瑞士则从无到有，1931年瑞士商人在上海开办了华铝钢精厂。表4–29中其他国家的投资，从1930年的23.4亿美元增加到1936年的33.5亿美元。从外国在华投资的资金来源方面来看，许多外资企业的所有者是“白手起家”的。也就是说他们在创办企业时，根本就身无分文，而是在华投机冒险起家的，但是它们的利润却十分丰厚。[①]就外国投资的行业来讲，主要为金融、外贸、近代化运输、能源和铁资源。1933年，在华外资工厂生产的产品占中国工业总产量的1/3。外资控制的主要工业资产份额为煤炭39%、生铁82%、造船48.2%、棉纱29.1%、棉布61.5%。到1936年，在中国工业总资本中，外资所占比重已经达到73.8%。而工业当时在中国经济和国民收入中所占的比重依然很小，农业生产占到国民总收入的64.5%。采矿业、制造业和建筑业所占比重加起来只有11.49%，交通与通信仅0.04%，商业占9.95%，公共管理占3.89%，其他行业加起来也仅有6.13%。[②]1931年以前，外国在华投资中，有42.8%集中于上海，有33.9%集中于东北。1937年前，外国人的银行业投资有79.2%集中在上海，80%的进出口和商业、67.1%的工业、70%的不动产都集中在上海（不计东北）。[③]外国对华投资具有资本输出和掠夺资源的性质。各国通过对华投资，联合或单独控制中国的政治、军事，掌握中国的经济命脉。同时，也各以其资本势力进行角逐。

表4–30　　外国在华直接投资行业结构　　单位：%

年份	金融业	贸易业	运输业	制造业	矿业	公用事业
1930	16.00	28.10	20.60	15.80	7.60	6.00
1936	40.72	22.26	9.48	15.76	3.91	7.41

资料来源：吴承明. 中国资本主义发展史. 第三卷，北京：人民出版社，1993：43，747.

间接投资方面，主要是举借外债。1928—1937年，所借外债总额分别为280余万英镑、3 300万美元、4.5亿法郎、230万海关金单位、9 200万法币。有学者统计1927—1937年中国共借铁路外债18笔，共计39 635万元。[④]国民政府经济建设外债涉及内容除铁路外还包含电信、电气、电厂、实业、航空、航运、河道工程等方面。1927—1937年，南京国民政

① 王桧林，郭大钧，鲁振祥. 中国通史. 第十二卷近代后编（1919—1949）. 上册. 上海：上海人民出版社，2015：486.

② 谢艾伦. 被监押的帝国主义——英法在华企业的命运//陈谦平. 民国对外关系史论 1927—1949. 北京：生活·读书·新知三联书店，2013：212.

③ 丁长清，等. 中外经济关系史纲要. 北京：科学出版社，2003：203.

④ 刘克祥，吴太昌. 中国近代经济史 1927—1937. 北京：人民出版社，2010：1160.

府向日本借款 10 次，总金额却不过 1 400 余万元。[①]债权人依旧以英、美、德等老牌资本主义国家为主。在这一时期，国民政府举借外债的数额与中国发展经济、增强国力的迫切需要相比相差甚远。

第四节　对外贸易与国内社会经济发展

对外贸易的发展，是中国经济现代化发展的重要组成部分，二者互促互动，互制互约。“在近代西方资本主义发展过程中，中国被动地卷入了资本主义世界市场。中国近代以来的工业化进程、城市化进程和农业商品化进程在根本上正是源于这种被动的贸易格局变化。对外贸易在中国近代经济史上有其独特的地位，是影响中国社会经济各部门的一个重要因素。”[②]在“抗战”前的十年间，对外贸易在民国经济发展中扮演着重要的角色。对外贸易不仅推动传统经济结构向现代经济结构的转变，而且引起了非经济层面的变化，对近代中国社会的转型有积极的影响。

一、对外贸易与工业化

“进口替代”是指一种从经济上独立自主的目的出发，减少或完全消除某种产品的进口，国内市场完全由本国生产者供应的发展政策。[③]

落后国家在工业化进程中，受生产技术落后等因素影响，单位产品上的平均生产成本远远高于从国外进口的同类产品的成本，形成国内市场几乎完全被进口商品垄断的局面。为了保护国内幼稚的工业的发展，需要政府提供适当的贸易保护政策，以抵御进口产品发展本国商品。“进口替代是一国工业化不可避免的一种自然过程，它可以在自觉的状态下作为政策进行，也可以在不自觉的状态下进行，只要生产时的利益所失低于进口时的利益所失，它的产生就是必然的。”[④]进口替代战略的主要目的有两个，一是为了加快落后国家的工业化，二是使国家的工业发展减少或摆脱对外国的经济依赖。

（一）从初级产品出口到进口替代的趋向

1937 年以前，中国对外贸易的增长虽然主要是依靠初级产品的出口（这主要是通过沿江沿海通商口岸城市实现的），但已具有向国内市场输入生产要素的“进口替代”的倾向，“进口替代”对中国民族工业步入经济舞台具有一种强劲的市场牵引力。[⑤]从初级产品的出口向进口替代转型，这是后发展国家实现工业化的必经之路。

中国的进口替代，是从轻工业开始的，这是许多先发展国家迈向工业化的经验。

从表 4–31 可以看到，中国轻工业产品的进口从 30 年代初开始直线下降，由 1930 年的

---

① 孙迪．民国时期经济建设公债研究 1927—1937．上海：上海社会科学院出版社，2015：66.

② 吴申元．中国近代经济史．上海：上海人民出版社，2003：282.

③ 罗志如，等．当代西方经济学说．北京：北京大学出版社，1989：369.

④ 袁欣．转型时期的中国对外贸易研究．北京：对外经济贸易大学出版社，2008：105.

⑤ 张仲礼．东南沿海城市与中国近代化．上海：上海人民出版社，1996：308.

33.6%降至 1936 年的 14.3%，比民国初年降低了近 41 个百分点；轻工业产品的出口则保持在 20%左右，即使最不景气的 1936 年，出口值也由 1912 年的 6 300 万元上升到 9 500 万元，所占百分比提高了 3%。1936 年轻工业产品出口值下降的原因有两个：一是大危机后，世界贸易保护主义抬头，轻工业产品被列为各国限制重点；另一方面是轻工业发达的日本在美国抢占中国的丝绸市场，在东南亚抢夺棉织品市场，中国产品的出口受到剧烈的冲击。当然，轻工业产品的出口值下降，并不能得出轻工业衰落的结论，因为它的产品部分转向国内市场，满足了本国民众的生活需求。轻工业产品进口的减少和出口的增加，表明中国的轻工业在对外贸易的发展中已具有初步的进口替代的能力。从 20 世纪初至 20 世纪 30 年代，一批新兴国货工业先后诞生，其产品大都沿着进口替代这一途径进入市场。据 1936 年《中国经济年鉴》记载，中国近代工业有食品、棉纺织、碱、酸、盐等 18 个主要行业，其中 14 个是进口替代行业，占主要行业总数的 77.8%。卷烟是近代中国进口的大宗商品，从最初的每年 1 000 多万元增长至 30 年代的 6 000 多万元。为减少洋烟进口，国内民族卷烟工业的规模也不断扩大，从民国初的十几家，发展到 20 世纪 30 年代的 100 多家，成为中国近代民族工业的一大支柱产业。其他如肥皂、造纸、电灯、酸、碱、铅笔、化妆品、电扇、甘油等国货工业都是以进口替代的形式进入市场而发展起来的。

表 4-31　　1919—1936 年中国进出口贸易中的轻工业产品　　单位：百万元

年份	进口值（%）	出口值（%）
1912 年	403（54.7）	63（10.9）
1930 年	685（33.6）	301（21.6）
1932 年	432（26.3）	—
1933 年	274（20.4）	158（25.8）
1936 年	135（14.3）	95（134.5）

资料来源：久保亨．近现代中国的对外贸易结构和工业发展//章开沅．对外经济关系与中国近代化．武汉：华中师范大学出版社，1990.

从行业结构看，在 20 世纪 30 年代以前相当长的时间内，进口货以日常消费品为主，相应的民族工业以棉纺织业、面粉业等轻纺工业为骨干。轻工产品的生产一般具有投资少、见效快、利润高、风险小等优点，再加上政府的鼓励与提倡，轻工业便迅速发展起来。如 1936 年，全国华商棉纺织业共有纱锭 2 746 392 枚，线锭 173 316 枚，布机 25 503 架，形成了上海、青岛、武汉、天津、无锡、南通六大近代棉纺织业基地。[①]棉纱不仅在当时条件下基本实现"进口替代"，并开始向"出口导向"发展，连棉纺织品进口也大量减少，1936 年仅计 929.2 万海关两，"进口替代"步伐明显加快了。[②]从地区分布上看，通商口岸地区，由于洋货输入时间最久，密度最高，进口替代的可能性较大。如上海是近代中国最大的外贸口岸，其进口值达全国的一半。同样，这里也最容易发展进口替代

① 严中平，等．中国近代经济史统计资料选辑．北京：科学出版社，1955：10，135.

② 袁欣．近代中国的对外贸易与工业"进口替代"．南开经济研究，1996（1）：1.

的民族工业，上海成为近代民族工业的经济中心，上海民族工业产值占全国民族工业产值的 50%左右。棉纺织业的兴盛，满足了国内市场的产品需求，（国内棉纺织业主要使用外国进口的棉花）开拓了国货市场，减少了洋货的进口。

重化工业的投资大、技术含量高、利润低、风险又大，一般私人企业难以承担，只有少数由国家经营，而政府对重化工业的扶植由于资金短缺而力绌，虽然取得了一些进步，但明显不如轻工业的进口替代能力。

表 4–32　　20 世纪 30 年代中国重化工业产品进出口贸易

年份	金属/%		机器/%		化学/%		贸易值/百万元	
	进口	出口	进口	出口	进口	出口	进口	出口
1930	9.9	2.5	6.0	—	12.0	0.4	2 041	1 395
1933	12.8	5.9	5.9	—	13.9	0.8	1 347	612
1936	16.6	5.8	11.9	0.1	18.4	0.7	941	706

资料来源：久保亨．近现代中国的对外贸易结构和工业发展//章开沅．对外经济关系与中国近代化．武汉：华中师范大学出版社，1990.

由表 4–32 我们可以看到，重化工业产品的进出口比例均呈上升趋势，但进口比重远大于出口比重，进口贸易值远大于出口值，故重化工业产品的进口远超过出口。就机器业来讲，1936 年以前的出口几乎为零，发展较好的 1936 年也仅有 0.1%的比例。重化工业的进出口情况表明，一方面国内工业建设的需求增加，另一方面重化工业替代与发展的艰难。不过，近代中国以机械制造业为代表的重化工业已有些微发展，形成了上海和汉口两个机械制造业中心，从事船舶、纺织机、食品机、印刷机等机床和铁路车辆及农用机械的制造。[①]

表 4–33　　1930—1936 年中国进口商品位次变化

位次	1930 年	1936 年
1	棉制品	金属与矿石
2	原棉	石油制品
3	米	机器与工具
4	砂糖	书籍、纸制品
5	金属与矿石	棉花与棉制品
6	石油制品	运输机
7	香烟	化学品药品
8	化学品药品	谷物与谷物粉
9	谷物与谷物粉	金属制品
10	机器	染料

资料来源：麦利克谢托夫．中国的官僚资本//虞宝棠．国民政府与民国经济．上海：华东师范大学出版社，1998：222.

① 袁欣．近代中国的对外贸易与工业“进口替代”．南开经济研究，1996（1）.

从以上进口商品的位次变化中我们可以看到，在 20 世纪 30 年代中后期，在中国进口商品结构中重工业产品开始占据主要地位。1913 年，国外进口到中国的各种机器设备不仅总值低，仅有 800 万海关两，而且所占比例只有当年的 1.4%。但是到了 1936 年，这些产品一下子增加到 3 850 万海关两，增加了 3 000 多万海关两，占进口的总值也增加到了 6.4%，增加了 5 个百分点。生铁、钢、建筑五金、化工产品以及工业用的原料等产品，在进口总值中从 11%增加到 24%。当然，这种重化工业产品进口增加的原因，一方面是由于中国近代工业发展，使得相关的原料与设备进口大幅度增加；另一方面，国民政府积极进行战前的经济准备，开展大规模的国防建设，因此加大了进口军火等装备，而这些装备在海关的统计中都被列入重化工业产品进口之列。

由于采矿业、纺织业和食品加工业等行业发展的需要，上海和汉口成为机械制造业中心，从事食品机、印刷机等的机床和机械制造，进口替代货物达到新的机器设备的程度，这是令人振奋的进步，但这些产品的技术含量低、普及面窄，因而不能评价过高，成套的先进设备仍需从国外进口，重化工业发展仍不尽如人意。“进口替代”是后进国家工业化起步的一条可行之路，中国人口众多、市场广阔，为国货替代提供了较大的周旋余地，同时进口替代也对民族工业产生了颇大的型塑作用。①

（二）工业“进口替代”的特点

经济落后国家的发展按其资源配置的方式可以分为上游导向型与下游导向型。与此相适应，进口替代在实施过程中也可以分为由下游产业开始进口替代和由上游产业开始进口替代。由下游产业开始的进口替代的特点是，在替代过程的最初阶段，由于主要生产日用消费品，因而在资金方面的压力较轻，对于劳动力的素质和技术的要求也不高，生产的经济规模相对较小，并且通过政府制定的关税保护政策，可以尽快使替代工业有利可图。这一时期的中国近代工业进口替代就是典型的下游导向型进口替代。

1. “进口替代”的主动性与积极性增强

南京国民政府恢复了关税自主，对竞争性和非竞争性商品实行等差税率，外贸管理体制趋于完善，保护了国内民族工业的发展，国民政府发动的国民经济建设运动、国货运动等，也为工业的进口替代创造了有利条件，政府发展经济贸易还是具有一定主动性和积极性的。

1931—1936 年，工业的年增长率高达 9.3%（如把东北除外，应当降为 6.7%），工业生产的指数也不断增加，1930 年总产值指数为 81.6，净增值指数为 80.1，到 1936 年则分别为 122.0 与 135.0（以 1933 年的指数为 100）。②虽然中国由于起点低、基础薄而需要大打折扣，但这对于工业基础薄弱的欠发展国家来讲仍然是可贵的，工业的“进口替代”在其发展中有着重要作用。

① 潘君祥. 近代中国国货运动研究. 上海：上海社会科学院出版社，1998：235.

② 章长基. 中国解放以前工业发展：一个量化分析. 爱丁堡：爱丁堡大学出版社，1969：60-61；黄逸峰，等. 旧中国民族资产阶级. 上海：上海古籍出版社，1990：430.

2. “进口替代”的非均衡性与辐散性

中国地域辽阔，行业种类繁多，“进口替代”在不同地区、不同行业有不同程度的发展，呈非均衡发展态势。就行业来讲，工业的“进口替代”首先从容易取得成效的轻纺业开始，棉纺业和针织业取得了满意的效果，有些还达到了出口导向的目的；而技术含量高的重化工业虽有进步，但明显不如轻工业；轻重工业发展不平衡。就区域来讲，沿海城市和长江沿岸地区的工业进口替代发展快，替代程度也较高，而内地边远地区工业发展速度缓慢，替代程度较低，有些地区甚至没有最基本的工业设施。

当然，工业发展的非均衡态势会随着商贸的发展被打破。先进的沿江沿海地区带动周边区域发展，形成一个个准工业化中心地带，它向四周辐射工业化的现代性因子，传播“进口替代”的成果，影响落后地区；发展较快的轻工业影响重化工业，推动重化工业的加速前进。

3.“进口替代”工业由于受到外资外企的挤压和缺乏政府有效的保护而发展艰难

进口替代产品中包含着外资在华设厂的产品，这些产品一部分就地消费，一部分出口到国外。棉纺织业是中国民族工业较发达的部门，1927—1936 年，棉纱生产中有 30%以上为外资所控制，60%的棉布生产为外人所控，外厂占全国纱锭的 42%以上、线锭的 60%以上、织布机的 50%以上。[①]与重化工业相关的采矿业受外人控制更严重，20 世纪 30 年代中国 96%以上的生铁、99%以上的铁矿石、66%以上的煤炭由外厂经营。[②]民族工业的发展受外资挤压，进口替代受到极大的限制。

工业的进口替代发展缓慢，与南京国民政府缺乏系统持久的经贸战略密不可分。再加上国内的无秩序和不安全感等因素，直接导致外贸的狭小与困难。[③]严重影响相关行业的健康发展，进口替代无法快速完成。和日本相比，中国的工业发展仍有较大差距。这可以通过外贸出口的商品结构的比较得以反映。

表 4-34　　1936 年中日出口商品结构的比较

国别	食品/%	原材料/%	半制品/%	制成品/%
中国	44.1	4.2	12.3	39.5（手工制品为 32.4）
日本	7.6	4.7	26.6	58.1

资料来源：严中平，等. 中国近代经济史统计资料选辑. 北京：科学出版社，1955：72–73；中国科学院上海经济研究所. 主要资本主义国家统计集 1840—1960. 北京：世界知识出版社，1962：408.

就出口商品构成来看，1936 年中国出口初级产品（包括食品和原材料）的百分比为 48.3%，而日本仅为 12.3%。制成品方面，中国为 39.5%，日本高达 58.1%，二者

① 严中平，等. 中国近代经济史统计资料选辑. 北京：科学出版社，1955：131，136.

② 侯继明. 外国投资和中国经济发展. 坎布里奇：哈佛大学出版社，1965：128.

③ Louis Beale，G，Peltam and J Hutchison，Trade and Economic Conditions in China 1931—1933；Hom Statoionery office，reprint San Francisco China materiais Center，1970：7

相差近十九个百分点。中国制成品中有 32.4%为手工制品，机制品仅占 7.1%，而日本几乎全部为机制品；即使是半制成品，日本的出口也大大超过中国的出口。日本已实现工业化，由一个农业国成为工业国，出口导向成为其经贸发展战略，而中国仅部分实现进口替代，工业化水平仍很低。不过，正如美国学者饶斯基所言："从（抗日）战争前中国工业史的整个过程来看，外贸对于工业进步是起了积极影响的。"①

二、对外贸易和通商口岸城市化

考察中国近代城市的发展历程，可以看到凡是对外贸易比较发达的城市（主要指通商口岸城市），其城市化的发展就快，反之，城市化的发展就慢。可见，通商口岸城市的发展和中国现代化的关系是社会发展的两个方面，是有机的统一体，二者是相互渗透的。城市的兴起，必然伴随着城市的工业化、商业、交通运输、文化娱乐等的进步与繁荣；而这些行业的进步与繁荣，又促进了城市的发展，对外贸易是推动城市化的重要动力和桥梁。

（一）通商口岸城市形成全国性贸易中心

通商口岸城市的贸易发展迅速。广州、上海、汉口、天津、大连五城市成为全国贸易发展的中心。1929—1931 年，五通商口岸城市的贸易额平均每年占对外贸易总额的 75.6%，此后，一直保持在 70%以上。由于贸易地位的变化，上海由区域性的国内贸易中心发展为全国性的贸易中心，奠定了上海城市发展的基础。大规模的资本主义商品经济的发展是近代上海以及其他各主要通商口岸城市兴盛的重要原因。②

表 4-35　　20 世纪 30 年代中国五通商口岸情况统计表　　单位：%

年份	广州	上海	汉口	天津	大连	其他
1929—1931 年	5.0	44.8	2.4	8.4	15.0	24.4
1933 年	6.1	53.4	2.1	10.6	--	27.8
1934 年	5.1	55.4	2.7	11.3	--	25.5
1935 年	4.9	53.1	3.1	11.7	--	27.2
1936 年	4.4	55.5	2.8	11.6	--	25.7

资料来源：历年海关报告；严中平，等. 中国近代经济史统计资料选辑. 北京：科学出版社，1955：69.

说明：表中数字为所占进出口额的百分比；"九·一八"事变以后，大连港口的统计数字未再列入。

① T. Rawski，China's Transition to Industrialism 密西根大学出版社 1980：27.

② 隗瀛涛. 中国近代不同类型城市综合研究. 成都：四川大学出版社，1998：280.

在五大通商口岸城市中，上海的发展最引人瞩目。20世纪二三十年代，上海成为全国乃至东亚的贸易中心，每年进出口额占全国进出口的50%，1936年则高达55.5%，在埠际贸易中也跃居首位。“1933年起，上海对外贸易总值经常占全国的50%以上，1936年为55.6%。其间，上海口岸的出口商品结构发生了变化，许多小商品逐渐发展为大宗出口商品，如豆及豆饼、桐油、籽仁籽饼、猪鬃等出口增长了几十倍。新的出口货源大量被扩展出来，如蛋制品、肠衣、花边、草帽的出口日益扩大，有的几乎全部从上海口岸出口。在31类主要出口商品中，初级产品如皮货、油脂、籽仁、茶叶、纺织纤维、针织品、匹头、金属制品等9大类占上海口岸出口商品总值的84%，它们绝大部分出口到美、英、德、法、荷等少数几个国家，茶叶则转向非洲，以摩洛哥销量最大，其余22类商品大部分出口南洋。”①而就进口商品而言，无论是普通的日用品还是工业原料和机器车辆等工业产品，在各类进口商品中，上海口岸都占绝对大的比例。“进出口贸易是上海经济的支柱，进出口贸易的快速发展，直接推动了上海的航运业、船舶修造业和进出口工业的大发展。”②当时的上海有世界和内地两个巨大的辐射扇面，它不仅是内地城乡贸易商品的集散中心，而且和世界主要国家发展了常年的贸易关系，“其中国商品中心市场的地位牢固确立。”上海作为中国重要的对外贸易口岸城市，随着对外贸易的发展，相应的辅助机构规模也不断扩大。据统计，1936年上海仅西方外商洋行就有559户，占全国919户的60.8%；20世纪二三十年代又有数百家华商外贸机构成立，上海成为外贸商务中心。③对外贸易的发展，使得大量的内外商业资本和金融资本向上海集中，上海很快成为全国最大、最重要的金融中心。据统计，1935年全国164家华资银行中，总行设在上海的多达58家；这些银行在外埠设有629个分支机构，建立了数以千计的通汇点。④

东南沿海以上海为贸易中心，北方则以天津为中心，两个外贸中心相呼应，这种格局一直保持到抗战前夕。通商口岸城市凭借其优越的地理位置、便捷的交通，不仅成为外贸中心，而且是内贸中心。出口和进口货物的分配，主要是上海、香港、天津、广州及汉口几个大城市之间的互相流通。⑤口岸城市周围的农工产品输入邻近的通商口岸，再由这些城市输往别国（有些就地消费），反之亦然。以外贸为先导，带动口岸城市及附近地区的发展。

---

① 凌小言，孙东华. 解放前上海口岸的对外中转贸易. 上海经济研究，1992（1）.

② 隗瀛涛. 中国近代不同类型城市综合研究. 成都：四川大学出版社，1998：283.

③ 上海社会科学院经济研究所，等. 上海对外贸易（1840—1949）（上册）. 上海：上海社会科学院出版社，1989：217；樊卫国. 激活与生长：上海现代经济兴起之若干分析：1870—1941. 上海：上海人民出版社，2002：42.

④ 吴景平. 近代上海金融中心地位的形成和作用. 上海经济论丛. 上海：上海社会科学院出版社，1993：282，284.

⑤ 章开沅，罗福惠. 比较中的审视：中国早期现代化研究. 杭州：浙江人民出版社，1993：296.

表 4-36　　1913—1936 年全国和上海进出口贸易增长变化表　　单位：千关两

年份	进口			出口			进出口总值		
	全国	上海	上海占全国%	全国	上海	上海占全国%	全国	上海	上海占全国%
1913	586 290	244 452	41.69	403 306	176 858	43.9	989 596	421 310	42.57
1914	584 209	238 590	40.84	356 227	147 692	41.5	940 436	386 282	41.07
1918	577 644	214 968	37.21	485 883	201 291	41.4	1 063 527	416 259	39.14
1921	932 850	425 514	45.61	601 256	210 528	35.0	1 534 106	636 042	41.46
1929	1 281 321	624 646	48.75	1 015 687	364 041	35.8	2 297 008	988 687	43.04
1931	1 448 187	833 568	57.56	909 476	277 476	30.5	2 357 663	1 111 044	47.12
1934	666 867	386 419	57.80	343 859	174 779	50.8	1 010 726	560 198	55.43
1936	606 241	356 343	58.78	453 652	323 525	51.3	1 059 893	588 868	55.56

资料来源：上海社会科学院经济研究所. 上海对外贸易：上册. 上海. 上海社会科学院出版社 1989：184.

（二）通商口岸外贸带动工业的兴旺

通商口岸城市形成对外贸易的中心地区，刺激了城市工业的兴旺。口岸城市作为中国对外的前哨，对洋货的进口反应最为敏感。大量洋货的输入，使中国的民族工业由仿制到创新、小规模到大规模地发展壮大起来，各种新型的行业也应运而生。上海的发展就是典型的例子。“上海崛起的主要动力来自通商口岸贸易，”[①]外贸推动了上海工业的发展，迅速成为全国的工业中心。例如，1933 年时的工厂数占全国的 34%，资本总额占全国的 40%，产业工人数占全国的 43%，工业产值占全国的 51%。[②]外贸是上海经济发展的龙头，在它的带动下，上海成为多功能的经济中心。

通商口岸还是外资企业集中之地，中外企业在口岸城市共同生存、竞争，促进城市的工业化中心地位的形成与确立，在沿江、沿海地区形成中国最早的工业化带，通商口岸是中国经济较发达的体系。[③]和外贸相关的行业得以改进与发展，而这又恰恰有助于外贸的活跃与繁荣。近代口岸城市的发展，创造了新的就业机会，与对外贸易相关的劳动力出现短缺，这样就可以吸引周边地区农村的剩余劳动力进入城市。而且，离城市比较近的农村，人口流动性要远高于远郊农村，农村人口日益转为城市人口，城市规模呈现扩大化趋势。因此，对外贸易成为中国城市化的加速器，以通商口岸城市为中心的城市带的形成，影响了整个现代化的历史进程。对外贸易的发展，造就了上海等通商口岸的畸形的繁荣，全国最有钱的阶层在租界过着奢侈的生活，而内地农村却发展缓慢，“这一两极化的发展，正是这种不合理的对外贸易所造成的。所以有人批评这是‘十八世纪的生产，二十世纪的消费’，的是确论。”[④]

① 章开沅，罗福惠. 比较中的审视：中国早期现代化研究. 杭州：浙江人民出版社，1993：296.

② 刘大钧. 上海的成长发展与工业化. 1936.

③ 伊懋可. 进步的报酬：中国经济现代化初期基本问题//罗荣渠，牛大勇. 中国现代化历程的探索. 北京：北京大学出版社，1992：116-123.

④ 时事问题研究会. 抗战中的中国经济. 中国现代史资料编辑委员会翻印，1957：275.

表 4–37　民国时期上海工业品出口占全国的比重　单位：海关两

工业品名称	1919	占全国的比重（%）	1927	占全国的比重（%）	1931	占全国的比重（%）
棉布	2 515 776	50.7	14 922 686	92.7	11 147 992	91.2
棉纱	2 566 016	96.2	15 758 076	79.7	25 135 599	73.4
纸、纸版及制品	82 547	2.1	373 919	6.5	332 858	8.4
机器及其配件	23 552	39.5	314 773	88.1	610 256	63.0
电料金属及制品	57 394	4.3	1 225 502	40.6	1 362 117	34.7
白厂丝	32 744 920	61.4	46 747 430	51.9	25 540 880	49.3
烟草	9 124 538	67.1	17 883 033	74.0	5 747 992	57.3
*化学及药用材料等	1 492 792	13.7	2 919 171	30.9	3 049 131	23.6

*包括颜料漆胶、肥皂、洋烛、香料、肥料、炸药

资料来源：蔡谦，郑友揆. 中国各通商口岸对各国进出口贸易统计. 北京：商务印书馆，1936；徐新吾. 中国近代缫丝工业史. 上海，上海人民出版社，1990；樊卫国. 激活与生长：上海现代经济兴起之若干分析. 上海：上海人民出版社，2002：273.

三、对外贸易与中国农村经济的变化

1927—1936 年，中国的城市在对外贸易的带动下发生着巨大变化，而农村地区也悄然变革着。在近代中西经济关系中，西方国家和中国农民的关系是最基本的一面。“农村经济是对外经济关系的经济基础，农民则成为中国民众中对外经济关系的主体。”①洋货的进口由城市向乡村蔓延，旧的小农经济被侵蚀，新的经济因素增加。毛泽东曾精辟地对这种现象作了深刻的分析：外国资本主义“一方面，破坏了中国自给自足的自然经济的基础，破坏了城市的手工业和农民的家庭工业；又一方面，则促进了中国城乡商品经济的发展。”②新的商品经济呈渐进性微变态势，这种变化将导致旧的自然经济在农村渐趋瓦解。

民国时期，中国农村的自然经济在内外因素的压力下开始分化，并逐渐解体；与此同时，新的商品化经济因素在旧中国的农村开始生长。

（一）农产品和手工产品商品化速度加快

所谓“农产商品化程度”，系指农产品出售数量占总产量的百分比。在 20 世纪的前三四十年中，商品化的速度明显加快，使商品化程度较之过去三个世纪大大改观。③可见，外国资本主义的经济浪潮不仅冲击了对外贸易发达的沿海、沿江通商口岸城市，而且也波及外贸发展相对滞后的农村地区。20 世纪二三十年代是旧中国农村商品化程度较高的时期，从而表现出一些新的特点和新现象。农产品商品化的发展，主要表现在两个方面。首先是农民生活对市场的依赖程度越来越大。由于资本主义的商品深入农村，广

① 赵德馨，等. 近代中西关系与中国社会. 武汉：湖北人民出版社，1993：84.

② 中国革命与中国共产党. 毛泽东选集. 第 2 卷. 北京：人民出版社，1991：626.

③ 黄宗智. 华北的小农经济与社会变迁. 北京：中华书局，1986：124.

大农民要更多地把自己的农产品拿去市场交换，取得货币以购买所需的工业品。因此，农民生产的农产品中自用的部分不断减少，出售的部分逐渐增多。农产品商品化程度发展的另一个主要表现，是经济作物的种植面积更加扩大，而自给性的粮食作物的种植面积则相对缩小。

农副产品和手工产品商品化加强，并逐渐纳入国际市场。这一时期，农业产值中商品经济的比重增加，如 1936 年农产值中商品经济的产值为 87.38 亿元，占 43.86%，相比 1920 年的商品经济产值 61.96 亿元和所占比重 37.55%都有明显上升，参见表 4–38。[①]近代农村的手工产品和其他副产品除自给外，还输入城市口岸，转销到竞争激烈的国际市场，中国纳入世界资本主义市场体系中，并处于半边缘的地位。1920 年个体手工业产值为 30.22 亿元，其中商品经济为 12.09 亿元，自然经济为 18.13 亿元，两者之比为 40:60；1936 年个体手工业产值为 44.22 亿元，其中商品经济为 26.53 亿元，自然经济为 17.69 亿元，两者之比变为 60:40。当然，农村农产品和手工业产品商品经济的发展，虽然在一定程度上反映了 20 世纪 20 年代到 30 年代中国农业和手工业生产的增长，但并不意味着农民的生活一定富裕和农村经济繁荣与发展。“相反，在中国小农经济的生产特点下，在很大程度上代表着‘贫困的商品经济’”。[②]中国的农村商品经济水平低，产品只是在国内外市场的简单扩展，没有引起农村经济结构的根本性变化，自然经济、半自然经济的地位没有改变。

表 4–38　　1920 年与 1936 年农业产值中的自然经济与商品经济　　单位：亿元

1920 年农业				1936 年农业			
工农业总产值	%	农业产值	%	工农业总产值	%	农业产值	%
商品经济 97.66 自然经济 121.37	44.59 55.41	61.96 103.24	37.55 62.45	商品经济 176.58 自然经济 129.54	57.68 42.32	87.38 111.85	43.86 56.14
总值 219.03	100	165.20	100	总值 306.12	100	199.23	100

资料来源：徐新吾. 近代中国自然经济加深分解与解体的过程. 中国经济史研究，1988（1）.

中国农产品商品化的程度不断缓慢提高的。粮、棉、油料等几种主要农产品的商品值在增加。据统计，粮、棉、大豆、烟叶、茶叶、柞蚕茧、桑蚕茧、土丝等几种主要农产品的商品值，从 1894 年的 78 574.9 万元，增加到 1919 年间的 217 171.9 万元，增加了 1.76 倍，年均增长率约为 5%；1936 年的商品值为 450 000.0 万元，1919—1936 年的商品值增加了 1.07 倍，年均增长率依旧约为 5%。[③]从粮食和棉花的商品率来看，1920 年粮食商品率为 22%，1936 年则增加为 36%，增加了 14%；1920 年棉花的商品率为 42%，1936 年增加到了 51%，增加了 9%。棉花的增加率与 1894—1920 年持平，而粮食商品率

① 徐新吾. 近代中国自然经济加深分解与解体的过程. 中国经济史研究，1988（1）.

② 徐新吾. 近代中国自然经济加深分解与解体的过程. 中国经济史研究，1988（1）.

③ 丁长清，慈鸿飞. 中国农业现代化之路. 北京：商务印书馆，2000：182，204.

的增加要高于1894—1920年增加的6%。[①]到1936年，粮棉油几种主要农产品的商品率约为29.7%。当时的农业经济学家也估计，我国平均农产商品率不低于40%，且农民需要从市场购入生活必需品的40%。[②]在商品交易中，农民与市场的关系越来越密切。具体说来，主要表现在农产品出售率、粮食与生活日用品购买率均增加两个方面。[③]这一时期，关于农户大量从市场购买日用品以及洋货的报道，充斥报章杂志。吴承明曾经指出，商品流通形成市场，商品流通的量决定市场的大小，商品交换的内容决定市场的性质。[④]以这个标准来衡量，这时期中国的农村仍是处于自然经济、半自然经济的状态。

中国的出口贸易主要涉及农产品和矿产品等非技术性产品，以换取外国先进的工业产品和其他产品。如1936年，中国农副产品的出口额为311 037 000元，占出口总额的44.1%（根据该年海关报告计算所得）。后发展国家为发展工业和获取国外先进技术与设备，一般以出口初级农产品和原料来换取外汇，再用外汇获得所需，中国的发展也符合这样的规律。在价值规律的作用下，出口的商品品种也具有替代性，传统农产品茶叶、生丝的出口下降，芝麻、桐油等新品种的出口增加。在20世纪30年代，中国的农业成为世界商品市场的一部分，“国际需求刺激了几种主要经济作物的种植——像茶、丝、棉、花生和大豆，商品化了的中国农业，不再只受国内市场的影响，同时也受世界性市场的影响。”[⑤]

农业生产专门化区域形成。随着农业生产商品化进程的加快，至20世纪二三十年代，农业生产专门化表现突出，出现了专业化的产区。“所谓农业生产的专门化，即在一些区域专门生产一种市场生产品，而另一些区域又专门生产另一种市场生产品，而且农业的其他方面也都适应这种主要的生产品。”[⑥]大豆的主要产区在东北，1931—1937年，东北大豆种植面积占全国大豆种植总面积的比重为41.8%。花生的种植主要集中在山东、河北、河南等省。1931—1937年，三省花生种植面积占十七省种植总面积的比重为46%，产量也为49.2%。芝麻的主要产区在河南。据统计，1931—1937年，河南省的芝麻种植面积占全国芝麻种植总面积的比重为27.2%，产量占全国总产量的27.7%。河南、山东和四川是烟叶的重要产区。据统计，1936年，河南、山东和四川三省的烟草种植面积占全国烟草种植总面积的比重为43.6%，产量占全国总产量的45.1%。蚕丝的生产主要集中在浙江、江苏、广东、四川四省，20世纪30年代四省生丝产量占全国生丝总产量的比重也高达90%左右。茶叶的生产主要集中在浙江等东南省份。到30年代中期，仅浙江一省的茶叶产量占全国茶叶总产量的比重就高达52%。[⑦]在这一时期，经济作物种植

---

① 吴承明. 近代中国国内市场商品量的估计//吴承明. 中国的现代化：市场与社会. 北京：三联书店，2001：291；许涤新，吴承明. 中国资本主义发展史. 第二卷. 北京：人民出版社，1990.

② 孙晓村. 中国农产物商品化之性质及其将来. 中山文化教育馆季刊，创刊号. 1934年8月.

③ 张宪文，张玉法. 中华民国专题史. 第八卷地方政治与乡村变迁. 南京：南京大学出版社，2015：275.

④ 吴承明. 中国资本主义与国内市场. 北京：中国社会科学出版社，1985：217.

⑤ 黄宗智. 华北的小农经济与社会变迁. 北京：中华书局，1986：124.

⑥ 赵津. 中国近代经济史. 天津：南开大学出版社，2006：90.

⑦ 许道夫. 中国近代农业生产及贸易统计资料. 上海：上海人民出版社，1983：182，195-196，201，214-219，239-241.

种类的增多和面积的扩大，主要受外国资本主义需求的刺激而发生，这些农产品出口数额的大小和价格高低的决定权，都操于国际市场上，受外国资本主义的控制。

农产品和手工产品的大量出口带动了农村经济的发展，出现了一些新气象。为了增强农产品的出口竞争了力，在一些地区形成了专营农副产品出口的“特区”，成立了大的农垦公司，集团化思想形成。例如，当时的江浙地区，农副业依靠蚕桑，四川、广东、山东各省的农户，也多依赖春茧之收获，“以资周转，甚至衣着之需，亦全抑给予此。”[①]适应外贸出口的需要，农村地区大力种植经济作物。据调查，1904—1933 年全国 15 个省、10 个县、102 个地区各种作物播种面积的比重，经济作物在农业生产中的比重呈逐年上升趋势。从时间来看，中国近代农业中的经济作物种植与发展是在 30 年代达到鼎盛的。据北洋政府农商部编的《第四次农商统计表》中的资料，1914 年，粮食作物面积占各种作物总面积的 88.9%，油料作物面积占 8.8%，棉花面积占 1.9%，烟叶面积占 0.4%。根据《中华民国统计提要》中有关资料计算，1937 年，浙江、江西、湖北、湖南、四川、河南、陕西、甘肃、青海、福建、广东、广西、云南、贵州、宁夏 15 个省粮食作物面积占作物总面积的 83%，油料作物面积占 13%，棉花面积占 3%，烟叶面积占 1%。由此可见，1914—1938 年粮食作物种植面积的比重稍有减少，经济作物种植面积的比重略微增加。[②]中国农产品出口，不仅缓慢拉动中国农村经济的发展，“这些出口商品换取的外汇收入又成为扩大进口的基础。”[③]农村自然经济解体，农民对市场的依赖加强。那些从农业中游离出来到城市谋生的农民，变成了商品性农业生活资料的消费者，这样就扩大了商品性农业的国内市场基础。当然，在这一时期国内各地农产品商品化的程度也极不平衡，大体而言沿海、沿江通商口岸附近和铁路沿线地区的农产品商品化程度明显高于其他地区。

但是，中国农村依赖国际市场也给中国农村带来很多不利的影响。外国对华输出农产品大量增加，中国农产品价格下跌，农民收入水平降低。中国是农业大国，由于国内农产品供求关系的矛盾，不能满足需要，因此需要进口来缓解矛盾。1928 年进口大米 1 265 万担，到 1932 年增长到 2 138 万担；1928 年进口小麦 90 万担，1932 年进口 1 508 万担，1933 年更增为 1 771 万担；1928 年进口面粉 598 万担，1932 年增为 371 万担。[④]外国农产品价格比较低，大量输入，引起中国农产品价格下跌。如南京、湖南等地米价在 1933 年、1934 年每石下降到 5 元以下，而当时每石米的生产成本要 10 元左右。[⑤]由于进口数量大、价格便宜，许多中国工厂都改用进口农业原料。如原来徐州地区，所产小麦主要供无锡、上海两地面粉厂使用，但到 20 世纪 30 年代，美麦大批进口，“洋麦价格既较本麦低廉，厂商亦无于取用，故近年沪、锡厂商亦告绝迹”。[⑥]中国农民对洋货的

① 钱天达. 中国蚕丝问题. 上海黎明书局，1936：9.

② 丁长清. 关于中国近代农村商品经济发展的几个问题. 南开经济研究，1985（3）.

③ 赵德馨，等. 近代中西关系与中国社会. 武汉：湖北人民出版社，1993：83.

④ 章有义. 中国近代农业史资料选辑. 第 3 辑. 北京：三联书店，1957：412.

⑤ 章有义. 中国近代农业史资料选辑. 第 3 辑. 北京：三联书店，1957：618–619.

⑥ 章有义. 中国近代农业史资料选辑. 第 3 辑. 北京：三联书店，1957：417.

依赖在加强。20 世纪 30 年代，农民所用的日常生活中的一些用品来自国外的输入品，如煤油、火柴、食盐、洋线等，这些用品需求弹性比较低，因此外商可以随意涨价，“陷农民于益加贫困中”。中国农产品是出口商品中的大宗商品，但竞争能力却较弱，在国际市场上不断被排挤。以茶叶为例，在国际市场上，由于印度、锡兰、日本等国的激烈竞争，中国茶叶出口数值不断下跌，1931 年为 5 108 万元，1933 年下降为 3 857 万元，中国茶农遭到极大打击，很多地方茶树荒芜。外国廉价农产品进入中国市场，使本国农民生产的农产品滞销，农民的收入降低，生活水平受到影响。如江苏武进县农民 1931 年收入价格指数为 100，1933 年则下降为 71。

化肥的引进和农机的进口是近代时期农业生产技术方面出现的一个新的因素，但是这类产品使用量并没有增加。就总体而言，成果并不显著。一般来讲，多数农民依旧主要依靠传统农家肥，有的甚至根本就不施肥。当时所使用的化肥几乎全部都是来自进口，从化肥的进口量来讲，根据各埠报告，即使在 1927 年到 1931 年间化肥进口的高峰时期，年均输入量也不到 317 万市担。1929 年化肥进口价值为 2 640 634 海关两，1933 年下降为 1 754 304 海关两。总体来讲，化肥的进口对于农业生产所起的作用并不是特别突出。在近代农业经营中，农机的进口价值也在不断减少。例如，1929 年农机进口价值为 1 407 226 海关两，1933 年则减少到 19 104 海关两，这反映了生产投入减少。[①]1927—1936 年，全国抽水机的进口在 1930 年达到 1 113 245 海关两以后不断下降，1936 年降到 530 286 海关两，降幅超过 50%。[②]

表 4–39　　1925—1935 年全国化肥消费量　　单位：吨

年份	消费量	年份	消费量
1925	20 000	1931	110 000
1926	40 000	1932	140 000
1927	50 000	1933	82 000
1928	80 000	1934	74 000
1929	100 000	1935	92 000
1930	185 000		

资料来源：郭文韬，等. 中国近代农业科技史. 北京：中国农业科技出版社，1989：195–196.

（二）外贸发展加快了城乡一体化进程

城乡商品经济的发展，使城乡的贸易往来更加密切。进口洋货中有许多消费性产品，这些产品除供给城市居民消费之外，还有一部分流入广大农村，并获得普通民众的购买，尤其是一些奢侈品为地主们所喜欢，农村资金向城市尤其是贸易口岸中心集中。与此同

① 陈翰笙. 现代中国的土地问题//马和法. 中国农村经济论. 上海黎明书局，1934：237；章有义. 中国近代农业史资料选辑. 第 3 辑. 北京：三联书店，1957：876，878.

② 成金山. 中国近代灌溉事业的发展. 中国农史，1989（2）.

时，农副产品和粮食输送到城市（大多为通商口岸城市），这些产品大量出口到海外寻找市场，也有部分在运销中在国内市场便得以消费，有些产品在城市的工厂中得到加工后，“其中也有部分回到农村”。[①]经过彼此的双向交流，20 世纪 30 年代，从通商口岸到农村、从农村到通商口岸城市的商业贸易网络正加速形成、确立。对外贸易的快速发展，使得洋货在中国的农村也获得市场。以前农民的衣料，多由农民自行纺织，而这时自行纺织的农家不过 24.4%，多数仰给于市场，如洋袜、洋布、毛织品、人造丝织品及绸等。其中，购买洋袜的农民最多，全国平均达 43%；购买洋布的农家占 29.9%；购买毛织品的占 9.6%；购买人造丝织品的约 8.5%；购丝绸者占 7.2%。[②]

城乡对外贸易的日益发展，带动了城乡人口流动。对外贸易刺激了城市工业的发展，城市的劳动力明显不足。而农村则出现剩余劳动力，他们一部分便走出农村，流向经济发展较快的城市。据 1935 年的一份有关农民全家离村去向的报告所载，其中 59.1%的农民到达城市，青年入城者达 65.5%。[③]20 世纪 30 年代的中国，农村人口仍占绝大多数，城乡人口的比例远未达到布莱克所说的城市现代化中城乡人口 3:1 的标准，但人口的流动有助于比例的变化。

城市的发展，带动周边乡村的发展；乡村的发展，加快了城市化的进程。外贸的发展成为联系城乡的重要桥梁，对城乡的繁荣起到举足轻重的作用。当然，“城市近代化是以口岸城市为中心，它的辐射先到周边农村，再到内地城市，最后到内地农村，一波一波传递开去。由于内地城市不发达，无法对传来的力量加以整理加强，最后到达内地广大农村时，辐射力已经微乎其微。”[④]

总之，北伐胜利后，南京国民政府逐渐实现了国内统一。政府对关税自主的恢复、废裁厘金和币制改革，以及现代银行制度体系的建立等措施，为对外贸易的拓展准备了良好的前提条件。南京国民政府前期的对外贸易政策彰显了较为明显的自主性，在短暂的几年内不断立法、立规，逐步形成了较为完备的对外贸易政策体系，其主要内容包括关税政策、商检贸易政策、金融政策、海关缉私政策、贸易保护政策、出口商品管理政策六个方面。“南京国民政府初期，保护主义贸易政策体系与出口贸易促进体系基本构建起来。”[⑤]1927—1936 年的对外贸易发展，由于受到 20 世纪 30 年代大危机的影响，呈现马鞍形的发展态势。这段时期应该说是 1949 年前中国对外贸易发展的最好时期之一，中国外贸呈现了一些新气象。在世界资本主义经济现代化的大浪潮的席卷下，在中国自身半边缘化的社会外壳下，现代化的种子正在艰难地萌芽生长。当然，我们肯定这一时期国民政府对外贸易的成效，并不否认其在对外贸易上的问题。如贸易依然入超严重，国际收支严重不平衡，进出口商品结构依然不合理等。造成这些问题的成因，不仅有复杂的国际因素，如在世界经济大萧条之时，列强转嫁经济危机；也有自身的主观原因，比如本国政府捐税沉重，企业自身产业落后、缺乏市场竞争力等。

---

① 珀金斯. 中国农业的发展. 上海：上海译文出版社，1984：147.

② 陆国香. 论农村信用及农村信用调查. 农行月刊，3 卷，1936（10）：5—6.

③ 国民党中央农业实验所. 农情报告. 4 卷 7 期：177.

④ 林星. 近代东南沿海通商口岸城市城乡关系的透视——以福州和厦门为个案. 中国社会经济史研究，2007（2）.

⑤ 罗红希. 民国时期对外贸易政策研究. 长沙：湖南师范大学，2014，99.

第五章
抗战时期中国的对外贸易
（1937—1945）

自 1840 年以来，西方列强为寻求海外市场、工业生产的原料及适宜的投资场所，迫使中国逐步对外开放，一系列近代化的经济制度逐步建立。各国列强为争取各自的最大利益在华展开激烈的竞争，各国势力的此消彼长逐渐在中国形成了一种政治、经济的均衡状态，中国的近代经济及对外贸易在西方各国的控制下缓慢向前发展。但此后，由于日本发动全面的侵华战争，中国的政治、经济均势被打破，中国的对外贸易和经济发展被迫在混乱和动荡中进行。

这一时期中国的对外贸易是在日本发动全面侵华战争及第二次世界大战的背景下展开的。1937 年“七七事变”后，中国关内沦陷区成为日本的殖民地，这一地区的对外贸易为日本所控制，中国对外贸易再度惨遭分裂，对外贸易主权再遭践踏。历时八年的日本侵华战争使中国社会经济遭到严重摧残[①]，对外贸易严重萎缩。为满足抗战需要，国民政府的经济政策转入战时状态，有限的对外经贸活动被纳入了战争轨道。

---

① 据不完全统计，1937—1945 年，中国关内沦陷区遭受的损失达 10.8 亿美元；东北地区所受损失达 20 亿美元；台湾损失 3 000 万美元；总计 31 亿美元。资料来源：郑友揆. 中国的对外贸易和工业发展. 上海：上海社会科学院出版社，1984：202–203.

第一节　国内外经济环境的变化

中国的抗日战争是第二次世界大战的组成部分，整个世界处于战争状态，经济发展尤其是国际贸易发展的正常环境不复存在，各国经济转入战时状态，对外贸易成为战时经济的一部分。

一、第二次世界大战对国际经济关系的破坏

1929—1933 年的大危机使主要资本主义国家的经济受到不同程度的重创。危机过后，美国经济在资本主义世界经济中仍占绝对优势，到 1938 年美国国民生产总值相当于英、法、德、日四国的总和。英、法力量则严重削弱。德、日两国由于扩军备战和对外侵略，旺盛的投资需求带动了经济的发展和军事实力的壮大。其中，德国经济从战后凋敝中迅速恢复，从而紧随美国之后居第二位，英法衰落至第三、四位，日本为第五位。各国列强经济实力的升降变化，打破了旧有的世界政治、经济格局，各国疯狂地对外扩张，彼此冲突加剧，终于使矛盾空前激化，演变成一场史无前例的世界大战。卷入第二次世界大战的国家和地区多达 61 个，涉及人口 18 亿，占全世界人口的 81%。这场战争给世界经济造成空前惨烈的破坏，交战双方间的战争、相互封锁，使国际经济关系出现了割裂或中断，国际贸易严重萎缩，1937—1946 年国际贸易量减少了 17%。同时，战争爆发后，参战的各国列强的国民经济都先后转入了战争的轨道，经济高度军事化。国际贸易中战略性物资的比重上升。与此同时，除占领者外，其他西方强国在殖民地、半殖民地地区的经济控制力削弱，贸易规模缩减。

二、日本发动全面侵华战争，中国对外贸易环境急剧恶化

东方岛国日本是一个地域狭小、资源贫乏的国家，其总面积只有 38 万平方公里，工业原材料、燃料如煤炭、生铁、铁矿石、铅、锡、石油等矿产品及棉花、粮食等农产品主要依赖进口。资源丰富、国力衰微的中国成为日本觊觎的对象。日本藏相胜田称：“日本国民经济的基础，不能不求诸东亚，而东亚之中，又以求诸面积广大、物产丰富之中国更为必要。”[①]1931 年日本出兵占领中国东北，使整个东北沦为日本的殖民地。1937 年“七七事变”后，日本发动了全面侵华战争。

华北、华东、华中、华南占中国 80%的国土相继沦陷。抗日战争期间，除中国西南、西北及华中、华南部分地区外，其他地区均为沦陷区。日本对华狂轰滥炸的同时又对华展开疯狂的经济掠夺，中国的国民财富几乎丧失殆尽。战争导致 70%的近代工矿业和 2/3 以上的铁路、公路等交通运输线以及全部的海上对外贸易口岸丧失。近代经济最发达的

---

① 延安时事问题研究会. 日本帝国主义在中国沦陷区. 上海：上海人民出版社，1962：1.

上海，工厂被毁达 2 270 家，损失总额约 8 亿元左右；上海以外的长江三角洲地区，工业设备 50%毁于战火；华中武汉三镇被毁工业也达 12%以上。全国耕地被毁达 6 亿亩，占全部耕地总面积 11.4 亿亩的 52.6%。13 万 3 400 公顷的桑树被毁，一半以上的丝织厂被炸毁，中国传统的蚕桑业遭到致命的打击。

自 1840 年以来，中国被迫开始的近代化进程被中断，半封建半殖民地的中国“又变成了一个殖民地、半殖民地和半封建的社会”[①]。中国政治、经济再次遭到分割，中国的对外贸易也被分割为沦陷区的殖民地贸易和国统区的半殖民地贸易。

同时，随着沦陷区的扩大，中国广大地区沦为日本的殖民地。过去由西方列强共同控制的半殖民地中国变为日本的独占地，欧美国家在华大量的政治经济特权名存实亡，其在华企业大量撤离，留在中国的企业大多被日资吞并或为日伪控制。太平洋战争爆发后，少数仍在维持的欧美洋行也被日军实行了军事管理，外国在华资本几乎全部变为日本在华资本。占中国对外贸易 80%的沦陷区对外贸易自然为日本所控制。太平洋战争爆发后，中国国民政府加强了与美英等国的军事联盟。1942 年 10 月，美英两国与中国国民政府就历史上不平等条约问题重开谈判，次年 1 月达成协议，中国与美英两国分别签署了《关于取消美国在华治外法权及处理有关问题之条约与换文》《关于取消英国在华治外法权及其有关特权条约与换文》，据此美英两国放弃的在华特权有领事裁判权、租界（上海、厦门、天津、广州）、条约口岸、沿海及内河航行权、驻军权及使领馆界的行政与管理权等。但在日本的占领下，这些主权并未能依约收回。直到抗战结束后，中国才正式收回了一部分鸦片战争后丧失的国家主权。

“七七事变”后，日本侵占了华北、华中、华东及华南的广大地区，国民政府退守西南，中国被分割为沦陷区和国统区两大区域，对外贸易也出现了国统区半殖民地贸易和沦陷区的殖民地贸易。

第二节　国统区的对外贸易

1937 年 7 月 7 日，日本发动“卢沟桥事变”，从而拉开了日本全面侵华的序幕。11 月国民政府迁往重庆，随着华北、华中、华东及华南的相继沦陷，国民党统治区仅局限于西南、西北及华中、华南部分地区，统治区域狭小，且多为经济落后的内陆，对外贸易基础被严重削弱。

一、国统区的经济概况及对外贸易环境的恶化

鸦片战争以来，中国近代产业主要分布在东南沿海地区。到全面抗战爆发前，内地近代工厂数目依然很少，为建立长期抗战的工业基础，亦为避免沿海工业落入日本侵略

① 《毛泽东选集》合订本. 北京：人民出版社，1969：589.

者手中，国民政府制定了鼓励沿海工厂内迁的政策。到 1940 年年底，内迁工矿企业达 448 家，在政府的协助下，这些企业在西南地区陆续恢复生产，对国统区经济的发展和抗战发挥了重要作用，同时也开始改变中国工业不合理的布局。

与此同时，为集中财力、物力应付战争的需要，国民政府进一步加强对经济的国家垄断。1938 年 10 月，国民政府颁布了《非常时期农矿工商管理条例》，规定：战时必需之工矿业、制造军用品之工业和电气工业，收归政府办理或由政府投资合办；其他生活日用必需品经济部可直接经营。资源委员会据此开展经济活动，投资兴办了大量基础工业、重工业的国营工厂。到 1945 年，资源委员会直接投资并控制的企业达 63 家，比 1938 年的 40 家增加了 57.5%。除资委会外，国民政府的军事、交通、粮食、银行、财政等部门也都直接经营了大量企业，到 1944 年官营工矿业占新式工矿业资本总额的 50.5%，比 1936 年提高了 35 个百分点。这些企业对支持抗战、稳定经济发挥了重要作用。同时，国民政府还颁布了《非常时期工业奖励暂行条例》《经济部小型工业贷款暂行办法》等法规，鼓励民间资本投资工矿业。在洋货进口减少、外资企业撤资或关闭的背景下，民族经济发展获得了一个相对受保护的环境。因而抗战初期民族工矿业发展较为迅速，1938—1942 年，民营工业产值年均增长 11.4%。1943 年以后，随着国统区恶性通货膨胀的发生，社会经济秩序极为混乱，加上日寇的经常性轰炸，使经济活动的风险加剧，极大地抑制了人们对工业的投资，工业生产陷于停滞状态。

在农业方面，抗战全面爆发后，国民政府针对农业严重受损的状况，提出“以农立国，以工建国”的方针，采取了一系列措施促进农业生产，如增加发放农业贷款，改良和推广农业新技术，兴修水利，扩大灌溉面积等。这些措施发挥了一定的效力，使国统区农业生产得到较普遍的发展，农作物产量增加，一些产品在满足人民生活的同时，还为出口贸易提供了货源。

在交通运输业方面，抗战全面爆发前中国的铁路、公路主要分布在东部及中部各省，西部的交通状况极其落后。“为使战时首都与各战场所在之各省交通便利”“得一国际路线与国外沟通起见”“使国外军械弹药必需物资源源输入，供应作战之需要”“使国内剩余物资大量输出，争取外汇”。[①]国民政府加紧在西南修筑铁路及公路。此外，还开辟了一些新的水运和空运航线。这些举措使国统区内外部的联系得到加强，尤其是在日本封锁海上运输后，中外经济联系得到一定程度的维持，为获得抗战物资创造了条件。

为将中国彻底变为其殖民地，日本采用各种手段对国统区实行经济封锁。作为工业及对外贸易中心的沿海各港口的沦陷，使中国的工业生产和对外贸易无法正常开展，国民政府财政收入锐减。与此同时，战争使财政开支大增。财政的入不敷出，使国民政府不得不采取向国家银行借款以弥补财政赤字的做法。为此，国家银行不断增发货币，成为一种变相的税收（铸币税）。1940 年以前，由于粮食丰收，物价较为稳定，通货膨胀较为温和，国民政府的“铸币税”政策较为成功。但 1940 年以后，战争的持续、自然灾害导致的粮食歉收、社会对物价将会继续上涨的普遍预期，使通货

① 陆仰渊，等. 民国社会经济史. 北京：中国经济出版社，1991：610-617.

膨胀急剧加速。1940 年物价指数为战前的 570%，1941 年陡升至 1 580%。为此，国民政府先后采取了一系列措施以抑制通货膨胀的发展，这些措施虽然取得了一些效果，但未能从根本上扭转通胀的态势。到 1945 年 6 月底，国统区物价为战前的 1 181.9 倍。通货膨胀严重恶化了国统区的经济，使许多资金拥有者不再投资于实业，而较多地转向囤积居奇、商品投机，其结果一方面加剧了社会经济秩序的混乱，另一方面又使得民营工业停滞不前，进而导致国统区经济的畸形发展。

区域狭小、经济发展停滞、对外贸易渠道受阻使国统区的对外贸易发展步履维艰。

二、战时对外贸易统制政策

（一）战时对外贸易统制政策的形成

抗战全面爆发后，国民政府认识到抗日战争是一场持久战，提出“欲图持久制胜，势非控制资源，管理贸易，不足以巩固财政金融之基础而供应长期抗战之需要。”[①] 1938 年 4 月，国民政府颁布了《抗战建国纲领》，提出“经济建设要以军事为中心，同时注意改善人民生活……奖励海内外人民投资，扩大战时生产”。6 月，国民政府经济部公布《抗战建国经济建设实施方案》，从农业、工矿业、交通、金融、贸易、财政等方面对《纲领》进行了具体化。自此，国民政府逐步将和平时期经济转向战时经济。

抗战全面爆发前夕，在世界经济危机背景下诞生的凯恩斯主义，为各国政府干预经济提供了理论依据。而中国自 1840 年以来，对外贸易长期为外国人控制，中国商人只能与外国在华洋行开展贸易。中国国内产业与国际市场缺乏直接的联系，加以中国产业结构的落后，导致中国对外贸易长期巨额逆差，国际收支状况严重恶化，对民族经济的发展造成极其不利的影响。抗战前，不少有识之士就已认识到，要改变这一局面仅仅靠民间力量是不够的，政府必须发挥应有的强制性国家作用。此时，中国的一些有识之士也提出要加强国家的强制性作用，保护中国在对外贸易中的应有利益。1933 年 2 月，实业部长陈公博向国民党中央政治会议递交了一份提案，提出：“以我漫无组织之商人，其贸易前途无利，与我国是显而易见的”，应由政府统制对外贸易[②]。1934 年 12 月，国民党召开四届五中全会，蔡元培等人向大会提交了《请由政府厉行保护政策，扶助国内产业之发展，并于对外贸易实行管理，以期减少入超案》，建议国民政府实行外贸统制政策。饱受洋行操纵之苦的民间商人也强烈要求政府统制贸易。1935 年，上海总工会也向政府呈文，提出：“挽救危机，非由国家力量，谋图国际贸易之均衡，殆无其他适当办法。”[③]1936 年，汉口茶商吁请政府，建议设立全国茶叶统销局，对外直接经销，不受外商操纵。[④]由此可见，抗战全面爆发前，在民族危机面前，要求政府统制对外贸易的呼声已经颇为强烈。

1937 年 7 月抗战全面爆发以后，市场破坏，运输不易，外商大都停止收购，国内

---

① 第二历史档案馆藏《财政部档案》“贸易委员会概况”。

② 第二历史档案馆藏《行政院档案》二，3102。

③ 虞宝棠. 国民政府与民国经济. 上海：华东师范大学出版社，1998：299.

④ 虞宝棠. 国民政府与民国经济. 上海：华东师范大学出版社，1998：299.

商人也由于组织不利、资金短缺等原因不能继续经营出口业务，造成生产停滞、价格低落、农商交困的局面。国民政府意识到“控制资源、管理贸易”的重要性，8 月 30 日，国防最高委员会在其通过的《总动员计划大纲》中，规定对外贸易要由国民政府统一管理，“我国所产大宗而适于各国需要之物品，得由政府办理输出，交换战时必需之入口货品”。此外，还规定，“修改关税进口税则，使消费品输入减少，战时必需品输入增加”①。9 月，国民政府财政部颁布“增进生产调整贸易办法大纲”，经国防最高委员会通过颁行，并于军事委员会之下设置农产调整委员会，以调整民食农产；设立工矿调整委员会，以调整工矿事业；10 月设立贸易调整委员会，以调整对外贸易。②对对外贸易实行国家统制，利用有限的渠道出口盟国需要的中国农矿产品等战略物资，进口中国急需的军用和民用物资，外贸统制政策就此形成。

（二）战时对外贸易统制政策的基本内容

1. 设立对外贸易统制机构，垄断主要农副矿产品的出口

1937 年 9 月成立的国际贸易调整委员会作为战时领导对外贸易的最高权力机构，随后国民政府考虑到对外贸易与外汇、对外借款协定的履行等的密切关系，遂于 1938 年 2 月将其改属财政部领导，并更名为贸易委员会，同时将实业部下属的国际贸易局并入。贸易委员会成为“抗战”时期管理对外贸易的最高行政及经营机构，下设总务、财务、进口贸易、出口贸易、技术、外汇和储备七个处。主要职能如下。

第一，创办国营对外贸易公司，负责主要农副产品的购销及军需物资的进口。

贸易委员会成立后，除负责对外贸易的行政管理外，还创办公司直接从事进出口贸易活动。所设富华、复兴、中国茶叶、世界贸易四家公司分别经营不同产品的对外贸易。

1938 年，贸委会首先创办了富华公司，对国统区的猪鬃、羊毛、生丝等土特产品实行统购统销。总公司下设 9 个分公司及 30 多个办事处，此外还有运输处、加工厂等多家附属单位。

1939 年 2 月，中国与美国签订桐油抵押贷款合同。合同规定：中美于纽约合组世界贸易公司专门负责经营中美贸易；美国出口银行向中国提供 2 500 万美元的抵押贷款，以中国桐油来偿还；中国成立复兴商业公司，与世界贸易公司共同负责合同的履行。合同同时规定，5 年内，按每吨 440 美元计，中国向美国出口桐油 22 万吨，所得 9 680 万美元的 50%用于偿还贷款，其余由世界贸易公司采购美国货物，交由复兴公司在中国销售。到 1942 年，上述贷款全部清偿，复兴公司遂成为专门经销桐油的专业公司。该公司在云南、贵州、广西、湖南、江西、浙江、江苏、安徽、河南、陕西等省均设有分公司，且在各省桐油主产区及集中的市场设有办事处，按照全国统一价格，统一收购，统一对外出口。1942 年，富华公司并入后，业务范围进一步扩大，除桐油外，又加上了富华公司原来经营的猪鬃、羊毛、生丝及皮革等土特产品。

---

① 刘冰. 国民党政府财政金融动员计划大纲. 民国档案，1987（1）.

② 中国第二历史档案馆. 中华民国史档案资料汇编，第 5 辑第 2 编“财政经济”（9）. 南京：江苏古籍出版社，1994：508.

1937 年 3 月，由实业部联合浙、闽、皖、赣、湘、鄂等茶叶主产区的省政府，与上海、汉口、福州等地的茶商，共同出资组建了官商合资的中国茶业公司。1939 年 5 月，财政部颁布《管理全国茶叶出口贸易大纲》，规定由贸委会统制全国茶叶出口。由其下属专业公司——中国茶叶公司具体负责。所收购茶叶的 56.5%用于易货偿债。1940 年，国民政府命令中国茶业公司改组为国营公司，由贸委会负责统一管理。中茶公司下设 107 个分公司及多家茶场、茶厂，垄断了中国茶叶购销和出口。1945 年 4 月，中茶公司并入复兴公司。

贸委会及其下属的公司，利用政府授予的特权，垄断了抗战时期中国主要农副产品的出口贸易，并积极购进了抗战急需的大量军需物资。如 1939 年，贸委会向美国佛尔蒂公司订购了 100 万美元的轰炸机及附件。该年贸委会购进的美国军火价值超过 506 万美元，有力地支持了抗战。

第二，协助私营商人开展出口贸易。

抗战爆发后，沿海口岸受阻，外商观望，停止收购土货，一般商人资本薄弱，无力承运外销（对于非统制货物，国民政府允许私商继续经营），导致大量商品积压，出口贸易陷于停滞状态，商人纷纷请求政府扶助。贸易委员会成立初期，主要是对资金困难的商人给以垫款，或介绍中央银行、中国银行、中国农民银行、交通银行押汇贷款，或由该会代办运销出口。1937 年 10 月至 1938 年 1 月，贸易调整委员会利用国库所拨 2 000 万元营运基金，对出口商人给予贷款垫款，促进沿海、沿江各埠存货的外销业务，且仅限于桐油、茶叶、生丝、皮张等大宗商品，所得外汇按照法定汇率结售于政府银行。1937 年 11 月，制订贸易调整委员会实施办法，调整基金由财政部拨交中央银行、中国银行、交通银行、中国农民银行四行存储，用于自行购买商品运赴外洋推销；出口商向四行请求打包放款及货物押汇之担保；补偿贸易调整委员会自行经营之亏损，并在必要时补偿出口商行之亏损；支付调垫国际贸易必需款项；垫付国营、民营实业公司向国外购买生产必需原料和附件的款项。当贸易事业机关遇到运输困难时，贸易调整委员会交运输联合办事处予以协助。颁发出口物品国内运输兵险许可证向中央信托局投保兵险。[①]1938 年 2 月，贸易调整委员会改隶财政部以后，逐步扩大调整范围，除继续为私营出口商人融通资金外，贸委会还对出口商品的生产及运销予以技术指导。对于主要输出品的产制运销，“均由本会酌予指导技术通融资金或筹划运输以补商民能力之不逮”。[②]按照“增进生产调整贸易办法大纲”之规定，资源委员会、中央信托局、植物油料厂、中国茶叶公司等原有国营经理出口机关，以及管理茂昌冻蛋公司、永泰缫丝厂、青岛义利油厂、华昌贸易公司等中外商营机构，悉归财政部管理。在中外商营机关资金短缺时，由财政部向中央银行、中国银行、交通银行、中国农民银行四行提供担保，当运输出现障碍时，则督促军事运输机关、铁道部、交通部尽量

① 中国第二历史档案馆. 中华民国史档案资料汇编：第 5 辑第 2 编“财政经济”(9). 南京：江苏古籍出版社 1994，416.

② 中国第二历史档案馆. 中华民国史档案资料汇编：第 5 辑第 2 编“财政经济”(9). 南京：江苏古籍出版社 1994，508.

予以便利，并由政府酌量补助其亏损。原来由外商经营的出口物品亦由贸易调整委员会接洽联络并予以相当协助。

1938 年 6 月，财政部颁布《减轻出口成本，促进土货外销》和《调整土货市价，维持国内生产》两个法令。前一个法令主要规定了商人贩运商品出口，在保险、结汇及出口税等方面享有的优惠性待遇。后一个法令则规定，当出口货物成本低于国外市场价格时，贸易委员会依据国外市场价格制定该项货物产地价格和集散地收购价格，贸易委员会和中外商人均可按此定价收买；当出口货物成本高于国外市场价格，商人不愿购买时，贸易委员会根据该项货物的生产成本，制订该项货物的产地价格和集散地价格，并尽量收买，价格损失由国库负担。即便如此，贸易委员会仍然尽量调动中外商人经营外贸的积极性，采用雇佣产地代购或国外代购的方式，并将收买货物低价转售中外商人运销海外。这些措施促进了桐油、茶叶、猪鬃、生丝等货物的外销，保证了外汇需求，一定程度上延缓了通货膨胀趋势。

6 月 29 日，贸易委员会开始执行《维护生产促进外销办法》，规定凡经贸易委员会证明之外销货物，政府可以代付向中央信托局投保兵险保费，可以照章免交转口税。“商人凡经照章结汇者，除原享种种权利之外，并得向中央信托局投保运输兵险，由水陆运输联合办事处代为分配车辆，此皆政府划拨巨款或特设机关以求便利商民之事实。”[①]鉴于运输困难，贸易委员会在减轻出口成本、促进土货外销方面进一步调整政策，负责出口土货兵险资金，保证免征出口货物转口税，协调出口货物与有关交通运输机构的协调工作。

这些措施固然给政府带来了财政负担，但在非常时期，毕竟有利于维持出口商品的生产，增加国家的外汇收入，有助于支持“抗战”。

1938 年 10 月，武汉、广州沦陷，沿海通商口岸尽失，对外贸易只能依靠西北、西南陆路，这些道路运力有限且安全难以保证。为此，贸委会想方设法协助商人运输货物：在西南线，贸委会除依靠自身的运输系统协助商人运货外，还与驼运管理局协定驼运，并在各省运输中心建立转运站，以供车辆和驼运中转歇息；在西北线，由于汽车车辆不足，贸委会便使用胶皮大车，并与当地驼运订立转运合同。在贸委会的协助下，大量商品得以抢运出口，减少了商人的损失，也为国家赚取了外汇。当然，在对外贸易统制政策实施的后期，也产生了诸多弊端，如对农副产品收购价格过低，或收购价格上涨的速度落后于物价上涨的速度，致使一些商品收购价低于市价甚至低于成本，打击了生产者的积极性。如 1940 年，重庆猪鬃每吨成本为 3.34 万元，而收购价仅 2.17 万元。1943 年，广西桐油每吨成本达 2 357 元，收购价只有 1 680 元。[②]此外，贸委会在收购中还存在打白条、拖欠货款等现象，严重损害了农民利益和农村经济的发展。

第三，抢购战区出口物资。

---

① 中国第二历史档案馆. 中华民国史档案资料汇编：第 5 辑第 2 编“财政经济”（9）. 南京：江苏古籍出版社，1994：508.

② 姜铎. 略论抗战时期国民党经济的作用. 江海学刊，1988（1）.

随着战争的发展，沦陷区面积不断扩大，为保护国家资产，防止资敌，贸委会组织汽车、船筏、挑夫等千方百计抢购战区物资，运输出口。1939 年 2 月，浙江宁波、温州积存了 1 亿元以上的出口货物，急需外运。贸委会获悉后，令其浙江办事处设法抢购，免使这批物资落入敌手。后来，贸委会又与浙江省政府订立收购战区茶、茧等货物的合同，由贸委会拨款抢购内运。1940 年，贸委会除其所属分公司直接收购敌战区物资外，还委托各战区经济委员会通过各地行商收购当地物资。贸委会抢购的物资一部分用于易货偿债贸易，还有一部分用于一般性外销出口。既有助于对外偿债合同的履行，维护国家的对外信誉，加强中国与盟国的合作，同时也为国家赚取了外汇收入，有力地支持了抗战。

第四，推动外销商品增加产品、改良品种和提高质量。

国民政府用于易货偿债贸易的商品同样面临着国际竞争，为维持这一贸易的可持续发展，贸委会致力于推动外销产品增产和质量的提高。一方面向外销产品主产区的生产者提供生产贷款；另一方面，组织专家对外销产品的优良品种进行科学研究与实验。1940 年 3 月，贸委会下设一个新的机构——外销物资增产推销计划委员会，主要负责蚕丝、茶叶、桐油、棉花、畜产等大宗农产品的增产与品质改良计划的制定、考核等工作。9 月，贸委会下又专设了桐油、生丝、茶叶三个研究所，负责各相关产品的技术研究与实验，[①]还与农林部合组西北羊毛改进处。这些举措在一定程度上对中国提高主要出口农产品的国际竞争力起到了积极有效的作用。

为统一规划对外易货偿债贸易及对外交涉，1940 年国民政府在行政院专门设立了对外易货贸易委员会，负责对外贷款、易货规划、交涉、款项分配、货款清算等事宜，后逐渐演变为专管对苏联农产品易货贸易的机构。[②]此外，贸委会还负责对出口收汇的管理、对物资供求的调节等职能。

战前设立的资源委员会除继续充当重工业建设的领导机关外，到 1938 年又兼任了重工业的经营实体，即一方面主持创办工业（尤其是重工业）企业，另一方面负责对重要矿产品的生产、运输、销售的管理。同时，对于用于易货偿债的战略性矿产品继续实行统制，并成为抗战时期资委会的核心工作。据资料记载："抗战八年之资源委员会，中心工作有二：一为工厂、电业之建设经营；一为出口矿产之易货偿债。（甲）出口矿业之易货偿债，出口矿产，指钨、锑、锡、汞、铋、钼而言。中日战起，政府先后向苏、美盟邦，借有巨额外债，规定以农、矿产品偿债易货；本会二十五年开始管理之钨、锑及二十八年加入管理之锡、汞，皆为偿债易货之主要物资，逐年输交苏、美两国。产品方面有钨、锑、锡、汞四管理处暨其分处，即云南出口矿产品运销处，分别自产并收购赣、湘、粤、桂、黔、滇之矿产品；运输方面有运务处及其段站；交货方面有国外贸易事务所及各交货地点之分机构；——办理产购运交事宜。"[③]统制的矿产品种类由战前的钨、锑扩大到锡、汞、铋及钼等。为增加货源，开展易货偿债贸易，资源委员会不仅控制矿

① 郑会欣. 试析战时对外贸易统制实施的阶段及其特点. 民国档案，2005（3）.

② 中国第二历史档案馆. 抗战期间中国政府对苏易货偿债相关史料. 民国档案，2006（2）.

③ 陈真. 中国近代工业史资料：第 3 辑. 上海：三联书店，1961：840–841.

砂的收购运销，还直接对生产进行管理。为此，资委会积极从国外引进先进机器设备，基本改变了过去土法开采的局面，技术水平的提高大大增强了中国矿产品的开采能力，改善了产品质量，经济效益随之提高，对抗战提供了有利的支持。

2. 开展易货偿债贸易

如前所述，早在战前国民政府就已经开展了对德国的易货偿债贸易。全面抗战爆发后，国民政府为弥补财政不足及购买战时紧缺物资，通过各种渠道寻求国际援助。全面抗战爆发后，国民政府积极寻求欧美各国援助，但各国大多未作出积极反映，美国国务院甚至宣称："不要指望美国会有重大的经济、政治或军事援助。"[①]

中国获得的第一笔贷款来自苏联。1938 年 3 月，中国国民政府与苏联在莫斯科签订了《中苏第一次易货借款合同》，苏联向中国提供了 5 000 万美元的政府信用贷款，此后苏联又于 1938 年 7 月和 1939 年 6 月向中国提供了更大数目的贷款，三次贷款总额达 2.5 亿美元，这些贷款主要用于购买苏联的军用物资及工业品，规定以中国的钨、锑、锡、锌、汞、皮革、桐油、丝绸、茶叶等战略性矿产品及农产品偿还。由国民政府主管物资的机关按年与苏联驻华商务代表处和苏联协助会订立合同分期交货。农产品由财政部贸易委员会负责筹交，矿产品由经济部资源委员会负责筹交。自 1938 年至 1945 年 11 月，共交苏联农矿产品 131 016 271.11 美元，其中农产品价值 60 504 271.11 美元，矿产品 70 512 000 美元。苏联向中国提供的贷款具有经济援助性质，贷款不要抵押品，年息仅 3 厘，军火定价低于国际市场价格。在全面抗战初期敌强我弱、缺少外援的情况下，苏联向中国提供条件优惠的贷款及物资援助，有力地支援了中国的抗日战争。中国对日本的抗击也符合苏联的战略利益，同时中国偿付的农矿产品也有利于苏联抵抗德国法西斯的入侵。

美国是世界桐油、猪鬃、钨、锑、锡等农矿产品的最大消费国，中国该类商品也主要输往美国。全面抗战爆发前后，德、苏两国通过易货偿债的方式获得了中国大量的重要资源，引起美国的强烈反应。太平洋战争爆发前，在国民政府积极争取下，美国也曾向国民政府提供了政府贷款。1939 年 2 月，美国华盛顿进出口银行与国民政府签订了《桐油借款合同》，合同规定美国在 1939 年 6 月 30 日前向中国提供 2 500 万美元的信用贷款，中国必须用这笔贷款购买美国的农产品和工业品，同时中国应在五年内分期向美方交运 22 万吨桐油以支付贷款的本息。该合同的实施，一方面满足了美国桐油需求，另一方面又扩大了美国商品在中国的市场，正如该合同中声称的，"该合同之实施，将使美国消费者能以公允价格获得充分之桐油供给，同时可使美国商品在华销路维持发展，增进美国对外贸易，并裨益其国内经济。"[②]与此同时，随着欧洲战争形势的发展，世界大战已经不可避免，美国也开始大规模备战。1939 年 5 月，美国国会通过了一个"储备重要军需原料法案"，该法案规定自 1939 年 7 月 1 日起的四年内，每年以 2.5 亿美元购储 17 种军需原料。此后，美国于 1940 年 4 月与中国签订了《华锡借款合同》，美国向中国提供了

① 迈克尔·沙勒. 美国十字军在中国. 北京：商务印书馆，1982：14.

② 王铁崖. 中外旧约章汇编（第三册）. 三联书店，1962：1128.

2 000 万美元的贷款，规定贷款用于购买美国的农产品及工业品，中国以锡运往美国销售的价款来偿还。1940 年 9 月，日本、德国、意大利在柏林签署了军事同盟条约，三国法西斯结成同盟。为打击法西斯国际同盟，美国开始加强对中国的援助。1940 年 10 月，美国华盛顿进出口银行向中国提供了第三次借款，即“中美钨砂借款”。1941 年年初，美国又向中国提供了第四笔借款，两次借款额合计 7 500 万美元。这些贷款同样要求用于购买美国货物和设备，以中国钨、锑、锡等矿产品来偿还本息。

其中，桐油借款由贸易委员会管理，由复兴公司负责运交；锡、钨、金属借款由资源委员会管理，由经济部资源委员会负责运交。中美桐油借款采用借款合同与购售桐油合同联立的方式，即由纽约世界贸易公司向华盛顿进出口银行订立合同，规定银行随时对世界贸易公司作商业性之信用放款，总额 2 500 万美元。世界贸易总公司收到贷款后即照数出立期票，在 1944 年 1 月 1 日以前偿清，周息四厘，由中国银行完全担保。同时，贸易委员会复兴公司与美国世界贸易公司订立购售桐油合同，规定自 1939 年 1 月 1 日至 1943 年 12 月 31 日之五年内，运交世界贸易公司桐油 22 万美吨。美国世界贸易公司以所得价款购买汽车、火车等物资输送中国。太平洋战争爆发以前，中国共向美国输运桐油 89 批 59 005.94 美吨，价值 27 835 016.15 美元。太平洋战争爆发以后，香港、仰光相继沦陷，海外交通阻断，桐油运美未能达到预期数量，但由于桐油价格逐年上涨，1942 年 3 月已经全部偿清这部分桐油价款。

表 5-1　　抗战时期中国桐油运美抵债情况

年份	数量/美吨	价值/美金	单价/（美元/美吨）
1938	178.7	50 036.42	280.002 4
1939	15 498.25	5 703 372.42	368.001 1
1940	26 663.86	11 947 595.86	448.082
1941	16 665.13	10 134 001.45	608.096 2
合计	59 005.94	27 835 006.15	—

资料来源：中国第二历史档案馆. 中华民国史档案资料汇编，第 5 辑第 2 编“财政经济”(2). 南京：江苏古籍出版社，1994，373.

太平洋战争爆发后，美国开始参战，与中国的联盟关系加强。1942 年 1 月，国民政府财政部长孔祥熙致电美国财长摩根索，认为当前中美“存亡与共”，请美国提供 5 亿美元的巨额贷款支持中国的抗日战争。该议案获美国参众两院讨论通过，美国总统罗斯福致函蒋介石表示允诺。3 月中美双方在华盛顿签署了“美国财政援助借款”协定。据此，美国无条件地向中国提供了 5 亿美元的信用贷款，用于国民政府稳定货币金融制度、资助生产、供应军需等，以加强中国的抗战力量。由于日本的重重封锁，这笔贷款未能用于购买美国的货物而被用于财政、金融领域，支持后方的生产。1942 年 6 月，根据美国的“租借法案”，中美两国又签订了“中美租借协定”（又称“中美抵抗侵略互助协定”），协定规定美国向中国供给防卫用品、防卫兵力、防卫情报，中国直接以材料、劳务供应美国及在华美军。战争结束后，中国应将未损坏、消耗的租借物资返还美国。据此，美国向中国提供了大量军用物资，中国向美国偿付了相应的农矿产品。

抗战期间，向中国国民政府提供贷款居第三位的国家是英国，太平洋战争前仅有804.7 万英镑，购买的商品除军火外，还有五金、钢铁制品、车辆、机器、化学品、矿物油、纺织品，中国以出口到英国的农矿产品所得货款来偿还。1939 年 3 月至 1941 年 6 月，中英两国共签订三次易货借款合同，价值 8 047 000 英镑。具体内容见表 5–2。

表 5–2　　抗战时期中英易货借款

年份	数量（美吨）	价值（英镑）	用途
1939 年 3 月	滇缅公路购车库券	188 000	购买英国交通工具
1939 年 8 月 19 日	中英第一次信用借款	2 859 000	购买英国器材
1941 年 6 月 5 日	中英第二次信用借款	5 000 000	购买英国器材
合计	—	8 047 000	—

资料来源：中国第二历史档案馆. 中华民国史档案资料汇编，第 5 辑第 2 编“财政经济”（2). 南京：江苏古籍出版社，1994，393.

太平洋战争爆发后，英国向中国又提供了 5 000 万英镑的贷款，不过大部分直到“抗战”结束尚未动用。

此外，法国、捷克、比利时等国与国民政府也开展了少量的易货偿债贸易。1938—1941 年，政府统制的出口商品占国统区全部出口的 74.2%，即战时绝大部分的贸易由政府控制。

苏、美、英等国相继向中国提供的信用贷款，主要用于购买军事物资及其他国统区极度短缺的工业品，规定以中国重要农副矿产品来偿还，具体偿还产品各国略有差异。“我国向友邦举行借款，购买抗战军需与经建所需之器材，如军械、油料、兵工、交通建设等均是。同时又规定于若干年内，我以若干数量之出口土货变价偿债。抗战以来，对各债权国输出物品美国方面以桐油为主，苏联方面则以茶叶、羊毛为主，英国则规定自由输送土产品，实际上农矿产品各半。”[①]因而，抗战时期的易货偿债贸易不但是国民政府接受外援物资的重要举措，也是节约外汇需求促进对外贸易的重要举措。国民政府令贸委会制订还债方案，贸委会下属公司开展的对外贸易活动即是与上述国家间的易货偿债贸易。

易货偿债贸易的开展很大程度上满足了中国对抗战物资的需求，有力地支援了中国的抗日战争。中国重要的农矿产品输出到美、苏等国，也有益于各国人民的反法西斯战争。

除了正常的对外贸易和易货贸易以外，抗日战争时期还存在着经由敌占区或相互间的各种走私贸易活动。如在华南交战区域，无论是国营货物或者售结外汇商品都有大量的输出，无论禁止进口商品或非禁止进口商品，也都有大量的输入。西南各省的对外贸

① 中国第二历史档案馆. 中华民国史档案资料汇编，第 5 辑第 2 编“财政经济”（2). 南京：江苏古籍出版社 1994，367，394.

易并未因广州、汕头、厦门等重要海口的沦陷而长期停顿，只是在运输与交易地点上略有改变而已。战前进出口商品的运输全靠轮船、火车和公路，战时则采用帆船、渔船和人力。战前贸易活动集中于口岸，战时则分散于沿海各地。[①]更有甚者，日本海军也在沿海地区进行走私活动，在劫夺进出口商品以后，日本海军将其运到近海小岛或接近战区的沦陷区，“设法将其出卖，换取我国法币。因之一部份被日寇劫夺的进出口货物，结果仍旧还是输入或输出。日寇实行这个妙策的对象，据传以进口商品为最多，尤其是以煤油、汽油、棉纱、匹头等为最欢迎。例如，煤油一项，通常沿海一带，每罐买价六七十元，而日寇转卖出来的，只须每罐二三十元。”另外“沿海输出输入的货物，凡是经过伪军防区的，只要缴纳一些保护费或交通费来养活他们，就可以畅行无阻了。由澳门通达台山的这一条路线，有很多地方是可以实行这种办法的。”[②]之所以产生这种走私现象，是因为我国海岸线极长，沿海各地因帆船载重不大，几随地即可停泊，封锁舰队防不胜防。

1932 年 3 月伪满洲国成立以后，东北各省所产皮货、茸麝、海产品、糖类、木材、煤炭开始自关东租借地大规模输入。全面抗战开始以后，日本在华北地区继续从关东租借地走私进口糖类、棉布、人造丝等物品，并不断输入到抗战区。1938 年 10 月，国民政府公布《查禁敌货条例》，规定凡日本及其殖民地或委任统治地之货物，日本投资经营之工厂商号所出之货物，日本攫夺统制或利用之工厂商号所出之货物等皆为敌货，由经济部发布调查公告加以认定，由海关关卡严密查禁，并告知当地商会、同业公会、工厂商号，不得购买。被查禁敌货由地方官署呈准上级官署予以没收。同时，公布《禁运资敌物品条例》，公布八十余种商品为资敌物品，规定：“凡国内产品足以增加敌人之实力者，一律禁止运往敌国，或其委任统治地，或敌人暴力控制之区域，所有偷运敌货进口及禁运资敌物品者，除予以没收货物及科缴罚款外，并按其情节轻重，分别处刑，经办人员倘有包庇纵容，或其他营私舞弊情事，亦分别惩处，情节重大者并得处死刑或无期徒刑。是为当时对敌经济战略之重要措施，在查禁敌货侵销及防止后方物产资敌上均竭力执行查收。”[③]

交战双方相互冻结对方存放在本国的资金是各国惯常的做法，比如 1940 年 4 月美国开始封存丹麦、挪威及其他在轴心国家控制下各国的在美资金，包括所有银行存款、支票、汇票、有价证券、公司债券、股票、息单、银行承兑票据、商业承兑汇票等，一切商品及其他动产与不动产等。上述资产除经财政部核准外，均不得自由提取、支付、移转。1940 年 7 月 23 日，法国维希政府同意日本暂时占领越南飞机场和战略要地，帮助日军侵犯缅甸、泰国、荷属东印度、英属马来西亚、菲律宾等地。26 日，英美宣布冻结中日资金。冻结日本资金，目的在于限制英美及其所属各地的对日贸易，加强对日经济压力。而冻结中国资金则是抗日战争时期，为加强国家统制经济力量及防止敌伪资金假借中国名义获得国际物资，英、美应国民政府主动要求实施的。冻结的资金仅限于中国

① 武育宣. 论战区对外贸易诸问题. 贸易月刊，1941（10）：37.

② 武育宣. 论战区对外贸易诸问题. 贸易月刊，1941（10）：38.

③ 中国第二历史档案馆. 中华民国史档案资料汇编，第 5 辑第 2 编“财政经济”（9）. 南京：江苏古籍出版社，1994：418.

私人或商业团体在英、美两国的资金，国民政府与中央银行之资金不在冻结之列。在资金处理上，国民政府和中央银行可以享受一般被许可人之权利，凡关国人被封存资金之支付、移转与提取等，均由中央银行代理，指定汇丰、大通、花旗等 14 家外商银行与中国银行、交通银行、中国农民银行、中国国防供应公司、环球贸易公司为一般许可人。但是，上述各家银行、公司只能从事或办理中国（伪满洲国除外）与美国、美洲各共和国、大英帝国、苏联、荷印度之间的贸易和外汇交易。英、美封存资金顺应了中国与民主国家贸易量增加与德、意贸易量减少的趋势。

上述举措使国民政府得以完全支配私人与商业团体在英、美资金，对于加强贸易统制起到了至关重要的作用。

3. 实行外汇及商品管制

外汇及商品管制是国民政府战时对外贸易统制政策的重要组成部分，对于战时经济而言，外汇管理是调节进出口和稳定汇价、物价的基础工作，也是中日货币战争的重要内容。外汇管理包括控制出口货物之结汇，管理外货的偿付转移，审核进口所需外汇、金钱之输入，国外有价证券和各种外币的买卖，审核旅行费用、使领经费、海陆运货和保险费的支付等。在整个抗战时期随着经济形势的变化，外汇及商品管制的内容前后变动较大。

1935 年 11 月，国民政府法币制度实施伊始即实行自由外汇政策，规定法币对外法定汇价，即 1 元法币合英镑 1 先令 2.5 便士，1 元法币合美元 0.295 美元，中央银行依照法定汇价无限制买卖外汇。从 1937 年 7 月“卢沟桥事变”爆发至 8 月 13 日“淞沪会战”爆发的 36 天内，敌伪疯狂套汇，中央银行卖出 750 余万英镑。为了遏制这种态势，财政部命令各银行停业两天，8 月 15 日颁布“非常时期安定金融办法”，16 日起开始限制储户提取存款，规定自 1937 年 8 月 16 日起，对于银行、钱庄各种活期存款，每户只能提取其存款余额的 5%，每户每星期最高提款额不能超过 150 元。另外，规定自 1937 年 8 月 16 日起，凡以法币支付银行钱庄续存或开立新户者，可以随时照数支取法币，不加限制。不到期定期存款不得通融提取，到期者如果不能继续转为定期存款，须转作活期存款。

1938 年 2 月 11 日，伪华北储备银行在北平成立，3 月开始发行无担保不兑现储备券。伪币极大地扰乱了外汇市场，在沦陷区银行存入储备券即可在上海中外银行兑换法币，并以法币换取兑换外汇，借此削弱法币的外汇准备金基础。3 月 12 日，国民政府财政部以电令形式公布《购买外汇请核办法》和《中央银行总行办理外汇请核事宜办法》，规定自 3 月 14 日起由中央银行总行于国民政府所在地办理外汇卖出事宜，并在香港设立通讯处以司承转，各家银行所需外汇以申请书送达中央银行或香港通讯处。自此，中央银行开始通过审定外汇用途限制外汇需求。1938 年 6 月 10 日，国民政府颁布《修正留学暂行办法》，11 月 18 日公布《申请购买书籍杂志刊物等物类外汇办法》，1939 年 3 月 17 日公布《各机关请购外汇注意事项》，4 月 22 日公布《财政部外汇审核委员会章程》。

1939 年 7 月 4 日公布的《进口物品申请购买外汇规则》极大地制约了进口贸易规模

和结构，该规则规定："凡进口商经营之进口物品，不在禁止输入之列，而为国内所急需者，得依照本规则，向外汇审核委员会申请购买外汇。申请购买外汇时，应先将所购物品名称、数量、价格、入口及运销地点，填具申请书，连同证明文件，送请外汇审核委员会审核，或交银行代转。外汇审核委员会核准购买外汇时，应填具特种准购外汇通知书，分别通知申请人及指定之中国或交通银行办理。凡经核准购买之外汇，由指定之中国或交通银行，按照法价售给，但申请人须缴纳按法价与中交两行挂牌价格差额之平衡费。申请人应于外汇购竣时，将原发特种准购汇通知书，缴送外汇审核委员会注销。本规则自公布之日实行，所有民国二十七年三月十二日公布之外汇请核办法及购买外汇请核规则，即行废止。"[①]迟至 1940 年 2 月，国民政府才公布《进口物品申请购买外汇规则施行细则》。

与此同时，国民政府加强了出口结汇业务的管理，财政部遂于 1938 年 4 月授权贸易委员会兼办出口事宜，由贸易委员会依照土产出口状况，规定应结外汇货物种类，订定商人运货出口及售结外汇办法，随后国民政府相继制订了一系列相关法规。1938 年 4 月 22 日公布《商人运货出口及售结外汇办法》，5 月 20 日颁布《出口货物应结外汇之种类及其办法》，指定 24 种大宗出口货物为结汇对象，不论其出口国外或沦陷区厂商作必要的原料供应或内销之需，一律同等办理。[②]其具体做法为："于货物起运之先，须由贸委会核估售价，转知中国或交通银行，办理承购外汇手续，商人向银行领取承购外汇证明书后，乃得持凭配车报关起运，结汇银行得以货品性质、运交办法及营业信用，以酌定商家应具之保证。"商人取得"承购外汇证明书"后，需向交通部水陆运输联合办事处申请登记，以便托运。将承购外汇证明书提交海关查验后方允报关。这一规定使出口商受到海关及运输机关严格控制，对出口贸易及外汇收入的增加有明显效果，"如是商人……顾虑既多，规避自少，故自是项办法实行以来，外输土货骤形踊跃，结汇数额亦大有增加。"[③]鉴于敌伪"大量套取外汇因而外汇市场发生法价和市价之差异，商民贪图汇差利益，多取观望态度转而影响输出，"1939 年 1 月，"乃将应结外汇货物由二十四类减为十三类，除指定之大宗出口外，悉准免汇输出。"后于 7 月间颁布《出口货物结汇领取汇价差额办法》，规定"除桐油茶叶猪鬃矿产四类，经指定为政府统销货物，商人不得自由营运外，其余出口货物悉归商人结汇输出，并于依照法价结售汇额后，得向结汇银行领取相当于法价与银行挂牌价格之差额，自是商人遂得享受汇差上之利益，足以贴补高昂之运缴而有余，颇获刺激生产，促进输出之效。"[④]

为了调动出口商的积极性，1939 年 3 月 2 日，公布《结汇货物转口出洋免征转口税

① 中国人民银行总行参事室. 中华民国货币史资料，第 2 辑. 上海：上海人民出版社，1991：454.

② 战时财政金融法规汇编//祝百英. 抗战以来我国外汇管理政策. 资本市场，1948，1（2）：14.

③ 中国第二历史档案馆. 中华民国史档案资料汇编，第 5 辑第 2 编"财政经济"（9）. 南京：江苏古籍出版社，1994：509.

④ 中国第二历史档案馆. 中华民国史档案资料汇编，第 5 辑第 2 编"财政经济"（9）. 南京：江苏古籍出版社，1994：509.

通行办法》，[①]3 月 6 日公布《商人减结出口外汇办法》，[②]3 月 15 日公布《易货物品免结外汇审核规则草案》，规定："凡易货物品，须由经办机关将预定易货之货类数量国别或外币金额总数呈准财政部令知贸易委员会登记，以资查对。"[③]1940 年 3 月，将应结汇货物品种缩减为蛋品、羽毛、肠衣、皮革、皮毛、五倍子、药材、油蜡、子仁、烟草、木材、丝茧、棉产、苎麻十四类，其余出口货物免结外汇。清结外汇，按照货价八成计算，其余二成由商人自留。银行办理结汇所需费用概由国民政府负担。[④]对于邮包结售外汇业务，早在 1937 年军事委员会即公布《贸易调整委员会实施邮包结售外汇办法》，后于 1939 年 1 月 26 日公布《邮政包裹售结外汇实施办法草案》，对桐油、猪鬃、皮革、茶叶、矿产、五倍子、药材、羊毛、茧丝、苎麻、肠衣、羽毛等大类商品的邮寄业务实施具体管理。[⑤]

据统计，太平洋战争爆发前国民政府公布的主要外汇管理法规如表 5–3 所示。

表 5–3　　太平洋战争爆发前期国民政府公布的主要外汇管理法规

时间	法　规
1938 年 3 月 12 日	购买外汇请核办法
1938 年 6 月 10 日	修正限制留学暂行办法
1938 年 11 月 18 日	申请购买书籍杂志刊物等类外汇办法
1939 年 3 月 17 日	各机关请购外汇应行注意事项
1939 年 4 月 22 日	财政部外汇审核委员会章程
1938 年 4 月	商人运货出口及售结外汇办法
1939 年 7 月 4 日	进口物品申请购买外汇规则
1940 年 2 月	进口物品申请购买外汇规则施行细则
不详	邮局包裹结售外汇办法注意事项
1939 年 1 月 26 日	邮局包裹售结外汇实施办法草案
不详	推销土货换取外汇办法
1939 年 1 月 28 日	吸收侨汇换取外汇办法
1939 年 3 月 6 日	商人减结出口外汇办法
不详	出口货物售结外汇明细表
1939 年 3 月 2 日	结汇货物转口出洋免征转口税通行办法
1939 年 3 月 15 日	易货物品免结外汇审核规则草案

① 战时财政金融法规汇编. 财政评论社，1940：100.

② 战时财政金融法规汇编. 财政评论社，1940：96.

③ 战时财政金融法规汇编. 财政评论社，1940：101.

④ 中国第二历史档案馆. 中华民国史档案资料汇编，第 5 辑第 2 编"财政经济"(1). 南京：江苏古籍出版社，1994：113.

⑤ 战时财政金融法规汇编. 财政评论社，1940：93.

续表

时间	法　　规
1939 年 7 月 1 日	出口货物售结外汇数额核定办法
1939 年 7 月 13 日	出口货物结汇领取汇价差额办法
1939 年 7 月 13 日	出口货物结汇报运办法
1939 年 7 月 31 日	出口结汇货物登记办法
1940 年 1 月 20 日	出口货物注销外汇办法
1939 年 7 月 31 日	实售货价证明书及使用办法
1939 年 7 月 7 日	核发重庆市内应结外汇货物疏散准运单暂行办法
1939 年 3 月 6 日	修正外销货品限制报运转口办法
1939 年 11 月 1 日	报运限制转口物品补充规定

资料来源：战时财政金融法规汇编. 财政评论社，1940：82–90.

由于战线绵长，沦陷区海口众多，无法控制上海、香港外汇黑市，法定汇率和黑市汇率的差价越拉越大，导致刺激进口、抑制出口、外汇逃避现象严重。迫于沪、港两地华洋商界的压力，国民政府不得不接济沪港市场所需外汇。1939 年 3 月 10 日法币对英镑汇价已经跌至 8 便士，遂终止直接管理外汇措施，通过“中英外汇平准基金”调节外汇供需，由英国汇丰银行出资 300 万英镑、麦加利银行出资 200 万英镑，中国银行、交通银行共同出资 500 万英镑，总计 1 000 万英镑，中英双方在香港合组五人委员会管理外汇基金，专供买卖香港、上海两地外汇市场中国法币及作他项必要运用，以期遏制中国法币与英镑汇价的过度变动。

关于这项基金作用，美国财政部长摩根索认为：“两年来平准工作经验表明，有时可在较长期间不动用老本。有时候进行得比较顺利，有时则较紧张。每年春季压力总是比较大，因为季节性外汇结算逆差的关系，到了夏季后期出口贸易旺盛即开始好转，一直继续到整个冬季。政治上不利的趋势，也造成紧张状态。从 1940 年 5 月起，市场情况还比较平稳，如果没有什么不利的政治事故发生，在一段时间内，汇价大约保持在现有水平上，是不会有困难的，而且也许可以之延续到 1941 年春天结算逆差的压力又将来临的时候为止。不过政治上对货币不利的趋势很可能会发生，但是如果公众了解到有关单位已准备好了足够力量去对市场进行干预的话，这种不利的影响是可以扭转的。外汇兑换率，在平准基金的支持下，应当有灵活性。我们的政策，应当是保持一个与目前以及将来的经济状况相适应的水平，而不是顽固地死守住某一个特定汇率。”[①]可见，外汇基金调节汇率受到政治、军事及商业周期的严重影响。

为了补救 1939 年 3 月“中英平准基金”的不足，1940 年 7 月 6 日中英双方又在香

① 中国人民银行总行参事室. 中华民国货币史资料，第 2 辑. 上海：上海人民出版社，1991：458.

港签订“乙种国币平准汇兑基金合同”，中央银行代表钟秉锋、中国银行代表贝祖诒、交通银行代表李道南、汇丰银行代表格兰朋分别在合同书上签字。

表 5–4　中央银行、中国银行、交通银行和汇丰银行认摊“乙种国币平准汇兑基金”基金额度

行　名	金额
中央银行	300 万美元
中国银行	60 万英镑
交通银行	200 万美元
汇丰银行	100 万英镑

资料来源：祝百英. 抗战以来我国外汇管理政策. 资本市场，1948，1（2）：15.

上述由中央银行、中国银行、交通银行和汇丰银行所认摊之款，由 1939 年 3 月 10 日汇丰银行、麦加利银行、中国银行、交通银行在伦敦成立之基金管理委员会管理。“关于乙种基金英金资产，应悉数存放香港汇丰银行，美金资产应悉数存放香港中国银行。凡以乙种基金内之英金或美金购入之中国国币，应悉数由汇丰银行以乙种基金中国国币账户存放上海或香港。”①

1941 年 4 月 1 日，中英双方签订新的“中英平准基金协定”，规定：“1939 年基金应继续维持，根据此基金而成立之英镑账目、英镑所得账目与华元账目，应仍按照 1939 年协定各款，由委员会管理……1939 年基金得由委员会商得英国财政部同意，用以在香港、上海以外之其他市场购售华元或作其他交易……凡用 1939 年基金内英镑购得之华元，不必限定储存于上海、香港之汇丰银行与麦加利银行，得由委员会商得英国财政部同意，储存于其他地方与其他银行。”“此外，应重新成立一基金，用以防止华元对英镑外汇价值之跌落。为实现这项宗旨起见，英国财政部应在委员会提出申请，七日之内向英格兰银行缴存英镑，是为 1941 年英镑账目。英国财政部应按照委员会保证稳定华元外汇价值必需之数缴存，其所缴总数不得超过五百万镑。”②同日，“中美平准基金”亦宣告成立。继而，中、美、英三方换文，“将中英、中美平准基金合并为一，计英方共认一千万镑，约合美金四千万元，美方摊认美金五千万元，我国银行单认美金二千万元，合共基金总额计达一万一千万元。由政府派代表五人，内华籍委员三人，英、美各派一人，于八月十二日成立平准基金委员会，负保管运用之全责。”③

① 中国人民银行总行参事室. 中华民国货币史资料，第 2 辑. 上海：上海人民出版社，1991：456.

② 中国人民银行总行参事室. 中华民国货币史资料，第 2 辑. 上海：上海人民出版社，1991：466.

③ 中国人民银行总行参事室. 中华民国货币史资料，第 2 辑. 上海：上海人民出版社，1991：482.

表 5–5　　　　1941 年 4 月中、美、英平准基金份额

国　　别	金　　额
中国	2 000 万美元
美国	5 000 万美元
英国	1 000 万英镑

说明：英国之 1 000 万英镑包括旧中英平准基金之 500 万英镑。

资料来源：祝百英. 抗战以来我国外汇管理政策. 资本市场，1948，1（2）：15.

1941 年 12 月太平洋战争爆发，上海、香港相继沦陷，海运贸易无法维持，滇缅公路也时断时通，进出口外汇供求均严重下降，外汇价格上升乏力。1942 年年初，国民政府宣布法币汇价为 1 美元合法币 20 元，1 英镑合法币 80 元，开始采取钉住政策，由外汇管理委员会管理官用外汇的审核，平准基金委员会管理商用外汇的审核，后两个委员会统一为外汇管理委员会，统一管理外汇。

经济政策要充分尊重经济的连续性与完整性，然而战争破坏了这种连续性和完整性，战时外汇管理政策供给过于频繁，商家往往无从适应，因此政策效力也大打折扣。但是，在特定战争环境下，中国完成了从银本位货币制度到法币制度的艰难转型，促发了对外贸易政策从自由主义向国家主义的转变，契合了法币制度对宏观经济运行的内在需求，对抗战时期的经济建设和军事物资储备都起到了一定历史作用。

在出口结汇方面，除直接统制主要出口商品外，还要求私商把出口的大宗商品所得外汇结售予国家银行。1938 年 4 月，颁布了《出口贸易应结汇之种类及办法》，规定桐油、猪鬃、牛皮、茶叶、蛋品、矿砂、棉子、羊皮、药材、羊毛、蚕丝、生丝、草帽、头发、苎麻、肠衣、棉花、花生、芝麻、烟草、木材、竹、杏仁、鸭毛、兽皮 25 种农副矿产品出口必须办理结汇手续，方准出口。为鼓励出口贸易发展，财政部规定：出口商遭意外损失者，可减结外汇；出口商结汇时，因汇率波动造成的损失，政府给予补差。1939 年，将应结汇商品种类缩减为 13 种，但同时规定此 13 种商品出口必须经“特别许可”方准结汇出口。1939 年 7 月，又公布了《出口货物结汇领取汇价差额办法》，规定桐油、猪鬃、茶叶、矿产品四种商品由政府垄断经营；其余出口商品均需按照法价，将出口所得外汇的 90%结售于中国银行或交通银行，但可领取法价与中、交两行外汇挂牌价格的差额。到 1940 年，为鼓励出口贸易的发展，又将上述办法加以修订，规定仅 14 种商品须结汇出口，结汇比例也由 90%降至 70%～80%。

太平洋战争爆发后，国民政府于 1942 年 5 月颁布了《战时管理进出口物品条例》，规定可以结汇出口的商品分为三类共 21 种，其中结汇出口商品 7 种、须先经特许方准结汇出口的商品 7 种、须先经专管机关特许方准结汇出口的商品 7 种。

在进口售汇方面，1941 年太平洋战争以前，国民政府虽退至西南，但为维系沦陷区的民心，并照顾沿海通商口岸外商的利益，竭力维持沦陷区内法币与外汇的兑换，无限制地买卖外汇。日本则在沦陷区利用其扶植的伪银行发行钞票取代法币，然后再利用搜

刮来的法币到上海大肆套取外汇。

全面抗战爆发后，国民政府即加强对进出口贸易的统制，同时宣布断绝与日本的贸易关系。国民政府对进口商品的管制初期较为严格，1938 年 1 月国民政府颁布《国民经济绝交办法》，规定凡是 1937 年“八·一三”以后购进的日货，一律没收充公，作为慰劳品和救济品。此后，再有进口日货或改充他国货物者，以通敌论罪。1938 年 10 月，又颁布了《查禁敌货条例》，完全禁止从日本及其控制的地区进口一切商品，其他各地日资工厂生产的产品亦不准进口。1939 年 2 月，国民政府经济部颁发《皮货、大豆等 22 种物品作为查禁货物》。然而，随着国统区面积的缩小，社会生产遭受打击日益严重，同时对外贸易渠道受阻，国统区很多重要物资匮乏。为此，国民政府不得不放宽禁令。抗战建国战略实施的重要内容就是加强工业、交通的发展，因此国民政府对机器工具、车辆、船艇、汽油等物资的进口采取减税政策。1939 年 7 月 1 日，财政部颁布《非常时期禁止进口物品办法》及《禁止进口物品表》，规定：“凡绝对奢侈品或非抗战建设及日常所必需者，或有部份需要而可以国产代用，或大部份系敌国产制输入时容易冒牌侵销之一切物品，共计一百六十八号，一律禁止输入。其调剂后方市价，供给特种用途或有其他正当原因，经政府机关核明申请者，则仍予查酌情形，核发特许证，酌准购用。”对于特许输入者，不得享受战时减免税款待遇。168 种物品共分五类：第一类是与抗战及民生无关的奢侈品，如洋烟洋酒，化妆品等；第二类是非战时生活必需品，国内有替代品者，如海参、人造丝等；第三类是进口额大、用汇多者，如木材、纸张等；第四类是国内可找到代用品（植物油）的煤油；第五类是高档的棉制品。同时，鼓励如汽油、棉制品、钢铁、化学品、交通设备等的进口，这些商品无论来自何处，均享受减免税的优惠待遇。如 1939 年 9 月贸委会发布命令：“必需货物进口，一律减税三分之二，以充实物资，平抑物价。”1940 年 7 月 1 日，国民政府公布《取缔禁止进口物品商销办法》，“就禁运物品中之富于奢侈性者，先予限制销售，三个月期满尚未售出者，即由贸委会给价收买，将来或供外侨价购自用或由政府机关价领以备招待外宾。”[①]“纯粹奢侈品，及对于抗战建设及一般生活毫无影响之物品，如洋酒、洋烟、化妆品、装饰品、玩具、乐器、花边绣货、香料等……半奢侈品，非战时生活必需而在国内可以得到相当代用品者，如海参、糖类、荤食罐头（奶油、牛奶、咖啡、可可等项除外）、水果、子仁、蔬菜、丝（人造丝在内）及其制品、竹、木、籐品、瓷器及搪瓷器、生熟皮及其他动物产品（军事及工业所需各项皮革除外等）……虽非半奢侈品，而进口数额颇大，敌货所占成份渐有增加趋势者，禁止后足以弥补外汇，如木材（铁道枕木除外）、纸张（钞票纸、薄纱纸、印书报用纸及图书等项除外）。煤油虽然属于点灯照明用油，而且国内各大城市已有电灯设备，一般农村又可以用植物油代替，因此把煤油也列入禁止进口之列，非经特许不得输

---

① 中国第二历史档案馆. 中华民国史档案资料汇编，第 5 辑第 2 编“财政经济”（9）. 南京：江苏古籍出版社，1994：512.

入。虽然各种奢侈性棉货属于日用品，但80%以上来自日本，因此也予以禁止。”[①]

1940年9月，越南国际交通线中断，抗战及国统区生产物资匮乏，国民政府再次颁布鼓励进口的法令《进出口物品禁运准运项目及办法清表》，规定食糖、棉花、棉纱、棉布、钢铁、五金、机械工具、交通通讯电工器材、水泥、汽油、柴油、润滑油、医疗及治疗器材、化学原料、农业除虫药剂、食盐、酒精及教育文化用品等，不管来源，一律鼓励进口。由此，被禁止进口的商品品种进一步减少。

太平洋战争爆发后，国际政治格局划分为两大政治军事集团，英、美等国与日本处于敌国状态，因此日本军队迅速切断了英、美等国对华海运路线，全部封锁长江航线和沿海口岸。国内日用必需品严重短缺，物价飞涨。为了应付新的局势，克服经济困难，1942年5月11日，国民政府公布《战时管理进口出口物品条例》，规定：“凡应受管理之进口物品，列入甲表，应受管理之出口物品，列入乙表，分别标明统销结汇禁限出入之规定，不列入甲乙两表者，准由商人自由运销。”[②]

应受管理之进口物品（甲表）共分三类。

第一类，由主管机关核准进口物品，包括：（1）枪械、子弹、军用品制成、炸药、军用毒气；（2）航空器材；（3）爆发物料；（4）无线电器材；（5）麻醉药品；（6）五公升容量以下之注射器，直径0.7公分以下注射针；（7）空白及签字纸币（尚未在市面发行者）由外国口岸复进口之本国银行通用纸币。

第二类：禁止进口物品，按税则号划分共有60种，但不包括“因科学工业、医药卫生、慈善救济、教育文化、宗教或其他用途者；为调剂供需，稳定物价，或其他正当原因者。”[③]

第三类：绝对禁止进口商品，主要包括两种：一是经专案指定查禁者，包括内藏刺刀之手杖、汽枪及假手枪并汽枪用枪弹、制造军火图样、农业病虫害、伪造纸币福票及其他类似文票券、印制伪币印模和铸币印模及机器、手枪式电筒、手镣、含有伪组织宣传意义之物品、有黄磷白磷之火柴、赛狗、淫书淫画及淫秽物品；二是其他非专案制定查禁者，主要包括鲍鱼、海参、鱼肚、鱼翅、燕窝、日本清酒、琥珀、珊瑚、玳瑁、珍珠等高档奢侈品。[④]

应受管理之出口商品（乙表）包括应由政府机关报运出口、先结汇方准出口、须先经特许方准结汇出口、须经特许方准出口、须先经专管机关特许方准结汇出口等五类。[⑤]

---

① 中国第二历史档案馆. 中华民国史档案资料汇编，第5辑第2编“财政经济”(9). 南京：江苏古籍出版社，1994：519.

② 中国第二历史档案馆. 中华民国史档案资料汇编，第5辑第2编“财政经济”(9). 南京：江苏古籍出版社，1994：420.

③ 中国第二历史档案馆. 中华民国史档案资料汇编，第5辑第2编“财政经济”(9). 南京：江苏古籍出版社，1994：442.

④ 中国第二历史档案馆. 中华民国史档案资料汇编，第5辑第2编“财政经济”(9). 南京：江苏古籍出版社，1994：447.

⑤ 中国第二历史档案馆. 中华民国史档案资料汇编，第5辑第2编“财政经济”(9). 南京：江苏古籍出版社，1994：448-452.

该条例进一步放宽了进口商品的限制，受限制的对象主要是奢侈品和半奢侈品，其他商品改用特别许可证制度加以控制。凡是有助于稳定物价、对抗战有利的商品，不问来源，一律鼓励进口，均可获得许可证。

全面抗战爆发后，国民政府也加强了对出口商品的管制，1938 年 10 月颁布了《禁运资敌物品条例》，完全禁止中国商品运往日本及德国。同时，对出口商品进行分类，共分为三类。第一类为紧急军需及必要物资，如钢铁、五金及其制品、棉花、粮食和食盐等。为保护资源，国民政府禁止出口。第二类为进行易货偿债贸易所需的重要矿产品及农副产品，由政府指定机构专营。1939 年 8 月，国民政府经济部颁布《矿产品运输出口管理规则》，规定钨、锑、锡、汞、铋及钼六项产品由资源委员会统制，生产者必须按规定价格将其售予资委会或其委托机构，这些产品在国内运输时也必须有资委会所发的证件。此外还规定茶叶、羊毛、猪鬃、桐油、生丝等由贸委会统购统销，以满足与美、英、苏等国的易货偿债贸易的需要。第三类为可自由贸易的商品，但规定商人出口后必须向国家结售外汇。

此外，国民政府还利用关税制度调控进出口商品种类及规模。1937 年 12 月 13 日，日本唆使王克敏在北平组织“伪中华民国临时政府”（以下简称“华北临时政府”），对华北地区实施军事殖民管理。1938 年 1 月 22 日，“华北临时政府”擅自修订国民政府 1934 年制订的进口税率，共有 60 种税率被改订，均较 1934 年进口税则中所规定税率为低，降低幅度自 7%至 74%不等，其中大多数商品降低 40%～50%，如棉布降低 34%～55%，棉纱降低 7%～26%，毛呢绒降低 25%～45%，人造粗、细丝降低 74%，金属降低 40%～50%，米、谷、农业机械及其配件则完全免税，鱼介及海产品税率降低 33%～60%，茶叶降低 42%，糖品降低 38%～53%，印书纸、印报纸、包皮纸税率降低 40%～55%，木材降低 50%，橡皮靴鞋及车轮胎降低三分之一，桶装汽发油由每 10 美加仑海关金单位 2.1 元降为 1.6 元，箱装煤油由每 10 美加仑金单位 1.8 元降为 1.55 元。①

1937 年 12 月 13 日，申能毅在南京成立伪“华中中央政府政治委员会”，后由梁鸿志僭称“维新政府”。②1938 年 6 月 1 日，“华北临时政府”和“维新政府”联合制定新进口税则，在日军占领区内实施。这项税则所定税率大致仿照 1931 年国民政府进口税则，比 1934 年进口税则所订税率乃见低落，数项商品税率比 1931 年进口税则更为减少。该项税则对于糖品由旋光度改为荷兰标本色进行分类。对下列进口商品予以免税：（1）凿矿机、截碳机、试锥机、大型坑内通风机、卷扬机、运搬车、机械铯子、掘凿机、其他矿山用机器及其配件附属品；（2）熔矿炉、转炉、平炉、反射炉、压延机、破碎机、其他选矿精炼用机器，及其配件附属品；（3）栽培用种子；（4）血清及其疫苗。

① 上海总税务司署统计科. 民国三十七年海关中外贸易统计年刊（卷一）. 26–27.

② 中国国民党中央委员会党史委员会. 中华民国重要史料初编——对日抗战时期，第 6 编，傀儡组织（3），256.

表 5–6　　1938 年 6 月伪“华北临时政府”与“维新政府”修订进口税则与 1931 年国定税则比较

税则列号	货名	单位	金单位税率或从价税率	
			1931 年国定税则	伪政府修订税则
81	新苎麻袋	100 公斤	3.8	2.3
104	人造细丝、粗丝	100 公斤	95.9	31
216	农业机械	从价	5%	免税
299	茶叶（不包括红茶末）	从价	30%	20%
405	硫酸钲	100 公斤	1.22	0.5
617	未列明肥料（非化学及人造肥料）	从价	7.5%	5%

资料来源：上海总税务司署统计科. 民国三十七年海关中外贸易统计年刊（卷一）. 28.

在出口税则方面，1938 年 1 月“华北临时政府”对 1934 年 16 项出口商品税率予以降低，降低幅度 50%～100%不等，参见表 5–7。

表 5–7　　伪“华北临时政府”制订的出口税则与国民政府 1934 年制订的出口税则比较

税则列号	货名	单位	1934 年国定税则	伪“华北临时政府”修订税则
2	猪鬃	从价	7.5%	2.5%
45	糠麸	从价	7.5%	2.5%
108	棉籽	从价	7.5%	免税
111	胡麻子	从价	7.5%	免税
174	棉花	百公斤	3.10 元	免税
175	废棉花（飞花在内）	百公斤	0.74 元	0.37 元
176	山羊毛	从价	5%	2.5%
177	火蔴	百公斤	3.5 元	1.75 元
178	苘麻	百公斤	1.9 元	0.95 元
179	苎麻	百公斤	2.9 元	1.45 元
187	骆驼毛	从价	5%	2.5%
188	山羊绒毛	从价	5%	2.5%
189	绵羊毛	从价	5%	2.5%

续表

税则列号	货名	单位	1934 年国定税则	伪“华北临时政府”修订税则
190	未列名纺织纤维	从价	7.5%	2.5%
214	矿砂	从价	7.5%	免税
220	钢铁及其制品	从价	7.5	免税

资料来源：上海总税务司署统计科. 民国三十七年海关中外贸易统计年刊（卷一）. 30.

从上表可见，沦陷区主要出口商品税率大多降低一半，棉花、棉纱、矿砂、钢铁及其制品等战略物资则免税。从出口地理方向而言，农矿产品大都输往日本本土或其控制的“伪满洲国”。

对于上述“华北临时政府”制定的“伪税则”，国民政府当即发表宣言向中外商民表示严正拒绝，并制定相应的洋货由沦陷区转口内运特订补税及限制办法：第一，凡在 1938 年 6 月 1 日以后经沦陷区海关进口之洋货转运后方行销者，应照国民政府所颁布之进口税则补缴进口税；第二，凡经禁止进口之洋货而未在 1938 年 6 月以前按照国府颁布之税则而缴税者，不准其转口内销；第三，凡在沦陷区以禁止进口物品为原料制成之物品，一律禁运后方行销。①

除了抵制伪税则以外，国民政府也加强了税制的制度建设。鉴于抗战区日益扩大、法币流通区域日益缩小、通货膨胀局面日益严重的局面，1941 年 4 月国民党五届八中全会通过消费税一律改行从价税率之决议案，规定自 1942 年 1 月 1 日起实行从价税制。规定凡禁止进口物品中列入专用范围而经特许购运者，除原定从价税目仍照规定税率征收全税外，其余从量税部分一律照从量税原定之百分率，按从价征收全税。凡禁止进口物品表中列入营销范围而经特许购运者，不论其为专用或商销，一律按照原定从量税率加征 50%仍按从量征税。1942 年 4 月，将其中特许进口商销之洋糖照原订税率改按值百抽五十从价征税。煤油照原定税率改按值百抽三十从价征税，其购作专用者，则仍照原订从量税率加征 50%从量征税。嗣后物价更见增涨，进口减税货物从量部分，其实征税额以市价核算大都不足 1%，已有税率过轻之嫌，乃复将减税货物从量部分根据其从量税率原订之百分率酌加调整，改行从价征税制度，仍照从价税率一律按三分之一减征，并于 1943 年 1 月 16 日实行。至此，进口税则全部从价征税。除税则原订从价税目外，其从量税部分一律照从量税原定之百分率改行从价税制。另外，参照法国关税系数制度，将进口货物分别属于消耗品者增税，属于必需品者减税。虽然对于进口货物厉行外汇审核制度，对于向国家银行结售外汇之出口货物豁免出口税，所结售外汇由出口商提扣 20%。对于洋米、汽油、柴油、救护药品、医疗器械、麻袋、电信器械、测量用纸

① 中国第二历史档案馆. 中华民国史档案资料汇编，第 5 辑第 2 编“财政经济”（1）. 南京：古籍出版社，1994：401.

等完全免税；对于输入之民用防毒面具，凡具有起运国检验证明文件者免予请领护照。[①]

（三）战时对外贸易统制政策的成效

对外贸易统制并非是国民政府的创举，西方国家在战时及经济危机时期均不同程度地实行贸易统制，即利用行政、法律手段对进出口商品从产供销等方面实行全面的控制和管理。

在战时对外贸易统制政策下，贸易委员会及资源委员会在艰苦的环境中经营惨淡，竭力推进出口贸易的开展，以换购“抗战”急需的物资，从而有力地支持了国民党军队抗击日寇的战争。正如 1940 年国民党军事委员会副委员长冯玉祥对贸易委员会工作所做的评价称：“抗战军队所用的一切军火机械、原料，除本国所能制造的一部分外，大部分系欧美友邦协助供给，而欧美友邦所以肯供给协助还不是因贸易委员会能用易货方式来偿还这笔战争利器的价款么？贸易委员会自七七事变开始，就担负了这个伟大的任务，输出的茶叶、桐油、猪鬃、羊毛等都变成了飞机、大炮、炸弹，回到中国以供给前方军队浴血抗战，保卫国家。”“如今得有如此成绩，不但在国际易货方面能如期偿付，而且又树立了一个相当良好的国营贸易基础，事业之足以令人称道殊无疑义。”[②]

同时，中国获得欧美贷款援助，也从道义上显示了国际社会对中国抗战的支持，有助于鼓舞中国人民坚持抗战的士气。正如 1939 年 2 月中美签订了第一个易货偿债贸易协定——《桐油借款合同》后，蒋介石欣然声称的那样：“借款成功，全国兴奋。从此抗战精神必益坚强，民族前途实利赖之。”[③]

不过，由于国民政府政治上的腐败，对外贸易统制机构中损公肥私、苛剥商民等弊端丛生，特别是在战争后期，受通货膨胀的影响，为降低投资风险，统制物资收购价格过低，严重挫伤了农民、手工业者的生产积极性，致使外销货源减少，从而进一步削弱了后方经济基础。当然，问题的产生并非贸易统制政策本身。总体而言，国民政府战时对外贸易统制政策在特定战争环境中有力地促进了对外贸易的开展，增强了中国抵御日寇的力量。

随着对外贸易统制政策的实施，中国对外贸易的行政管理及经营管理制度逐步建立起来，改变了外国洋行对中国对外贸易全面控制的局面。中国自清末以来虽然设有工商部或实业部主管国内外贸易，但对对外贸易的管理主要限于服务工作，直接的管理制度始终未能建立，在国外也未设立对外贸易的相应机构，中国的对外贸易一直由外国洋行操纵，中国商民与国际市场较少直接联系。全面抗战爆发后，为客观形势所迫，外国洋行无力继续控制中国的对外贸易，为中国政府统制对外贸易创造了条件，相应的管理及经营机构建立起来，一系列相关法规、条例颁布实施，大批大宗商品的贸易被置于国家控制之下，中国对外贸易的被动局面终于有所改观。尤其在易货偿债贸易的初期，由于国际市场对战略性农矿产品需求迫切，使中国的对外贸易条件一度得到改善。在政府统

① 中国第二历史档案馆. 中华民国史档案资料汇编，第 5 辑第 2 编“财政经济”(1). 南京：古籍出版社，1994：446–447.

② 高阳. 陈光甫外传. 台北：南京出版公司，1981：289.

③ 中国第二历史档案馆馆藏财政部档案。

制下，各统制机构在出口口岸自行开盘，使中国出口商品价格为外商操纵的状况有所改变。据记载：在资源委员会驻沪国外贸易事务所开办之初，“外商密切联络，不与交易，思欲借以抑低砂价，然后成交。时内地钨砂源源到沪，而银行支撑亦有限度，业务控制相当严重。及后洋商以需货甚殷，不能久持，乃分别来所接洽交易。开办初期之难关，至是始安然度过。我国钨砂对外交易之条件，亦于此时乃亦逐渐改善矣。”[①]随着对外贸易自主性的提高，对外贸易对抗战及经济建设发挥了更为有效的支持作用。

这一时期，中国对外贸易的半殖民地性质没有改变，在易货偿债贸易下，贸易的方式、贸易价格主要由西方债权国决定，中国对外贸易条件的改善程度受到制约。如《中德经济合约》规定：中国需先将农矿产品启运交付德国，然后德国才供给军火和设备。全面抗战爆发后，沿海口岸的沦陷使中国农矿产品外销陷入困境，英国则利用其在国际贸易中的长期优势地位，趁机从国民政府手中取得钨砂的外销代理权。1938 年 11 月，资源委员会与英商福公司签订了代理钨砂出口的贸易合同，该合同规定资委会委托福公司代理江西、湖南、广东三省所产钨砂的出口贸易。合同甚至规定该三省钨砂无论由福公司代售还是由资委会直接对外易货均需分别给予该公司佣金。后该合同在美国的反对下于 1941 年终止。另外，在中美桐油借款合同中，规定中国运销美国的桐油价格按纽约、旧金山、伦敦市场的最低开售价的平均值计算。中国运销美国的锡按抵达美国口岸一周前两周间的纽约平均市价再减一美元的价格计算，这些规定完全受美国利益所左右，中国的利益受到损害。

由于德国对大西洋航线的封锁，国际大宗农矿产品的交易中心逐渐由伦敦转向纽约，美国对国际市场价格的影响力日益增强。到 1941 年 8 月美国政府宣布对锡实行统制价格，每磅锡最高限价 0.52 美元。12 月，太平洋战争爆发，美国政府再次宣布对钨、锑、汞、桐油等十三种军需原料的进口由政府统制，并规定了各种原料的最高限价，中国偿债矿产品的价格不能突破美国限价。此后，在整个抗战期间这一限价固定不变。而随着边际效益的下降，中国钨、锑、锡、汞等矿产品的生产和运输日趋困难，生产成本和出口成本都急剧增加，而易货偿债的出口价格却不能提高。据研究，从 1941—1945 年，中国运美偿债的矿产品价格被限定在美国统制价格内，远低于第二次世界大战爆发前后的国际市场价格，也大大低于同期其他国家的自由贸易价格。如葡萄牙作为欧洲钨砂的主产国且未被卷入战争的国家，其钨砂主要向英、德等国出口。1943 年，葡萄牙出口到英国的钨砂价格每公吨 378 先令，是美国统制价格的 2.9 倍和英国统制价格的 2.7 倍，相当于中国钨砂销美价格的 3.2 倍。再如中国另一输美矿产品——锡砂，在美国的限价下 1944—1945 年间价格每镑只有 0.417～0.424 美元，同期南美的玻利维亚向美国出口锡砂的价格则为每镑 0.62～0.65 美元，高出中国锡砂价格 50%。

在易货偿债贸易下，国民政府不能凭借中国在国际市场上具有垄断优势的产品，根据国际市场的需求变化调整出口规模，影响并提高出口价格，使中国利用国际市场增

① 转引自吴太昌“抗战时期国民党政府的贸易、物资管制及国家资本的商业垄断活动”《平准学刊》第五缉，下册，第 676 页。

加的需求获得应有的利益，反而是在债权国意志的左右下，价格及贸易规模固定不变，且价格远低于国际市场一般贸易水平。在这一贸易中，中国“不仅承担了农矿初级产品与工业品不等价交换的双重损失，而且还要以低于一般市场的价格结算偿债农矿产品，实际上是承受了三重损失。”①

三、太平洋战争爆发前的对外贸易

全面抗战初期，中国海关依然由总税务司统一管理，海关统计尚可反映这一时期中国对外贸易发展的基本状貌。

（一）中国对外贸易总体状况

1937 年全年进出口总值为 17.92 亿元，其中 1—7 月为 13.02 亿元，占全年进出口总额的 72.66%，后五个月为 4.90 亿元，占全年进出口总额的 27.34%。后五个月与前七个月相比较，进出口总额下降了 62.37%，其中进口下降了 69.43%，出口下降了 53.36%。1937 年全年出口总值 8.38 亿元，比 1936 年多出 1.32 亿元。1937 年对外贸易入超 1.15 亿元，出口贸易总值占进口贸易总值的比重上升到 87.93%。如果加上本年出口税 0.29 亿元，则实际贸易入超额为 0.86 亿元。②可以想见，如果没有爆发“卢沟桥事变”，1937 年中国进出口贸易势必趋于平衡。

表 5-8　　1937—1941 年中国对外贸易　　单位：亿元

年份	进口额	出口额	总额	入超额
1937	9.53	7.06	16.59	2.47
1938	8.86	7.63	16.49	1.24
1939	13.34	10.28	23.61	3.06
1940	20.27	19.70	39.97	0.57
1941	21.64	25.77	47.41	–4.14

资料来源：张肖梅，张一凡. 民元来我国之国际收支. 银行周报 1947，31（25）：11.

关于表 5-8 的数据，需要说明两点。第一，此乃海关统计数据，未包括走私进出口在内。平时走私进口额一般在海关统计进口额的 15%～30%。战时各关沦陷，“敌人不报关进出口为数甚巨，无法加以估计。”第二，1938 年 3 月以后，“法币开始跌价，跌价之程度日深且速，国内物价之上涨亦既日暴而速。”但上表进出口贸易额仍按法定汇率折算，进出口总额、贸易入超额被严重低估。③

“七七”事变后，各国和地区对华贸易均受到严重影响，贸易规模急剧下降。参见表 5-9。

---

① 吴太昌. 抗战时期国民党政府的贸易、物资管制及国家资本的商业垄断活动.《平准学刊》第五辑，下册，第 681 页。

② 上海总税务司署统计科. 民国二十六年海关中外贸易统计年刊（卷一），29-30.

③ 张肖梅，张一凡. 民元来我国之国际收支. 银行周报，1947，31（25）：11.

表 5-9　1937 年 1—7 月与 8—12 月各国或地区对华进出口价值比较　单位：千元

国家和地区	1937 年 1—7 月			1937 年 8—12 月		
	进口	出口	总值	进口	出口	总值
澳大利亚	13 296	—	13 296	3 038	—	3 038
比利时	21 658	—	21 658	6 670	—	6 670
英属印度（含缅甸）	13 857	10 457	24 314	6 822	5 837	12 659
加拿大	14 182	—	14 182	2 911	—	2 911
法国	8 399	21 432	29 831	6 693	11 209	17 902
法属安南	18 529	5 608	24 137	11 351	7 219	18 570
德国	111 074	51 705	162 779	35 175	20 772	55 947
英国	82 879	50 465	133 344	28 611	29 914	58 525
中国香港	10 905	76 973	87 878	6 527	85 441	91 968
意大利	7 820	—	7 820	2 064	—	2 064
日本	136 579	71 545	208 124	13 685	12 760	26 445
摩洛哥	—	4 093	4 093	—	4 234	4 234
荷兰	—	11 095	11 095	—	3 166	3 166
荷属印度	56 296	—	56 296	24 406	—	24 406
泰国	11 813	—	11 813	4 016	—	4 016
新加坡	8 348	12 529	20 877	1 983	6 679	8 662
瑞士	6 378	—	6 378	3 344	—	3 344
英国	138 635	181 107	319 742	50 106	50 338	100 444
关东租界地	8 711	10 593	19 304	648	4 010	4 658
其他	60 796	64 039	124 835	15 181	25 036	40 217
总计	730 155	571 641	1 301 796	223 231	266 615	489 846

资料来源：上海总税务司署统计科. 民国二十六年海关中外贸易统计年刊（卷一），37.

从上表可见，1937 年对华进口贸易总值位居前四位的国家分别是美国（4.2 亿元）、日本（2.35 亿元）、德国（2.19 亿）、英国（1.92 亿元），分别占进口总额的 19.8%、15.76%、15.34%、11.7%。出口额位居前四位的分别是美国、日本、英国、德国，分别占总出口额的 27.61%、10.06%、9.59%、8.56%。[①]8—12 月相较 1—7 月而言，中国与英国、美国、日本、德国、法国的进出口贸易都受到了严重影响。值得注意的是，1937 年香港与内地进口贸易尚不及进口总额的 2%，这是由于实施领事签证货单制度的结果，即所有账经

① 上海总税务司署统计科. 民国二十六年海关中外贸易统计年刊（卷一），36.

由香港转运进口的外国货物都记在原出口国账下。内地对香港输出额占输出总额的19.38%，这是由于战争爆发以后上海航运断绝，经由上海出口的货物改由广州、香港转运出口所致。[①]

1938—1940年是中日战争相持阶段的重要时期，进出口商品的结构和地理方向也随之发生变化。其中，进口商品结构如下表。

表5–10　　1938—1940年主要进口商品结构　　单位：元

货名	1938	1939	1940
杂粮及杂粮粉	130 004 931	223 657 614	385 929 220
棉及棉制品	42 876 801	199 973 528	367 091 310
烛、皂、油、脂、蜡、松香	91 291 244	109 274 544	152 448 301
金属及矿砂	65 117 767	73 067 401	124 980 789
化学产品及制药	57 117 109	75 939 662	86 401 496
机器及工具	56 398 946	61 128 982	76 557 644
书籍、地图、纸及木造纸质	45 277 882	60 762 982	76 005 438
糖	19 795 606	52 643 569	70 756 742
木材	22 344 073	34 443 380	54 161 787
煤、燃料、沥青、煤膏	21 501 639	26 384 952	51 133 967
染料、颜料、油漆、凡立水	31 145 583	44 869 634	50 401 073
烟草	22 602 291	36 629 094	49 266 421
车辆、船艇	33 838 231	45 780 095	46 045 636
丝（人造丝在内）及其制品	17 832 440	25 862 418	42 149 650
杂类金属制品	29 703 497	33 434 517	42 134 056
亚麻、苎麻、火蔴、苘麻及其制品	14 622 862	20 636 686	41 191 328
菜品、籽仁、菜蔬	13 857 842	27 016 648	35 526 736
毛及其制品	18 889 161	26 170 452	34 986 482
荤食、罐头食物、日用杂货	10 133 067	17 019 998	34 197 075
鱼介、海产品	9 940 610	16 975 260	31 758 482
药材及香料	6 830 345	14 390 896	22 512 051
木、竹、藤、棕、草及其制品	6 605 920	11 739 473	20 200 045

① 上海总税务司署统计科. 民国二十六年海关中外贸易统计年刊（卷一），36.

续表

货名	1938	1939	1940
生皮、熟皮及其他动物产品	4 463 538	7 314 789	13 656 953
瓷器、搪瓷器、玻璃等	3 793 739	5 200 733	8 083 261
酒、啤酒、烧酒、饮水等	2 840 237	6 138 312	8 041 893
石料、泥土及其制品	3 986 228	5 758 678	7 558 383
杂货	103 387 980	71 440 375	94 266 839
总计	886 199 569	1 333 653 896	2 027 143 048

资料来源：上海总税务司署统计科. 民国二十九年海关中外贸易统计年刊（卷一），71.

从上表可以看出，1938—1940 年杂粮及杂粮粉一直位居中国进口商品结构首位，分别为 130 004 931 元、 223 657 614 元、 385 929 220 元。棉及其制品位居第二位，1940 年比 1939 年激增 1.67 亿元，“纯因棉花进口踊跃所致，洋棉之中，尤以英属印度、美国及巴西产品为最多。”烛、皂、油、脂、蜡、松香类进口总值则位居第三位，1938、1939、1940 年分别为 91 291 244 元、 109 274 544 元、 152 448 301 元，其中 1940 年比 1939 年增加 4 300 多万元，煤油增加 1 850 万元，汽发油增加 840 万元，石蜡增加 580 万元，柴油增加 290 万元，多系从荷属印度尼西亚输入。金属及矿砂系抗战急需战略物资，1938、1939、1940 年分别进口 65 117 767 元、73 067 401 元、124 980 789 元，另外化学产品及制药进口分别为 57 117 109 元、75 939 662 元、86 401 496 元，皆成逐年递增态势。各类进口商品额按各国所占比例大致如下表。

表 5–11　1938—1940 年自各国（地区）进口洋货所占总额百分数

货名	国家（地区）	1938	1939	1940
杂粮及杂粮粉	安南	11.92	7.20	30.29
	澳洲	18.35	28.23	19.37
	美国	3.01	17.98	14.02
	泰国	18.65	8.97	11.94
	日本	21.43	4.95	11.32
	关东租借地	12.72	22.35	8.81
	缅甸	7.97	1.21	1.99
棉布	中国香港	0.15	6.37	77.65
	日本	74.96	71.10	14.35
	英国	14.75	13.18	1.90

续表

货名	国家（地区）	1938	1939	1940
棉花、棉纱、棉线	英属印度	29.38	53.73	37.96
	美国	11.37	14.91	30.93
	巴西	14.80	20.72	14.48
	埃及	13.16	4.40	2.93
	缅甸	11.98	2.02	1.14
	英国	12.23	0.80	0.21
其他棉制品	中国香港	7.96	34.66	59.45
	日本	40.13	43.08	27.74
	美国	5.57	7.29	5.57
	英国	15.76	6.84	3.28
	德国	25.80	3.46	0.21
烛、皂、油、脂、蜡、松香	荷属印度尼西亚	40.30	43.38	46.21
	美国	42.82	26.11	28.80
	日本	5.42	16.43	17.67
金属及矿砂	美国	24.21	25.60	62.45
	日本	10.27	13.18	11.56
	英国	17.32	11.51	8.49
	德国	22.49	17.35	4.71
	比利时	11.46	15.73	4.42
机器及工具	日本	49.90	52.94	49.42
	英国	20.03	26.96	20.49
	德国	14.87	7.49	12.32
	美国	8.19	6.55	12.22

资料来源：上海总税务司署统计科. 民国二十九年海关中外贸易统计年刊（卷一），77–79.

从上表可知，杂粮及杂粮粉主要从安南（今越南）、澳大利亚、美国、泰国、日本、关东租借地进口，1940 年从安南进口的比例高达 30.29%。棉布及其他棉织品在 1938、1939 年两年多从日本进口，而 1940 年则多从中国香港进口，这是因为抗日战争爆发以后华商棉布厂等，多迁往香港营业。1938—1940 年，棉花、棉纱、棉线进口位居前三位的分别是英属印度、美国、巴西三国，其中以美国进口增加最巨，从 1938 年的 11.37% 增加到 1940 年的 30.93%。烛、皂、油、脂、蜡、松香等以从荷属印度尼西亚、美国进口为主，其中从荷属印度尼西亚进口者比例稳定在 40%以上。在金属及矿砂进口方面，

1938 年德国尚占总额的 22.49%，至 1940 年下降到 4.71%，而美国则从 1938 年的 24.21% 上升到 1940 年的 62.45%。机器及工具进口方面，日本所占比例在 1938—1940 年间恒占 50%左右，英国所占比例则占 20%以上，德国和美国所占比例则不足 15%。

（二）国统区对外贸易规模

“七七事变”后，抗战全面爆发，日本对国统区对外贸易采取不断封锁的政策。1937 年 7—8 月，日本即在沿海封锁了上海以北的沿海航线。1937 年下半年，华北全面沦陷。华北沿海的对外贸易口岸天津、青岛被日人占领。1937 年年底，中国近代工业及对外贸易的中心上海即告沦陷，富饶而相对发达的华东地区被日本人控制。到 1938 年，中国经济重地武汉、广州相继失守，至此，中国沿海通商口岸全部被日本占领。从 1939 年 5 月开始又禁止任何第三国的船只在中国沿海通航，中国直接的海上贸易通道被完全切断。

中国海上对外运输线被切断后，国民政府一度利用滇越铁路，将货物由昆明运至法国占领的越南海防港出口，开展对外间接的海路贸易。1940 年 6 月，法国被希特勒占领后，应日本要求关闭了这一通道。此外，对中国利用的滇缅公路，日本也不断对英国施压，禁止中国经此转运物资，迫使英国一度关闭滇缅公路。国统区经由海上运输的对外贸易全部中断。国统区的对外贸易只能借助中印空中航线和西北公路。到 1941 年夏，德国进攻苏联，中国古老的西北丝绸之路也宣告中断。

受战时对外贸易统制政策、国统区经济状况、对外贸易渠道的变化的影响，国统区对外贸易规模出现了剧烈的波动。总体而言，国统区对外贸易规模狭小，占全国对外贸易的比重平均只有 19%，仅相当于关内沦陷区的 1/4。[①]

1. 出口贸易

由于国统区面积的日益缩小，出口货源、出口渠道急剧减少，导致出口贸易骤降。1938 年 10 月以前广州尚未沦陷，故该年国统区出口额达 5 950 万美元。此后，随着广州、武汉失守和国民党军队西撤，出口货源进一步减少，到 1939 年出口贸易额仅有 2 130 万美元，次年更降至 1 490 万美元，1941 年随着生产的恢复出口有所回升，也仅达到 1 997 万美元。总体来看，1938—1941 年，政府统制的出口贸易额达 8 640 万美元，占同期出口总值 11 570 万美元的 74.2%。

2. 进口贸易

受商品管制政策的左右，进口贸易规模波动较大。1938 年进口总额为 8 640 万美元，1938 年 10 月《查禁敌货条例》颁布，完全禁止从日本及其控制的地区进口一切商品，致使 1939 年进口规模骤降为 3 910 万美元。此后由于物资匮乏，国民政府不得不放宽禁令，使 1940 年进口额又回升至 6 710 万美元，1941 年更激增至 13 600 万美元。

由于通货膨胀严重、国统区生产规模狭小、大批人口西迁，日用必需品及“抗战”物资的严重短缺导致进口贸易规模远大于出口贸易规模，国统区对外贸易逆差日趋扩大，参见表 5–12。

---

① 郑友揆. 中国的对外贸易和工业发展. 上海：上海社会科学院出版社，1984：158.

表 5–12　　太平洋战争爆发前国统区对外贸易平衡状况　　单位：千美元

年份	进口	出口	逆差
1938	86 388	59 454	26 934
1939	39 077	21 283	17 794
1940	67 133	14 947	52 186
1941	135 952	19 973	115 979

资料来源：郑友揆. 中国的对外贸易和工业发展. 上海：上海社会科学院出版社，1984：166.

（三）国统区对外贸易的地理方向

如上所述，这一时期对外贸易的渠道严重受阻，政府统制的易货偿债贸易成为主要贸易方式，因而对外贸易的地理方向亦主要集中于向中国提供信用贷款的国家，即苏联、美国、英国、德国。1940 年，德、意、日轴心集团形成，中、德停止易货贸易，次年中、德断交，中、德贸易彻底中断。此外东南亚、印度与国统区间也经由中国香港、越南海防、缅甸仰光开展间接贸易往来。

1937 年 8 月，中苏签订《中苏互不侵犯条约》，成为两国加强贸易关系的政治基础。1938 年 3 月中苏签订了第一个易货贷款合同，双方的易货偿债贸易由此开始，到 1939 年 6 月，双方共签订了三个易货贷款合同，总额达 2.5 亿美元。同时，中苏两国还签订了平等互惠的《通商条约》，双边贸易获得快速发展，1936 年中国自苏联进口额仅 37 万美元，而 1937—1941 年中国自苏进口总额达 1.7 亿美元，年均 3 464 万美元。[①]同时，中国对苏联的出口亦相应增加。

尽管缺乏详细的统计资料，可以肯定这一时期中国出口贸易的主要市场是易货贸易的美国和苏联。由于欧洲战争爆发，东南亚地区原来与欧洲列强间的经济联系中断，向中国提供粮食、橡胶等初级产品的同时，也从中国进口一部分工业制成品（主要是棉制品）。

表 5–13　　1938—1941 年各国和地区在国统区进口贸易中的比重　　单位：%

国别和地区	1938		1939		1940		1941	
	进口	出口	进口	出口	进口	出口	进口	出口
美国	21.9	6.2	27.0	0.9	19.1	4.7	18.3	6.8
德国	20.9	3.1	10.7	*	4.1	*	2.4	3.2
英国	9.7	4.5	6.3	1.6	6.4	0.5	3.6	*
东南亚	20.7	10.4	25.8	31.4	16.3	17.7	7.0	2.9
印度	0.5	1.2	2.5	……	4.5	*	6.0	……
中国香港	4.7	67.3	13.8	51.7	40.2	55.8	58.3	78.9

① 徐万民. 八年抗战时期的中苏贸易. 近代史研究，1988（2）.

续表

国别和地区	1938		1939		1940		1941	
	进口	出口	进口	出口	进口	出口	进口	出口
日本及其属地	0.2	2.1	0.2	……	*	*	*	0.8
其他	21.4	5.2	13.7	14.4	9.4	21.3	4.4	7.4

资料来源：郑友揆. 中国的对外贸易和工业发展. 上海：上海社会科学院出版社，1984：171–176.

从表 5–13 中可见，香港在国统区对外贸易占重要地位。不过，这一时期香港依然是远东重要的转口贸易港，其中国统区对苏联的出口大部分取道香港；自香港的进口大部分来自日本及其属地，其中来自沦陷区的物资在香港进行重新包装和换贴标签后转销国统区。

（四）国统区进出口商品结构

由于日本对国统区的封锁，西方洋行无法继续经营传统的对华贸易。在政府的对外贸易统制下，进出口商品结构发生了明显的变化。进口商品中，制成品所占比重从 1937—1938 年的 50%降为 1939—1941 年的 33%～36%。同期原料的进口则增加一倍以上，食品与饮料的进口也有显著增加。出口商品中，制成品的比重从 1937—1938 年的不足 20%增至 1939—1941 年的 25.1%～33.9%。原料在出口贸易中的比重则从 1938 年的 40.9%下降至 1941 年的 32.1%，总体上仍以原料性商品出口为主，大宗货物为政府统制的西方盟国所急需的战略性农副矿产品。其中，农产品与矿产品大体各占一半，1938—1941 年农副产品和矿产品出口累计分别为 4 361.5 万美元和 4 276.2 万美元，占出口总额的比重分别为 50.5%和 49.5%。这一时期出口的主要农产品是茶叶、桐油、猪鬃、生丝和羊毛等。

值得注意的是，进出口商品结构的上述变化并不反映中国产业结构的变化。工业制成品进口的减少、出口的增加，原料性商品进口的增加和出口的减少，主要是由于国内外特殊的政治经济形势造成的。由于日本侵华战争的破坏，中国可供出口的初级产品供给量下降，同时由于国内购买力的削弱，工业品的市场也大为缩小，东南亚地区与欧洲国家贸易关系的中断为中国初步实现了进口替代的棉纺织业提供了一个暂时的市场[①]。

四、太平洋战争爆发后的对外贸易

1941 年 12 月，太平洋战争爆发后，中国香港及东南亚各地相继沦陷，日军封锁了中国与西方盟国间的西南陆路及海路交通，中国主要的陆海对外贸易几乎完全停止。国统区的对外贸易通道仅剩云南与印度间的空中航线，即所谓的“驼峰”运输线和艰险漫长的经西北戈壁到达苏联的陆路。大量商品无法外运，导致对外贸易规模急剧缩小，对

① 19 世纪 90 年代中国近代棉纺织业开始兴办，第一次世界大战使中国棉纺织业获得初步发展。国民政府保护性的关税政策再次促进了棉纺织业的发展。到战前的 1936 年，中国进口棉制品数量已经很少了，在进口总额中只占 1. 5%，同时已有棉制品的出口贸易了。

外贸易的地理方向也发生了变化。

（一）国统区的海关建设及各关贸易概况

太平洋战争期间，中国海关行政被日军分割，但国际贸易并没有完全停止，各海关紧密配合国民政府的经济政策，对进出口贸易进行必要的管理，为国民政府"抗战"建国战略的实施做出了巨大的历史贡献。

1941 年 12 月 7 日太平洋战争爆发，次日日军侵占上海公共租界，海关总税务司署被占，总税务司英国人梅乐和被迫卸职，日本人充任海关总税务司，管理沦陷区内的对外贸易，英国人控制 60 余年的中国统一的外籍税务司制度终结。1941 年 12 月 26 日，海关总税务司署在重庆成立新的海关总税务司署，恢复办公。1942 年 1 月 8 日，代理总税务司周骊通令各关"自即日起各关人员必须遵从本人之命令，由伪政权或日方所任命之总税务司发出之命令及指令概不置理。"为了节约开支，精简了行政机构，设置总务科（合并统计科、海务科）、财务科（合并计核科）、审榷科、人事科、缉私科等。在人事上，1943 年与英、美商定由英国声明放弃其要求任用英人为海关总税务司之权利，总税务司梅乐和自请退休，遴选美籍税务司李度（L. K. Little）为海关总税务司。对于海关原有洋员分别处理，除经总税务司详加考核后留用后方之 20 余名海关洋员外，1944 年间裁遣海关洋员 90 余名，并严令海关对于一切文告单证改用中文，以重体制而便商民。[①]

新成立的海关总署管辖重庆、万县、宜昌、沙市、长沙、温州、三都澳、福州、拱北、梧州、南宁、雷州、北海、龙州、腾冲（原名腾越关）、蒙自（1942 年 3 月改名昆明关）、思茅等抗战区海关。1942 年 1 月，设置兰州、西安、洛阳、上饶、曲江海关，9 月设置绥远分关。

在 1944 年以前，新疆地区并无海关机构，只在迪化、喀什、塔城、阿山、哈密、和阗、伊犁设有税局，边境设有税卡。2 月，海关总署在迪化设立新疆关。7 月底在塔城、伊犁、乌什、喀什设立分关，在哈密等要冲之地设立支关。新疆关主要管辖中苏贸易与中印贸易。1944 年 2 月至年底，根据海关统计，新疆关直接进口商品价值 189 600 000 元，进口商品为棉花、羊毛、绸缎、药品、糖品、纸烟及染料等。根据中苏易货协定，汽油、润滑油等军用物资也有大批运入。对苏直接出口商品为羊毛、猪鬃、钨砂、茶叶、锡块等，直接出口价值为 165 900 000 元。运往印度者为丝、皮货、毡呢等物，价值不详。1945 年直接进口洋货价值 156 100 000 元，大宗商品为棉布和纸烟。出口商品价值 104 200 000 元。进出口商品主要靠中苏航空公司哈密至阿尔马阿塔航线的飞机运输。

兰州关成立于 1942 年 1 月，总关设于兰州。在太平洋战争期间，兰州成为西北地区贸易中心。输入物资多经新疆而来，主要有汽油、润滑油等物资。自沦陷区输入者主要取道河南、绥远两省，以颜料、药品、化学产品、玻璃、玻璃器和棉织品为主。出口货物为羊毛、骆驼毛、小羊皮、山羊皮、猪鬃等，均经新疆运往苏联。兰州关于 1946 年 1

① 海关总署《旧中国海关总税务司署通令选编》编译委员会. 旧中国海关总税务司署通令选编，第三卷（1931—1942 年）. 北京：中国海关出版社，2003：453.

月底奉令裁撤。

1942年9月，海关总署在陕坝设立绥远分关，并立四所支关，管理绥远进出口贸易。进口货物由归绥包头而来，转运甘肃、宁夏、陕北等地，仅少数行销绥远省西部地区。1945年8月，日本投降后绥远省政府和当地银行迁往归绥，陕坝遂失去政治、商业意义，海关遂迁往归绥，随即迁往宁夏，年底海关征收工作已趋停顿。1946年1月，随兰州关区同时裁撤。

抗日战争爆发以后，沿海地区工业多迁至西北地区，由于陇海铁路和公路运输的便利，西安遂成为西北地区的贸易中心，海关总署于1942年1月1日成立西安关，初设支关27处，关卡随时增撤。西安关大宗进口货物为药品、燃料、化学品，多自沦陷区运入。1946年2月底，西安关奉令裁撤。

河南西北部是沦陷区与抗战区的边缘地带。1942年1月1日，海关总署成立洛阳关，在界首和漯河设立支关。5月以后，又在交通要道设置5所支关。1942至1943年间，上海、天津等沦陷区的燃料、棉织品、西药、化学产品多集中于界首，与内地纸张、药材等物相交换，界首成为地区性贸易中心。1944年1月，日军发动打通大陆交通线战役，河南沦陷，除南阳、镇平两支关外，其他支关被迫关闭。洛阳总关先迁河南卢氏后迁陕西西安。6月间，南阳、镇平两支关归沙市关管理。洛阳关又迁韩城。时交通梗阻、商业停顿，关务萧索。12月1日，洛阳关复迁至河南南部之西峡口，南阳、镇平两关复归。1945年3月，日军发动攻势，4月占领南阳、镇平、老河口、西峡口等处，洛阳关又迁西安。1945年年底奉令裁撤。洛阳关成为战时动迁最为频密的海关，从而成为战时贸易管理的一个典型。

1944—1945年，新疆、兰州、绥远、西安、洛阳海关进出口值如下表所示。

表5-14　　1944—1945年新疆、兰州、绥远、西安、洛阳海关进出口值　单位：百万元

年份	新疆		兰州		绥远		西安		洛阳	
	进口	出口	进口	出口	进口	出口	进口	出口	进口	出口
1942	—	—	12.5	—	—	—	2.1	—	122.6	—
1943	—	—	15.6	28.8	14.2	—	32.9	—	863.1	—
1944	189.6	165.9	27.4	21.4	28.5	—	268.1	—	269.1	—
1945	156.1	104.2	37.4	410.3	91.8	19.7	430	—	1 247.1	7.4
合计	345.7	270.1	92.9	460.5	134.5	19.7	733.1	—	2 501.9	7.4

资料来源：上海总税务司署统计科. 民国三十五年海关中外贸易统计年刊. 25，26，28，29.

重庆是国民政府的战时首都，也是长江的重要贸易港口、工业西迁的重要集中地，因此成为战时国际贸易的重要海关。1941年至1945年，重庆关进口洋货以药品、安尼林燃料、金属器具、棉织品为大宗，出口以猪鬃、生丝、钨砂、桐油为大宗。猪鬃与生丝多空运至印度。

成都关 1943 年 9 月 1 日成立，初为重庆分关，1945 年 2 月降为支关。由于位居大后方，贸易情况颇为稳定，进口品以棉织品、器械工具、药品、燃料为主，出口品以棉花、生丝、绸缎、植物油为主。万县原为重庆分关，1941 年 10 月 1 日升为独立关。因案卷散失，该关 1942、1943 年进出口贸易无从统计，1944 年贸易额颇大。1945 年年底奉令裁撤。

1940 年 6 月日军进攻宜昌，宜昌关迁至万县临时办公。1942 年 3 月以后，沙市关代行宜昌关事宜，10 月 1 日宜昌关闭。1940 年 6 月，沙市失守，沙市关迁至万县办公，1942 年 1 月在湖北西北部设立数所支关。1942 年 4 月，沙市关迁至老河口，原属沙市支关交付万县关管理。1945 年 3 月，日军进攻老河口，沙市关迁至白河。此期间，战事不断，交通梗阻，贸易清淡。10 月底沙市关奉令裁撤。

湖南省是 1939 年以后中日战争重灾区，国际贸易也深受影响。长沙关的变迁即是写照。1941 年 10 月，长沙关迁至桂林，自 1942 年 2 月起，开始在广西北部征税。进口物品多为上海运来之西药、安尼林染料、金属品、金属制品及其他零星物品。1943 年 5 月、11 月，日军进攻洞庭湖西北部，津市、常德两支关暂停办公。1944 年 6 月，日军占领长沙，衡阳继之陷落。粤汉铁路、黔桂铁路被炸毁，公路及湘江航运已陷梗阻。长沙、衡阳、零陵、津市、邵阳、沅江、柳州各支关相继关闭。

1944—1945 年，重庆、成都、万县、沙市、长沙海关进出口值如表 5–15 所示。

表 5–15　1944—1945 年重庆、成都、万县、沙市、长沙海关进出口值

单位：百万元

年份	重庆		成都		万县		沙市		长沙	
	进口	出口	进口	出口	进口	出口	出口	进口	进口	出口
1942	16	—	—	—	2.1	—	2.8	—	59.7	—
1943	59	8.4	2.1	—	7.3	—	10.1	—	65.7	—
1944	288.4	218.3	81.7	0.1	13.2	—	495.4	—	34.5	—
1945	2 955.1	232.3	71.6	—	141.6	—	101.7	—	507.7	—
合计	3 318.5	459	155.4	0.1	164.2	—	610	—	667.6	—

资料来源：上海总税务司署统计科. 民国三十五年海关中外贸易统计年刊. 12，13，15，16.

江西省上饶关于 1942 年 1 月 1 日成立，执行内地海关职务，关址在距离上饶 20 公里的枫湾。1942 年 6 月，上饶关迁至赣县。1945 年 1 月，迁瑞金。上饶关在江西、安徽南部、江苏设有支关，但并无国货经这些支关外运。运入之碌化元、安尼林燃料、西药多系沦陷区囤货。出口国货为纸张、瓷器、烟草、植物油等。1945 年 11 月底，该关奉命撤销。

1941 年 4 月 19 日，日军占领温州，5 月日军撤离，自此温州与上海轮船停运。4 月，日军占领宁波，宁波与温州陆路贸易渐行发展，出口货物多经陆路和帆船海运至上海，进口货物多系上海旧存洋货。1942 年 5 月，内地与沦陷区的陆路贸易多经温州，7 月日军复占温州，瓯海关迁至瑞安高楼办公，历时三月之久。1943 年，战事稍戢，温州、宁海、桐庐三地成为沦陷区与内地贸易中心。

1941 年 3 月底，日军封锁沿海，上海与三都澳之间轮船运输断绝。1941 年夏，海关先迁宁德，继迁赛岐，复迁福安。8 月，日军占领三都澳，9 月 21 日日军撤出。但三都岛屿在日军占领期间被严重摧毁，海关暂时回归赛岐，1942 年 4 月改为闽海关之分关，1945 年 5 月又降为赛岐支关。9 月 1 日，赛岐支关迁回三都澳办公，3 日起改名为三都澳支关。在迁移期间，所有贸易俱行停顿。整个抗战期间，并无对外贸易，只有少量转口贸易。

1941 年 4 月 19 日，日军占领福州和附近城市，9 月初日军撤离。1942 年 5 月，除日军占领闽江口之川石岛外，福建省并无大的战事。但其时浙江、江西战事频仍，交通阻断，内地贸易遂失常轨。1943 年，敌机时常轰炸。1944 年上半年，贸易稍有恢复，但下半年颇受湖南等地战事的影响。1944 年 10 月，日军复占福州，福州关迁至南平，若干沿海乡镇维持与沦陷区的贸易。1945 年 5 月，国军收复福州，闽海关复归福州。

曲江关于 1942 年 1 月 1 日成立，初设于广东战时省会韶关南 15 公里之马坝。1942 年 4 月，为配合政府战时消费税政策，设立支关数所。1942—1943 年贸易零落。1944 年 6 月，日军围困衡阳，粤北震动，曲江关撤至梅县。在战争期间，几无直接出口贸易，大宗进口洋货为安东尼染料、棉纱、棉织品、硫酸铔肥料等。

1940 年日军占领拱北各支关以后，拱北海关即停止征税。广州、江门、中山失陷以后，澳门遂成为沦陷区与后方物资交换中心。1941 年年底，香港沦陷，各方难民麇集，物价日昂，日用品缺乏。1942 年，澳门与广州湾地区和越南的贸易稍有进展。太平洋战争期间，汪伪控制之粤海关仅维持石角、关闸两支关，国民政府在此地的海关行政无存。

1941 年，日军虽意图封锁西江，但梧州贸易尚称满意，商人能够绕避封锁线与广东沿海地区经营进出口贸易，且能将大批日用品自广州运至沙坪，再用人力担荷至梧州。3 月，日军占领阳江、三埠，切断桂粤间唯一商道。嗣后国军克服阳江、三埠，但巨额物资悉被掠去。1942 年至 1943 年，梧州尚能从澳门、广州湾、香港等地运入少量洋货，供应各处。直接出口国货则几乎绝迹，只有少数政府许可之国货运至沿海各地转输外洋。1944 年 9 月 2 日，日军占领梧州，工业原料和存货悉被掠去，梧州关迁至田东，成立临时办公处。8 月 17 日国军克复梧州，9 月 1 日梧州关恢复工作。

1944—1945 年，上饶、温州、福州、曲江、梧州等关进出口货物值如表 5–16。

表 5–16　　1944—1945 年抗战区各海关进出口值　　单位：百万元

年份	上饶		温州		福州		曲江		梧州	
	进口	出口	进口	出口	进口	出口	出口	进口	进口	出口
1942	58.2	—	12.7	—	38.1	—	69.6	—	141.6	0.7
1943	56.2	—	308.4	0.4	64.7	—	288.2	—	537.6	3.0

续表

年份	上饶		温州		福州		曲江		梧州	
	进口	出口	进口	出口	进口	出口	出口	进口	进口	出口
1944	20.1	—	208.9	—	65.0	—	247.1	0.1	690.2	63.8
1945	58.4	2.3	712.8	855.2	254.5	220	360	6.1	446.8	—
合计	192.9	2.3	1 242.8	855.6	422.3	220	964.9	6.2	1 816.2	67.5

资料来源：上海总税务司署统计科．民国三十五年海关中外贸易统计年刊．17，19，20，21，32.

1940 年 1 月南宁被占，10 月 29 日日军撤退，1941 年 1 月 20 日南宁关复关。1944 年，日军溯西江而上，11 月 7 日南宁关迁至百色，12 月 4 日复迁平墟，23 日复归百色。1944 年 4 月，复避迁贵州安龙，5 月迁回南宁。梧州关主要征收经西江自香港、广州湾地区、越南等地货物之关税，但受到战争的严重影响。

1941 年，雷州情形不佳，敌机轰炸，封锁海口，但贸易尚属满意。外国及上海制造之棉织品多有运入。大宗出口货为桐油、桂皮、猪鬃、五倍子等。进口国货因船只缺乏大为减少。1941 年 12 月，太平洋战争爆发，香港被占，虽广州湾当局限制货物出口，但本区贸易仍属满意。1943 年 2 月，日军占据海防、遂溪，雷州关自蔴章撤迁郁林。自 4 月 1 日起，梧州关之郁林、容县、信宜各支关划归雷州关管辖，雷州关之阳江、三埠两支关划归梧州关管理。1944 年年初，商业衰落，4 月以后好转，8—9 月间因敌军时扰，数支关后撤。1945 年 10 月，雷州关复归蔴章。值得注意的是，法属广州湾租借地交还中国后，西营支关于 1945 年 11 月成立。

1941 年，日军继续封锁华南海口，除在越南边境之东兴有少数陆路贸易外，北海关全年无轮船贸易。1941 年 3 月 3 日，日军侵占北海后各种贸易全告停顿。1942 年 4 月 1 日起，北海关改为南宁关之支关。

龙州位处中越边境，法国封锁越南边境，对外贸易仅剩依赖人力运进之棉货、食品和西药，出口货物为鸭毛、药材、八角、茴香、纸张等。1942—1943 年，贸易萧索异常。1944 年 9 月，广西东部战事突发，龙州关后撤至百色，11 月迁至平墟，12 月复归百色。1945 年年初，龙州关划归南宁关管辖，7 月在龙州成立支关，年底与越南贸易逐渐恢复。

1941 年间，滇越铁路之河口至碧色寨路轨被拆，中越铁路交通中断，仅靠滇缅公路勉强维持，进口货以匹头、汽发油、汽车、西药为大宗商品。出口货以滇南个旧矿产锡锭、锡块为主。1942 年 1 月，腾越关（腾冲）与畹町支关改为昆明关之分关。1945 年 7 月 1 日，腾冲关复为独立关，畹町支关归其管理。主要输入品为由印度空运之政府订购物资，空运输出者为生丝、猪鬃、钨砂等政府统制物资。1945 年上半年，昆明成为军事基地，蒙自关区因而成为自由中国对外交通的枢纽。

表 5-17　　1944—1945 年南宁、雷州、北海、龙州、蒙自海关进出口值

单位：百万元

年份	南宁		雷州		北海		龙州		蒙自	
	进口	出口	进口	出口	—	—	进口	出口	出口	进口
1942	35.9	4.4	632.4	151	—	—	13	0.3	217.7	24.2
1943	287.1	21.8	281.9	34	—	—	45.4	1.2	433.8	67
1944	354	49.8	295.9	79.9	—	—	58.2	1.8	748.1	395.7
1945	562.6	3.7	3 073.6	109.3	—	—	2.1	—	4 173.5	286.2
合计	1 239.6	79.7	4 283.8	374.2	—	—	118.7	3.3	5 573.1	773.1

资料来源：上海总税务司署统计科. 民国三十五年海关中外贸易统计年刊. 25，26，28，29.

1941 年，思茅区颇为平靖，进口货颇为增加，多系滇越铁路中断后改道思茅关之货物。进口货为棉织品、棉纱、皮货等，价值 420 万元；出口货为茶叶、土制棉织品、樟脑等，价值约 110 万元。1942 年，因日军轰炸商道阻塞，边境支关撤销。5 月，思茅关改为昆明之分关。该年直接进口货物为 530 万元，出口货物价值 30 万元。1943 年 7 月 11 日，降为支关。

1941 年，腾冲区的贸易量增加甚快，大量棉织品、棉纱、汽车及汽发油由缅甸经畹町支关进口。直接出口国货为猪鬃、茶叶、生丝等物品。1942 年 5 月 8 日，日军自缅甸向云南西部进逼，腾冲关后撤。10 日，日军占领腾冲，该区贸易几乎全部停顿。1945 年 5 月 17 日，腾冲关重行开关后改为昆明关之分关，7 月改为腾冲区总关。

上述抗战区各关的统计资料并不完备，国民政府财政部关务署编制的 1942—1945 年抗战区各关直接贸易额如下。

表 5-18　　1942—1945 年抗战区各关直接贸易额　　单位：元

年份	进口	出口	进出口	入超
1942	1 444 339 357	191 604 884	1 635 944 241	1 252 734 473
1943	3 384 324 100	164 459 288	3 548 783 388	3 219 864 812
1944	4 418 262 400	996 878 414	5 415 140 814	3 421 383 986
1945（1—9 月）	6 953 308 960	1 019 690 637	7 972 999 597	5 933 618 323
合计	16 200 234 817	2 372 633 223	18 572 868 040	13 827 601 594

资料来源：中国第二历史档案馆. 中华民国档案资料汇编第 5 辑第 3 编“财政经济”（6）. 南京：江苏古籍出版社，1994：596.

（二）对外贸易规模

太平洋战争爆发后，国统区海关继续编制对外贸易统计，但所记录的数据不够准确。近世学者根据其他资料对这一时期的对外贸易进行了重新估算，大体可以反映这一时期对外贸易的状况。1942—1945 年，国统区对外贸易规模急剧缩减，与战前相比，1942 年生丝出口由 4 万担下降为 2.2 万担，茶叶由 4 万担下降到 1 000 担，桐油由 103 万担降为 1 000 担，猪鬃由 4 万担降为 640 万担，矿产品出口基本停滞。到 1944 年，国统区对外贸易总额已不到 1942 年的 50%。不包括军用物资和政府直接输入物资，进口贸易的下降幅度高于出口贸易，其中 1942 年进口贸易比上一年下降 70%，1944 年较 1942 年又下降了 60%。出口贸易有所回升，但始终未达到 1938 年的水平，以致在 1944 年和 1945 年出现了贸易顺差（参见表 5–19）。

表 5–19　太平洋战争后国统区的对外贸易额及平衡状况　单位：千美元

年份	进口	出口	进出口总额	贸易平衡
1942	41 504	32 087	73 591	–9 417
1943	48 906	25 898	74 804	–23 008
1944	17 327	18 321	35 648	+994
1945（1–8 月）	7 028	8 788	15 816	+1 760
总计	114 765	85 094	199 859	–29 671

注：进出口额不包括政府控制的商品。

资料来源：郑友揆. 中国的对外贸易和工业发展. 上海：上海社科院出版社，1984：194.

从表 5–19 中可见，这一时期虽然既有顺差又有逆差，但总体上是以逆差为主。同时，出口的 8 510 万美元中的 75.6%即 6 430 万美元用于偿还苏联及美国的信用贷款。实际贸易收支逆差高达 1 亿多美元。巨额的贸易逆差主要依赖美国政府的信用贷款来弥补。

（三）对外贸易的地理方向

太平洋战争爆发后，美国正式参战，成为国际反法西斯同盟国的一员，此后美国根据其 1941 年 3 月通过的“租借法案”积极向包括中国在内的反法西斯国家提供物资援助，中美贸易关系得到进一步发展。与此同时，中国货币脱离了英镑转而与美元挂钩，实行钉住美元的固定汇率制度，从而加强了美国对中国货币的控制权。到 1944 年，长期被英国人控制的中国海关行政管理权也转入了美国人手中，海关总税务司开始由美国人担任，美国在华对外贸易中获得了垄断优势。

1942 年 6 月，美国与中国国民政府订立了《中美租借法案》，根据该法案美国向国民政府提供总额达 8.4 亿美元的租借物资。[①]此外，美国还向国民政府提供了总计 7.47

① 根据《中美租借法案》，美国向国民党政府提供 8.4 亿美元的租借物资，其中大部分为军火，商品物资为 4 650 万美元，占同期进口总额的 40%以上。郑友揆. 中国的对外贸易和工业发展. 上海：上海社会科学院出版社，1984：135.

亿美元的政府贷款。通过这些贷款，美国将大批军用物资输入到中国，中国大量的战略性矿产品及农产品以易货偿债的方式出口到美国。国统区的主要出口商品均被指定用于易货偿债。因而，这一时期国统区的出口贸易对象高度集中于美国和苏联，1942 年二者合计占国统区出口贸易的 50.7%，从 1943 年到抗战结束，年均达 90.57%。其中 1942—1945 年，国统区 51.3%的矿产品运往美国，其余 48.7%运往苏联。主要农产品的出口贸易对象与矿产品相类似。因而，太平洋战后中国统制政策下的对外贸易市场格局与战前基本一致，只是美国的地位进一步上升。

在易货偿债贸易以外的一般贸易进口中，由于交通运输线的切断，美国、印度、东南亚各国以及中国香港在国统区对外贸易中的比重下降。其中，美国由战前的平均 21.6%下降为 17.8%。不过这一时期除直接进口外，美国还有一部分商品经印度、东南亚等地转口来华。此外，到抗日战争后期，由于国统区内物资严重短缺，因而鼓励来自任何地方的生产及日用必需品的进口，商人们在高额利润刺激下，以各种方式和渠道从沦陷区向国统区偷运物资，沦陷区成了国统区进口物品最主要的转运渠道。由此导致日本和德国产品对国统区出口激增，1943—1944 年二者合计占国统区进口贸易的比重高达 34.6%和 46.5%。此外，由于美、英、荷等国对日本实行经济封锁，促使日本加强对国统区战略资源的搜购。1941 年，华北日军制定了《昭和 16 年度（即 1941）经济封锁并确保资源要领》，规定："努力套取非占领区域之重要国防资源，但如由购买而获得时，则向敌区流出之交换物资，务须不致减低封锁效力……交换物资尽量利用鸦片、化妆品、果子酒、人造丝等不能增加敌战斗力及生活力之商品。"[①]在此政策下，日本占领军与走私分子勾结在一起，套购国统区重要矿产品钨、锑、锡、汞等。

到 1945 年年初，国统区与印度间的陆路交通重新开通，1—8 月自印度进口的商品占进口总额的 51.6%，其中不少为转口的美国商品。同时，日本和德国在国统区进口中的比重急速下降，只有 1.3%。[②]

总体而言，由于这一时期国统区的对外贸易主要是国民政府控制的易货偿债贸易，因而尽管在一般贸易中美国的地位出现了升降变化，美国始终是国统区最大的贸易伙伴。

（四）进出口商品结构

1. 进口商品

这一时期主要进口商品为日用必需品、运输设施及工业原料和设备等。其中，大宗的进口商品有棉纱、棉制品、化学品、燃料及药品等，约占进口总额的 50%～80%（参见表 5-20）。

---

① 齐春风. 抗战时期日本对国统区毒品走私活动述评. 民国档案，2003（1）.

② 郑友揆. 中国的对外贸易和工业发展. 上海：上海社会科学院出版社，1984：190-191.

表 5-20 国统区各类进口商品所占比重 单位：%

年份	棉纱及棉制品	化学品、燃料及药品	机器、工具及五金制品	纸张	车辆	轮胎及橡胶制品	汽油	其他	总计
1942	25.9	24.5	6.9	12.9	0.7	2.3	0.1	26.7	100.0
1943	20.9	26.1	8.7	13.0	1.1	4.6	0.9	24.7	100.0
1944	16.1	35.4	8.6	5.1	1.4	7.9	2.3	23.2	100.0
1945（1—8 月）	65.4	16.3	4.3	3.9	0.7	1.3	*	8.1	100.0

资料来源：郑友揆. 中国的对外贸易和工业发展. 上海：上海社会科学院出版社，1984：192.

2. 出口商品

这一时期国统区出口的商品主要就是向苏联及美国输出的用于易货偿债的战略性矿产品和农副产品。其中，矿产品的出口比战前增加了 40%，并且超过了农产品的出口额。1942—1945 年，农副产品出口总额累计为 2 502.7 万美元，同期矿产品的出口总额为 6 006.7 万美元，为农副产品的 2.4 倍。在出口贸易中所占比重达 50.7%～89.8%。出口的矿产品最主要的是钨砂和锡，其次为汞、锑、铋砂等。统制出口的农产品主要是桐油、茶叶、猪鬃、生丝、羊毛等，非统制的杂项商品则主要是药材、香料、兽皮、烟叶等。

综上所述，抗战期间，伴随经济状况恶化，国统区对外贸易规模狭小且不断萎缩，大宗进出口货物总量呈下降趋势。例如，出口货物中，桐油 1937 年约为 103 万公担，1941 年降为约 21 万公担，1945 年仅有 0.1 万公担；猪鬃出口 1937 年为 4 万公担，1941 年降至约 2.7 万公担，1945 年只有 0.6 万公担；茶叶出口 1937 年约 40.7 万公担，1941 年降为 9.1 万公担，1945 年仅有 0.5 万公担；生丝出口 1937 年约 4.08 万公担，1941 年降至 2.9 万公担，1945 年仅有 0.12 万公担[①]。进口货物中硫酸输入量 1937 年为 163.4 万公担，1941 年降至 10.5 万公担，1945 年降至几千公担；纯碱和烧碱 1937 年输入量为 50 万公担，1941 年降为 30 万公担， 1945 年降至 10 万公担；汽油进口 1937 年约为 21 万公升，1941 年降至 11.7 万公升，1945 年仅有 0.7 万公升；煤油输入 1937 年为 45 万公升，1941 年降至 15.7 万公升，1945 年仅有 0.23 万公升。[②]

在战时外贸统制政策下，国统区进出口商品结构与战前出现了显著差异。战前中国进口商品主要是消费类商品，全面抗战爆发后，为适应抗战需要，即保证大后方工业建设和生活需要，国民政府把工业原材料、设备、染料等国统区紧缺的生产资料的进口放在首位，并把棉花、棉纱、面粉等日用必需品的进口置于重要地位，而出口商品则由易货偿债贸易协定决定。因而，抗战期间中国出口的商品主要是为换取中国急需的军火、钢铁、车辆、汽油等军用物资而输出的债权国所需要的桐油、茶叶、猪鬃以及

① 杨树人. 十年来之国际贸易//谭熙鸿. 十年来之中国经济：1936—1945：中册.（台湾）文海出版社，1974：29.

② 杨树人. 十年来之国际贸易//谭熙鸿. 十年来之中国经济：1936—1945：中册.（台湾）文海出版社，1974：2-46.；朱英，石柏林. 近代中国经济政策演变史稿. 武汉：湖北人民出版社，1998：540-550.

重要矿产品。

总之，抗战时期国统区的对外贸易对于保证大后方工业建设所必需的原材料和设备、人民生活必需的日用品的供应、抗日战争对战略性物资的需求，都起到积极的作用。

第三节　日本对华经济掠夺与沦陷区的对外贸易

“七七”事变后，日本发动全面侵华战争，随即北平、天津、上海、南京、武汉及广州等大城市相继失守，中国经济的发达地带均被日本军队占领。为便利对华经济掠夺，日本还在华北、华中及华东等地网罗汉奸，成立傀儡政权。1937 年 12 月，日军在北平成立了以汉奸王克敏为首的“中华民国临时政府”。1938 年，日军攻克南京后，又成立了“中华民国维新政府”。1940 年 3 月，又在南京成立了以汪精卫为首的伪国民政府。华北的伪“中华民国临时政府”改称“华北政务委员会”，“维新政府”则被并入伪国民政府。这些傀儡政权成为日本对华经济掠夺的重要工具，使这些地区的半殖民地经济变成了日本的殖民地经济，包括对外贸易在内的中国经济完全服务于日本帝国主义的利益。

一、日本在沦陷区的经济掠夺及对外贸易控制政策

1937 年“七七”事变后，日本将占领已久的东北地区作为其全面侵华的基地，随着华北、华中、华南的相继失守，越来越多的中国领土沦陷。日本帝国主义将其在东北的一套殖民统治制度移植到广大的沦陷区，疯狂掠夺中国的经济资源，试图将中国变为其原料产地，即形成所谓的“工业日本，农业中国”。

（一）对关内沦陷区工农业生产的掠夺与控制

为全面控制关内沦陷区经济，1938 年由日本政府设立了一个殖民侵略机构——兴亚院，其第二部管辖经济，在中国设立了两个“国策会社”——北方的“华北开发会社”（总部设在北平）和华中和华东地区的“华中振兴会社”（总部设在上海），其下设有诸多大小生产会社。前者主要垄断华北地区的煤炭、钢铁、电力、交通运输、盐业、纺织、面粉等生产部门，后者则主要控制华中各省的铁路、水电、航运、电报、电话及无线电等行业。两个国策会社不仅控制关内沦陷区农矿原料性产品的开发与生产，而且还控制了农矿原料的运销。即不但控制了农矿原料的货源，而且还控制了其输出贸易。①

1940 年 10 月，日本内阁通过了一个“国土计划设定要纲”，规定“日满华三者之间，实行适当分业”。沦陷区主要为日本生产提供原料、燃料及粗加工品。1941 年，日本占领军又提出了所谓的“自给主义”政策，要求在华日军不再依赖本国，加强对占领区的掠夺，以达到“自给”“自养”的目标。

为加强对沦陷区工矿业的控制与掠夺，日本占领军一方面对中国的矿山、钢铁业、交通运输、通讯、城市公用事业及与日本经济存在竞争的缫丝、水产等行业的工矿企业

---

①“国策会社”在其生产计划中明确规定了产品输日份额。

进行接收、控制；另一方面又设立了许多联合开发企业，全面控制华北、华中的工矿业。前者主要采取军管理和委托经营的方式：所谓军管理即由军方直接经营，这种方式主要实行于华北；委托经营是指日本军方将强占的中国工矿企业委托日本的会社经营，此方式主要实行于华中。后者具体方式较多，有所谓的合办、租赁以及收买等，实际均是强迫占领。

通过上述方式，日本掠夺了沦陷区几乎全部的钢铁、煤炭、电力、盐业、水产及机器缫丝业，绝大部分的面粉、棉纺、火柴、水泥、化工、食品等工业。如棉纺织厂被掠夺的企业占该行业民族资本的70%，被掠面粉厂占中国面粉总产量的90%。此外，日本还在沦陷区进行投资，掠夺中国资源。[①]由此打破了西方列强在华投资的均势，沦陷区的经济被日本独家控制。1938 年，日本在关内的资本为 45 940 万美元，到 1944 年增加到 88 460 万美元，短短的六年间增幅高达 96%。

在控制与掠夺工矿业的同时，日本对沦陷区农业的掠夺更是不遗余力。日军对沦陷区的农业掠夺主要分为“征发”和“收购”两种方式。所谓“征发”，即直接掠夺，数以百万计的日伪军所需的粮食、蔬菜、鱼肉、蛋类等均向沦陷区农民征发，他们每到一地即公开抢掠。所谓“收购”则是以极低的价格强行收买可供出口的农副产品，致使农民无法进行正常生产，大量土地荒芜，农村经济凋敝不堪。

按照货币流通体系，沦陷区可以分为七个政治经济区，分别是东北之满洲中央银行券区、内蒙之蒙疆银行券区、华北之联银券区、华中之中储券区、徐蚌之苏淮特区、华南之军票区、汉口之“武汉特区”，每个区域都有各自独立的货币制度、交通系统、检查制度及封锁线等。一方面，日本侵略者通过在沦陷区设立的 20 多家伪银行，全面控制沦陷区的金融，并对中国进行超经济掠夺。这些伪银行肆意发行不能兑换的、没有任何价值担保的纸币，且数额庞大。如到 1945 年伪蒙疆银行发行的蒙疆券达 42 亿元；伪中国联合准备银行发行的联合券达 1 951 亿元；伪中央储备银行发行的中储券更高达 46 618 亿元。日本侵略者通过滥发伪币，不仅冲击国民政府的法币，从中套购外汇，而且造成严重的通货膨胀，加强了对沦陷区资源的掠夺。另一方面，各区物资交流，除了敌军军用物资由“军配给组合”搬运以外，几乎完全限于断绝的状态。[②]在严格规定和检查的制度下，各区域间实行“物物交换制度”。比如，1939 年“华中华北物资交换协定”，规定华北地区以煤炭、盐、油交换华中地区面粉、杂粮和布匹，导致沦陷区各地间经济联系的阻隔，造成经济严重衰退。

此外，日本对西方在华企业实行歧视性政策，如控制汇兑、垄断水陆运输、禁止第三国船只在长江航行、差别关税等，极力将西方势力排挤出去。1939 年 9 月欧洲战争爆发，自欧洲进口的商品减少，为沦陷区企业的复苏提供了机会。沦陷区工业特别是棉纺织业得到显著发展。但太平洋战争爆发后，在美国潜艇的不断袭击及日本军队经常的征

① 陆仰渊，等. 民国社会经济史. 北京：中国经济出版社，1991：682–685.

② 中国第二历史档案馆. 中华民国史档案资料汇编，第 5 辑第 2 编，“附录”，（下）. 南京：江苏古籍出版社，1994：997.

用下，日本商船严重短缺，原来依赖进口的原料和设备无法供应，沦陷区生产日渐瘫痪。

（二）控制海关及税则的制定

全面抗战爆发后，随着大面积国土的沦陷，沿海对外贸易口岸也处于日本人控制之下。太平洋战争爆发前，由英国人控制的中国海关依然得以维持，但在日本的武力威胁下，海关的行政及关税税则日益听命于日本。1938 年 2 月，日本强迫汇丰银行将关税税款的保管权转交给日本横滨正金银行。

表 5–21　战时中国各海关沦陷日期

华北地区		长江中下游地区		华东地区		华南沿海地区	
埠别	时间	埠别	时间	埠别	时间	埠别	时间
秦皇岛	1937.7	汉口	1938.10	上海	1937.11	厦门	1938.5
天津	1937.8	岳阳	1938.11	苏州	1937.12	汕头	1939.6
龙口	1938.2	九江	1938.7	杭州	1937.12	广州	1938.10
烟台	1938.2	芜湖	1937.12	宁波	1941.4	九龙	1941.12
威海卫	1938.3	南京	1937.12	—	—	江门	1939.3
青岛	1938.1	镇江	1937.12	—	—	三水	1938.10
—	—	—	—	—	—	琼州	1939.2

资料来源：上海总税务司署统计科. 民国三十五年海关中外贸易统计年刊（卷一）. 32–33.

太平洋战争爆发后，日本与英美关系恶化，日本占领了上海的租界、上海海关及总税务司署，总税务司英国人梅乐和、沦陷区各关的外籍税务司及高级关员均被日本人逮捕，英美势力被逐出沦陷区。1941 年，日本人岸本广吉任沦陷区海关总税务司，沦陷区各关税务司及其他工作人员全部由日本人充当，沦陷区海关管理权完全被日本人控制。1941 年 12 月起，汪伪政府开始逐步接管秦皇岛、龙口、威海卫、青岛、上海、厦门、汕头、广州、江门、琼州等沦陷区海关并设立若干分关，其余各口关所则或裁撤或改为转口税局。[①]在海关统计上，1941—1942 年伪海关沿用海关金单位和国币记录，1943 年至 1945 年 8 月伪海关则采用伪联准券和伪中储券记录。伪联准券系 1938 年成立之为华北联合准备银行发行的纸币，1939 年已然成为华北地区正式通货。“伪中储券”系 1941 年 1 月成立之伪中央储备银行发行之纸币，自 1942 年 6 月起，伪中储券即为沦陷区通货，直至 1946 年 3 月 31 日该券被禁止流通。在 1943 年以前，伪海关贸易统计即采用伪币与法币双重单位。在 1943 年联准券与中储券曾定有 18:100 的所谓官价汇率，凡货物从华北起运者，以伪联准券统计；自华中或华南起运者，则以伪中储券统计。[②]

与此同时，日本还指使其傀儡政权多次修改税则。1938 年 1 月，日本令伪“华北临

① 上海总税务司署统计科. 民国三十五年海关中外贸易统计年刊（卷一）. 33.

② 上海总税务司署统计科. 民国三十五年海关中外贸易统计年刊（卷一）. 33.

时政府”修改税则，降低了 76 种商品的税率，其中涉及军需和日用必需品的商品多达 50 余种。进口商品中小麦、面粉免税；砂糖、海产品减税 50%；其他减税商品还有纺织品、钢铁、机械等。1938 年 5 月，伪“华北临时政府”和伪“维新政府”再次修改税则，将华北、华中税则统一。该税则规定：出口商品中，棉花、棉籽、亚麻仁、矿砂、生铁及铁矿免税，猪鬃、山羊毛、骆驼毛、大麻及织物纤维等减税；进口商品中，各项机械、冶炉及设备、种子、血清及疫苗免税，人造丝、毛织物、羊毛、金属制品及车辆等减税。1938 年 6 月，上海海关被迫宣布实行所谓新税则。新税则规定：进口的棉布、棉纱、棉织品、毛织品、人造丝、海产品、汽油、水泥、粮食等物资降低进口税，这些商品大部分来自日本，其他则为日本统治沦陷区的重要物资；对日本需要的中国重要物资如棉花、矿产品等的出口免税。这一税则大大便利了日本向中国倾销其过剩商品和掠夺中国的原料，同时排挤其他西方国家在华势力。

太平洋战争爆发后，沦陷区的对外贸易主要限于日元集团。减免税商品的范围和幅度进一步扩大。1943 年 10 月，伪海关当局宣布废除进出口附加税；1944 年 8 月，伪财政部宣布免除免税货物的转口税。①

（三）实行严格的对外贸易统制

为掠夺更多沦陷区的重要农矿原料，日本对关内沦陷区实行严格的贸易统制，先后设置了两个统制机构——“物资统制审议委员会”和“物资调查委员会”，并颁布了一系列统制条例。

在华北，日伪实行贸易与汇兑相结合的统制政策。为限制华北与其他国家和地区的贸易，并使欧美与沦陷区的贸易符合日本的需要，日伪将贸易与汇兑联系在一起控制华北的对外贸易。1938 年 10 月—1940 年 6 月，日伪先后颁布了“汇兑联系贸易制”“12 种商品汇兑集中制”“全部商品的输出统制法令”及“无汇兑输入许可制”等一系列法令，加强对华北对外贸易的控制。

在华中，日伪实行贸易与物资统制相结合的政策，即在物资统制的基础上加强对贸易的控制。1938 年年底，日伪规定：华中物资的流动及运输，必须事先申领采办证和搬运证。1939 年 2 月又宣布 21 种商品为禁止物资、6 种商品为限制物资，禁止物资只能由日军侵华司令部及其指定者经营，后者也只准由三井、三菱等六家日本大公司组织的“中支那物资输入联合会”经营。为控制第三国对沦陷区的贸易，1941 年 2 月，日本规定进出上海租界的商品必须经日本许可并持有许可证。1941 年下半年，伪财政部规定 15 种货物禁止出口。1941 年，日伪又发布了“调整物资统制的一般原则”和“调整物资统制草案纲要”，将四种物资列为统制范围，其中即包括可出口物资，如丝、茶、植物油、猪鬃、矿砂、蛋及蛋制品、棉纱、皮货、肠衣、麻等。1943 年，汪伪政府在上海成立全国商业统制总会，对粮油、棉、日用品等的国内外贸易实行统制，严禁自由运销。日本利用其扶植的伪银行大肆发行军用券，并于 1938 年 2 月，将华北的军用券与日元挂钩。

---

① 李康华，等. 中国对外贸易史简论. 北京：对外贸易出版社，1981：267–268.

太平洋战争后，日军在其南洋占领区和香港实行贸易隔离政策。1943 年 9 月在香港颁布贸易取缔法，无论输出输入都采用许可制。1944 年 9 月，香港与其他日本统治区订立交易协定，严厉执行物物交换制度。

据 1944 年 9 月 4 日《上海新闻》报载，香港与各地的交易协定如下。

香港广州贸易协定。1943 年 7 月 3 日订立，规定于 7 月、8 月、9 月由广州运出鲍鱼、肉类、青菜、水果、煤薪等，由香港输出汉药、自由车零件、燃料、毛织品、纸张等。

香港厦门交易协定。自 1944 年 3 月起开始实施，香港向厦门输出棉布及棉制品、橡胶底鞋、卷烟、火柴等，厦门向香港输出柑橘、中国酒、土纸、汉药等。

香港菲律宾协定。香港向菲律宾输出马尼拉麻绳、精白糖、纸烟等工业品，菲律宾则向香港输出马尼拉麻、原糖、烟草、椰子油等原料。

香港上海协定。香港向上海输出马尼拉绳、汉药、阿摩尼亚等，年约 1 700 万元；上海向香港输出大豆、食用油、面粉、棉纱、棉布、化学药品等，年输出额为 250 万元。

香港昭南（新加坡）协定。昭南（新加坡）向香港输入橡皮等工业原料，香港输出烟草、汉药。

香港还与台湾、越南、缅甸等分别订立了物物交换协定。[①]上述易货贸易所需船只为香港总督部直辖经营下之大型机器帆船，并设有外洋船帆公会统制此项运输。

通过上述措施，日本不断加强对中国的商品倾销和原料掠夺，使沦陷区的对外贸易日益殖民地化。

二、太平洋战争前沦陷区进出口贸易的发展

在太平洋战争爆发以前，在伪海关统计册上出现的“进口商货”并不完全是新进口洋货，而是“系指新进口洋货及由关栈提出之旧存洋货而言”。在太平洋战争爆发以后，“进口洋货”则“仅指由日本及其远东联合国，或在德苏战事发生以前，由苏联以及由德国初用轮船后用潜艇等运来而言。此外则悉为三十年底以前进口后由关栈提出之旧存洋货而已。”[②]在统计册上，伪满洲国控制的“东北各省，则被视为国外地区。”伪海关所控制的秦皇岛、天津、龙口、烟台、威海卫、青岛、上海、厦门、汕头、广州、江门、琼州等与东北各省的“埠际贸易”已然成为汪伪政府的“国际贸易”，这也是汪伪政府出于“伪国地位”在经济层面上的典型体现。

（一）贸易规模与平衡状况

1938 年沦陷区进口额为 1.78 亿美元，出口额为 1.01 亿美元。到 1941 年进出口贸易额分别增长到 4.7 亿美元和 1.34 亿美元，增长分别为 164.5%和 33%。出口贸易增长大大落后于进口贸易的增长，由此出现了连年的贸易逆差（参见表 5–22）。

---

① 中国第二历史档案馆. 中华民国史档案资料汇编，第 5 辑第 2 编，“附录”，（下）. 南京：江苏古籍出版社，1994：999–1000.

② 上海总税务司署统计科. 民国三十五年海关中外贸易统计年刊（卷一）. 34.

表 5–22　　沦陷区的进出口及贸易平衡　　单位：千美元

年份	进口	出口	逆差
1938	177 550	101 014	76 536
1939	367 907	94 911	272 996
1940	444 336	104 467	339 869
1941	469 535	134 344	335 191

资料来源：郑友揆. 中国的对外贸易和工业发展. 上海：上海社会科学院出版社，1984：171，174.

（二）对外贸易的地理方向

由于沦陷区的对外贸易被日本控制，因而无论进口还是出口贸易主要都是与日本的贸易。不过，由于中日贸易的商品结构存在一定的雷同性，因而沦陷区与日本以外的贸易仍在进行。其中，最主要的是两大市场——美国与东南亚，参见表 5–23。

表 5–23　　沦陷区进出口商品的国别、地区比重　　单位：%

国别、地区	1938		1939		1940		1941	
	进口	出口	进口	出口	进口	出口	进口	出口
日本及其属地	42.0	33.1	38.0	15.2	33.1	16.4	30.0	23.4
美国	14.6	14.4	14.7	26.6	21.6	32.0	18.5	22.7
英国	7.1	9.2	5.7	10.4	3.6	11.3	1.8	3.9
德国	8.7	9.9	6.1	5.3	2.5	0.2	1.9	0.3
东南亚	10.4	5.8	8.1	11.4	16.5	12.1	25.2	21.1
印度	2.4	3.4	9.7	3.6	9.2	5.2	7.3	4.4
中国香港	1.8	11.0	1.4	14.8	2.2	13.8	1.8	17.6
其它国家	13.0	13.2	16.3	12.7	11.3	9.5	13.5	6.6

资料来源：郑友揆. 中国的对外贸易和工业发展. 上海：上海社会科学院出版社，1984：171–176.

这一时期，只有美国最有能力，既向海外提供棉花、烟叶、化学品等工业原料及机器设备等生产资料，又能提供面粉、煤油等日用必需品。同时，中国的丝、茶、猪鬃、植物油、棉纺织品等出口产品与日本存在竞争，而在美国则有较大市场。随着 1939 年 9 月欧洲战争爆发，美国日益成为中国出口商品的重要市场。因此，从 1939 年以后，沦陷区与美国的贸易不断发展，无论绝对额还是相对比重均大幅上升。1938 年，沦陷区对美国的进出口分别仅为 2 590 万美元和 1 460 万美元，占沦陷区进出口总额比重仅

14.6%和 14.4%。但从 1939 年开始，美国对沦陷区贸易迅速发展，所占份额上升。其中 1940 年和 1941 年，沦陷区从美国进口额增长了 3 倍多，分别达 9 610 万美元和 8 670 万美元，出口也跃升至 3 000 万美元以上，所占比重达到 32%～22.7%，超过了日本及其属地。

此外，东南亚和印度在沦陷区的对外贸易中也占有比较重要的地位。1937 年 10 月，日本军队占领上海，西方各国表示中立，上海租界得以保存。由于上海与中国内地市场联系中断，上海租界内大量轻纺产品急需外销；同时，西方国家忙于战争，减少了对海外市场的控制，东南亚各地为上海的纺织品出口提供了市场；而日本由于忙于侵华战争，同时上海经济的发展对日本进一步发动对外侵略战争同样有利，因而太平洋战争前，上海对东南亚对外贸易一度出现了畸形的繁荣。1938 年，沦陷区从东南亚和印度进口合计 2 270 万美元，占沦陷区进口贸易份额仅 12.8%。到 1939 年则增加到 6 530 万美元，占比提高到 17.8%，1941 年更激增至 15 280 万美元，占比高达 32.5%。进口的商品主要是大米、橡胶、糖、煤油、汽油、香料、棉花及药品等。1939 年以后，沦陷区对东南亚、印度的出口贸易也在快速增长，1938 年出口额仅 930 万美元，1939 年即达 1 430 万美元，1941 年跃升至 3 430 万美元。出口的主要商品为棉纺织品、食品及饮料等。

三、太平洋战争后沦陷区的对外贸易

（一）对外贸易规模缩小

太平洋战争爆发后，美国对日本发起全面进攻。一方面，美国等西方盟国加强了对日本及其占领区的经济封锁；另一方面，日本的船只在太平洋海面受到美军潜艇不断的重创，大量的商船被击沉。同时，剩余的商船又不断被日本军队征用，导致沦陷区运力大为萎缩，沦陷区的对外贸易急剧下降。其中，1942 年进口额减少为 1941 年的 26.3%，出口额减少至 1941 年的 33%，到 1944 年进出口额均不到 1941 年的 13%。1945 年，沦陷区对外贸易基本陷于停滞，1—8 月进出口额分别只有 1941 年的 3.0%和 5.4%。随着进出口贸易的同时下降，沦陷区的对外贸易依然维持逆差的局面（参见表 5–24）。

表 5–24　　太平洋战争后沦陷区对外贸易额　　单位：千美元

年份	进口		出口		贸易总额		逆差额
	贸易额	指数	贸易额	指数	贸易额	指数	
1941	469 535	100.0	134.344	100.0	603 879	100.0	335 191
1942	123 399	26.3	44 344	33.0	167 743	27.8	79 055
1943	110 208	23.5	17 175	12.8	127 383	21.1	93 033
1944	60 445	12.9	16 560	12.3	77 005	12.8	43 885
1945（1–8 月）	13 999	3.0	7 241	5.4	21 240	3.5	6 758

资料来源：郑友揆. 中国的对外贸易和工业发展. 上海：上海社会科学院出版社，1984：184.

（二）各口岸的对外贸易

日伪控制的各口岸在北方主要有秦皇岛、天津、龙口、烟台、威海卫、胶州等各关，南方口岸主要有岳州、汉口、九江、上海、苏州、杭州、宁波、厦门、广州、汕头及九龙等。随着盟军对日攻势的加强，各关对外贸易规模不断萎缩，特别是1943年起由于美军轰炸海上运输线，铁路运输成为主导，加上汪伪实行所谓保税货物通运制度，贸易规模急剧萎缩。

1937年7月，日本占领秦皇岛，但海关仍继续执行职务，至太平洋战争爆发始由伪海关总税务司署接管。该关进口洋货以杂粮及麦粉、金属品、矿砂、机器及工具、木材为主，出口国货以燃料、矿砂、金属品、纺织品为大宗商品。1945年11月10日，秦皇岛海关被国民政府收复。由于该关未经战事滋扰，贸易比较繁荣。按照普通行轮章程，1941年至1945年出入秦皇岛关船只吨数，如表5–25所示。

表5–25　出入秦皇岛关船只吨数

年　份	吨　数
1941	3 431 271
1942	2 728 154
1943	2 232 768
1944	920 855
1945	296 789
合计	9 609 837

资料来源：上海总税务司署统计科. 民国三十五年海关中外贸易统计年刊（卷一）. 35.

太平洋战争发生以后，天津关的国际贸易仅限于日元集团国家和地区，进口货以棉花、糖品、棉织品、化学产品、药品为主，出口货物以棉花、盐等为主。国民政府1945年10月7日收复天津关。按照普通行轮章程，出入天津关船只吨数如表5–26所示。

表5–26　出入天津关船只吨数

年　份	吨　数
1941	3 470 231
1942	2 534 739
1943	1 838 538
1944	925 002
1945	268 900
合计	9 037 410

资料来源：上海总税务司署统计科. 民国三十五年海关中外贸易统计年刊（卷一）. 37.

1937 年 9 月起，龙口关即被日军封锁，商业范围大受限制。1941 年进出口颇为萧索，进口货以食物、硫酸铔、火油、水泥为大宗商品，出口货为鲜菜蔬、粉丝。太平洋战争爆发后，主要进口招远金矿所用各种开采器具，金砂则成为该关唯一的出口品。日本投降后，该关被八路军管制。按照普通行轮章程，出入龙口关船只吨数如表 5–27 所示。

表 5–27　　出入龙口关船只吨数

年　份	吨　数
1941	275 124
1942	325 379
1943	271 439
1944	143 802
1945	34 261
合计	1 050 005

资料来源：上海总税务司署统计科. 民国三十五年海关中外贸易统计年刊（卷一）. 38.

1938 年 2 月烟台沦陷，但海关管理工作正常进行。1941 年 7 月，日本冻结英美资产以后，贸易开始出现严重下滑。主要进口品为食物和必需品，出口品以绣花品、发网、丝、草帽缏、花生、水果为主。抗战结束后，烟台关被八路军占领。按照普通行轮章程，出入烟台关船只吨数如表 5–28 所示。

表 5–28　　出入烟台关船只吨数

年　份	吨　数
1941	2 072 483
1942	1 224 294
1943	1 036 220
1944	526 710
1945	132 211
合计	4 991 918

资料来源：上海总税务司署统计科. 民国三十五年海关中外贸易统计年刊（卷一）. 39.

威海卫于 1938 年 3 月被日军占领，但继续海关行政。1941 年，因苏德战争爆发，运往德国之花生及其制品的出口贸易终止。整个抗战期间，贸易萧索，按照普通行轮章程，出入威海卫关船只吨数如表 5–29 所示。

表 5–29　出入威海卫关船只吨数

年　份	吨　数
1941	588 288
1942	309 801
1943	297 299
1944	152 655
1945	2 469
合计	1 350 512

资料来源：上海总税务司署统计科. 民国三十五年海关中外贸易统计年刊（卷一）. 41.

1938 年年初，日军占领青岛，但胶州关继续其行政管理，直至太平洋战争爆发。该区自第一次世界大战结束以后即为日本主要市场，他国势力稍弱，因此太平洋战争对青岛关区影响较小。进口货物主要是米、糖品、纸张、化学品、木材、汽油、柴油等，出口货有煤、花生、鸡蛋、猪鬃、盐、粗细布、铁砂、麦粉、牛肉等。1945 年 5 月德国投降时，对日贸易完全停顿。9 月，美国海军登陆青岛，10 月 29 日国民政府收复胶州关。按照普通行轮章程，出入胶州关船只吨数如表 5–30 所示。

表 5–30　出入胶州关船只吨数

年　份	吨　数
1941	5 404 509
1942	4 051 300
1943	2 688 819
1944	1 600 327
1945	403 512
合计	14 148 467

资料来源：上海总税务司署统计科. 民国三十五年海关中外贸易统计年刊（卷一）. 42.

岳州于 1938 年 11 月被日军占领，在战争期间始终封锁，直至 1945 年年底海关尚未重行征税。1937 年 8 月长江被日军封锁，1938 年 10 月武汉被日军占领，江汉关停止征税，长江普通船只不准航行，汉口对外贸易几乎完全停顿。1941 年 12 月起，江汉关为伪海关管辖。1943 年 5 月，伪海关在汉口设置转口税局，对长江下游转口贸易征税。1945 年 9 月 26 日，国民政府收复江汉关。但长江水雷尚未扫清，商船多被征用，直至 10 月底各轮船公司设立办公处，贸易才开始恢复。按照普通行轮章程，进出口本埠之船只吨数在 1945 年 10—12 月共为 152 291 吨。

九江于 1938 年 7 月被日军占领，九江关停止工作。1943 年，伪海关在九江设立转口税局。

芜湖于 1937 年 12 月被日军占领，1943 年伪海关在芜湖设立转口税局。1945 年年底海关尚未重行征税。

南京于 1937 年 12 月被日军占领，海关停止工作。1942 年 6 月，伪海关设立转口税局。1945 年 9 月，国民政府重行设立海关。

镇江于 1937 年 12 月被日军占领，海关停止工作。1943 年，伪海关在镇江设立转口税局，本口收复后于 10 月成为金陵关分关，至 1945 年 12 月 10 日裁撤。

上海是近代中国贸易中心、金融中心和经济中心，1937 年 8 月 13 日淞沪会战后上海即沦为孤岛。1938—1941 年 12 月，国际贸易逐渐恢复。1941 年 12 月 8 日，太平洋战争爆发后，工厂、商行纷纷停顿，失业工人回乡者不下 20 万人。1942 年，制造欧美之替代品或供应战时需用物品者之新兴企业应运而生，旧日工厂存有充足原料者已相继复工。日本开始独占中外贸易，进口货为杂粮及杂粮粉、丝及其制品、糖品等，出口货物为丝织品。1945 年 9 月 12 日，国民政府收回伪海关总税务司署，次日收回江海关。按照普通行轮章程，出入江海关船只吨数如表 5–31 所示。

表 5–31　　出入江海关船只吨数

年　份	吨　数
1941	11 248 671
1942	3 253 427
1943	1 826 222
1944	887 557
1945	964 273
合计	18 180 150

资料来源：上海总税务司署统计科. 民国三十五年海关中外贸易统计年刊（卷一）. 46.

苏州、杭州是战前重要口岸，但 1937 年年底被日军先后占领，1943 年伪海关分别于两关设立转口税局。1941 年 4 月日军占领宁波，1943 年 5 月伪海关在宁波设立转口税局，抗战期间宁波成为运往抗战区的货物中心。1945 年 9 月 25 日收复。

1938 年 5 月，日军占领厦门，厦门关职员前往鼓浪屿办公，9 月回迁厦门，直至太平洋战争爆发。厦门关于 1945 年 10 月 1 日收复。按照普通行轮章程，出入厦门关船只吨数如表 5–32 所示。

表 5–32　　出入厦门关船只吨数

年　份	吨　数
1941	2 256 567
1942	622 350
1943	477 096

续表

年　　份	吨　　数
1944	51 835
1945	25 388
合计	3 433 236

资料来源：上海总税务司署统计科. 民国三十五年海关中外贸易统计年刊（卷一）. 49.

1939 年 6 月，日军占领汕头，海关职员只能在邮局包裹处执行职务，随后终止全部业务。1942 年 9 月，日本人重开口岸，管理进出口贸易，进口品以米、糖品、烟叶、燃料、杂粮粉等为大宗商品，出口品以纸张、蒜头、旧苎麻袋、瓷器为大宗商品。1945 年 9 月 25 日，国民政府收复海关。按照普通行轮章程，出入汕头关船只吨数如表 5–33 所示。

表 5–33　　出入汕头关船只吨数

年　　份	吨　　数
1941	—
1942	132 648
1943	271 056
1944	24 246
1945	22 199
合计	450 149

资料来源：上海总税务司署统计科. 民国三十五年海关中外贸易统计年刊（卷一）. 50.

1938 年 10 月，日军进占广州，直至 1940 年 10 月海关恢复管理。1941 年 12 月由伪海关接管，1945 年 9 月 22 日国民政府收复。按照普通行轮章程，出入广州关船只吨数如表 5–34 所示。

表 5–34　　出入广州关船只吨数

年　　份	吨　　数
1941	583 563
1942	631 926
1943	921 643
1944	454 011
1945	138 868
合计	2 730 011

资料来源：上海总税务司署统计科. 民国三十五年海关中外贸易统计年刊（卷一）. 52.

1941 年年底，日本占领九龙和香港，九龙关被迫撤销，伪海关接管其陆路边境支关，1945 年 12 月 20 日国民政府复关。1941 年，该关按照普通航轮章程规定，出入本埠之船只吨数只有 21 492 吨。1939 年 3 月，日军占领江门，江门关终止工作。太平洋战争爆发后，伪海关接管江门关。1942 年 5 月，伪海关改江门关为粤海关分关，但只有香港、澳门与大陆之间的贸易报关。1945 年 9 月 20 日，江门复关。三水于 1938 年 10 月被日军封锁，收复后至 1945 年年底尚未重行征税。琼州于 1939 年 2 月 10 日被日军占领，外洋贸易濒于断绝。太平洋战争爆发时，海关为伪海关接管，但对外贸易为数极微，无足记录。1944 年，转口贸易亦因船只锐减，即行停顿。1945 年 8 月日本投降后，年底尚未复关。[①]按照普通航轮章程规定，出入九龙关之船只吨数如表 5–35 所示。

表 5–35　　出入九龙关船只吨数

年　份	吨　数
1941	66 262
1942	42 584
1943	24 402
1944	603
合计	133 851

资料来源：上海总税务司署统计科. 民国三十五年海关中外贸易统计年刊（卷一）. 55.

（三）对外贸易的地理方向及商品结构

太平洋战争爆发后，沦陷区与欧美国家及东南亚各国的贸易关系基本中断，日本及其占领区在沦陷区对外贸易中的比重急剧上升。1941 年日本及其占领区在沦陷区进出口贸易中占 30.0%和 23.4%，到 1942—1945 年 8 月，这一比重分别上升至 76%～85%和 88%～98%。在沦陷区对外贸易中占第二位的是德国，德国商品主要经由日本进口，数量很少，1942 年仅有 410 万美元，占沦陷区进口总额的 3.3%；1943 年所占比重增至 6.0%，1944 年又增至 15.9%。同时，沦陷区对德国每年仅有数千美元的出口。此外，瑞士、意大利与沦陷区也有数量微小的贸易往来。

日本为满足其战争的需要，加紧对中国经济的掠夺：一方面将其过剩的生活消费品大量倾销到沦陷区市场；另一方面，又将沦陷区重要的原材料大量掠购到日本。因而这一时期，沦陷区进口的主要商品是人造丝、布匹、纸张、化学品、糖及五金制品等消费品；沦陷区出口的商品主要是棉花、煤、盐、铁矿石、生铁、植物籽仁及豆饼等，其中最主要的是前四项。1941 年，这四项商品仅占沦陷区进口总额的 8.6%。到 1942 年升至 39.7%，1943—1945 年 8 月进一步升至 44%～51%。

总体来看，太平洋战争后，在进口贸易中原料性商品比重下降，制成品比重上升；

① 上海总税务司署统计科. 民国三十五年海关中外贸易统计年刊（卷一）. 52–55.

在出口贸易中制成品比重下降，原料性商品比重上升。这种进出口商品构成的变化反映了沦陷区经济殖民地性质的进一步强化。

第四节　东北地区殖民地性质对外贸易的发展

“九一八”事变后，东北被日本武装占领，沦为日本的殖民地。占全国 1/3 份额的东北的对外贸易从中国对外贸易中被分离出去，成为殖民地性质的对外贸易。

一、东北经济的畸形发展

1932 年 3 月，日本在东北设立了一个傀儡政权——“满洲国”，将已退位的清帝溥仪扶植为傀儡皇帝，实际一切听命于日本关东军[①]。1933 年，日军又侵占了与东北毗邻的热河省，将其并入“满洲国”。1935 年，“满洲国”从苏联购买了北满铁路，俄国势力退出东北，东北地区的政治、经济完全为日本控制，经济迅速殖民地化。一方面，东北成了日本的销售市场和原料供应地；另一方面，为将东北作为其进一步侵华进而占领整个东南亚的军事基地，日本在东北积极投资兴建军事工业，开发矿藏，修建铁路，发展电力、钢铁冶炼及化学工业等，拼命积蓄战争能量，同时极力限制其他国家及当地中国人的经济活动。1937 年“七七”事变后，日本对东北经济实行严格的军事管理，加剧了东北经济的畸形化。

1932—1945 年，日本在东北投资达 214 220 万美元，主要投向铁路和工矿业。到 1940 年，短短 8 年间，东北铁路里程增加近一倍，大体相当于关内铁路里程的总和。“七七”事变后，日本加速东北的工矿业建设，绝大部分的新投资是由日本人控制的机构进行。13 年间，重要工矿产品生产总值增加 4.5 倍。而与此同时，与战争没有直接关系的产业发展迟缓，甚至出现了下降。如在国际市场有比较优势的榨油、皮毛加工、纺织、食品及大豆种植等行业发展速度均大大落后于与战争相关的产业。

二、日本对东北经济的全面统制

（一）对工农业及金融的控制

“九一八”事变后，日本对东北经济实施全面的统制。1933 年 3 月，日本令伪满公布了一个所谓的《满洲国经济建设纲要》，涉及财政、金融、工矿、农林、交通运输等各个方面，其实质是对东北经济的掠夺计划。该纲要明确宣布“对重要经济部门加以国家统制”。而所谓重要产业包括国防、公共、公益事业及一般产业的基础产业，“即交通通讯、钢铁、轻金属、金、煤炭、石油、汽车、硫铵、碱、采木等产业”。上述产

① 1932 年 6 月，关东军参谋长桥本虎之助抛出《指导满洲国纲要（草案）》，其中表明：“为实行帝国对满洲国的国策，不特别设立文治机构，专使关东军担当其任；实施中，努力保持新国家为一独立国的体面，而在满洲国的名义下通过日本人系统的官吏，特别是通过总务长官以求实现。”陆仰渊，等. 民国社会经济史. 北京：中国经济出版社，1991：660.

业只能由“国营”“供应”或特殊公司经营。[1]1934 年 3 月，日本内阁通过了一个《日满经济统制方策要纲》，规定了东北数十种经济行业的具体统制方策，东北所有重要的经济事业均属于统制或半统制范围。其中，规定交通通讯、钢铁、煤炭等 14 种行业由特殊公司经营，受日本帝国政府的特殊保护和监督。次年 7 月，确定“日满经济委员会”作为东北经济的最高统制机构，非经该委员会批准，任何企业不得从事经营活动。1937 年 5 月，伪满又公布了《重要产业统制法》，进一步扩大了产业统制范围，规定 21 种轻重工业由日本占领军直接控制。日本通过“满铁”（即日本的“南满铁道株式会社”）和“满业”（满洲重工业开发株式会社）两个垄断组织控制了东北重要的工矿及交通运输业[2]。

日本对东北农业的控制同样不遗余力。为满足军需，日本在东北颁布、实施了一系列农业统制条令。如 1937 年的“棉花统制法”，以低价强制收购农民的棉花。1939 年颁布“小麦及制粉业统制法”，对小麦和面粉予以统制。1940 年又颁布了“农产品强制出卖法”，日伪以低于成本的价格强制收购农民的粮食，实际是对农民的掠夺。日伪还设立了一系列统制机构，对农产品的种植品种、加工、购销等予以严格控制。如在各地设立所谓“国家农业站”控制农业生产；设立“满洲主产购买公司”垄断大豆及其制品的购销；“满洲谷物公司”则垄断了东北小麦、大米和面粉的购销。

日本通过控制东北工农业产品的产销操纵东北的对外贸易，为其扩大军事侵略服务。

“九一八”事变后，日本即开始控制东北的金融业。1932 年 6 月，日伪成立“满洲中央银行”，实行所谓“币制改革”，统一东北货币，发行“满元”，并将满元与日元联系，实行“日满货币一体化”，满元与日元维持固定的比价。东北货币即成为了日本殖民地货币。日本通过伪满中央银行控制了东北货币的发行权，大大便利其以通货膨胀政策加速对东北经济的掠夺。

（二）对外贸易统制

1. 控制东北海关行政管理权

1932 年 3 月，伪满洲国向南京国民政府提议将东三省海关划归满洲国管理，遭到国民政府拒绝。随后，日本即以武力强占东北各地海关，驱逐国民政府委派的税务司及各级关员，劫夺了哈尔滨、牛庄（营口）、安东、瑷珲（黑河）、大连、龙井（延吉）、沈阳七个海关及 10 多个分支关，重建以日本人为主的海关。6 月，伪“满洲国”接管了东北的海关行政管理权，随即发表“满洲国关税自主文告”，宣布伪满海关脱离中国海关“独立”。此后，在东北的对外贸易统计中，中国即被当作“外国”处理，并在山海关及沿长城一线设立关卡以管理“对中国的贸易”。随即伪满海关颁布了新税则，此后为满足日本的需要，伪满税则多次进行了修订。到 1944 年，随着军事上的溃败，日本进一步加强了对东北对外贸易的控制，该年甚至宣布取消东北与日本之间的关税。

① 陆仰渊，等. 民国社会经济史. 北京：中国经济出版社，1991：661.

②“满铁”成立于 1906 年，1932 年以前主要负责东北地区的铁路经营。“满业”成立于 1937 年，是以军火工业为核心的工业垄断组织，资本主要来自三菱、三井及住友等日本大财阀。

2. 对外贸易统制政策的实施

为满足其不断扩大的对外侵略战争的需要，日本对东北对外贸易的统制日趋强化。

（1）“七七”事变前对外贸易的间接统制

1929年世界经济大危机爆发后，西方国家纷纷排斥廉价的日货，实行限制日货输入政策。“九一八”事变后，日本为发动全面侵华战争做准备，实施了间接的、部分的统制贸易政策。1932年6月，为限制进口，日本提高了229种商品的进口税。1934年对出口贸易的数量、价格进行限制。随即日本对我国东北的对外贸易也实行了相应的统制政策，制定了一系列有利于日本的贸易政策。限制其他国家与东北的贸易的同时，日本鼓励本国工业品对东北的输出及东北资源的对日出口。如1932年9月，日本关东军司令部在其《关于实行日满经济统制的基本必要条件方面的意见》中明确规定，对日本向伪满洲国输出商品采取适当的保护及鼓励办法。1934年，日本内阁会议决定的《满洲国经济统制方案纲要》中对东北关税进行调整，规定：“对于日满贸易不发生障碍的品种，亦不妨提高其输入税；满洲国之输出税，只要该国财政允许，可以从速废除。”为此，1933年、1934年伪满政府两度调整关税，降低或免除了东北主要销往日本及从日本进口的商品的关税。

（2）“七七”事变后，实行全面的对外贸易统制政策

1937年9月，日本政府颁布了《输出入品临时措施法》，规定：“政府为了确保支那事变后国民经济的发展，对于认为特别必要的指定物品，可以通过命令形式限制和禁止输出输入。”12月，伪满政权发布《贸易统制法》，宣布对东北对外贸易实施全面管制。该法令称：“为了谋求一般的国际收支平衡，调整与改善与特定国的贸易关系，不仅调整生活必需品，而且包括重要物资的价格。”①在出口方面，规定除日本外，禁止或限制玉米、蓖麻子、羊毛、皮革、毛皮和木材向其他国家（包括中国关内）出口；大豆及其制品的出口由日本控制，1937年和1938年日本先后与德国和意大利签订贸易协定，以东北的大豆交换两国的机器设备。在进口方面，规定除日本外，禁止从其他国家进口小麦、面粉和食糖；大米则只能从日本及暹罗进口；1937年10月，伪满政府还宣布对外汇实施管制，颁布了“修正汇兑管制条例”，规定凡是能从日本进口的货物若从其他国家进口，所需外汇受数量限制②。

为推行对外贸易统制政策，日本在东北设立了一系列相应的贸易统制机构。在农产品方面，1938年12月，设立“满洲粮谷株式会社”，作为东北粮食（未加工品）进出口的垄断机构，“米谷的输出、输入，除兴农部大臣及经济部大臣特别指定外，非满洲粮谷株式会社不得经营之；非满洲粮谷株式会社不得通过铁路或船舶运出。”1939年10月，又设立了“满洲特产专管会社”，主要控制东北大豆、豆饼及豆油的买卖方法、价格及对日出口。1941年1月，又设立了“满洲谷粉管理株式会社”，全面控制东北高粱粉、玉米粉及其他谷粉的买卖与输出入。在工业品方面，1939年2月，日本将“七七事变”前设立的“日满商事株式会社”改组为“满洲生活必需品株式会社”，由其垄断生活必需品

① 徐绍清. 论九·一八事变后日本对东北贸易政策的变化. 社会科学战线，2001（5）.

② 琼斯. 1931年以后的中国东北. 北京：商务印书馆，1959：189-199.

的进口及相关制造业、贩卖业的投资。通过这些对外贸易垄断组织，日本将东北的对外贸易直接置于其控制之下，使东北的对外贸易完全服务于日本帝国主义的战争需要。

（3）太平洋战争爆发后，对外贸易统制政策的强化

太平洋战争爆发后，日本令其控制的伪满政权制订了“计划交易”政策。伪满政府迅速制定了进一步实施对外贸易统制的政策。具体统制货物参见表 5–36。

表 5–36 东北地区输入商品、法规及其统制机构

法规	输入商品	统制机构
公卖法	洋火、石油类、酒精、小麦粉、盐	—
钢铁类统制法	铣铁以下二十四品目	日满商事有限公司
原线绵制品统制法	原棉以下四品目	满洲绵业联合会
棉花统制法	未实行统制	满洲棉花有限公司
羊毛、皮革类统制法	绵羊等八种毛皮、皮革及其制品	满洲毛皮、皮革输入组合等
米谷管理法	米谷	满洲粮食有限公司
映画法	映画	满洲映画协会
家畜调整法	牛以下五品目	满洲畜产有限公司
度量衡、计量器法	度量衡器、计量器	满洲计器有限公司
贸易统制法	（1）厂切昆布、盐鲑鳟、砂糖、茶、淀粉、橡皮鞋、运动竞技用具等	满洲生活品必需品公司
	（2）洋灰	满洲共同洋灰有限公司
	（3）农具及同部分品	满洲农机具协会
	（4）书籍及杂志	满洲书籍配给有限公司
	（5）汽车及同部分品	满洲同和工业有限公司
	（6）木材	满洲林业有限公司
	（7）盐酸以下二十七品目	日满商事有限公司
	（8）脚踏车及同部分品	满洲脚踏车统制组合
	（9）旧麻袋	满洲麻袋组合
	（10）啤酒	满洲啤酒统制组合
	（11）医药品	满洲医药品输入统制组合
	（12）肥皂及洗剂、果实、蔬菜、海参、干贝柱干虾干鱼介类、盐鱼、罐头鸟兽肉、牛乳、幼儿营养食料品、毛巾、衬衫、袜子、手巾、作业服、珐琅铁器	满洲生活必需品输入联盟

资料来源：日本评论，1941，2（1）：121–122.

表 5–37　　战时东北地区输出商品、法规及其统制机构

法规	输出商品	统制机构
公卖法	石油、酒精、小麦粉、盐	公卖总局
粮谷统制法	高粱、玉蜀黍	满洲粮谷有限公司
米谷管理法	米谷	满洲粮谷有限公司
棉花统制法	棉花	满洲棉花公司
原线绵制品统制法	原棉、棉丝、棉织物及棉卫生衣	满洲绵业联合会
钢铁类统制法	铣铁以下二十四品目	日满商事有限公司
小麦及制粉业统制法	小麦、麸	满洲粮谷有限公司
家畜调制法	牛以下五品目	满洲畜产公司
贸易统制法	（1）蓖麻	蓖麻子搜货事务
	（2）棉实	满洲棉实输出商组合、满洲棉花公司
	（3）混合大豆以下六品	特产物品输出组合
	（4）混合饲料	关东州混合饲料输出组合、日本饲料配给公司
	（5）青麻	满洲青麻输出组合
	（6）苏子以下四品目	满洲苏子组合
	（7）亚麻	满日亚麻组合
	（8）柞蚕系以下三品目	满洲柞蚕公司
	（9）羊毛、山羊毛	满洲羊毛同业会
	（10）毛皮	满洲毛皮输出组合
	（11）木材	满洲林业公司
	（12）石碳	日满商事有限公司
	（13）铁矿石	东边道开发、协和铁山
	（14）油类以下十五品目	日满商事有限公司

资料来源：日本评论，1941，2（1）：122–123.

1941 年 12 月，伪满政权颁布了《战时紧急经济方策纲要》，提出："为适应战局，进一步强化生产经济的战时体制，运用自给资源，强化与大陆各地区的经济联系。"①为此，日本进一步强化其在东北的贸易统制机构，一方面通过合并充分扩大既有各统制机构的规模，增强其实力。如 1941 年 7 月，日伪将"满洲粮谷株式会社""满洲特产专管会社"即"满洲谷粉管理株式会社"合并为"满洲农产会社"，对东北农产品进行全面的垄断。另一方面，增设大量新的统制机构。如 1942 年 1 月，日本设立"满关贸易联合会"，

① [日] 伪满驻大阪总领事馆. 满洲国贸易要揽//徐绍清. 论九・一八事变后日本对东北贸易政策的变化. 社会科学战线，2001（5）.

对东北出口物资实行计划性输出，以满足日本军事侵略的需要。同时，对进口商品不仅控制其输入环节，而且控制其在东北的销售价格。为此，日满当局于1942年3月设立“满关重要日用品统制组合”，对罐头食品、乳制品、肥皂等的进出口、配给及价格进行统制；5月，设立“满关杂品统制组合”，对文具、乐器、钟表、眼镜、化妆品等的进出口、配给、价格进行统制；6月，设立“满关建材组合”，对建筑用金属品、卫生器具、装潢材料等的进出口、配给、价格进行统制；7月，设立“满关重要机器输入统制协会”，对重要机器设备的进出口、配给、价格实行统制。

由此，日满建立起了对东北对外贸易的全面统制制度。

三、日本控制下东北对外贸易的发展

（一）对外贸易规模及平衡状况

20世纪初以来，东北是中国重要的对外贸易区域，其进出口贸易额在全国对外贸易中占1/3左右的份额，而且还是中国唯一保持贸易顺差的地区。“九一八”事变后，受日本在东北统治政策、战争进程及世界市场波动的影响，东北地区的进出口贸易出现了曲折发展。太平洋战争爆发前，日本为将东北变为其扩大战争的基地，加速在东北投资、兴建基础设施及开办工矿企业，由此带来贸易的快速增长。太平洋战争爆发后，一方面日本本土经济恶化，另一方面其在对外战争中不断失利，日本在加紧掠夺东北战略资源的同时，对东北输入的商品大幅度减少，东北对外贸易规模由此下降。

在进口贸易方面，1927—1931年，东北年均进口总值1.14亿美元。由于局势动荡，1932年出现了暂时下降。1933年即迅速恢复到1.33亿美元，此后持续上升，到1939年达到4.67亿美元的高峰。此后，由于欧洲战争爆发，欧洲国家对东北的出口减少。因而，从1940年开始，东北地区的进口贸易逐年下降。1941年减少至3.35亿美元。太平洋战争爆发后，东北进口市场主要限于日元集团，由于运力不足，不少数量大、附加值低的商品，如建材商品基本不再进口，进口贸易规模明显萎缩。到1944年，东北自日进口由1942年的2.45亿美元减少到1944年的1.49亿美元，降幅达39%。

在出口贸易方面，1927—1931年，东北地区年均出口额达1.75亿美元。此后，由于东北局势的动荡以及世界市场疲软的影响，出口贸易持续下降，直到1936年才恢复到1932年前的水平。此后逐渐回升，到1939年达到2.17亿美元的高峰，比1932年前年均出口额增长23.3%。同样，由于受欧洲战争的影响，从1940年开始，出口贸易也逐年下降。由于日本对东北对外贸易的独占性，致使东北资源被日本大肆掠夺。表现在出口贸易方面：一方面，东北资源被日本竭泽而渔，完全不顾东北地区人民生活及生产的需要大肆掠夺农副矿产品，如1943年东北所产大豆的74.2%被掠往日本，苏子油的83.3%出口日本或供应在东北的日军；另一方面，出口数量与出口值增长呈现明显的非同步性，如从1932—1936年东北对日出口煤炭数量增长了20.4%，而贸易值却减少了16.3%；盐出口量增长106.3%，而贸易值仅增长了37.1%；豆饼的数量与1932年大体持平，但贸易值则减少了37.1%。出口量与价值的背离表明东北出口贸易效益下降，经济利益受到严重损害。对日本出口由1942年的1.35亿美元减少到1944年的1.08亿美元，降幅达 20.7%。

如前所述，1932 年以前，东北是中国唯一保持贸易顺差的地区。1927—1931 年年均顺差额达 6 190 万美元。1932 年仍有 5 910 万的贸易顺差。此后，由于进口快速增长，出口增长乏力，导致东北对外贸易平衡状况逆转，即由贸易的顺差转向逆差。1933—1941 年，东北对非日元集团的埃及、德国及中国关内尚保持顺差，但对日元集团的贸易则始终是逆差，且逆差额日趋扩大，大大超出顺差额。1933—1940 年，东北对外贸易逆差额逐年增加，1933 年逆差额仅 1 730 万美元，1938 年增至 156 327 万美元，到 1940 年进一步增至 25 000 万美元。1941 年，贸易逆差额虽然下降，但仍达 17 184 万美元。东北进口的激增、对外贸易的严重不平衡，其主要原因在于日本为达到其称霸亚洲的目的，在东北大量投资兴办军工企业及相应的辅助产业。同时，由于东北的伪币“满元”与日元联系，日本的掠夺政策导致东北物价上涨大大快于日本，由此进一步刺激日本资本家大量到东北投资。据研究，东北对日本及其属地的贸易逆差与日本在该地区的投资额极为接近。[①]此外，东北对外贸易条件恶化也进一步加剧了贸易逆差。据研究，若以 1936 年进、出口价格指数为 100，到 1940 年，出口价格指数升至 195，进口价格指数则增长到 233，各年逆差额参见表 5–38。

表 5–38　　1927—1941 年东北对外贸易统计　　单位：千美元

年份	进口	出口	贸易平衡
1927—1931 平均	113 970	175 833	+61 863
1932	71 148	130 246	+59 098
1933	132 672	115 348	–17 324
1934	193 442	146 142	–47 300
1935	180 761	125 986	–54 775
1936	197 587	172 148	–25 439
1937	255 397	185 717	–69 680
1938	362 164	205 837	–156 327
1939	467 238	216 776	–250 462
1940	409 218	155 251	–253 967
1941	330 503	158 319	–172 184

资料来源：郑友揆. 中国的对外贸易和工业发展. 上海：上海社会科学院出版社，1984：249–250.

太平洋战争爆发后，日本出口货源严重短缺，东北自日本进口急剧减少，同时对日出口则不断增加，致使东北的对外贸易逆差额相应减少，1941 年入超额为 73 800 万元，到 1944 年减少到 1 000 万元。1945 年，东北对外贸易由逆差变为顺差，顺差

① 郑友揆. 中国的对外贸易和工业发展. 上海；上海社会科学院出版社，1984：255–256.

额达 8 500 万元。

（二）对外贸易的地理方向

早在日俄战争以后，日本即已是东北最大的贸易伙伴。1932 年后，东北沦为日本的殖民地，东北与日本的贸易变为殖民地与宗主国的贸易，日本在东北市场的独占地位进一步强化。1927—1931 年，日本及其属地占东北对外贸易 50%以上的份额，其中进口贸易高达 60%。1932—1936 年，日本对东北输出增长了 177.0%。“七七事变”后，为适应全面侵华战争的需要，日本加速掠夺东北资源，太平洋战争爆发前，日本所需的重要军事物资 63%以上由东北提供。据统计，1937—1940 年东北对日出口增幅较前一时期（1932—1936 年）高两倍多。同时，为使东北充当日本扩大侵略战争的基地，加速军事企业的兴建，大量相关物资自日本输入，该阶段日本对东北输出增幅为 147.4%。总体上，日本占东北对外贸易的份额进一步上升。1939 年欧洲战争爆发后，交通受阻，东北与苏联、德国等国的贸易关系中断，与英美等国贸易急剧减少，日本几乎独占东北的对外贸易。1935—1938 年，日本本土占东北出口贸易的比重高达 75%。1939—1941 年，更激增至 85%。太平洋战争爆发后，日本减少对东北输入的同时进一步加强对东北资源的掠夺，日本所需 50%左右的钢铁、铝等矿产品由东北提供。

太平洋战争以前，东北进出口第二大市场是中国关内。1932—1941 年，关内各地每年向东北输出的商品额在 960 万～2 360 万美元，占东北进口贸易总额的 3.7%～18.1%，商品主要是煤、烟叶、棉制品和食品等。同期，东北输往关内的商品额则大大高于输入额，年贸易量在 1 850 万～4 390 万美元之间，占东北出口的 14.6%～29.6%，主要商品为东北的粮食、大豆、豆制品。此外，还有来自日本的货物，如棉制品、糖、人造丝和布匹等。1941 年以后，东北与关内贸易规模便不断下降。

由于德、日之间的结盟关系，1939 年以前，东北与德国的贸易关系也较为密切。不过受德国对外贸易政策的影响，东北与德国的贸易发展波动较大。1933 年以前，德国在东北对外贸易中所占份额仅次于日本及中国关内地区，其中大豆充当了东北对德贸易的支柱性产品。1933 年希特勒上台后，为扭转德国对外贸易逆差的局面，采取了限制进口的贸易保护政策。1934 年，德国政府颁布法令规定大豆进口实行特别许可制，结果导致东北对德国出口大豆数量锐减，到 1936 年东北对德国出口大豆仅有 500 多万担，相当于 1934 年的 41.7%，进而导致东北对德贸易总体规模下降。从 1936 年起，随着德国经济的增长，德国与东北的贸易恢复增长，该年伪满洲国与德国签订了《德满贸易条约》，双边贸易增长加速。1939 年德国发动对外侵略战争后，德国与东北的交通断绝，贸易关系基本停止。1932—1939 年，东北对德年出口额在 980 万至 1 740 万美元，主要商品是东北的大豆、豆油和花生等。同期，东北自德国年进口贸易额在 140 万～1 360 万美元之间，主要商品是机器、五金、化学品等。

太平洋战争以前，美国也是东北重要的贸易伙伴之一。1932—1940 年，东北从美国年进口贸易额在 420 万～2 650 万美元，主要商品为工业设备、棉花、烟叶及石油等。同期，东北每年向美国出口价值 100 万～500 万美元的蓖麻籽油、猪鬃、毛皮和豆饼等。

此外，苏联、英国、埃及等在东北对外贸易中也占有一定份额（参见表 5–39）。

表 5–39　　1932—1941 年东北进出口贸易的国别（地区）比重　　单位：%

年份	进出口	日本及其占领区	中国关内	苏联	印度	埃及	德国	英国	美国	其他
1932	进口	58.2	18.1	2.2	6.1	*	1.9	2.4	5.9	5.2
	出口	38.2	29.6	5.6	0.3	6.3	12.0	1.8	0.8	5.4
1933	进口	65.9	15.5	1.5	2.9	*	2.1	1.4	5.6	5.1
	出口	46.8	16	3.0	0.2	8.4	14.8	2.0	1.7	7.1
1934	进口	68.8	9.7	0.8	4.0	0.1	2.1	1.6	5.9	7.0
	出口	48.9	14.6	1.9	0.1	10.5	11.9	3.6	1.3	7.2
1935	进口	75.6	5.3	0.2	4.0	*	2.4	1.6	4.1	6.8
	出口	51.6	15.5	1.1	0.6	4.1	7.8	5.8	3.7	9.8
1936	进口	77.3	6.9	*	4.1	*	1.9	1.1	3.4	5.3
	出口	47.4	21.3	0.3	0.3	8.5	8.3	4.6	2.7	6.6
1937	进口	75.1	4.4	0.1	5.1	*	1.9	1.3	6.5	5.6
	出口	49.9	17.6	*	*	12.0	9.2	1.4	2.9	7.0
1938	进口	77.9	5.6	*	2.4	*	2.9	0.6	7.3	3.3
	出口	57.2	16.8	*	*	13.0	7.0	0.8	1.6	3.6
1939	进口	85.1	3.7	*	1.4	*	2.9	0.3	4.5	2.1
	出口	62.5	20.3	*	*	5.3	6.0	00.2.4	1.8	3.7
1940	进口	88.9	3.9	……	1.0	*	……	0.1	4.1	2.0
	出口	71.1	24.1	……	*	……	……	*	3.2	1.4
1941	进口	85.1	7.1	……	0.8	0.1	……	0.1	2.8	4.0
	出口	68.4	23.5	……	*	……	……		2.7	5.4

资料来源：郑友揆. 中国的对外贸易和工业发展. 上海：上海社会科学院出版社，1984：249–250.

*不足 0.05%。

1941 年太平洋战争以后，随着日美关系恶化，东北与美国的贸易关系也告中断。东北与其他西方国家的贸易也基本停止，日本及其属地在东北对外贸易中的份额进一步增加。

（三）进出口商品结构

从总体上看，日本占领东北后，东北地区出口农矿原料、进口工业制成品的进出口商品结构未发生明显变化。1932—1940 年，农矿原料及半制成品占出口总额的 70.9%～

89.1%，工业制成品和食品占进口总额的 67.1%～76.5%。但自“七七事变”后，为满足日本扩大侵略战争的需要，无论是出口的农矿产品还是进口的工业制成品的内部结构均发生了明显的变化。

在出口的农矿产品中，为保证日本占领区粮食的供应，日本鼓励高粱、玉米、小米等粮食类产品的出口，由此导致传统的支柱性产品——大豆及豆制品的出口减少。1932 年，大豆及豆制品在东北出口总额中占有 59.7%的份额，但到 1940 年和 1941 年这一比重降至 28.9%和 31.2%，出口的绝对量也下降了。1932 年，东北出口大豆及其制品达 404 万公吨，1938 年降为 307 万公吨。1939 年欧洲战争的爆发进一步打击了东北大豆及豆制品的出口贸易，1940 年该类商品出口进一步降至 104 万公吨。为满足日本军工企业的原料需求，东北的矿产品对日出口不断增加，数量较大的主要是铁矿石、生铁、钢锭、镁砂及铜制品等。1932 年这类商品出口 340 万美元，仅占东北出口总额的 2.7%；到 1938 年，金属品出口额增加到 1 720 万美元，占出口总额的比重达 9.1%；1941 年，该类商品出口额达 2 560 万美元，占出口总额的份额升至 17.4%。[①] 因而，虽然总体上大豆及其制品在出口贸易中始终占据最大份额，但其他商品所占比重则呈上升态势。

太平洋战争爆发后，东北地区的进出口商品总体结构依然保持战前状态。但在具体商品种类上出现了为适应日本在亚洲及太平洋战场需要的明显变动。与战争无关的出口商品急剧减少，如柞蚕丝 1943 年比 1941 年减少了 99%。而为战争所需的商品的出口则明显增加，其中农产品出口增幅较大的主要是苏子和玉米。苏子油可用来炼制飞机及轮船用的润滑油，日本海军需求量较大。玉米主要满足日本军马的饲料供给。制造武器的钢铁、镁砂等金属品的出口在这一时期进一步增加，该类商品出口额与大豆及豆制品的总额相当。

进口的工业制成品的内部结构也发生了明显变化。其中，消费资料的比重逐渐下降，如 1937—1940 年自日本进口的棉纺织品数量比 1932—1936 年减少了 80%～90%，其他日用生活消费品进口也都有不同程度的减少。而与此同时，生产资料的比重稳步上升。1932 年，东北进口机器、工具、交通设备等资本性货物价值仅 240 万美元，占进口总额的比重 3.4%。此后，日本为了建立其军事基地，在东北大量投资，导致建筑材料及资本性货物进口持续增加。到 1937 年，达到 3 230 万美元，占进口总额的 12.7%。1940 年，进一步激增至 9 250 万美元，占进口总额的 22.5%。同时，生产原料的进口也相应增加。1932 年，矿石、金属及五金等生产原料的进口额为 740 万美元，占进口总额的 10.4%。1937 年，该类商品进口额增至 4 470 万美元。1939 年，进一步上升至 6 630 万美元，占进口贸易的比重达 17.7%。

总体而言，1932—1941 年，生产资料的进口在进口总额中的比重虽仍然低于消费资料的进口，但其所占份额呈上升趋势。

1941 年以后，随着太平洋战争的爆发，一方面东北经济被纳入日本对外战争需要的轨道，另一方面日本已无力继续在东北投资，因而建筑材料类商品及与战争无关的轻纺

① 郑友揆. 中国的对外贸易和工业发展. 上海：上海社会科学院出版社，1984：251-254.

工业原料的进口均大幅度减少。

综上所述，东北地区进出口商品结构并未偏离进口工业制成品、出口农矿初级产品的模式，但出口商品中出现了矿产品比重上升农产品比重下降，进口商品中生产资料的比重超过消费资料比重的变化。这一变化并不反映其工业化的真实水平，而主要是日本为发动对中国关内及东南亚的战争在东北大量投资建立其军事基地，导致东北经济畸形发展的结果。

第五节 台湾地区对外贸易的殖民地化

甲午战争后，台湾为日本所占领，台湾的对外贸易被从中国分割出去。此后，台湾经济被日本全面控制，对外贸易迅速殖民地化。日本一方面垄断台湾主要的外销产品，另一方面极力排挤西方在台的势力，独占台湾的对外贸易。

一、日本对台湾经济的全面控制

日本占领台湾后，即对台湾丰富的经济资源进行残酷掠夺。“九一八”事变前，日本主要将台湾作为其工业原料的来源和工业品的销售市场，在“工业日本，农业台湾”的宗旨下，推行其殖产兴业政策，掠夺的重点在农产品及其加工产品方面。受资源限制，日本所需食糖绝大部分靠进口。日本占领台湾后，台湾的蔗糖成为其掠夺的重要资源。为将台湾变成日本食糖供应地，日本殖民者不断加强对台湾糖业生产和向日本输出的控制。为此，日本占领当局一方面不断扩大其“国家资本”——台湾垦殖公司，将台湾大量耕地霸占，再租予无地或少地的台湾农民，令其为在台日本制糖公司种植规定数量的甘蔗；另一方面则采取倾斜政策鼓励在台的日资商业资本与工业资本相结合，以增强其竞争力。1905—1913 年，日商在台湾先后开办的规模较大的日资制糖株式会社有台湾、大东、大日本、明治、东洋、北港、新高、帝国、中央等大的制糖企业。同时，包括台湾最大的制糖企业林本原的制糖公司在内，先后有 12 家台湾民族制糖企业被日资兼并。结果不但台湾的蔗糖资源被日本控制，全台的制糖工业也基本被日本垄断。此外，日本为将台湾变成其“米库”，迫使台湾人民扩大稻米的种植和向日本的输出，到 20 世纪 30 年代初，台湾稻米产量的 50%被强制出口到日本。

“九一八”事变后，日本加速为侵华战争做准备，为使台湾成为其发动侵华战争的主要原料基地，日本对台湾经济掠夺的重点由农产品转向与军事有关的工矿业领域。对农产品的掠夺也由米、糖转向与军备有关的棉花、麻类等。为此，日本对台实行经济统制政策，设立一系列垄断性公司对台湾的矿产资源进行掠夺性开发。台湾的煤、铁、铜、非铁金属、石油、化工、电力、油类以 “军管理”“委任经营”和“台日合资”“租借”及“收买”等形式被日本全面控制。而所谓的“军管理”系由驻台日军将劫夺的台湾工矿业交归日本财阀代为经营，所谓的“委任经营”则是由日本驻台总督委任有关日本会社经营劫夺来的工矿企业。而“台日合资”“租借”及“收买”等形式也是由日本殖民者依靠军事和政治的力量强制实施。1938—1941 年，台湾 500 万元以上的大型企业几乎全为日资企业。台湾制造业的 90.7%、采矿业的 71.6%由日本大财阀垄断。20 世纪 20 年代后期，台湾最大的出口行业——制糖业的 87%由三井、三菱和大日本制糖三家日资财团控制，从而垄断了台湾糖的出口贸易。“七七”事变后，日本将台湾作为其占领华南及南洋群岛的基地，于 1938 年制定并实施了“台湾生产力扩充五年计划”，将台湾煤、铜、石油化工、电力等战略产业作为发展重点，计划五年间增产 3 倍。为此，日本殖民当局对经营此类产业的日资企业进行巨额补助，进一步加强了对台湾工矿业的控制。在此政策下，台湾的工矿经营权日益落入日本人之手。如台湾的金矿完全由日本矿业株式会社台湾分社垄断；台湾的煤炭工业完全由日本台湾石炭株式会社独占；制镁工业则由日本旭化会社控制；日本的东帮金属制炼会社由南日本化学工业会社、台湾单宁工业会社垄断。在日本的控制下，台湾经济完全被纳入战争轨道，为日本发动侵略战争服务，无论工矿业还是农业，凡与战争相关的产业、产品发展加速，与战争无直接关系的产业则受到抑制，从而陷入停滞或衰退状态。如 1939—1945 年台湾农业的年均增长率为–12.33%，而工业总产值则显著增长，从 1931 年到 1937 年金属工业产值增加了近 3 倍；化学工业产值增加了 2 倍。1937 年以后，工矿业增长进一步加速，如煤炭年均产量战后较战前增长了大约 75%。在日本殖民统治下，台湾经济日益呈现出畸形化的发展状态。

为进一步驱逐西方在台势力，日本占领当局还在台湾实行专卖制度，樟脑、鸦片、烟草、盐、酒等重要商品都在专卖之列。这样，台湾重要商品的经营权就由西方洋行转归了日资企业。随着日本在台湾经济垄断优势的建立，西方势力退出台湾，日本资本在台湾经济中取得独占地位。

二、日资企业对台湾的进出口贸易控制

通过殖民政策的实施，台湾主要进出口商品均由一家或几家日资企业垄断经营，台湾的对外贸易完全为日本所控制。如最大的出口商品糖，主要由日本三井物产株式会社垄断；另一重要出口商品大米，则由三井、三菱等四家日资公司控制。台湾另一重要产品樟脑不仅可用于制药、防蛀，还是化学工业的重要原料。20 世纪以后，随着西方国家化学工业迅速发展，世界市场对樟脑的需求大增，台湾是世界最大的樟脑产地，其出口量占世界樟脑贸易的 70%，从而成为台湾重要的财政收入来源。从 1899 年开始，日本殖民当局即对樟脑的生产和经营实行垄断政策。台湾总督府规定，樟脑的生产、对内对外销售全部由日本三井物产株式会社和日本樟脑株式会社经营。“七七”事变后，为配合侵略战争的需要，日本将在其本国颁布的“国家总动员法”推行到台湾，对台湾的人力、物力实行战时统制，台湾的对外贸易完全为日本所控制。

三、进出口贸易发展状况

（一）抗战前的对外贸易

1. 对外贸易规模

1863 年清政府即在淡水设关，在基隆设立淡水分关。1895 年中日签订《马关条约》，

清政府割让台湾予日本，日本政府开始管理台湾的海关。在日本的控制下，台湾的进出口贸易快速增长。1896 年台湾的对外贸易额仅 2 002.7 万元，到 1905 年增长到 4 873.4 万元，增幅达 1.43 倍。第一次世界大战爆发后，台湾对外贸易急速增长，到 1915 年贸易总额高达 12 903.2 万元，十年间增长了 1.64 倍。到 1936 年，贸易总额增长到 68 018 万元，比 1896 年增长了近 33 倍。

2. 进出口商品结构

为将台湾作为其工业原料的供给地和产品的销售市场，日本殖民当局在台湾与日本之间实行垂直分工的政策。台湾输出农矿原料性产品及粗加工品，输入制成品。具体商品完全根据日本国内经济发展的需求决定。在这一政策下，台湾主要出口商品为粗糖和大米，1930 年两相合计占出口总额的 30%，此外，还有食盐、樟脑、棉花、煤炭、黄麻、苎麻、亚麻、茶、花生、香蕉、凤梨、番薯、小麦及木材等。进口商品主要有化肥、纺织品、烟草、酒、铁制品等日用品。

3. 对外贸易的地理方向

为将台湾经济纳入为日本利益服务的轨道，从 1899 年开始，日本殖民当局即对台湾的关税税则进行调整，逐步降低直至取消台湾对日本的出口关税，同时逐步提高台湾对大陆的出口税，致使台湾的对外贸易的地理方向高度集中于日本（参见 5–39）。1897 年，日台贸易在台湾的贸易总额中占 18.7%，到 20 世纪初即上升到 70%～80%，1937 年更高达 90.3%。其中，对日出口贸易增长更为迅猛，1897 年台湾对日出口额仅 210.5 万圆，占台湾出口贸易总额的 14.17%；1937 年，台湾对日出口规模扩大到 41 025.9 万圆，占出口贸易总额的比重升至 93.2%。到 1939 年，台湾对日出口贸易规模进一步激增至 50 974.4 万圆，两年间增长了近 1 亿圆，以致时人惊呼“此数字于其他殖民地历史上，绝无超越者。”与出口贸易相比，台湾自日本的进口贸易则规模狭小，致使台湾对日贸易出现了巨额的顺差，各年顺差额参见表 5–40。[①]

表 5–40　　台湾对日贸易出超额统计　　单位：万圆

年份	1906	1909	1916	1920	1924	1927	1937	1939
出超额	262.52	1 230.27	3 110.40	6 877.53	12 449.62	8 097.10	13 246.40	15 213.60

台湾对日的巨额贸易出超并非是台湾经济发展的自然结果，而主要是日本的人为控制造成的，是日本对台湾经济的掠夺。不但如此，台湾对日贸易盈余并未转化为当地的国民收入，而是被日本政府截留，成为台湾人民对日本的无偿贡赋。台日贸易成为典型的殖民地与宗主国的贸易，台湾在这一贸易关系中处于被掠夺的不平等地位。

与此同时，台湾与大陆、台湾与西方国家的传统贸易关系遭到破坏。日本占领前，祖国大陆是台湾物资输出和输入的主要市场，到 1897 年台湾对大陆的输出额尚占台湾出口贸易总额的 63%。

① ［日］台湾统治概要//赵铁锁．日本殖民者对台湾的经济掠夺．台湾研究，1999（1）．

表 5-41　　台湾对大陆、日本贸易额及其所占比重　　单位：千元，%

年份	大陆		日本	
	贸易额	占比	贸易额	占比
1896	12 770	61.78		
1905	10 406	21.35	27 145	55.68
1915	12 974	14.31	100 821	77.84
1925	60.030	14.09	345 155	75.74
1930	34 134	0.07	341 760	81.87
1936	47 937	7.64	602 725	87.91

资料来源：周宪文. 台湾经济史. 台北：台湾开明书店，1980：634–635.

（二）全面抗战时期的对外贸易

1937 年抗日战争爆发后，为了实施“皇民化”“工业化”“南进基地”，日本在台湾实施所谓“高度国防国家之一环的台湾之新建设”，台湾成为日军物资供给基地，稻米、棉花、小麦、麻类等农作物产量大增。工业生产方面，利用日月潭水力发电，各种军需民用工业产量猛增，如硫酸亚、铝、苎麻、纱、布、黄麻布、纸浆、蔗渣纸浆、天然香料、棉籽油、糖油、蓖麻油、猪皮、牛皮、火柴、桐油、洋纸、石灰、氮、电石等大量物资输出日本。抗战期间台湾对日本及其他国家进出口贸易情况如下表。

表 5-42　　1937—1945 年台湾地区的国际贸易　　单位：台币（元）

年份	进口		出口		对外贸易总值			
	其他国家	日本	其他国家	日本	其他国家	日本	总值	日本占比
1937	44 228 818	277 894 924	29 916 109	410 258 886	74 144 927	688 153 810	762 298 737	90.27
1938	38 709 142	327 950 050	36 349 923	420 103 914	75 059 065	748 053 964	823 113 029	90.88
1939	51 041 833	357 608 007	83 193 628	509 744 571	134 235 461	867 352 578	1 001 588 039	86.60
1940	56 060 037	425 752 846	106 766 866	459 288 582	162 826 903	885 041 428	1 047 868 331	84.46
1941	52 664 796	371 842 415	114 108 675	379 794 861	166 773 471	751 637 276	918 410 747	81.84
1942	46 899 875	337 619 377	103 510 715	419 628 216	150 410 590	757 247 593	907 658 183	83.43
1943	46 799 951	291 926 577	108 189 878	292 712 955	154 989 829	584 639 532	739 629 361	79.04
1944	43 437 087	121 284 783	95 513 426	215 690 666	138 950 513	336 975 449	475 925 962	70.80
1945	5 614 556	16 698 371	9 785 411	14 324 395	15 399 967	31 022 766	46 422 733	66.83

资料来源：台湾糖业统计研究，1947（2）：214.

从上表可以看出，台湾对外贸易集中对日，但日本占台湾对外贸易总值的比例从

1937 年的 90.27%下降到 1945 年的 66.83%。这是因为随着日本在中国、东南亚及其太平洋地区占领区域的扩大，与这些地区贸易额上升所致。抗战期间，台湾农民承担了巨大的价格损失，农产品按最低价格出售，农民购买力日益降低，加之通货膨胀的影响，工人所得实物工资极微，购买力也日益下降。战争末期，随着盟军对台湾的轰炸，国民经济濒于破产，到 1945 年台湾进出口贸易总值只有 46 422 733 台币，只占 1940 年 1 047 868 331 元（战时最高值）的 4.43%。

综上所述，在日本的全面控制下，台湾成为日本经济发展的附庸。台湾的对外贸易即是与日本的贸易，台湾大量的农矿原料被其掠夺，成为日本经济发展和发动侵略战争的重要原料供给地。1945 年 8 月日本宣布投降，10 月 25 日在台北市政厅举行接收盛典，被日本割据 50 年之久的台湾正式复归中国版图。12 月 1 日，台北关、台南关（关址在高雄）同时成立，并在基隆和淡水设立台北关支关。12 月 1 日，设立台南支关，11 日设立布袋支关，均归台南关管辖。国民政府对台湾海关行政主权的实施，成为台湾正式回归祖国的重要标志之一。

抗日战争期间，中国大部分国土沦陷，近代经济进程被中断，发展对外贸易的基础被严重削弱，无论国统区还是沦陷区有限的对外贸易均被纳入到战时轨道，因而这一时期的对外贸易不仅规模萎缩，而且贸易的商品结构、市场结构均为战争需要而左右。

第六章
抗战后中国的对外贸易

1945 年 8 月，日本接受《波茨坦公告》，宣布无条件投降，抗日战争胜利结束。战后，美国利用其强大的政治、经济实力，在中国对外经济关系中占据了主导地位。与此同时，国共内战爆发，使本已残破的社会经济更加凋敝不堪，恶性通货膨胀发生，财政金融秩序混乱，中国国民经济彻底崩溃。随着国民党在大陆统治的结束，中国半殖民地性的对外贸易走向终结。

第一节　战后国内外经济形势

一、战后世界经济格局的变化

第二次世界大战再次打破了世界原有的政治经济格局，曾经的世界强国——德、日战败，其国内工业基本被摧毁，国外资产被没收，在国际竞争中暂时偃旗息鼓。法国、英国在战争中受到重创，元气大伤。只有远离战争中心的美国在二战中经济实力大增，从而成为资本主义头号强国。到 1945 年，美国工业生产占世界的 60%，对外贸易占世界贸易总额的 1/3，黄金储备达 200 多亿美元，占主要资本主义国家黄金储备的 3/4。[①]海外投资方面，在其他国家急剧减少的同时，美国从 1938 年的 115 亿美元上升至 1945 年的 168 亿美元，增长了 46%。[②]因而，美国垄断资产阶级宣称“20 世纪是美国世纪”。美国丰裕的资本及大量的工业品对海外市场产生强烈的需求，然而，战后世界市场严重萎缩，其结果是战争一结束，美国繁荣的战时经济便走向了萧条。因而，以各种手段积极开拓并控制海外市场成为美国对外政策的核心。

“二战”后，东欧一批社会主义国家的诞生加强了苏联的力量，美苏两大敌对阵营形成。一方面，美国在西欧推行“马歇尔计划”，帮助西欧各国恢复经济，进而扩大美国商品的市场；另一方面，美国将中国国民政府作为其对抗苏联的重要战略伙伴，通过提供大量“美援”帮助国民政府进行经济重建。

二、战后中国国家垄断资本的膨胀及国民经济的崩溃

（一）国家垄断资本的膨胀

日本政府宣布投降不久，国民政府即开始了对敌伪资产的接收工作。1945 年 8 月，国民政府制订了《行政院各部会署局派遣收复区接收人员办法》，据此先后成立了党政接收计划委员会、行政院收复区全国性事业接收委员会等机构，并设立了苏浙皖、河北平津、粤桂闽、山东青岛等“敌伪产业处理局”，形成了多种接收渠道。接收的敌伪资产被国民政府转化为国家垄断资本，从而使国民党国家垄断资本势力急剧膨胀。

在金融领域，据国民政府财政部统计，接收伪中央储备银行即获得黄金 55 万两、白银近 764 万两、银元 37 万枚、550 万美元。接收伪联合准备银行也获得黄金 17 万两、1 020 万美元、26 544 英镑。接收的伪满洲中央银行有黄金 8 万两、白银 31 万两、银元 24 万枚。接收的各地方金融机构也有数量可观的黄金、白银、外汇及有价证券等金融资产，国民政府的“四行两局”（即中央银行、中国银行、交通银行、中国农民银行及中央信托局和邮政储金汇业局）通过接收敌伪金融机构，资本急速膨胀，成为最大的国家垄断资

① 樊亢，宋则行. 主要资本主义国家简史. 北京：人民出版社，1973：178.

② 宋则行，樊亢. 世界经济史. 北京：经济科学出版社，1998：375.

本集团。通过放款投资等方式在相当大程度上控制了中国的经济资源。

在重工业方面，通过对敌伪资产的接收，资源委员会的垄断力量得到进一步强化。抗战胜利后，资委会从经济部划出，成为国民政府行政院直属机构，由其负责接收的敌伪资产范围包括采矿、电力、钢铁、石油、机械、电子、建筑材料、化工、制糖和造纸10个行业，产值约18亿美元，资委会实力大增。到1947年，资委会控制的各行业产值占全国的比重为：煤炭占38.8%；电力占83.3%；钢占90%；水泥占51%；石油、铁矿石、锑、锡、铜等有色金属和食糖占95%以上。[1]几乎囊括了国内全部重工业企业。

在轻纺工业方面，抗战胜利后，国民政府也建立了一批国家垄断资本企业，其中规模最大的是中国纺织建设公司，在接收112家敌伪企业基础上组建，资本仅次于资源委员会。到1947年，其拥有的纱锭数占全国比重达39.7%，织布机数占60.1%。中纺公司凭借雄厚的实力，不但在棉纺织品生产中居于垄断优势，而且还控制了50%以上的棉花的收购和进口以及棉纱、棉布的内外销业务。

在交通运输业中，战前国家资本已占较大比重，战后其更占据了绝对优势。1947—1948年，在交通运输业中，国家资本所占比重高达91.6%，外资和民营资本不足10%。

与战前相比，抗战胜利后整个产业资本构成中国家垄断资本势力大大增强，其在全国产业资本中占据了近2/3的份额，西方洋行在华势力大大萎缩，民营资本受到抑制，参见表6–1。

表6–1　抗战前和抗战胜利后产业资本构成比较（1946年、1947—1948年）[2]

单位：万元（1936年币值）

产业	1936年关内			1947—1948年国统区		
	外资企业	官僚资本	民族资本	外资企业	官僚资本	民族资本
A 工矿业	145 128	34 034	144 839	62 446	159 874	148 492
制造业	844 486	15 937	117 043	26 052		116 261
公用事业	39 699	8 847	16 796	27 552		19 471
矿冶业	20 943	9 250	11 000	8 842		12 760
B 交通业	50 796	164 891	10 968	260 205		13 007
铁路	15 714	100 993	3 786		151 490	
公路		52 435			622 240	
轮船	33 516	3 778	11 119		26 130	
民航	1 566	1 300			7 175	
邮电		6 385			13 170	
产业资本合计	195 924	198 925	159 744	72 414	420 079	161 499

① 吴兆洪“我所知道的资源委员会”，《回忆国民政府资源委员会》，第115–118页，中国文史出版社，1988。

② 吴承明. 中国近代资本集成和工农业及交通运输业产值的估计. 中国经济史研究，1991（4）.

从表 6–1 中可见，战前的 1936 年官僚资本（主要为国家垄断资本）在全部资本构成中占 35.8%。1947—1948 年，这一比重升至 64.2%。

另据研究，到 1947 年，国家资本控制的重要工矿产品产出在全部产出中均占有较大的比重，其中石油和钨、锑、锡等有色金属几乎占 100%，电力占 90%，钢占 80%，水泥占 40%，煤占 33%，棉布占 73%，棉纱占 39%，毛制品占 50%，食糖占 15%。[①]

除工业外，国民政府在商业贸易、金融等领域的国家垄断性也明显增强。其结果，一方面，在一定程度上进一步削弱了西方列强对中国经济的控制，有利于提高中国经济的自主性；另一方面，则严重制约了市场经济的微观主体——企业的发展，使民族资本主义工商业不能利用西方列强势力受到削弱后的市场空间顺利发展，因而阻滞了中国市场经济体制的发育成长。

（二）国民经济的崩溃

抗日战争期间，中国人民抵抗日本法西斯侵略的正义斗争，与世界反法西斯国家的联盟，赢得了世界爱好和平的人们的赞赏，提高了中国的国际威望。1943 年，历史上大部分的不平等条约废除，中国与欧美国家关系改善。1945 年 10 月，《联合国宪章》生效，中国作为联合国的创始国成为安理会的常任理事国，从而跻身世界五强行列。中国国际地位的提高、西方列强控制力的削弱，为中国经济的自主发展创造了一定的前提条件。

抗战结束后，中国陆续恢复了与西方盟国的海上交通，联合国善后救济总署向中国提供了 3 亿多美元的物资援助。国民政府积攒了大约 8 亿～9 亿美元的黄金与外汇储备，同时接收了日本投降时在沦陷区留下的价值 20 亿美元的工厂和设备。[②]其中，既有消费品工业，又有基础工业，国民政府接收后将其改组为国营企业。战后，中国国民政府对国家经济的控制能力显著提高，广大民众对中国经济前景普遍持有乐观的预期。

然而，1946 年内战全面爆发，大量社会财富用于国内战争，短短的三年时间里军费开支占国民政府全部支出的 65%～70%。同时战争对社会经济造成严重的破坏，交通设施及工矿设施遭到摧毁，国民政府财政收入锐减。由此导致空前严重的财政赤字，进而国民政府用于恢复工矿业生产的资金更加严重不足，[③]因而经济恢复与复兴进展缓慢。1947 年 6 月，国营企业生产总值比接收时仅增长了 1.6 倍，相当于抗战时期日本人经营产值的 35.1%。生产恢复的迟缓，进一步影响了国民政府的财政收入。如此恶性循环，一方面使财政支出扩大，另一方面使财政收入减少，政府赤字愈益严重。为弥补赤字，国民政府无限制地发行货币，导致物价狂涨，使抗战时期本已严重的通货膨胀更加恶化。据记载，从 1945 年 12 月至 1948 年 8 月，中国经济的中心——上海的物价上涨了 5 334 倍，外币汇率猛增 7 122 倍。与战前的 1937 年相比，物价上涨 470 余万倍，汇率上涨 310 万倍。战争中国民党军队的溃败，进一步促使战后经济走向彻底崩溃。

为挽救经济的崩溃，1948 年 8 月 19 日，国民政府匆忙进行货币改革。废除法币，

① 汪敬虞. 再论中国资本主义和资产阶级的产生. 历史研究，1983（3）.

② 郑友揆. 中国的对外贸易和工业发展. 上海：上海社会科学院出版社，1984：200.

③ 国民党用于恢复抗战中遭到破坏的工业的资金及从国外获得的工业设备总额仅占所需的 9.2%。参见：郑友揆. 中国的对外贸易和工业发展. 上海：上海社会科学院出版社，1984：203.

以一种不能兑换的货币——“金圆券”代替；规定“金圆券”与法币的兑换率为 1:300 万，与美元的兑换率为 4:1；同时还规定民间持有的黄金、白银及所有外汇均需售予国民党政府；物价被强行固定于当日水平。然而，随着国民党军队的节节溃退，民众对经济前途丧失了信心，加之货币的超额发行，此次货币改革迅即失败。1949 年 7 月 2 日，撤退到广州的国民政府被迫宣布废除金圆券，实行银元制。毫无效果的币制改革随着两个月后国民党军队逃离大陆而告结束。

三年内战使国民经济遭受严重破坏，与全面抗战爆发前相比，主要工农业产品产量锐减，国民收入及人均收入严重下降。到 1948 年，重工业产量减少了 70%，轻工业产量减少了 30%。重要出口商品的产量下降更为剧烈，如生丝战前产量约为 297 460 担，到 1948 年降至 82 400 担，仅相当于全面抗战爆发前的 27.7%。全面抗战爆发前茶叶产量每年约为 170 万担左右，到 1947 年降至 21.6 万担，仅有全面抗战爆发前的 12.7%。[①]据估计，从战后到 1948 年，中国农村放弃耕地逃亡者由 20%增加到 40%；1946 年农作物的总产量只有 1932—1936 年年均产量的 2/3。[②]1949 年与 1936 年相比，国民收入由 257.98 亿元降至 189.48 亿元，降幅达 26%，年均增长率为–2.4%。人均收入也由 50.51 元下降到 34.98 元，降幅为 31%，年均增长率为–2.87%。

综上所述，抗战胜利后中国国际地位的提高和美国的扶持政策为中国提高对外开放水平、发展对外贸易创造了条件。敌伪资产的接收和转化为国家资本使国民政府对国家经济的控制能力大为提高，有助于增强发展对外贸易的自主性。然而，国共内战的爆发，导致社会经济状况严重恶化，国民经济秩序极度混乱，对外贸易的物质基础不断瓦解。

第二节 抗战胜利后中国的对外贸易政策

战后，国民政府一方面利用抗战期间提高的国际地位积极参与国际经贸活动，另一方面为满足内战的需要，对外贸易的政府垄断程度不断强化。

一、参与创建“关税与贸易总协定”，实施关税减让政策

第二次世界大战结束后，世界各国均希望重建世界贸易秩序，扭转贸易保护主义盛行的局面。1946 年 2 月，联合国经社理事会召开贸易与就业会议，希望藉此建立一个国际贸易组织（International Trade Organization，简称 ITO）。随后，联合国秘书长赖伊邀请中国、美国、英国、苏联、澳洲、法国、比利时（包括卢森堡在内）、巴西、加拿大、古巴、捷克、印度、荷兰、南非、新西兰、挪威、智利、黎巴嫩 18 个国家组成筹备委员会。苏联拒绝了该邀请，而中国国民政府认为，在世界已分裂为美苏两大对立集团而中国不可能参加苏联集团的形势下，若对于西方欧美国家主导的活动“亦复拒绝参

① 彭泽益. 中国近代手工业史资料，第 4 卷. 三联书店，1957：482–483，496.
② 陆仰渊，等. 民国社会经济史. 北京：中国经济出版社，1991：850.

加，势必完全孤立，自非时势所许”，[①]因而国民政府决定积极参加会议。

1946 年 10 月，联合国贸易与就业筹备会议在英国伦敦举行第一次全体大会，讨论美国提交的《国际贸易宪章草案》。中国政府派出以时任中国驻比利时大使金问泗为团长的代表团与会。

美国提交的《国际贸易宪章草案》主要体现了发达国家占领国际市场获取利益最大化的宗旨，因而与中国等落后国家的立场有很大的分歧。为了给中国的经济发展争取一个良好的国际环境，同时为中国争取一个有利的国际贸易战略地位，金问泗等中国代表团成员，一方面向大会提交了《国际贸易会议中关于进口贸易限额之建议》的提案，申明中国的立场与主张；另一方面，和各国展开一系列磋商。中国代表团在该建议中表明："中国对世界商务问题之政策，即减低关税和撤销贸易壁垒，应根据于平衡而平等之基础，并应对自战时脱节现象中恢复经济之发展，以及造成国际平衡经济之久远政策，予以适当之顾虑。""关税率过高或过低都足以使一个经济落后国家遭受不良的影响""一个贸易长期入超的国家，像中国，应该借限制非必需进口，而扩大必需品进口的方法，来保留她的外汇资源。所以，在过渡期间内实行许可制度来限制奢侈品与非必需品的进口，不仅是必要的，而且是正当的。"因而，中国提出"经济落后国家应该有一定的过渡期间内实行简单的限额，或海关限制制度来管理她的对外贸易"，[②]即坚持落后国家应有一个相应的过渡期，而在国际收支失衡的情况下，应允许一定的进口数量限制。

1947 年 4 月 10 日，联合国贸易和就业大会筹备会议第二次会议在日内瓦召开。此次会议历时半年之久，各国在会议中展开了激烈的争论，中国再次派出以金问泗为首席代表的代表团出席会议。会议讨论并修改"国际贸易组织宪章"草案。经过多次谈判，美国、英国、中国等 23 个国家于 1947 年 10 月 30 日在日内瓦签订了"关税与贸易总协定"（General Agreement on Tariff and Trade）。中国代表参与了《关贸总协定》的基本条文的起草，并参加了为关贸总协定奠基的第一轮多边减税谈判，与古巴、捷克、印度、新西兰、挪威、南非、英国、美国和法国九国达成了关税减让表，列为总协定减让表。该协定于 1948 年 1 月生效。

由于中国在"对国内经济发展采取保护措施是否需要预先征得国际贸易组织的同意的问题""内地国民待遇条款""反倾销反津贴问题""政府购买外货国民待遇问题"及"进出口数量限制"等问题上的主张未能实现，国民政府对日内瓦会议形成的《关贸总协定》存有较大的疑虑，因此中国代表团在《关贸总协定》之《最后议定书》上签字认可，但对《暂行实施议定书》未签字。[③]

1947 年 11 月 21 日，59 个国家在古巴首都哈瓦那召开了世界贸易与就业正式会议，也称 ITO（即 International Trade Organization，国际贸易组织）总结大会。[④]此次会议旨在解决日内瓦会议遗留问题。中国代表团在会上进行了据理力争，争取到了部分有利的

---

①《关于世界贸易宪章草案及关税暨贸易总协定之说帖》，中国第二历史档案馆藏档案。

②《中央日报》（南京），1946 年 11 月 27 日，第 4 版。

③ 刘相平. 金问泗与关贸总协定. 南京大学学报，2002（6）.

④《美国外交文件》第 1 卷. 中国社会科学出版社，1998：828.

条款。[①]

1948 年 3 月 24 日，参加哈瓦那会议的中国代表团才得以补签《关税与贸易总协定暂行实施议定书》，并成为国际贸易组织临时委员会执委会成员；1948 年 4 月 21 日，中国代表团签署了总协定《临时适用议定书》（Temporary Protocol on GATT），并于 5 月 21 日起实施减税，正式成为关贸总协定的缔约方。

1949 年 4 月，关税与贸易协定缔约方在法国阿南栖（Annecy，又译安纳西）举行第三次会议，同时举行关税减让谈判多边会议，中国参加了总协定第二轮多边减税谈判，与丹麦、芬兰、希腊、瑞典、意大利和乌拉圭达成减让协议。当时，中国的关税共有 1 067 项，经过两轮多边减让谈判，其中的 245 项成了约束关税。

在中国与缔约各方进行关税减让谈判中，涉及商品范围最广、贸易额最大的国家是美国。1948 年 4 月中美两国在“关贸总协定”框架内达成关税减让协议。中国对美国减让关税涉及进口商品 110 种、税号 80 余个，占全部减让的 43%，居各国首位，减让幅度在 33.3%～83.3%之间，减让的商品范围广泛。其中，最主要的是消费性工业制成品，如电冰箱从国定税率 150%减为 25%，减税幅度即高达 83.3%；照相机的进口税也从 80%降至 25%，降幅达 68.8%。同时美国也对中国 322 项商品给予减税，但所涉及的商品均是原料性农矿产品及少量手工制品，如桐油、猪鬃、蚕丝、苎麻、钨、锑、茶叶、刺绣、花边、地毯、瓷器等。这些商品附加价值低，中国所得实惠有限。而且，其中不少商品是美国市场急需的生产原料，此前本来就是免税进口的。据研究，若以 1939 年中美贸易额为基准，中国对美国商品减让关税的贸易总值达 5 200 万美元，而美国对中国商品减让关税的贸易总值为 6 230 万美元，但其中 3 780 万美元的货物原本属于免税商品，故美国对华关税减让实际涉及贸易总值仅 2 450 万美元，仅有中国对美国减让货物总值的 47.1%。[②]

这一时期，中国的进口税则为复式税则，分为优惠税率和普通税率两种。其中，凡签署《关贸总协定》实施关税减让议定书的国家，或虽未签署该协议但与中国签订的商务及友好条约定有最惠国待遇条款的国家，依照关税减让表所定税率征税；其他国家则适用 1948 年修订过的国定税则。

关税减让，即减少贸易壁垒，推动贸易自由化的发展。理论上有利于各国经济的发展，但由发达国家主宰的国际协定，使发展中国家从中获益极少。由于战后中国对美国依赖增强，因而中国对主要来自美国的商品的关税减让幅度高于《关贸总协定》缔约方平均减税幅度。[③]中国对美国商品的进口最高税率从 70%降至 40%，最低税率从 30%降至 15%，由此使美国商品在中国市场的竞争力进一步提高。

二、加强对外贸易的国家垄断，实施贸易管制政策

为加强对经济的控制，战后国民政府对对外贸易继续实行政府管制，且管制措施日

① 《对于我国应否接受夏湾拿（哈瓦那）宪章之意见书》，中国第二历史档案馆档案。

② 叶松年. 中国近代海关税则史. 上海：上海三联书店，1991：373.

③ 《关贸总协定》第一轮谈判，所有缔约国平均减让关税 35%，而中国减让幅度近 60%。叶松年. 中国近代海关税则史. 上海：上海三联书店，1991：371–372.

趋严格。

（一）加强对外贸易中的国家资本

抗战时期，重工业品及重要农产品出口的统制机构——资源委员会和中央信托局的实力进一步增强。例如，资源委员会战后通过接收日伪重工业企业，垄断的行业范围进一步扩大为矿业、电力、钢铁、石油、机械、电子、建筑材料、化工、糖和纸业。下设国外贸易事务所，垄断经营重要重工业品和矿产品的进出口。此外，战后国民政府还将接收的敌伪纺织企业重组为一家国营公司——中国纺织建设公司，该企业规模庞大，几乎是当时世界最大的纺织企业，控制了当时全国 70%左右的棉、麻、毛纺业。①相应的棉花进口及棉纱和棉布的出口也由其控制，这样中国最主要的制成品出口基本由国家资本所垄断。

对外贸易中国家资本的强化，一方面削弱了外国洋行对中国对外贸易的控制，另一方面也不利于民营进出口企业的成长。②更为关键的是，由于国民党发动内战，这些国营企业的利润绝大部分未用于国家的经济建设和造福民众，而是转化为军费，对社会经济造成严重破坏。

（二）实施商品及外汇管制政策

抗战胜利后，国民党政府废止了战时对外贸易统制政策，解除了对进出口商品的管制，撤销了贸易委员会和复兴贸易公司等对外贸易的统制机构和专营公司，恢复了私营对外贸易活动。但随着经济环境的恶化，国民政府从外汇、进出口商品上逐步加强了对对外贸易的控制。

1. 商品管制

为抑制急速上升的通货膨胀，国民政府实行降低进口税、鼓励一切日用消费品进口的政策。1946 年 3 月 1 日，国民政府颁布《进出口贸易暂行办法》，把进出口货品分为自由、许可、禁止三大类，除少数需要许可或列为禁止入口之物品外，其他商品皆可自由输入。该法令限制较严格的主要是奢侈品，总体上对进口限制较为松弛。

为实施新的对外贸易政策，国民政府在最高经济委员会下设置“输入设计临时委员会”，最高经济委员会委员长为主任委员，经济部部长为副主任委员，财政部部长、交通部部长、军政部部长、粮食部部长、善后救济总署署长为委员。“输入设计临时委员会”负责衡量复员期内必需进口之重要物品，编列业经定购或正在采购物品之数量与价值及其到达日期，拟定进口物品计划。在拟定进口物品计划时，着重考虑国家财政经济所能担负之力量、需要之缓急及其利用之程度、国际收支之平衡，防止各机关在国外竞购，核定供应之来源并充分利用敌人赔款及联合国善后救济总署或作战剩余物资，指导进口

① 陆仰渊，等. 民国社会经济史. 北京：中国经济出版社，1991：772.

② 抗战胜利后，中国出现了一批民营进出口企业。到 1948 年春，上海的民营进出口企业达 1 621 家，是 1936 年（306 家）的 2 倍多。在国民政府的进口限制政策及国家资本、官僚资本的排挤下，到新中国成立前夕，上海民营进出口企业只有 1948 年春的 53.9%，另有不少企业名存实亡，无法从事经营活动。上海外贸史话. 上海：上海人民出版社，1973：148-149.

物品之分配及其销售，审核各机关之进口需要，使其互相配合，避免重复与靡费。[①]

表 6–2 《进出口贸易暂行办法》规定之许可进口类商品名目和禁止进口类商品名目

向海关申请许可后可以输入之物品	按照现行税率加征税率 50% 奢侈附加税之物品	禁止输入之奢侈品
客车及其车台	酒类及汽水、泉水	棉质假金、银线
糖、方糖、块糖、冰糖	纸烟、雪茄烟、鼻烟、嚼烟、烟丝	花边、衣饰、绣货等
烟叶	未列名首饰及装饰品	纯毛或杂毛、地毯及其他地衣类
煤油	真假珍珠	纯丝或杂丝假金、银线
已洗电影片	真假宝石（未切未磨者不在内）	纯丝或杂丝针织绸缎
酒类及汽水、泉水	表	纯丝或杂丝剪绒、回绒
—	—	未列名纯丝或杂丝绸缎
—	—	未列名衣服及衣着零件（丝制）
—	—	未列名纯丝或杂丝货品
—	—	容七座以下之汽车，其对于推销商之出厂价格超过 1 200 元者及该项车之车台
—	—	麝香
—	—	象牙制品
—	—	古玩
—	—	镶金属器、塞苏玛瓷器、漆器
—	—	未列名装饰用材料及制品
—	—	修指甲用全副器具及零件、粉扑、粉盒、梳妆盒
—	—	香水、脂粉
—	—	玩具及游戏品
—	—	伞、柄全部或一部分为贵重金属、象牙、云母壳、玳瑁、玛瑙等制成或饰有宝石者及他类柄之绸伞、丝夹杂质绸伞

资料来源：上海总税务司署统计科. 民国三十五年海关中外贸易统计年刊（卷一）. 75–77.

① 上海总税务司署统计科. 民国三十五年海关中外贸易统计年刊（卷一）. 74.

由于物价腾飞，汇率被人为高估，中外商人通过进口贸易大发横财，贸易逆差严重，外汇储备日益竭蹶，11 月，国民政府对贸易管理条例进行了重新修订，11 月 17 日公布《修正进出口贸易暂行办法》，终止了 1946 年 3 月 1 日通过的《进出口贸易暂行办法》。取消“自由进口”类商品，全面实行“许可证”和“进口限额”制，即限额输入必需品和严禁输入奢侈品。

为实施新的法令，国民政府在最高经济委员会之下设立“输入临时管理委员会”，负责对进口商品的管理。最高经济委员会委员长为主任委员，最高经济委员会秘书长为副主任委员，除原有的财政部部长、交通部部长、粮食部部长、善后救济总署署长外，另加经济部部长、国防部部长、中央银行总裁、资源委员会委员长为委员。输入临时管理处设置执行委员会，由中央银行总裁、输入限额分配处处长、输入品管理处处长、中央银行外汇审核处处长、执行委员会秘书处处长组成。执行委员会主任委员由输入临时管理委员会从执行委员会各委员中遴选。[①]

“输入临时管理委员会”严格实施输入许可制度、进口商品分类和登记制度。进口商必须按其经营业务种类向输入临时管理委员会申请登记。进口商严格履行货品输入手续，向海外订购之生产器材价值 2 000 美元以上者，需要先征得输入临时管理委员会许可，在完成向外订购手续以前，进口商须向输入临时管理委员会提出拟购货品之名称、数量、输出国别、付款办法等项目，必要时输入临时管理委员会可以令进口商提供其他有关资料。对于限额购进商品，其限额由输入临时管理委员会订定，交由分配处将限额通知各业，令其自行将此项限额分配予各该业之进口商。修正办法还大大增加了禁止进口商品，新增加的主要进口物品名目繁多，不一而足，诸如鲍鱼、芦笋、海参、燕窝、饼干、鱼子酱、兽牙制品、香水、宝石、鱼翅等无不在列。禁止出口物品则无甚改动，基本保持原样。[②]

1947 年 2 月，设立了“输出调整委员会”，负责出口贸易促进工作。

1947 年 8 月 17 日，国民政府国务会议对 1946 年 11 月 17 日通过的《修正进出口贸易暂行办法》进行再次修正。关于输入方面，规定一切“货品之输入均应按照本办法之规定请领输入许可证，但另有规定者不在此限。”“进口商于输入货品前应填具输入许可申请书，送请输出入管理委员会审核发给输入许可证”，并“得持向指定银行申请给购必须之外汇。”“进口商未经领得输入许可证明前，不得向国外给办订购货品手续。”该修正办法对进口商品分类加以进一步细化，分为机器及生产器材类、工业原料类、经常需要杂项货品类、暂行停止输入货品类、禁止输入货品类等五大类。禁止进口货品包括如下商品，包括鲍鱼、芦笋、海参、燕窝、饼干、鱼子酱、古玩、镶金属漆、兽牙制品、麝香、真假珍珠、香水、宝石、鱼翅、纯丝、保温器、茶叶、纯毛或杂毛地毯及其他地衣类等。[③]

关于工业原料类商品的限额分配是该项办法的核心内容，规定“附表（二）所列货

① 上海总税务司署统计科. 民国三十五年海关中外贸易统计年刊（卷一）. 79.

② 上海总税务司署统计科. 民国三十五年海关中外贸易统计年刊（卷一）. 89-91.

③ 中国第二历史档案馆. 中华民国史档案资料汇编，第 5 辑第 3 编，(6). 南京：江苏古籍出版社，1994：574-575.

品之输入适用限额分配制，其限额由输出入管理委员会按季拟定，报请行政院核定公告之，输出入管理委员会参酌情形将某项限额径行分配予各该业之厂商，或配予进口商转行供给厂商。凡依法注册之进口商，应按其业务种类分别向输出入管理委员会登记合格后方得为输入之申请，凡厂商直接申请输入时准用前项关于进口商登记之规定。”对于战后特殊供给商品，即“联合国善后救济总署输入之救济物资，物资供应局依照协定输入之美国剩余物资租借货品，及政府利用国外借款购买之货品”，输出入管理委员会“得发给通行许可证。”“政府行政机关为需用输入之货品应向行政院声请，经行政院核准后令知输出入管理委员会签发输入许可证，前项申请手续及核定标准由行政院另行规定之。各国驻华使馆及其外交人员因公务或私人所需输入货品须经该国驻华大使（或公使）证明其用途后，送由输出入管理委员会核发输入许可证。慈善宗教团体及教育机关接受国外捐赠之货品，或为本身使用输入之货品不需结汇者，得径由输出入管理委员会核发输入许可证。”[①]

在输出方面，首先规定了如下商品为禁止出口商品：（1）政府管理之各类矿产品（由政府特别规定者）即钨、锑、锡、水银及其矿砂；（2）银币、银块、金块、镍及合金辅币、铜钱、铜币及由铜币熔化之铜；（3）盐；（4）各种活野兽及野禽；（5）禽皮；（6）古物；（7）国父墨迹、古版书籍及政府机关文档；（8）米谷麦、麦粉及其制品；（9）棉纱及棉布。[②] 对比此前办法所规定的品目，本项修改办法只是把水银列入禁止出口之列，而放松了对汞矿出口的限制。出口商输出货品（包括出口及转出口）应将其货价外汇按照市价售给指定银行，由指定银行签证给予结购出口外汇证明书，并经输出入管理委员会负责查明结购之外汇确与出口之价值相符，加签证明后呈送海关验讫，方准报关出口，其价值低于 25 美元或其他相等币值且非作商业上之用者免验上项证明书。

输出入管理委员会委员由财政部长、经济部长、资源委员会委员长、中央银行总裁及其他经行政院指派之人员组成，并聘请富有经验者为顾问。与此同时，设置诉愿委员会管理进出口商输出入的诉愿事项。在重要口岸设置办事处办理当地输出输入管理事项，在未设办事处之口岸可以委托中央银行办理。

2. 外汇管制

1946 年 3 月 1 日，国民政府出台《中央银行管理外汇暂行办法》，该办法由中央银行之任务、“指定银行”“准许经营行号”及“外汇经纪人”、外汇交易、报告、定义、罚则、附则等部分组成。在管理外汇方面，授权中央银行全面负责外汇的管理，中央银行指定若干银行为“指定银行”，负责经营外汇业务。核定银行银号钱庄为“甲种准许经营行号”，在规定期内可以经营外币钞票；旅行社为“乙种准许经营行号”，在规定期内可以经营发售兑付外币、旅行信用状或外币旅行支票。[③]规定所有出口收汇必须结售给国

---

① 中国第二历史档案馆. 中华民国史档案资料汇编，第 5 辑第 3 编，（6）. 南京：江苏古籍出版社，1994：565–566.

② 中国第二历史档案馆. 中华民国史档案资料汇编，第 5 辑第 3 编，（6）. 南京：江苏古籍出版社，1994：575–576.

③ 上海总税务司署统计科. 民国三十五年海关中外贸易统计年刊（卷一）. 68.

家，进口用汇需经有关机构审批。11 月颁布了“外汇限额分配办法”，该办法对外汇实行了更为严格的管理制度。

1947 年 2 月，由于通货膨胀恶性发展，国民政府颁布了“紧急措施令”，实行调整外汇汇率以促进出口的办法。1947 年 8 月 17 日，国民政府行政院重新公布外汇管理办法，设置外汇平衡基金委员会，负责根据市场情形调整外汇市价，并随时公告外汇基准价格，由指定银行代理中央银行买卖外汇。另外，将“输入临时委员会”和“输出推广委员会”合并为“输出入管理委员会”，全权管理贸易及外汇。其主要职责是：对“进口许可证”及“进口限额”的分配；外汇审批、外汇限额的分配以及调整汇率促进出口等。新公布的管理外汇办法的主要特点是继续保持 1 美元兑换 12 000 元法币的官价，在官价以外承认市价的存在，由指定银行照市价买卖，归外汇平准基金委员会负责调节。在输入方面仍然采用审核许可制，除一部分民生必需品仍然按照 12 000 元官价供给外汇外，其余商品由指定银行按市价供给外汇，外侨汇款也改为按市价结汇。然而，“自本办法实施以来，外汇市价与黑市始终发生巨额距离，而且与日俱增，查自宣布新外汇办法之初，市价与黑市汇价相差约在百分之十以下，一个月以后黑市开始蠢动，当时市价颇有追踪黑市之趋向，市价一连放长百分之三十，惟仍发生差距，再自此而后市价即屈服于黑市两者间之差距，从百分之十以下扩大到百分之五十以上，到最近（作者按，1947 年 12 月 26 日）已超过一倍，由是原办法之初意完全消失，结果侨汇不惟无法吸收，出口贸易经过一度稍呈活跃之后，亦陷于半麻痹状态，一筹莫展。”[①]

市价不敢追踪黑市的原因在于“……黑市变动太剧，如果追纵黑市又恐刺激物价，然改订市价，原期与黑市接近（甚或一致）以求促进出口，但又恐接近黑市，将使物价感受刺激，实无形中陷于矛盾而不自觉，此种办法之设计者曾未考虑改订市价之后黑市将再变动，甚至剧烈变动，驯至变动之后，逡巡而不敢进，以至束手无策，是诚足异。”“外汇之所以变动系由于国内物价之变动，外汇黑市之所以存在，系由于走私之猖獗，此两种原因不去，则先天已注定现行外汇办法之失败，为必然之事。”[②]

据统计，1948 年前十个月入超 4 300 万美元，表面上看入超额度并不太大，但是 1948 年进出口贸易总额却只有 4.2 亿美元，只有 1947 年的 59%，对外贸易呈现极度衰落。[③]行政院遂于 1948 年 11 月 20 日通过了《进出口贸易连锁制实施纲要》，规定“出口货品所得外汇，应全部交中央银行或其指定银行换取等额之外汇移转证。华侨汇款及其他国外汇入之款，应全部交中央银行或其指定银行，换取等额之外汇移转证，并得依其志愿，径行移转于中央银行或其指定银行。外汇移转证准用以抵付持有输入许可证所需之货款，或经核准非进口之外汇需要。外汇移转证之持有者，依前条之规定，得自行使用或转让，其期限不得超过二个月。进口货品按其性质分为限额与非限额两类，限额货品以分配于

① 中国第二历史档案馆. 中华民国史档案资料汇编，第 5 辑第 3 编，(6). 南京：江苏古籍出版社，1994：585.

② 中国第二历史档案馆. 中华民国史档案资料汇编，第 5 辑第 3 编，(6). 南京：江苏古籍出版社，1994：585-586.

③ 一九四八年中国对外贸易之分析研究. 云南企业月刊，1949，1 (3)：20.

进口商及生产者，非限额货品视国内需要情形，以优先程序核准之。”同日，中央银行公布了《管理外汇交易办法》，规定“外汇移转证得向中央银行及其指定银行换取汇票或电汇，抵付持有许可证所需之货款和经核准非进口之外汇需要。”11 月 22 日，以中央银行业务局致各指定银行第 161 号外汇通函的形式公布了《外汇移转证实施办法》。①

所谓“进出口贸易连锁制”是以制成品之出口价值清算其原料之进口价值的外汇结算制度。在德国、日本两国曾取得一定成效，因为两国先有原料进口再有制成品出口，以制成品之出口价值清算其原料之进口价值，可以绕开外汇市场价格波动的影响。然而，任职于国民政府财政部秘书处资料室与视察室的黄应良认为，实施进出口贸易连锁制度“不但无以补现行办法之缺，而其本身即有造成黑市之可能，更无法足以克服现行办法所遭遇之困难”。②因为中国的进口品与出口品并不匹配，出口多为桐油、猪鬃等农业品，进口品多为工业品。即使有原料进口，制成后也多为本国消费而甚少出口，进出口货品种类不同，进出口商人主体不同，因而这一制度的实施困难重重。

由于经济状况急速恶化，很多管理措施的调整滞后，因而未能发挥预期的作用。例如，汇率的调整即赶不上物价的膨胀，致使汇率出现实际高估，打击了出口、鼓励了进口。

在对外贸易管制政策下，大宗商品的进出口主要由国家垄断资本和官僚资本企业经营，其中重要矿产品完全由资源委员会独家经营；米、麦、面粉、煤、人造丝的进口及桐油、猪鬃、冰蛋、茶叶、羊毛、驼毛、花生仁、大豆、油菜子等农产品的出口基本上由中央信托局控制；90%的棉花进口和棉纱、棉布的出口由中国纺织建设公司垄断。此外，国民政府政治上的腐败，使上述措施在执行中存在大量营私舞弊行为。许可证、进口限额及外汇限额的绝大部分为国民党官僚资本企业及美国在华洋行获得，一般进出口商人所得极少。据记载，1947 年，输出入委员会批准的进口许可证及外汇配额全部为官僚资本企业获得。1946—1948 年，中国自美国进口棉花价值 2.54 亿美元，其中：90%为在华美商所经营。不但如此，在法令内容的制定、颁布的时间等方面均受“四大家族”及美国利益的左右。如 1946 年 11 月，国民政府准备宣布取消“自由进口类”商品，其中汽车名列在内，但是当时宋家“孚中公司”尚有一批进口卡车未运到中国口岸，结果法令便推迟发布。此消息被孔家“扬子建业公司”获悉后，扬子公司即伪造假电报、假合同，声称早已与纽约、伦敦商人成交了大量汽车，正待发证启运，结果也获得了批准。外汇限额也主要为“四大家族”所得，1945—1947 年年初，宋家孚中公司所得外汇额度达 1.5 亿美元；1946—1948 年，批得外汇高达 3 亿美元。③“四大家族”利用手中特权，与美国垄断资本一起操纵战后中国的对外贸易，从中大肆积聚私财，损害民族经济的发展。

---

①《工商法规》，1948，1（51）：1484–1485.

② 中国第二历史档案馆. 中华民国史档案资料汇编，第 5 辑第 3 编，（6）. 南京：江苏古籍出版社，1994：588.

③《上海外贸史话》编写组. 上海外贸史话. 上海：上海人民出版社，1973：159–160.

第三节　美国对中国经济的控制

一、美国在华特权的扩大

抗战期间，美国通过与国民政府的军事联盟及经济援助大大加强了其在中国的政治经济地位。在战争使其他列强实力严重削弱的同时，美国的实力大为增强。在美国战后控制海外市场的战略中，人口众多、市场潜力巨大的中国占有重要地位。早在1941年，美国人即认为战争结束后，中国会成为美国今后许多年的最大出口市场。战时生产局局长纳尔逊也曾宣称："美国商人必须视中国为美国的工业边界，其重要纵然不比二十世纪初美国西部边界更大，至少亦与之相同。"①为获取最大利益，美国支持国民党发动反共内战，当年美国的一家媒体即明确宣称："美国在海外阻止共产主义，等于建立军事基地；救济与复兴落后地区，也就是获得商业市场。"

为独占中国市场并确保其独占利益，美国还与国民党政府签订了一系列新的条约。从抗战结束到国民党垮台，美国与国民政府共签订了25个有关经济的协定。最具有代表性的是《中美友好通商航海条约》（简称《中美商约》），1946年11月4日国民党外交部长王世杰与美国驻华大使司徒雷登签署于南京，该条约内容涉及经济、政治、军事及文化等诸多方面，旨在代替历史上一切中美不平等条约。在经济方面，条约规定：（1）中美两国国民、法人或团体，享有在对方境内居住、旅行、经商及从事工业制造、金融、科学、教育、宗教、慈善事业，并有取得保有建造房屋或租赁及占有适当之房屋、土地，选用代理人、员工的权利，两国法人及团体在对方国家与本国的法人及团体待遇相同；（2）税收不得高于本国或其他第三国公民，"对输入品或输出品所征关税及各种附加费用及其征收方法者……不低于现在或将来……任何第三国之同样物品之待遇"；（3）取消所有非关税壁垒，条约规定"任何种植物、出产物或制造物品之输入、销售、分配或使用，或对输往缔约彼方领土之任何物品之输出，不得加以任何禁止或限制"；（4）矿产资源开发、商品的输出和输入、内地税、运输及销售等中美两国相互给予最惠国待遇；（5）双方船舶（包括军舰）可在对方开放的任何口岸、地方或领水内自由航行，必要时还可开入"对外国商务航业不开放之任何口岸、地方或领水"。②

根据《中美商约》，中美双方相互给予国民待遇和最惠国待遇，从形式上看该条约体现了中美两国关系上的平等、互惠及互不歧视等原则。与过去历届政府签署的中外不平等条约相比，《中美商约》在文字上体现了对中国的尊重，反映了第二次世界大战以来中国国际地位的提高，同时也是百余年来中华民族自强奋进、反帝爱国斗争的成果。但是在现代国际经济关系中，实力悬殊的伙伴间表面的平等实质上是不平等的。为体现公平

① [美] 纳尔逊. 中国在列强中的地位//李康华，等. 中国对外贸易史简论. 北京：对外贸易出版社，1981：298.

② 王铁崖. 中外旧约章汇编：第三册. 上海：三联书店，1962：1439-1440.

的原则，一般发达国家应对发展中国家予以照顾。而按照《中美商约》，落后的半封建、半殖民地的中国与发达的资本主义头号强国美国承担同样的责任和义务，是极端地不平等。资金短缺、技术落后的中国根本无力到美国去投资，条约所规定的权利中国公民自然无法享受。而美国则可凭借其强大的经济实力充分享受这些权利，实际构成战后美国在华的特权。因而，当年上海一家报纸曾经评论道："中美条约……完全配合美国的要求，敞开我们的经济门户，让他们来登堂入室。从此，美国的个人及财团，都可在中国……，在'合法'保护下经营商务、制造、加工、金融等业务……不但是大量的商品输入，而且更可大量的没遮拦的'资本输入'……更复利用我们廉价的劳动，由开拓而垄断了中国的工商业。在这样优势的倾轧之下，我们本国这些脆弱的工商业，不但休想抬头，只有一网打尽。至于中国的工商业经营者，连在国内的工商业也保不住，哪里还到美国去享受同等待遇？所以虽说'平等'，却是顶顶的不平等；虽说互惠，却是让美国独惠。"[①]

继《中美商约》之后，国民政府又与美国签订了一系列具体的商贸协定。如 1946 年 3 月签订《美棉贷款合同》，6 月签订《铁道购料借款合约》《处置租借法案物资合约》，8 月签订《购买轮船贷款合约》《采煤贷款合约》《剩余物资贷款合约》等。1946 年 12 月，中美两国还签订了《中美空中运输协定》，规定了美国航空企业在中国所享受的权利。

此外，美国还在国民政府同意下低估美元价值，实行美元贬值政策。1946 年 2 月，国民政府颁布的美元兑换法币汇率为 1:2 020，这一汇率是 1936 年（1:3.41）的 592 倍，但同期上海物价指数上涨了 2 600 倍，据此合理的美元对法币的比价应为 1:8 866，因而法币实施升值。由于进口激增、出口下降，这一汇率难以维持，到 1946 年 8 月，美元对法币的比价调整为 1:3 350，汇率上涨了 65%，但与汇率的实际值仍相差甚远，美元的贬值进一步强化了美国商品的竞争力。

此外，抗战胜利后，虽然国民政府收回被日本人控制的海关，但总税务司一职则由美国人李度担任，中国人丁贵堂任副总税务司兼江海关税务司，海关行政管理权受到美国人操纵。

战后美国凭借其雄厚的经济实力轻易占领了中国市场，导致中国经济对美国的高度依赖。

二、美国对华投资的增长

（一）列强在华投资格局的变化

第二次世界大战造成的各国列强力量的消长以及殖民体系的崩溃，导致外国洋行在华投资格局再次改变。

战前，英国和日本在华投资居于前列，其次为法国和美国。1931 年，英国、日本、美国对华投资分别为 118 920 万美元、113 690 万美元、19 240 万美元，占外国在华投资

① 《上海外贸史话》编写组. 上海外贸史话. 上海：上海人民出版社，1973：141.

的比重分别为 36.7%、35.1%和 6.1%。[①]到 1936 年，美国对华投资增长到 3.4 亿美元，也仅占外国在华投资的 8%，而同期日本对华投资 20 亿美元，占 48%。英国投资 10 亿美元，占 24%。抗日战争期间，太平洋战争爆发前，英国在华投资显著下降，美国投资有所增加。太平洋战争爆发后，英法在华企业或被日本强占，或撤出中国。英美对华投资主要是对国民政府的贷款，因而日本投资占了这一时期外国在华投资 62%的份额。抗战胜利后，由于英法两国受到“二战”摧残，经济衰退，不少企业破产或倒闭，战后均无力继续扩大对中国的投资。日本和德国作为战败国，其在华资产被作为敌产予以没收。只有美国在华资本得到了加强。到 1946 年，在上海的外资洋行中美资洋行拥有绝对优势，当年美资贸易洋行有 256 家，英资洋行 90 家，苏联 35 家，法国 19 家，瑞士 17 家，德国 8 家，其他国家 98 家。到 1948 年，美国对华投资达 14 亿美元，占全部外国在华投资的 44.1%，其中贷款余额 10 亿美元，占美国对华投资的 72%。处于第二位的英国在华投资总额 11 亿美元，其中直接投资仅 0.7 亿美元。[②]

（二）战后美国对华投资

第二次世界大战期间，美国工业生产急速发展，对外贸易出现了巨额顺差，储存了大量闲置资本，战后急于寻求海外投资市场。抗战胜利后，美国凭借雄厚的经济实力，利用与国民政府的密切关系增加其在华投资。这一时期美国在华投资方式分为直接投资和间接投资两种，其中又以后者为主。

1. 美国对华直接投资

抗战期间，中国再次显示出资源丰富、劳动力丰裕廉价及市场潜力巨大的优势，从而受到战后国际资本特别是美国资本的青睐。战争即将结束的 1945 年春，美国对外经济供应局拟定了一个战后五年对华投资计划，该计划总额为 18.7 亿美元，其中拟对中国交通运输投资 8.98 亿美元，对工矿业投资 9.72 亿美元。为此，在纽约成立了一个“中美工商联合会”，由其负责管理对华投资事宜。战后，在《中美商约》的保障下，大量美国资本家涌入中国进行投资活动。为吸引外资来华，国民政府于 1946 年 4 月 12 日颁布了《新公司法》，为来华外商提供诸多优惠。如其中第 192 条规定：“在本国之外国公司，得在中国设立分支公司，可不必呈报资本额。”此规定为外商偷漏税开了方便之门。法规颁布不到 3 个月，美国企业在上海新设分支机构多达 100 余家。

战后美国在华投资涉及贸易、工矿、金融、房地产及交通运输各行业。其中，在中国工业领域投资的重点是采矿业。战后三年，美商投资开发了甘肃玉门油田，湖北、华南的煤矿，海南的铁矿以及西南的铅、锡、钨、锑等有色金属矿产。同时，美国还以合资的方式参股中国内河航运和航空运输企业。1938 年，美国在中国航空业投资仅占该业资本总额的 0.8%，到 1947 年这一比重则升至 33.7%。贸易性洋行也有明显增加，1946 年美国在中国沿海重要口岸如上海、天津及广州等地开设洋行 168 家，其中 115 家位于上海。此外，英、法等国无力继续经营的一些产业也转手给了美国，如原由英国控制的粤汉铁路、滇缅铁路和

① 陈真，等. 中国近代工业史资料，第二辑. 上海：三联书店，1961：2.

② 许涤新，吴承明. 中国资本主义发展史，第 3 卷. 北京：人民出版社，1993：39.

法国经营的滇越铁路和计划中的成渝铁路，均转手美国投资、借款或参与经营。[①]

1936 年美国在华直接投资额为 2.64 亿美元，到 1948 年增加到 3.85 亿美元，增长了 46%。然而随着内战的爆发、国民党军队的溃败，投资环境恶化，不少美国对华直接投资计划落空，投资企业关闭。如美国的威斯汀豪斯、环球、美孚等大公司都曾与国民政府订立协议，准备设立电机、造船、水泥、石油等企业；美国财团取得的煤矿、有色金属的开采权和成渝铁路、川滇铁路的筑路权等，这些投资都因为中国内战的爆发未能实现。据统计，1946 年年底，仅上海一地就有美商贸易商行 256 家，而英商为 90 家，法商为 19 家，瑞士商 17 家，德商 8 家，其他国家为 98 家。国民党发动内战后，由于政局动荡破坏了投资环境，1947 年上海的外国商行数量由 1946 年的 523 家减少到 370 家，其中美商由 256 家减为 182 家，但仍接近总数的一半[②]。

2. 美国对华贷款、援助

战后，美国从其全球战略出发，积极扶持中国国民政府。

自 1945 年 8 月对日战争胜利日以后，美国与各国订立新的租借借款协定，美国共向各国提供民用租借物资总值 21 亿多美元，其中中国获得 4 800 万美元，加计运费等，共计 5 890 万美元。

表 6–3　　战后初期美国对华民用租借物资金额　　单位：美元

项　　目	金　　额
交通器材	32 000 000
军火工厂工业设备（包括发电厂在内）	5 500 000
纺织品	6 500 000
海上运费	7 300 000
内地运费	4 925 000
工业及矿场设备	2 675 000
合计	58 900 000

资料来源：张肖梅，张一凡. 民元来我国之国际收支. 银行周报，1947，31（25）：12.

1946 年年底，美国“国外物资清理局”局长麦卡比与宋子文达成协议，将美国“散布于中国、冲绳、关岛、塞班岛及远东其他海岛之美军剩余的流动物资，及中国境内之美军固定设备等，一律折价，让予我国，作为抵偿美国在中国积欠之国币费用，包括美军在华费用。”根据此项协议，交予中国之剩余物资及其作价金额如下：

一是散布于中国、冲绳、关岛、塞班岛及太平洋上其他海岛之美军剩余物资，按成本计算为 5 亿美元；二是美军在中国境内之固定设备，作价 0.85 亿美元；三是其他剩余

① 吴承明. 帝国主义在旧中国的投资. 北京：人民出版社，1955：50.

② 上海社会科学院经济研究所，上海市国际贸易学会学术委员会. 上海对外贸易：1840—1949，下册. 上海：上海社会科学院出版社，1989：149.

物资用于抵销所欠中国的0.74亿美元，按成本计为1.3亿美元；四是较小之船舶，按成本计为0.9亿美元；五是积存中国西部之剩余物资，作价0.2亿美元；六是为搬运及修缮上述物资所费之各种费用，美国再加拨准备金0.3亿美元，此数亦在抵偿积欠中国法币债务之一部分。上述六宗剩余物资共计8.55亿美元，按当时美元对法币汇率1:3 350折合法币为28 642.5亿元法币。

为援助各国战后复兴，联合国特设“善后救济总署”，由各国捐输物资接济那些受战争破坏严重之国家。中国向“善后救济总署”申请9.44亿美元救济物资，核定为6.475亿美元，其中5.35亿美元为各种善后救济物资，其余1.125亿美元为运输费用。

表6–4　　战后初期联合国“善后救济总署”对华救济物资及金额　　单位：美元

项　　目	金　　额
工业及交通器材	174 500 000
粮食	133 500 000
衣着	95 900 000
农业器材	86 000 000
医药器材	39 700 000
准备金	5 400 000
合计	535 000 000

资料来源：张肖梅，张一凡. 民元来我国之国际收支. 银行周报，1947，31（25）：13.

据国民政府行政院善后救济总署（简称“行总”）报告，1946年度联合国救济总署运抵中国物资为3.15亿美元。为了接收、管理、使用救济物资，“行总”特拨4 320亿元法币作为善后救济经费，其中2 890亿元为“行总”行政经费。

另据统计，战后三年，美国提供给国民政府的贷款和赠款高达60多亿美元，参见表6–5。

表6–5　　战后美国对华投资　　单位：美元

项　　目	数　　额
借款14笔	918 194 000
救济物资4笔	799 029 000
租借物资2笔	1 626 789 143
军事援助2笔	142 666 930
剩余物资售让与赠予7笔	2 532 807 534
总计	6 019 486 716

资料来源：吴承明. 帝国主义在旧中国的投资. 北京：人民出版社，1955：78.

其中，影响较大的实业性贷款主要有中美棉花借款、中美铁道购料借款、中美租借剩余物资借款、中美发电机借款、中美购船借款、中美采煤设备借款等。

中美棉花借款订立于1946年3月14日，借款总额为3 300万美元，年息2.5%，专供中国采购美棉；中美铁道购料借款订立于1946年6月3日，借款总额为1 665万美元，年息3厘，用于购买修复国内铁路所需之材料；中美租借剩余物资借款（即3C租借接管借款）系根据中美两国关于处理战时租借物资未动用部分之协定于1946年6月14日签订。“二战”结束后，美国停止了向所有战时盟国提供租借物资，唯独对中国政府例外。美国声称协助中国政府收复各光复地区和解除日军武装，继续对中国执行“租借计划”。协定订明，凡已载在租借财产内，或在1945年8月18日以前，系中方申请已获准而尚未交付的物资，由国民政府接购。其接购物资价值及其水、陆运费等项，总计5 890万美元，年息2.375%。此项接购租借物资，截至1947年1月底，已由美运出6.32万余吨，实际接购物资总值为5 029.3余万美元；中美发电机借款订立于1947年7月16日，借款总额为880万美元，用以购买发电机10套，以备开发国内资源之用，年息3厘。截至1949年2月，动支总额为785万美元；中美购船借款订立于1946年8月5日，借款总额为260万美元，用以购买商船16艘之用，年息3.5%。截至1947年2月，已动用254余万美元；中美采煤设备借款订立于1946年8月26日，借款总额为150万美元，用以购买开采煤矿所需之设备，年息3厘。本借款截至1948年年底，已动用147.5万美元。

上述贷款大多涉及中国基础设施建设，因而投资额较大。通过对华贷款和各项“美援”，美国在华投资呈快速扩张之势。据统计，在抗战后三年，美国对中国的贷款和援助共计60.19亿美元[①]，超过战前各国在华投资的总额（1936年各国在华投资总额为43.8亿美元）[②]。到1948年，美国各种在华投资占西方国家在华投资的80%，因而，外国在华投资主要即美国投资。当然，由于内战爆发，战后不少美国在华投资项目未能完成。

第四节　对外贸易的发展及平衡状况

一、进出口贸易额

这一时期，由于内战的全面爆发，中国社会经济不但未能从八年抗战的破坏中得以复苏，反而遭到进一步破坏，尤其是农村经济极度凋敝，使主要依靠初级产品出口支撑的对外贸易每况愈下。出口货源减少，市场萎缩，因而对外贸易规模狭小，参见表6–6。

① 吴承明. 帝国主义在旧中国的投资. 北京：人民出版社，1955：78.

② 董长芝，马东玉. 民国财政经济史. 沈阳：辽宁师范大学出版社，1997：497.

表 6–6 1946—1948 年进出口贸易额及平衡状况（1 000 美元）[①]

年 \ 进出口	进口	出口	贸易平衡
1946	560 555	148 884	–411 671
1947	451 031	215 736	–235 295
1948	211 023	170 409	–40 619

资料来源：郑友揆. 中国的对外贸易和工业发展. 上海：上海社会科学院出版社，1984：203.

从表 6–6 中可见，抗战后的 1946 年中国进出口贸易迅速恢复增长，其中出口较 1945 年增长了 9.43 倍；进口在国民政府鼓励进口政策下增长了 23.6 倍，比战前的 1936 年增长了近两倍（1936 年进口额为 2.8 亿美元）。各类商品进口规模庞大，详见表 6–7。

表 6–7 1946 年洋货进口价值 单位：亿元

货　别	价　值
棉及其制品	3 910.67
烛、皂、油、脂、蜡、胶、松香	1 740.76
车辆、船艇	979.05
书籍、地图、纸及木造纸质	952.72
化学产品及制药	951.48
金属及矿砂	762.72
毛及其制品	744.37
染料、颜料、油漆、凡立水	613.47
烟草	554.83
杂类金属制品	512.58
机器及工具	430.32
杂粮及杂粮粉	387.56
荤食、罐头食物、日用杂货	315.90
木材	251.27
生皮、熟皮及其他动物产品	248.85
果品、籽仁、菜蔬	181.83
亚麻、苎麻、火蔴、苘麻及其制品	169.26
鱼介、海产品	116.8

① 进口只包括一般商业进口，不包括联总救济物资及 1948 年的美国援助物资。

续表

货　　别	价　　值
煤、燃料、沥青、煤膏	78.43
石料、泥土及其制品	76.00
木、竹、藤、棕、草及其制品	70.52
瓷器、搪瓷器、玻璃等	44.52
糖	218.86
酒、啤酒、烧酒、饮水等	14.80
丝（人造丝在内）及其制品	12.4
杂货	794.8
合计	15 011.65

资料来源：上海总税务司署统计科. 民国三十五年海关中外贸易统计年刊（卷一）. 160.

进口商品中位居第一位的是棉及其制品，价值高达 3 910.67 多亿元。多从美国、英属印度、巴西、墨西哥进口。1947 年 1～6 月，洋棉进口 1 723.59 亿元，联总洋棉位居进口商品第二位的是烛、皂、油、脂、蜡、胶、松香，价值 1 740.76 多亿元，多由美国进口。车辆、船艇位居第三位，价值 979.05 亿元，其中汽车及其零件几乎全部来自美国。位居第四位的是书籍、地图、纸及木造纸质，价值 952.72 亿元，普通用纸、新闻纸来自加拿大者价值 88.44 亿元，来自苏联、亚洲各路者价值 76.95 亿元，来自挪威者价值 64.72 亿元。芬兰、美国、瑞典等国家也有进口。卷烟纸 95%来自美国，价值 159.27 亿元。化学产品及制药与染料、颜料的进口，在“二战”以前德国位居首位，战后其地位由美国取代。1947 年进口糖品大为减少，这是由于台湾糖品大量输入大陆地区成为国内贸易所致。战后百废待兴，金属及矿砂进口价值高达 762.72 亿元。杂粮及杂粮粉之进口一向位居首位，1946 年仅进口 387.56 亿元，位居第十二位，是受世界各地供给能力有限所致。由此导致贸易逆差额迅速扩大至 4.12 亿美元，相当于出口贸易额的 2.6 倍，比战前 1936 年的逆差额（7 千万美元）增加近 6 倍，创下中国对外贸易史上逆差额的最高纪录。[①]

巨额的外汇缺口只有靠消耗政府的外汇储备。国民政府的国际储备大减，不得不于 1947 年发布紧急措施令，取消鼓励性的“自由进口”政策，实行“限额进口”和限制奢侈品的进口。在国民政府严格限制进口、促进出口的贸易政策下，出口由上一年的 1.49 亿美元增长到 2.16 亿美元，增幅达 45%，与抗战前出口贸易规模大体相当。进口则从 5.61 亿美元降至 4.51 亿美元，降幅达 19.6%，经常性国际收支严重恶化的状况有所缓解。1948 年随着战争局势的骤变，国统区面积迅速缩小，经济面临崩溃，结果进出口均大幅下降，其中进口降幅达 53.2%，高于出口的下降（21%），逆差额进一步减少至 4 100 万

---

① 1945 年 1—8 月，国统区与沦陷区进口额合计为 22 787 000 美元，出口合计为 14 271 000 美元。根据表 5-1 和表 5-7 计算。

美元。战后三年，中国对外贸易逆差累计达 7.3 亿美元，高于同期出口贸易总额的 36%。此外，这一逆差额尚不包括“援华物资”及大量的走私货物。

这一时期出口增长或其降幅较小的原因，一是抗战期间由于运力不足造成货源的积压；二是在国营棉纺织工业迅速恢复发展的同时，东南亚、印度等国有进口需求；三是国民党军队的不断溃败也加速了国统区物资的出口。[①]不过总体而言，贸易逆差的下降主要还是缘于进口的削减，而非出口的增长。此外，传统大宗出口商品受经济衰退的影响，出口规模日趋萎缩。例如生丝，由于生产不景气，各类丝出口的规模均低于战前，且不断递减，参见表 6–8。

表 6–8　　　　抗战前、抗战后生丝出口量对比　　　　单位：公担

类别	1936	1946	1947
各种白丝	30 726	8 127	4 817
各种黄丝	6 412	384	373
各种灰丝	803	22	30
废丝（茧衣、乱丝棉）	51 107	7 484	11 536
共计	89 048	16 017	16 756

资料来源：段本洛，张圻福. 苏州手工业史. 南京：江苏古籍出版社，1984：448.

这一时期，中国平衡贸易逆差的手段不同以往。一方面，由于中国政治、军事上的混乱，西方洋行在华投资大幅缩减；另一方面，东南亚战后经济恢复缓慢，华侨汇款锐减。因而，传统的弥补贸易逆差的手段——外国在华投资和华侨汇款难以为继，动用政府外汇储备成为唯一的平衡手段。随着外汇储备的枯竭，进口贸易便受到极大抑制，逆差额也随之减少。

二、进出口商品结构的变动

这一时期，中国进口商品结构依然维持传统的殖民地、半殖民地的特征，即主要进口工业制成品，出口农矿原料和半制成品。但在具体商品构成上发生了前所未有的变化。

（一）进口商品构成

这一时期中国的进口商品分为联合国善后救济总署、美国对华援助和一般商业性进口两部分。前者未列入中国的进口贸易统计中，但由于国民政府限制商业性进口政策的实施，其在中国进口贸易中的比重不断增加，1946—1948 年援助物资占进口总额的比重达 21.7%～36.3%。

援助物资商品构成分为两部分：一部分为生活必需品即所谓“救济物资”，如米、面粉、纺织品服装、医药等；另一部分是用于中国恢复工农业生产的原料和设备即所谓的

① 郑友揆. 中国的对外贸易和工业发展. 上海：上海社会科学院出版社，1984：219.

“复兴物资”，如棉花、化肥、机器设备等。1946 年以前者为主，占援助物资总额的 56.8%。1947 年则以后者为主，其比重由上一年的 37.1%上升到 61.7%。1948 年，美国援华物资中棉花和石油合计占 72.6%。

在一般商业性进口贸易中，1946—1948 年制成品占进口总额的 46%～51%，食品占 6%～11%。原料进口则从 1946 年的 27%急剧下降到 1948 年的 17%。

将上述两类进口合计考察，1946—1947 年原料和食品占进口总额的比重下降，前者从 24.7%降至 22.3%，后者从 18.0%降为 9.5%。但到 1948 年原料及食品的比重均出现了上升，其中原料比重升至 27.8%，食品为 13.4%。其中，进口原料主要是原棉，占该类商品的 90%，反映了中国棉纺织业发展加速。与此同时，半制成品及制成品在进口总额中的比重则出现了相反的变化，1946 年到 1947 年所占比重上升，随后下降，参见表 6–9。

表 6–9 抗战后进口商品构成 单位：%

种类	1946	1947	1948
食品、饮料、烟叶	18.0	9.5	13.4
原料	24.7	22.3	27.8
半制成品	14.3	21.0	16.4
制成品	43.0	47.2	42.4
总额（千美元）	716 139	608 552	331 004

资料来源：郑友揆. 中国的对外贸易和工业发展. 上海：上海社会科学院出版社，1984：224.[①]

总体而言，1946—1948 年，初级商品在进口总额中的比重有所上升，但制成品在进口总额中始终占据绝对优势。

（二）出口商品构成

这一时期出口商品构成变化显著。原料在出口总额中所占比重大幅度下降，从 1946 年的 41.9%，降至 1948 年的 19.4%，其绝对额也由 6 240 万美元降至 3 300 万美元。同时，制成品出口则迅速增加，1946 年出口的制成品（主要是棉制品）贸易额为 2 960 万美元，占出口总额的比重为 19.9%；1947 年增至 5 330 万美元，所占比重升至 24.7%；1948 年进一步增至 6 250 万美元，占比升至 36.7%，参见表 6–10。

表 6–10 抗战后出口商品构成 单位：%

商品种类	1946 年	1947 年	1948 年
食品、饮料、烟叶	14.6	22.7	18.0
原料	41.9	23.3	19.4

① 表中所列为商业性进口及联总物资合计数量。其中，半制成品主要包括化工产品、五金及木材等。

续表

商品种类	1946 年	1947 年	1948 年
半制成品	23.6	29.3	25.9
制成品	19.9	24.7	36.7

资料来源：郑友揆. 中国的对外贸易和工业发展. 上海：上海社会科学院出版社，1984：225.

从表 6–10 中可见，制成品比重上升到近代中国对外贸易史上空前的程度，原料下降剧烈。但这种商品结构并不完全反映中国产业结构的变动，主要是由贸易政策及政局动荡的社会环境导致的。如上所述，抗战期间，由于中外交通运输中断，致使大批出口物资积压。战后，海外交通恢复正常，积压物资外运，因而 1946 年和 1947 年原料出口规模较大。随着积压物资外运完毕，受战争影响国内农业、矿业生产萎缩。到 1948 年原料出口锐减，占出口总额的比重也急剧下降。而出口中棉制品的迅速增加，一方面是由于棉花的大量进口，加工后再出口；另一方面最主要的是由相关政策决定的。如 1948 年美国“援华法案”明确规定：中国必须将援华原棉 50%的最终产品（棉纱或棉布）出口到东南亚各国，再以所得外汇进口美国的原棉，中国充当起美国棉制品的加工厂。同时，棉纺织业作为近代中国工业的支柱性产业，其发展与城市劳动力就业及人民衣着密切相关，极大地影响着社会的稳定与发展。因而，如上所述，国民政府极力采取措施，扶植棉纺织业的恢复发展，并将其尽可能控制在政府手中。因而战后，在政府扶植下，中国棉纺织业迅速恢复发展，在满足国内人民生活消费需求的基础上，还大量出口到东南亚等地。据统计，1946 年棉制品出口额仅 140 万美元，1947 年激增至 4 560 万美元，1948 年进一步增加到 6 570 万美元，占出口总额的比重也由 0.9%升至 21.1%，再升至 38.6%。①棉布和棉纱也因此成为中国最大宗的出口商品。

三、对外贸易的地理方向

如上所述，第二次世界大战极大地改变了世界的格局，西方列强实力对比发生了急剧的变化，因而战后中国对外贸易的地理方向也出现了相应的改变。战前的 1936 年，美国在中国对外贸易中占 22.6%的份额，同期英国占 10.64%，日本占 15.5%。到 1946 年，美国占中国对外贸易总额的比重升至 53.19%，英国及日本分别降至 4.55%和 0.99%。作为世界头号经济强国，美国无论在中国的进口贸易还是出口贸易中均独占鳌头。

（一）进口商品的来源

全面抗战爆发前，美国在中国进口贸易中虽已占最大份额，但也仅有 15%～21%（不包括东北）。战后，美国在华进口贸易中的地位急速上升。1946 年，在一般商业性进口中美国占有 57.2%的份额，1947 年占 50.2%，1948 年占 48.4%。如果加上援助物资（联总物资主要来自美国），则相应的比重分别升至 61.4%、57%和 66.5%。除美国外，英国、印度及东南亚也向中国提供部分进口商品，不过其在进口贸易总额中所占比重较小。

① 郑友揆. 中国的对外贸易和工业发展. 上海：上海社会科学院出版社，1984：226.

抗战爆发前在中国进口贸易中居第二位的日本，在战后中国的进口贸易中比重骤降至仅 1%左右。其他西方国家如德国、法国、意大利等原来均是中国重要的贸易伙伴，战后对华出口数量极少。

表 6–11　　战后中国进口贸易的国家、地区比重　　单位：%

国家与地区	1946 年		1947 年		1948 年	
	商业性进口	进口总值	商业性进口	进口总值	商业性进口	进口总值
美国	57. 2	61.4	50.2	57.0	48.4	66.5
英国	4.6	6.5	6.9	8.5	8.1	5.5
日本	0.4	0.3	1.7	1.2	0.9	0.6
东南亚	4.1	3.2	6.8	5.0	7.9	5.1
印度	8.7	7.0	9.0	6.9	10.6	6.8
中国香港	4.5	3.5	1.8	1.4	1.5	0.9
其他	20.5	18.1	23.6	20.0	22.6	14.6

资料来源：郑友揆. 中国的对外贸易和工业发展. 上海：上海社会科学院出版社，1984：228.①

（二）出口商品流向

战后，中国出口贸易的地理方向与进口贸易并不完全一致。美国虽然在中国出口贸易中总体上占据第一位，但其所占比重大大低于其在进口贸易中所占比重。1946 年，由于存在大量战时积压物资，因而中国对美出口增长明显，在中国出口贸易中占比高达 38.7%。随后中国出口到美国的商品总量下降，其在中国出口总额中的比重也降低了，1947 年降至 23.3%，1948 年进一步降至 20.1%。与此同时，随着中国棉制品的出口，东南亚在中国出口市场中所占地位显著上升。1946 年，中国对东南亚出口近 710 万美元，占出口总额的 4.8%；1947 年，猛增至 2 260 万美元，所占比重上升至 10.5%；1948 年，出口规模进一步扩大到 3 440 万美元，所占比重也升至 20.2%，从而超过美国在中国出口贸易中所占的份额，参见表 6–12。

表 6–12　　战后中国出口贸易的国家、地区比重　　单位：%

国家与地区	1946 年	1947 年	1948 年
美国	38.7	23.3	20.1
英国	4.4	6.5	3.9
日本	3.1	1.9	5.5
东南亚国家	4.8	10.5	20.2

① 进口总值中包括联总救济物资。

续表

国家与地区	1946 年	1947 年	1948 年
印度	5.3	3.2	3.9
中国香港	28.2	34.2	31.4
其他	15.5	20.4	15.0

资料来源：郑友揆. 中国的对外贸易和工业发展. 上海：上海社会科学院出版社，1984：229.

从表 6–12 中可见，美国在中国出口中所占比重逐步下降，由于充当了中国最大宗的出口制成品—棉制品的主销市场，东南亚在中国出口中所占份额快速上升。

此外，与进口不同，这一时期香港在中国内地出口贸易中占有较大的比重。但香港作为转运港，内地出口到香港的商品大部分会转口到其他市场。据研究，本时期中国内地出口到香港的商品最终市场主要是东南亚和印度、欧美及香港当地市场，1946 年三个市场占内地输港商品的比重分别为 25%、33%和 42%；1947 年大体各占 1/3；1948 年三者的比例 1/2、1/4 和 1/4。其中，输往美国和欧洲的商品主要是桐油、猪鬃等农矿产品；转口到东南亚的则主要是棉制品及药材等；家畜、蔬菜、饮料和其他日用品及建筑材料等主要在香港当地消费。[①]与总体贸易流向一致，东南亚在中国内地经香港转口输出的商品贸易中所占比重不断上升。因而，东南亚成为这一时期中国唯一存在贸易顺差的市场，1947 年顺差额约为 1 000 万美元，1948 年增至 4 000 万美元。

四、中国对外贸易的区域分布

抗战胜利后，中国各地区经济恢复发展及对外贸易状况，一方面受其固有水平制约，另一方面与国共战争进程密切相关。

（一）东南沿海对外贸易继续大幅领先

近代中国经济区域发展极端不平衡，东南沿海及长江中下游流域经济发展水平遥遥领先于其他地区。早期西方列强迫使中国开放的地域也主要集中于东南沿海一带。其中，上海以其得天独厚的自然及社会条件跃居全国最大的对外贸易口岸。20 世纪以后，随着东北经济的开发，对外贸易加速发展，以上海为中心的华东地区在全国对外贸易中虽仍居首位，但其所占份额相对下降。抗战胜利后，东北地区先被苏联军队占领，随后又被中国人民解放军控制，声势浩大的辽沈战役影响了东北对外贸易的发展，使上海及其周围的华东地区在全国对外贸易中再次占据突出地位，在进口贸易中占 80%左右，在出口贸易中也占了 60%～70%的份额。

（二）东北地区对外贸易的恢复

1945 年 8 月 9 日，150 余万苏军出兵东北，大败日本关东军，日本在东北的统治土崩瓦解。1945 年 9 月至 12 月间，苏军在东北对工业及交通运输设备进行了大量拆迁，导致东北地区工业损失严重，生产力大幅下降。

① 郑友揆. 中国的对外贸易和工业发展. 上海：上海社会科学院出版社，1984：230.

表 6–13 苏军拆迁东北工业所造成的损失

工业部门	损失金额/美元	生产能力下降比例/%
电力	201 000 000	71
煤炭	50 000 000	90
钢铁	131 260 000	50～100
铁路	221 390 000	50～100
机械	163 000 000	80
非铁金属及矿山	10 000 000	75
液体燃料与润滑油	11 380 000	75
化学	14 000 000	50
水泥	23 000 000	50
纺织	38 000 000	75
木浆与纸	7 000 000	30
无线电及电信电话	25 000 000	20～100
总计	89 503 000	—

资料来源：Edwin W. Pauley，*Report on Japanese Assets in Manchuria to the President of the United States*，p37.

从表 6–13 可以看出，东北地区电力、煤炭、钢铁、铁路、机械、化学、水泥、纺织、造纸、金属矿等工业生产能力下降了 20%～100%不等，农业生产也不同程度地遭到损失。抗战胜利后，东北地区成为国共两党争夺的焦点，使东北地区经济恢复发展受到严重影响，交通运输阻塞。“东北仅有之出口物资为历享盛誉之大豆，自日敌战败以迄本年（作者按，1947 年）三月，直接装运出口至外国者达 24 755 吨，厥因大豆价格尚称便宜，当地市价每吨流通券九万元，若输往欧洲，可得 46～50 镑。但因运输困难，已收购之存货不易装出，更以所得外汇结售手续麻烦，使出口商裹足不前。当地商民之私人资本因遭日敌十四载之榨取，已行枯竭，北平与上海之商人及企业亦因汇款不便甚少前往收购（自上海汇款至沈阳，通常仅得七折。）”更有甚者，“其对关内各地之输出亦受限制。自三十五年六月至三十七年三月之对外贸易除首三月为顺差外，其余各月均为逆差。[①]战后，1946 年 6 月至 1947 年 3 月东北地区出口商品价值和出口比例如下表。

表 6–14 1946 年 6 月—1947 年 3 月东北出口商品价值（千元）和结构 单位：%

商品	价值	比例
大豆	75 451 518	37.4

① 夏淦翔. 战后东北各省之对外贸易. 商学研究，1947（4）：29.

续表

商品	价值	比例
豆饼	14 392 273	7.1
小米	8 548 607	4.2
高粱	7 403 809	3.6
玉蜀黍	5 768 022	2.8
芝麻	5 647 642	2.8
豆油	2 556 642	1.2
米	2 241 148	1.1
其他	80 343 028	39.8
合计	202 356 779	100

资料来源：夏淦翔. 战后东北各省之对外贸易. 商学研究，1947（4）：29.

东北主要消费品从日本进口，抗战胜利以后，日货进口断绝，日用必需品遂多从欧美进口，但实际数量并不大，主要原因有“政府对东北区之输入限额并未确定。未能直接向指定经营外汇银行申请外汇。东北对外贸易各口岸无一开放，使外船进口与卸货困难。”①因此，欧美货物需要转到上海、天津，这就造成进口成本提高，生产成本随之提高。据统计，1946 年 6 月至 1947 年 3 月东北地区各项商品进口价值和结构如表 6–15。

表 6–15　　1946 年 6 月至 1947 年 3 月东北地区进口商品价值（千元）和结构　　单位：%

商品	价值	比例
卷烟	51 932 405	21
火油	29 218 638	11.8
棉布	26 911 789	10.8
麻袋	16 962 039	6.9
糖	10 302 516	4.1
茶	7 284 629	2.9
棉纱	6 538 903	2.7
纸	2 652 677	1
其他	96 299 914	38.8
合计	248 103 510	100

资料来源：夏淦翔. 战后东北各省之对外贸易. 商学研究，1947（4）：28.

① 夏淦翔. 战后东北各省之对外贸易. 商学研究，1947（4）：28.

（三）战后台湾回归与对外贸易的发展

1945 年 8 月日本宣布投降，10 月 25 日在台北市政厅举行接收盛典，被日本割据 50 年之久的台湾正式复归中国版图。12 月 1 日，台北关、台南关（关址在高雄）同时成立，并在基隆和淡水设立台北关支关。12 月 1 日设立台南支关，11 日设立布袋支关，均归台南关管辖。国民政府对台湾海关实施行政主权，成为台湾正式回归祖国的重要标志之一。

10 月，台湾行政长官公署接收日本人所办八所贸易机构，合并为台湾贸易公司，1946 年 6 月 2 日改组为台湾贸易局，为台湾省运销特产与采办原料之唯一机构，继而在上海成立办事处，负责台湾与大陆地区的贸易事务。1947 年 5 月，又将台湾贸易局改组为台湾省物资调节委员会，对对外贸易实施统制性管理。在输出业务中，凤梨、罐头、矽铁、锰铁、电石、盐酸及人造石膏等项属于公营事业产品，可以自由输出；木材及其制成品、半制成品属于管制物资，由台湾物资调节委员会核发输出许可证。禁止出口物资包括粮食及其制品、金属及其制品（29 种）、酒精、肥料、煤及木炭、樟脑、木材 7 项。

据统计，1947 年台湾向大陆运销茶叶 2 000 多箱，樟脑 200 吨。①1948 年，台湾地区出口价值高达 7 800 多万美元，各类商品价值如表 6–16 所示。

表 6–16　　1948 年台湾主要出口商品　　单位：美元

商　　品	输出额
糖	40 000 000
水泥	1 500 000
纸张	9 000 000
纸板	1 500 000
纸浆	3 500 000
碱	1 000 000
盐	3 750 000
茶叶	6 000 000
凤梨	1 080 000
樟脑	6 000 000
煤	3 360 000
浓硫酸	376 470
稀硫酸	211 760
电石	338 820
矽铁	635 290

① 《台湾省贸易局统制全省对外贸易》，《银行周报》1947 年第 31 卷第 2–3 期，第 69 页.

续表

商　　品	输出额
电极	105 880
硝酸	52 940
沉淀碳酸钙	47 060
烟叶	300 000
总计	78 758 220

资料来源：陈静民. 台湾贸易之发展过程及其展望. 实业杂志，1948（2）：57–58.

从上表可以看出，糖的出口最巨，高达 4 000 万美元，占总量的 51%。纸张、纸板、纸浆共约 1 400 万美元，占总量的 18%。茶叶、樟脑各为 600 万美元，各占 7.7%。

台湾地区的商品输入分为自办与代办两部分。自办以肥料、布匹、豆、面为大宗；代办货物多为公营事业之委托，以车辆、机械、工矿器材及原料等为大宗。

表 6–17　　1948 年台湾主要进口商品价值　　单位：百万元（台币）

商　　品	价　　值
豆类	3 600
豆饼类	4 200
面粉	2 800
棉纱	5 000
棉织品类	12 000
肥料	9 500
其他	9 000
合计	46 100

资料来源：陈静民. 台湾贸易之发展过程及其展望. 实业杂志，1948（2）：58.

第五节　美国商品对中国市场的独占及对中国民族工业的冲击

抗战胜利后，美国凭借其在华政治、经济势力，获得国民待遇和最惠国待遇等权利。他们一方面在国统区兴建各种工矿企业，进行直接投资；另一方面通过一般贸易、援助、贷款等方式，将大量剩余物资倾销到中国市场，对中国民族工商业造成严重冲击。

一、美国商品对中国市场的独占

战后，美国通过多种渠道向中国倾销商品，既有一般贸易，又有以所谓“援助”“救济”及“贷款”等为名义的合法输入，此外还有大量的非法走私贸易。

从日本投降到1946年5月，从上海进口的美国商品价值即达7亿美元，货物在上海堆积如山，以致国民政府有关机构动用了上海所有的起重机，花了整整6个月才全部卸完。[①]如上所述，在一般商业性进口中，1946年美国所占比重达57.2%，比战前的1936年提高了34.6个百分点。1947—1948年，虽然由于国民政府的进口贸易限制政策及国统区经济趋于崩溃，进口贸易下跌，美国在中国进口贸易总额中的比重有所下降，但始终保持在50%左右，遥遥领先于其他国家。表6–18显示了美国在中国机械设备、汽车轮胎及烟草进口中均占有极高份额。

表6–18　　美国在部分进口商品中所占比重　　单位：%

年份	机器设备	汽车轮胎		烟草			
		内胎	外胎	烟叶	烟丝	未列名烟草	烟纸
1946	62.6	88.4	82.1				
1947	71.2	77.7	87.9	97	99	10	81
1948	75	72.7	71.8	96		99	83

资料来源：陆仰渊，等. 民国社会经济史. 北京：中国经济出版社，1991：827–828.

美国除了通过正常贸易途经向中国倾销商品外，还通过所谓的援助、救济等形式向中国输入大量特种物资[②]。这些特种物资的进口实质上是美国以政府的名义向中国进行的特殊的商品倾销，且数额庞大。1946—1948年3月，以联合国善后救济总署名义提供的“联总物资”达5.27亿美元，实际运到3.21亿美元，[③]占同期中国进口总额的近1/3。其中，美国占76.5%，即2.46亿美元。这一时期美国对华贷款、援助均明确指定购买美国商品的种类，如“棉花贷款”“租借物资援助”。再如1948年2月，美国政府实施了一个对华紧急援助法案，即所谓的“援华法案”。根据该法案，美国从1948年4月3日至1949年4月2日，向国民政府提供2.75亿美元的援助，大部分指定用于购买美国的米、面粉、棉花、石油及煤。到1948年年底，美国运抵中国的商品价值约1.12亿美元，占该年中国一般商品进口的一半以上。

通过一般商业性进口及援助输出等途径，美国在中国进口贸易中占据了2/3以上的份额。从1946年到1948年两类进口合计，美国占中国进口贸易的比重分别为61.4%、57%和66.5%，高于其他国家对华贸易的总和。

---

① 钦本立. 美帝国主义侵华史. 北京：世界知识出版社，1950：56.

② 特种物资以美政府或联合国的名义输入，享有免税、免验特权，由国民党政府统一承购。

③ 郑友揆. 中国的对外贸易和工业发展. 上海：上海社会科学院出版社，1984.

此外，这一时期美国商人、驻华美军还对华进行大规模的走私活动。美国军用飞机、舰艇在华享有自由出入机场、海港及内河而不受检查的特权，他们通过人员夹带及邮递等手段将大量美国商品走私进入中国市场，成为“事实上的走私队”。当时上海报纸评论说，“海关不能检查军舰（美舰），水兵利用军舰带货，这跟武装走私已经差不多了。”[①]甚至连美国海军西太平洋司令柯克（Charles Cooke）也大规模对华走私汽车，成为战后轰动一时的丑闻。

美国对华走私贸易主要集中于上海和临近香港的华南地区。1946 年，上海走私而来的进口货高于合法进口商品额的 2～3 倍；广州市场上的美货 90%为走私货。1948 年，香港港务局运输报告称：每月有 10 万吨未经登记的物资由香港运往中国内地，走私活动极度猖獗。1946 年 8 月天津的《益世报》报道说：“近来货物像潮水一样涌进中国，单靠海关统计是无法计算的。我们知道，无论在海船上、军舰上、飞机上都可以走私大批的货物。军舰和飞机，海关是无法检查的。这些军舰飞机，事实上成了外国货的走私队。”1946 年和 1947 年，仅各地海关查获的走私货物即分别达法币 111 亿元和 113 亿元，而这只是走私的极小部分。据估计，海关查没的走私货仅占全部走私额的 10%。[②]1946—1947 年，美国商品走私入华约占一般商业性进口贸易的 20%，1948 年也占到 15%，三年累计走私贸易额达 2.5 亿美元。

据研究，美国商品在华倾销主要通过三种途径。一是靠美国在华开设的洋行直接经营。二是美国人与官僚资本企业或其他买办合办公司。这类公司规模庞大，由美国人控股，业务也主要由美国人管理。如美国海军陆战队的陈纳德与宋美龄合办的“中美实业公司”，以陈纳德空运队为骨干，总公司设在上海，并在南京、汉口、长沙、芜湖、九江、衡阳等地设立分公司，自备轮船、卡车将美货运销于各地。许多美货如机械、药品、化学原料及一切生活用品等统由该公司全权代销。同时，他还代办中国猪鬃、桐油、丝、茶等物资的出口。三是“四大家族”开设的贸易公司，这些公司凭借特权和经济实力操纵中国的对外贸易，为谋取私利均积极推销美货。如宋家的“孚中公司”是美国汽车、电器类 12 家公司产品的独家经销商，是美国汽车、钢铁在华最大的代理商；孔家的“扬子建业公司”“嘉陵公司”独家经营美国 10 大钢铁厂及其他 6 家公司的商品；陈家的“太平兴业公司”也和美国 23 家公司订有购销合同。[③]“四大家族”企业实际上成了美国公司在华的代理行，是美国垄断资本的总买办。

战后，美国凭借其雄厚的经济实力及在华特权，通过多种手段将大量商品倾销到中国市场，进而凭借低廉的倾销价格独占了中国的市场。1946 年，美货的价格一般要比同类中国商品便宜 3～5 倍，甚至进口美国汽油价格竟低于上海的开水售价。在抗战后中国物资匮乏的状况下，价廉物美的美货在中国市场巨大，战后的中国几乎成了美货的天下。上海和天津等大城市成了销售美货的“中央商场”。据调查，在上海以经营世界各国名优

---

① 《上海联合晚报》，1946 年 6 月 15 日。

② 狄超白. 中国经济年鉴. 太平洋经济研究社，1947：11.

③ 许涤新，吴承明. 中国资本主义发展史：第 3 卷. 北京：人民出版社，1993：587–589.

商品著称的四大百货公司（永安、新新、先施、大新）中，美国货物占全部商品的80%以上；[①]天津各大百货公司中美货也占到69%以上。[②]一般的中小商店、零星摊贩出售的货物也多为美国货，一些经营有方的摊贩甚至一跃成为美货商店或联合商场。从1946年10月至12月短短的三个月间，上海新设美货商店或联合商场竟多达57家。

抗战后的中国从沿海到内地，从城市到乡村，美货充斥，触目皆是，可谓“无货不‘美’，有‘美’皆备”，其商品从呢绒、布匹、服装、鞋帽、罐头食品、水果、烟酒、奶粉、药品、文具、化妆品到牙刷、丝袜五光十色，无所不包。1946年7月8日《解放日报》评论说：“今天的上海是真的‘美化’了，美国货充斥了市场的每一个角落……中国人民从吃到用，要全部美式配备了！”

此后，随着国民政府限制进口政策的实施，一般贸易进口规模锐减，由于在美订货无法输入，同时国民政府为抑制通货膨胀实行限价政策，上海四大百货公司均陷入了经营困境。

二、美国商品倾销对中国民族工业的冲击

美国商品大量倾销到中国市场，一方面有利于缓解战后中国的物资短缺，对于满足人民生活需要及工农业生产的恢复发展起到了一定的有益作用。但是由于中美劳动生产率存在着巨大差异，除依赖中国特有资源的行业外，美国几乎在所有的工业品及粮食、棉花等农产品上都具有绝对优势。美国商品凭借强大的竞争优势，以低廉的价格和超大规模涌入中国市场，对中国幼弱的民族工商业造成剧烈冲击，严重损害了中国经济的健康发展。

抗战中艰难生存下来的中国近代工业几乎毫无例外地受到美货的冲击和损害。其中，以轻工业中的水泥、食品饮料、卷烟、纺织业受打击最为严重。

如水泥业，据中国海关总税务司署统计，1946年，中国共进口水泥459 196公担，其中来自美国的水泥达279 292公担，占总进口额的64.2%。美国水泥的大量进口使中国水泥生产企业难以生存。1946年7月，中华水泥工业联合会向国民政府行政院递交的呈文中称“考美货水泥进口成本连同水脚杂费在内，每包约合国币四千元，加征关税百分之四十，在沪售价仅约五千余元。反顾国产水泥，因煤斤短缺、运输困难、工资昂贵、资金枯竭等种种关系，每包成本计需九千余元。但为应付倾销、挽回利权，每包现仅售六千余元。长此以往，必致无法维持，迫至停业。”[③]

食品饮料业也遭到重创，上海原有食品罐头厂180余家，到1946年底倒闭的多达130余家，少数幸存者也都开工不足，勉力维持。从1946年至1948年三年间，中国进口美国牛奶5 259 657公斤、奶油37 513公斤、奶粉4 006 483公斤、炼乳520 197公斤，不仅进口规模庞大，而且价格低廉，致使中国本土乳业难以为继，不少乳牛被杀掉。美

① 《解放日报》，1946年7月8日。

② 《北国春秋》，1960年第2期，第25.

③ 刘鸿生企业史料：下册. 上海：上海人民出版社，1981：250–251.

国可口可乐公司将可口可乐原液输入中国，由上海的屈臣氏汽水厂装瓶，倾销各地，以致本国汽水业大受打击，很多工厂被迫停产。1948 年 7 月，上海中央汽水厂等九家厂商向政府联名呼吁：要求政府保护岌岌可危的中国饮料业。[①]

由于美国尼龙丝袜大量倾销，致使上海袜业难以为继。著名的中华、勤益、华安、福康等十余家袜厂停工。1947 年 9 月 1 日，上海工业协进会向国民党政府递交了一分呈文，称：由于美国尼龙丝袜大量走私进口，导致上海丝袜业“遭受严重摧残……吾人平时有纳税义务，政府应对吾人负责，法令应为吾人保障……”。政府应“禁止美货尼龙丝袜大量走私进口。”[②]

1946 年，上海 80 余家卷烟厂中有 2/3 被迫停工，诸如“本厂因受外货压迫……不得已唯有破釜沉舟，宣告清理”的关厂告示常见诸报端。少数勉强开工也是主要靠进口美国烟叶、卷烟纸、香精等原料维持，实际成了美国的加工厂。[③]

重工业由于多由政府垄断经营，所受冲击相对较轻，实际商品差价也相当惊人。如钢材，美国钢材每吨市场售价 58 万元，而国产钢材每吨成本即达 180 万元。

据不完全统计，1946—1947 年年底，国统区 20 多个大城市倒闭工厂达 27 000 余家。其中，上海倒闭工厂达 2 590 家，占该地区全部民营企业（3 400 家）的 76%。到 1947 年，天津 70%的工厂倒闭；其他城市倒闭的民营企业也多在 70%～80%。中小城市情况更为严重，1947 年成都 90%的土货工厂停工；1948 年青岛 700 余家民营企业全部停业。[④]随着美货的大量倾销、华资企业的倒闭，中国原本可以自给的许多行业，如面粉、烟草等不得不大量进口，造成中国经济对美国过度依赖。

此外，农业也受到美国廉价农产品的冲击。由于美国的现代农业技术先进、有规模经济效益，加上免税进入中国，故其在中国市场的售价普遍低于国产货。如进口量最大的农产品——棉花，在中国售价大大低于中国所产的棉花。1946 年，中国进口美棉（包括援助物资部分）比战前的 1936 年增加了近 20 倍。进口的美国橘子在南京市场售价 300～400 元一只，而四川广柑在产地即需 800～900 元一只。在内战及美国商品倾销的冲击下，国内农业生产严重萎缩。如河北各地“悉受外麦充斥影响，本省产品无处宣泄。乡农以终岁勤劳所得代价，几难供两月之饱，交通不便之区运输维艰，市价尤廉，甚且售卖田园，或举高利贷以度日者，随处皆是”。[⑤]1947 年，广东抛荒耕地占可耕地总面积的 75%，江苏抛荒地占 60%，安徽和湖南抛荒地也都达 30%以上。1948 年与战前相比，粮食产量减少了 17.1%，油料作物减产 24.1%，棉花减少了 35.1%。到 1948 年，江苏棉花生产量竟不及 1918 年的 50%。[⑥]

---

① 中央汽水厂等九家厂商致南京政府经济部呈文，1948 年 7 月 19 日，中国第二历史档案馆藏。

② 上海工业协进会转呈第四区针织工业同业公会请求禁止美货尼隆丝袜大量走私进口的呈文。1947 年 9 月 1 日，中国第二历史档案馆藏。

③ 上海外贸史话. 上海：上海人民出版社，1973：144.

④ 李新，等. 中国新民主主义革命时期通史. 北京：人民出版社，1962：111-112.

⑤ 章有义《中国近代农业史资料》第二缉，第 805.

⑥ 许涤新，吴承明. 中国资本主义发展史：第 3 卷. 北京：人民出版社，1990：639.

农村经济的衰退，导致农民购买力下降及棉花等工业原料的匮乏，进一步打击了中国最大的工业行业——棉纺织业，该业在原料短缺、美货冲击、恶性通货膨胀的共同影响下急速萎缩，其他产业也未能幸免。1949 年年初，上海工业协会给国民政府行政院的电报称："沪市工厂被迫停工减产者比比皆是。"①

抗战结束后，处于前现代化的中国与高度现代化的美国在生产力极端悬殊的情况下，签订了权力完全对等的贸易协议，实质上构成了美国在华新的特权。中国对美国商品贸易壁垒的大幅度削减、产业的普遍落后、竞争力的低下，使中国市场完全向美国商品敞开，导致中国企业、中国产品处于极端不利的竞争地位。加上内战的爆发、官僚资本势力的膨胀、经济环境的恶化，中国企业完全无法抵御外货的冲击，以致纷纷破产，工农业经济严重衰退、资金外逃、投机盛行，国统区正常的经济秩序被彻底打破，从而加速了国民党统治下经济的总崩溃，中国半殖民地性对外贸易也走向了终结。

① 陆仰渊，等. 民国社会经济史. 北京：中国经济出版社，1991：839.

参考文献

[1] 蔡鼎. 论我国现行对外贸易统制政策. 时事月报，1939：20（5）.

[2] 曹均伟，方小芬. 中国近代利用外资活动. 上海：上海财经大学出版社，1997.

[3] 曹均伟. 中国近代利用外资思想. 上海：立信会计出版社，1996.

[4] 陈晋文. 对外贸易政策与中国经济现代化. 北京：知识产权出版社，2012.

[5] 陈诗启. 中国近代海关史. 北京：人民出版社，2002.

[6] 陈诗启. 中国近代海关史（民国部分）. 北京：人民出版社，1999.

[7] 陈真. 中国近代工业史资料：第四辑. 北京：三联书店，1957.

[8] 陈争平. 1895—1936 年中国国际收支研究. 北京：中国社会科学出版社，1996.

[9] 陈争平. 天津口岸贸易与华北市场 1861—1913//中国社科院经济所集刊：第十一辑.

[10] 杜恂诚. 民族资本主义与旧中国政府. 上海：上海社会科学院出版社，1991.

[11] 樊亢，宋则行. 外国经济史：第 2 册. 北京：人民出版社，1981.

[12] 海关总署《旧中国海关总税务司署通令选编》编译委员会. 旧中国海关总税务司署通令选编，第三卷（1931—1942 年）. 北京：中国海关出版社，2003.

[13] 郝延平. 十九世纪的中国买办：东西间的桥梁. 上海：上海社会科学院出版社，1988.

[14] 何炳贤. 中国的国际贸易. 上海：商务印书馆，1937.

[15] 黄苇. 上海开埠初期对外贸易研究. 上海：上海人民出版社，1979.

[16] 黄逸平，虞宝棠. 北洋政府时期经济. 上海：上海社会科学院出版社，1995.

[17] 黄逸平. 近代中国经济变迁. 上海：上海人民出版社，1992.

[18] 李康华，等. 中国对外贸易史简论. 北京：对外贸易出版社，1981.

[19] 李文治. 中国近代农业史资料：第一辑. 北京：三联书店，1957.

[20] 梁嘉彬. 广东十三行考. 广州：广东人民出版社，1999.

[21] 林刚. 中国国情与早期现代化. 中国经济史研究，1999（4）.

[22] 刘佛丁，王玉茹. 中国近代的市场发育与经济增长. 北京：高等教育出版社，1996.

[23] 刘克祥，吴太昌. 中国近代经济史（1927—1937 年）. 北京：人民出版社，2010.

[24] 鲁传鼎. 中国贸易史. 台北：“中央”文物供应社，1985.

[25] 陆仰渊，方庆秋. 民国社会经济史. 北京：中国经济出版社，1991.

[26] 马士. 中华帝国对外关系史. 北京：三联书店，1958.

[27] 毛泽东. 中国革命与中国共产党//毛泽东选集：第二卷. 北京：人民出版社，1991.

[28] 宓汝成. 中国近代铁路史资料：第 1 册. 北京：中华书局，1963.

[29] 聂宝璋. 中国近代航运史资料：第一辑. 上海：上海人民出版社，1983.

［30］彭泽益. 中国近代手工业史资料. 北京：三联书店，1957.
［31］史全生. 中华民国经济史. 南京：江苏人民出版社，1989.
［32］孙玉琴. 中国对外贸易史. 北京：对外经济贸易大学出版社，2001.
［33］孙毓棠. 中国近代工业史资料：第一辑，下册. 北京：中华书局，1962.
［34］佟家栋，周申. 国际贸易——理论与政策. 北京：高等教育出版社，2003.
［35］汪敬虞. 中国近代经济史：1895—1927. 北京：人民出版社，2000.
［36］汪敬虞. 十九世纪西方资本主义对中国的经济侵略. 北京：人民出版社，1983.
［37］汪敬虞. 中国近代经济史：1895—1927. 北京：经济管理出版社，2007.
［38］王培. 晚清企业纪事. 北京：中国文史出版社，1997.
［39］王铁崖. 中外约章汇编. 北京：三联书店，1982.
［40］王相钦，钟廷豪，沈毅. 中国民族工商业发展史. 石家庄：河北人民出版社，1997.
［41］吴承明. 中国资本主义与国内市场. 北京：中国社会科学出版社，1985.
［42］吴承明. 帝国主义在旧中国的投资. 北京：人民出版社，1958.
［43］吴承明. 中国的现代化：市场与社会. 北京：三联书店，2001.
［44］武育宣. 论战区对外贸易诸问题. 贸易月刊，1941（10）.
［45］武堉干. 中国国际贸易概论. 上海：商务印书馆，1930.
［46］徐建生. 民国时期经济政策的沿袭与变异（1912—1937）. 福州：福建人民出版社，2006.
［47］徐新吾，黄汉民. 上海近代工业史. 上海：上海社会科学院出版社，1998.
［48］徐雪筠，等. 上海近代社会经济发展概况. 上海：上海社会科学院出版社，1985.
［49］许涤新，吴承明. 中国资本主义发展史：第 2 卷. 北京：人民出版社，1990.
［50］许毅，等. 清代外债史论. 北京：中国财政经济出版社，1996.
［51］严中平. 中国近代经济史：1840—1894. 北京：人民出版社，1989.
［52］严中平. 中国棉纺织史稿. 北京：科学出版社，1955.
［53］严中平. 英国资产阶级纺织利益集团与两次鸦片战争史资料. 经济研究，1955（2）.
［54］杨天宏. 口岸开放与社会变革——近代中国自开商埠研究. 北京：中华书局，2002.
［55］姚曾荫. 国际贸易概论. 北京：人民出版社，1987.
［56］姚贤镐. 中国近代对外贸易史资料. 北京：中华书局，1962.
［57］叶松年. 中国近代海关税则史. 上海：上海三联书店，1991.
［58］虞宝棠. 国民政府与民国经济. 上海：华东师范大学出版社，1998.
［59］战时财政金融法规汇编. 财政评论社，1940.
［60］章开沅，等. 苏州商会档案丛编：第 1 辑. 武汉：华中师范大学出版社，1991.
［61］赵靖，易梦红. 中国近代经济思想史：中册. 北京：中华书局，1982.
［62］郑友揆. 中国的对外贸易和工业发展（1840—1948）. 上海：上海社会科学院出版社，1984.
［63］中国第二历史档案馆. 中华民国史档案资料汇编，第 5 辑第 2 编. 南京：江苏古籍

出版社，1994.
[64] 中国人民大学. 中国近代经济史：上册. 北京：人民出版社，1978.
[65] 中国人民银行总行参事室. 中华民国货币史资料，第 2 辑. 上海：上海人民出版社，1991.
[66] 中国史学会. 洋务运动. 上海：上海人民出版社，1961.
[67] 周伯棣. 中国财政史. 上海：上海人民出版社，1981.
[68] 祝百英. 抗战以来我国外汇管理政策. 资本市场，1948：1（2）.
[69] [美] 丹涅特. 美国人在东亚. 中译本. 北京：商务印书馆，1959.
[70] [美] 费正清. 剑桥中国晚清史. 中国社会科学院历史研究所编译室，译. 北京：中国社会科学出版社，1993.
[71] [美] 费正清. 剑桥中华民国史. 中国社会科学院历史研究所编译室，译. 北京：中国社会科学出版社，1993.
[72] [美] 郝延平. 十九世纪的中国买办：东西间的桥梁. 上海：上海社会科学院出版社，1988.
[73] [美] 雷麦. 外人在华投资. 蒋学楷，等. 北京：商务印书馆，1959.
[74] [美] 雷麦. 中国对外贸易. 北京：商务印书馆，1959.
[75] [美] 杨格. 1927—1937 年中国财政经济情况. 陈泽宪，陈霞飞，译. 北京：中国社会科学出版社，1981.
[76] [日] 滨下武志. 中国近代经济史研究——清末海关财政与通商口岸市场圈. 南京：江苏人民出版社，2006.
[77] [日] 久保亨. 走向自立之路——两次世界大战之间中国的关税通货政策和经济发展. 王小嘉，译. 北京：中国社会科学出版社，2004.
[78] [以] 谢艾伦. 被监押的帝国主义. 北京：中国社会科学出版社，2004.
[79] [英] 莱特. 中国关税沿革史. 姚曾廙，译. 北京：商务印书馆，1963.
[80] Douglas A. Irwin, Peddling protectionism peddling protectionism: Smoot- Hawley and the Great Depression Smoot- Hawley and the Great Depression. Princeton University Press, 2011.
[81] H. B. Morse. The trade and administration of China. Reversed edition. Kelly and Walsh，Limited，1913.
[82] Hou Chi-ming. Foreign investmentand economic development in China, 1840–1937. Cambridge: Harvard University Press,1965.
[83] Perkins, Dwight H., China's modern economy in historical perspective. Stanford: Stanford University Press, 1975.
[84] R. Fortune. Three years' wanderings in the northern provinces of China. New York：Garland Pub，1979.
[85] Rawski, Thomas G. Economic growth in prewar China. Berkeley: University of California Press, 1989.